应用型系列法学教材

律师与公证实务

第二版

主　编　李正华　丁春燕

撰稿人　丁春燕　丁为群　李　珊　李正华　苗玉坤　谭宜桢
　　　　翁作熙　谢世平　叶旻枫　钟扬飞　朱　明　黄添顺

微课版

WUHAN UNIVERSITY PRESS

武汉大学出版社

图书在版编目(CIP)数据

律师与公证实务:微课版/李正华,丁春燕主编.—2版.—武汉:武汉大学出版社,2017.8(2021.7重印)
应用型系列法学教材
ISBN 978-7-307-19366-6

Ⅰ.律… Ⅱ.①李… ②丁… Ⅲ.①律师制度—中国—高等学校—教材 ②公证制度—中国—高等学校—教材 Ⅳ.D926

中国版本图书馆 CIP 数据核字(2017)第 119806 号

责任编辑:胡 荣 责任校对:李孟潇 版式设计:马 佳

出版发行:**武汉大学出版社** (430072 武昌 珞珈山)
(电子邮箱:cbs22@whu.edu.cn 网址:www.wdp.com.cn)
印刷:武汉图物印刷有限公司
开本:787×1092 1/16 印张:23 字数:545 千字 插页:1
版次:2009 年 9 月第 1 版 2017 年 8 月第 2 版
 2021 年 7 月第 2 版第 5 次印刷
ISBN 978-7-307-19366-6 定价:58.00 元

出 版 说 明

由武汉大学出版社出版的"应用型系列法学教材"是为实现教学型、应用型高等院校法学专业本专科生"应用型"人才培养的目标，以教育部制定的法学课程教学基本原则为依据而组织编写的，它立足于提高学生的整体素质、综合职业技能和实践性技能。《律师与公证实务》一书，是"应用型系列法学教材"中的一本。

在社会主义法制建设的历史进程中，律师和公证制度发挥着不可或缺的作用。从某种意义上说，一个国家的法制化程度可以体现在律师和公证制度中。曾几何时，人们对法律制度的了解往往是从对律师与公证活动的接触和了解开始的。维护自己的权利不但是国家法律所赋予的权利，也是每个公民为社会应尽的义务。从某个角度来看，为权利而斗争就是为法律而斗争。我国经过了多次的普法活动，人们的法律意识不断得到提高，但是法律毕竟是一门专门的学问，尤其是在诉讼活动中不仅仅是一个法理和法律条文的简单运用问题，还涉及对程序性的阶段把握和举证等诸多专业技巧问题。律师和公证员，可以运用其专业知识为公民和社会组织提供相应的法律专业服务。

律师和公证员作为专业人士，其为社会提供专业水准的法律服务之同时也有相应的收益。这也不难解释各国司法考试中的参考者逐年增多的现象。随着向律师招聘法官、检察官的改革试验之推行，法学专业的应届本科生毕业要到法院、检察院成为法官、检察官几乎不可能，因此，如果希望毕业以后能够从事与法律专业有紧密关联性的工作，除了在企业从事法务工作以外，进入律师、公证行业就成为了首选。

本教材是为普通高等教育法学本科学生编写的，也可作为各类职业培训教材或教学参考书。作者在编写本教材的过程中，考虑到法学本科教育和本课程本身的要求，力求避免枯燥繁琐的理论演绎和单纯的操作指引。在编写过程中，我们结合国内外最新的有关立法动态，关注社会现实中出现的新问题以及学科的发展趋势，加入了相应的案例（事例、资料）分析或者实际的数据，力图使教材所涉及的内容更深入浅出、通俗易懂，更具操作性。同时，我们还在书中吸收了国内外律师法学和公证法学的最新理论研究成果，希望能在理论方面跟上时代发展的步伐。

为了便于教学和帮助学生的学习，本教材在编写体例方面，每一章设有"学习目的与要求"、"重点问题"的提示，以"知识结构简图"的形式体现每章的主要知识结构，便于学生对知识的整体把握，在内容中加插了相关的案例或事例，课后还备有"练习题"帮助学生对重点问题的复习，并备有相关资料帮助学生拓展知识。为配合教学，以每周2节课（共36课时）的教学时数安排，全书设计为18章（可每一周讲授一章），以便于教师教学和学生复习使用。鉴于教材篇幅的限制，现将每章案例或事例的"点评"、"课后阅读资料"、"附录"以二维码的方式嵌入书中，读者可以根据需要扫码阅读。

本教材的编写和出版得到了武汉大学出版社的大力帮助，胡荣编辑为此付出了艰辛的劳动，在此特表示感谢。

受作者的学识和视角局限，书中存在的疏漏和谬误，还请各位读者不吝赐教。

本书的参编者所在单位为：中山大学法学院、中山大学新华学院、澳大利亚麦瑞大学商务与经济学院、碧桂园控股有限公司、广东司法警官职业学院、广东岭南律师事务所、广东集之家律师事务所、广东中天律师事务所、国信联合律师事务所等。

本书的作者撰写分工如下：

李正华：第一章、第二章。

丁春燕：第三章、第四章、第五章。

丁为群：第六章。

翁作熙：第七章。

谢世平：第八章。

朱　明：第九章、第十章。

苗玉坤：第十一章、第十二章。

钟杨飞：第十三章。

谭宜桢：第十四章、第十五章。

李　珊：第十六章、第十七章。

黄添顺：第十八章。

叶旻枫：附录。

编　者

2017 年 2 月

目　录

上编　律师制度

上编　律师制度

第一章　律师制度的发展与律师的性质

【学习目的与要求】了解律师制度的产生与发展历史过程，根据《律师法》的规定，掌握律师的性质和基本任务。课前对《律师法》相应的规定以及行政规章有所了解，课后复习相关章节内容以及扩展知识面。

【重点问题】

- 西方国家和中国律师制度的产生与发展
- 律师的性质
- 律师的任务

【知识结构简图】

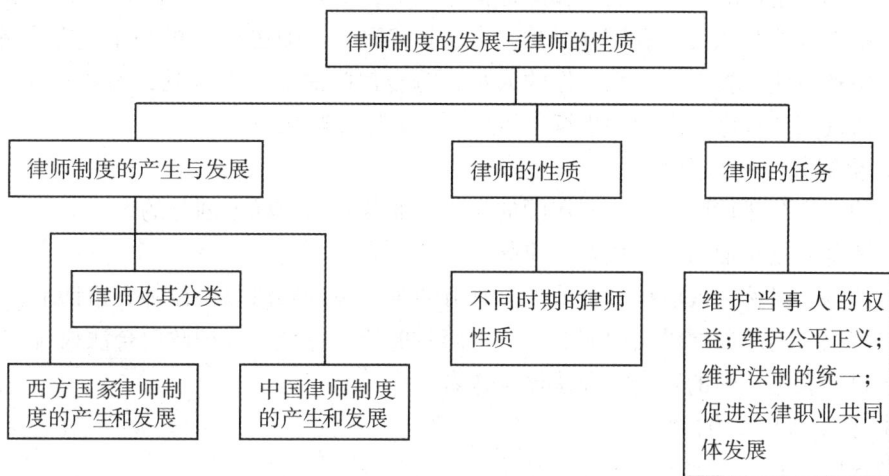

【引例】小张在大学就读法学专业，毕业前通过了国家司法考试，经过亲戚朋友的介绍，准备到一家合伙制律师事务所实习并准备今后在该所执业。小张认为律师作为一个自由执业者在自由的同时也存在着不稳定的因素，他羡慕别的同学考入了公务员。因此，他希望能够从事律师工作，同时又羡慕检察官或法官享有类似公务员的待遇。正当他感到困惑的时候，有人向他提出加入政府公职律师队伍行业的建议。律师制度是怎么产生的，律师作为一个自由执业者，为何还能同时兼有公务员的身份？这需要从律师制度的产生和发展以及律师制度的发展趋势等方面加以分析。

第一节　律师制度的产生与发展

一、律师的概念及种类

（一）律师及律师制度的概念

律师，是指依法取得律师执业证书，接受委托或者指定，为当事人提供法律服务的执业人员。

律师作为一个职业，区别于警察、检察官、法官、司法工作人员和法学教育工作者，在于其接受当事人的委托或者相关机关的指定，为当事人提供法律服务。

律师制度，是指国家法律规定的有关律师的性质、律师的任务与业务范围、律师资格与执业、律师的工作机构与内容等相关规范以及相关规范实施的体系。律师制度是国家司法制度的重要组成部分。

（二）律师的分类

1. 专职律师与兼职律师

专职律师和兼职律师，是依照律师的工作性质为标准划分的。

专职律师，是指在某个律师事务所执业，专司律师业务的律师。

兼职律师，是指取得律师资格和律师执业证书，不脱离本职工作而兼职从事律师职业的人员。根据《中华人民共和国律师法》（以下简称《律师法》）的规定，在高等院校、科研机构中从事法学教育、研究工作的人员，符合律师法规定条件的，经所在单位同意，依照律师法规定的程序办理相关手续，可以申请兼职律师执业。

2. 社会律师与公职律师

社会律师和公职律师，是依照律师的身份和业务范围为标准划分的。

社会律师，是指面向社会执业的律师。

公职律师，又称为政府律师，或俗称官方律师，是指依法取得律师资格证书，并且具有公务员资格，为政府提供法律服务，以保障政府依法行政、维护政府合法权益，促进政府法制建设完善为使命的政府专业法律工作者。

3. 执业律师与实习律师

执业律师和实习律师，是依照律师执业条件为标准划分的。

执业律师，是指可以独立开展执业活动的律师。

实习律师（又称为见习律师），是通过国家司法考试之后、申请律师执业前在律师事务所见习的人员。根据《律师法》的规定，通过司法资格考试而在申请律师执业前，申请律师执业必须在律师事务所实习满1年。严格意义上来说，实习律师并非律师，实质上就是"律师助理"，其不得以律师的名义对外开展业务。

4. 诉讼律师与事务律师

诉讼律师与事务律师，是依照律师执业的范围为标准划分的。

诉讼律师（Barrister），又称为讼务律师（在中国的香港地区又俗称为"大律师"或

"大状"①），是指能够在法庭上为当事人辩护或参加诉讼活动的律师。在香港地区，只有诉讼律师才能够在高等法院和终审法院发表辩护（代理）意见。如当事人需要在上述法院进行诉讼，必须要由事务律师转聘诉讼律师进行。诉讼律师源自英国，只有诉讼律师才能在法庭上替当事人进行辩护或诉讼。根据香港大律师公会公布的数据，现时香港约有1300 名执业大律师。②

事务律师（又称小律师、律师），是指直接受当事人委托，在下级法院及诉讼外行使律师职务，为当事人提供多种法律服务的人。大律师和事务律师二者无隶属关系，他们有各自的活动范围和工作方式。大律师均独立执业，但并不直接接受当事人的委托，而是接受事务律师的委托，他们的费用亦是由事务律师负责支付。在香港地区，两类律师分别有各自的行业管理机构——大律师公会、律师公会。

资深大律师，是香港地区对于诉讼律师累积 10 年经验后有机会被终审法院首席法官委任成为资深大律师（Senior Counsel，S. C.）的一种称号，在香港特别行政区的地位等同香港回归前的御用大律师（Queen's Counsel，Q. C.）。所有在回归前已获认许为御用大律师的香港大律师，在回归后全部自动获得香港资深大律师的资格。截至 2017 年 6 月底，香港的资深大律师只有 99 人（88 男、11 女）。③

5. 一级、二级、三级、四级律师

依照律师行业职称评定的标准，可以将律师职称的级别划分为一级、二级、三级、四级。按照相对应的专业职称级别，一、二级律师被称为高级律师，三级律师为中级律师，四级律师为初级律师。值得指出的是，毕竟律师的职称与高等院校的职称系列不同，不能简单地将一级律师等同于正高职称的教授，二级律师等同于副高职称的副教授，三级律师等同于中级职称的讲师，四级律师等同于初级职称的助教。

而且，各地关于律师职称评定的标准也不完全相同。以某省申报一级律师职称为例，下列条件之一的为符合学历条件：（1）本科学历，并在取得二级律师资格后从事律师执业工作满 3 年；（2）在二级律师期间，获国家优秀律师、省十佳律师或国家级、省级突出贡献专家或优秀中青年专家称号（证书为准）；（3）在二级律师期间，获与律师业务有关的理论或实务国家二等奖、司法部或全国法学或全国律师协会二等奖，或省科技进步一等奖的前两名。论文条件具备以下之一：（1）专著 1 部（6 万字）、论文 1 篇（不少于2000 字）；（2）合著 1 部（4 万字）、论文 2 篇（不少于 2000 字）；（3）独立论文 5 篇（同上）。另外，还有外语考试通过、计算机运用能力测试通过等相应的条件。有的地方将办理过标的达到某金额标准或者具有重大影响的案件并且胜诉为业务条件。

---

① "大状"，是沿自中国古代人们对状师的尊称而得。在香港，大律师不受当事人的直接雇用，而是当事人委托律师事务所，再由律师事务所将诉讼案交给大律师。

② 香港的大律师［EB/OL］.［2017-07-20］. 香港大律师公会，http：//www. hkba. org/zh-hant/content/about-barristers-hong-kong.

③ 执业大律师名册（资深大律师）［EB/OL］.［2017-07-20］. http：//www. hkba. org/zh-hant/Bar_List/senior-counsel.

6. 专业律师

根据律师的特长和开展业务方面的侧重，有刑事律师、民商事律师、海商事律师、婚姻律师等民间的分类。我国没有专业律师的法定划分，在律师登记以及职业证书上均没有明确的划分和记载，仅在民间或者律师自称的专业特长和业务擅长上有所体现而已。司法部门还禁止律师事务所以专业命名，如：刑事律师事务所、婚姻律师事务所、经济律师事务所等。但是，律师协会和司法部门提倡律师事务所和律师走专业化的道路。社会发展需要律师事务所及律师个人从业务市场的角度出发，发挥自身特长来增强竞争力。

二、西方国家律师制度的产生和发展

（一）古希腊时期的律师制度之萌芽

律师制度的最早萌芽出现于公元前二至三世纪的古罗马时期。随着社会经济的发展，诉讼日益增多，在庭审阶段允许双方当事人发言和辩论。由于法律条文和诉讼程序的专业性，一些当事人就请对法律和程序有所了解的亲戚朋友来帮忙提供意见。这种帮忙的人被称为"雄辩家"或"辩护士"（Advocatus），他们最初仅仅是陪同当事人到法庭，在开庭审理时给被告人提供意见的亲戚或朋友。他们只能在法庭上为被告人提供意见，并不直接向法庭发言。逐渐地，人们发现法官在听取辩论并检验双方所提出的相关证据的过程中，法官对案件的裁决往往取决于双方的辩论结果。因此，人们得出一个结论：雄辩将产生对自己有利的案件审判结果。于是，人们不惜花重金聘请精通法律而又口齿伶俐的人来为自己辩护。这种受托于人而在法庭上为他人发表辩论意见的人，在当时并未形成一个职业阶层。

（二）奴隶社会时期的律师制度之产生

公元前一世纪是罗马共和国和罗马帝国演变的时期，社会矛盾异常尖锐，罗马统治阶级为维护其统治秩序，制定了许多法律、法令和规定。与此相适应，社会上出现了学习、研究法律的法学家阶层，这些人与统治阶级有千丝万缕的联系，他们时常就如何执法等问题向司法、行政官员提供意见。同时，他们也在社会上向平民百姓解答法律问题，为诉讼当事人提供咨询意见，甚至代理当事人参加诉讼。由于这些人的活动有利于统治秩序的稳定，罗马皇帝以诏令的形式确定了"大教侣"从事"以供平民咨询法律事项"的职业。同时，还允许委托他人代理诉讼行为。后来，一些专门研究立法、司法的人员开始著书立说，而且解答法律难题并指导当事人开展诉讼活动。于是，兼法学研究、法律顾问、律师三位一体的人员逐渐增多并形成以此为生的一个相对独立的阶层，作为职业的"律师"就出现了。

古罗马时期，全国划分为若干个司法管辖区，在每一个司法管辖区域内都有一定限额的从业律师和候补律师。取得律师资格的条件必须同时具备：（1）有完全行为能力（未成年、妇女、精神病患者、奴隶、异邦人除外）；（2）男性公民；（3）具有相当的法律知识。到了罗马帝国后期，申请律师执业的，必须受过 5 年的法律教育。取得律师资格后，应当参加律师团体，接受执政官的领导和监督。

由于古罗马的诉讼形式是辩论式，双方当事人在诉讼中的法律地位是平等的，他们在法庭上可以充分地陈述自己的意见和反驳对方的诉讼请求，法官往往是根据辩论的结果作出裁判。这种诉讼结构使得职业律师的出现有了可能。而在纠问式的诉讼中，当事人没有诉讼权利以致受到严格的限制，因而难以产生代理当事人行使诉讼的职业律师。因此，诉讼模式和诉讼当事人所享有的诉讼权利，是律师产生和存在的必要前提。

律师制度的产生，必须具备以下的条件：（1）有相关的立法；（2）有容许当事人辩论的司法审判制度；（3）有精通法律和诉讼程序的法学家。由于律师一般都具有渊博的知识和雄辩的口才，其不仅仅代理案件，还著书立说，其代理当事人的诉讼在获胜后获得相当费用的报酬，故执业阶层的律师备受社会的尊重。政界不少的权威人士均出自于律师也就不奇怪了。

（三）封建社会时期的律师制度之发展

公元 5 世纪，日耳曼人入侵而导致西罗马的灭亡，欧洲大陆进入了封建社会。在诉讼制度方面，纠问式的诉讼形式取代了辩论式的形式，律师制度逐渐走向衰落。随着僧侣阶层地位的提升，一般不可能由当事人自由聘请律师为自己辩护。12 世纪以前的法国，有资格担任律师的几乎都是僧侣阶层的人。13 世纪以前的英国，也规定不是僧侣的人不得被委托为诉讼代理人。

11 世纪，欧洲大陆开始了一场"复兴罗马法"的热潮，对罗马法的研究也随着诺曼底人对英国的征服而扩散至英国。

12 世纪，英国亨利二世推行司法和军事的改革，以限制教会的权力，僧侣被禁止在世俗法院执行律师职务。1625 年英国的国会成立并享有有限的立法权。社会上出现了学习、研究、运用法律的职业阶层。特别是英国的法庭审判中采用了辩论方式，而且采用直接言词原则，当事人必须以言词的方式在法庭上陈述，特别是当事人的言词不得更改；但是代理人的发言可以更改。因此，人们开始寻求专业律师的帮助，律师制度得以恢复发展。

13 世纪末，由于法国的教会因政府征收土地税与政府发生冲突，结果教会的权力被大大削弱，僧侣在世俗法院执行律师职务随之被禁止，取而代之的是受过封建法律教育并经过统治者严格挑选、受国会严密监督的律师。

到了 14 世纪，英国成立了林肯法学院、内殿法学院、中殿法学院和格雷法学院。这四个法学院互不隶属，成员包括正在各个学院学习的学生及已从各个学院毕业的大律师。这些学院没有法人资格，基本上是自由的社会团体，它们自订章程和行业规则，决定大律师资格的授与和免除。学院的职责是训练和考核律师，监督大律师的活动，决定纪律处分。

（四）资本主义社会时期的律师制度之完善

封建社会末期，出现了如洛克、里尔本、孟德斯鸠等一批资产阶级启蒙家和思想家，他们对封建社会的政治制度和法律制度提出了无情的抨击，提出了"天赋人权"、"主权在民"、"平等、自由、博爱"等新思想和新观念。确定辩论式审判模式和确定任何人在审判中获得辩护的权利以及有权请人为之辩护，已有不少的思想家明确提出。

资产阶级取得胜利之后，通过宪法和相关法律巩固自己的权利之同时，也明确了公民应当享有的权利，因此律师制度在保护当事人享有辩护权的前提下得到迅速的发展。1679年英国的《人身保护法》明确了诉讼采取辩论原则，承认被告人有权获得辩护；1791年美国的《宪法修正案》明确了被告人在刑事诉讼中享有接受辩护的权利；1808年法国的《刑事诉讼法》也明确了律师的地位和作用。

英国大学的法律教育开始于1753年，当时的法学家布莱克斯通在牛津大学第一次讲授英国普通法。1850年，牛津大学成立法律与现代史学院。1874年，剑桥大学法学院单独设立。英国大学法律教育采用英国传统的导师制，每个学生都有自己的导师，导师一般都是学生所在学院的教师。通过这种导师与学生直接的教育，学生不仅可以在知识上受到导师的启发，更重要的是通过导师的言传身教，学生的人格也在不断地完善。英国的大律师公会委员会控制法律委员会的有关政策，并由后者实施大律师资格考试和管理4个大律师学院（Inns of court）：林肯学院（Lincoln's Inn）、内殿学院（the Inner Tem-ple）、中殿学院（the Middle Temple）、格雷学院（Gray's Inn）。这4个大律师学院实质上是中世纪成立的大律师行会。只有4个大律师学院才有权授予大律师资格（即大律师出庭资格）或在某大律师行为不端时取消其大律师资格。①

在思想自由的政治制度和竞争自由的市场经济条件下，自由资本主义时期的市场经济依靠的是社会规则来调整，而规则主要由道德和法律构成。当人们尊崇"将思想交给上帝，把行为交给法律"的大环境下，律师在社会生活当中的地位和作用越来越凸显，律师制度得到了空前的发展。

三、中国律师制度的产生和发展

（一）中国古代的律师现象

春秋时期，郑国人邓析不仅法律知识渊博且能言善辩，可"操两可之辩，设无穷之词"，"持之有故，言之成理"，他曾经聚众讲学，传授法律知识和诉讼方法，还助人诉讼。春秋时期还出现了代理制度，命夫命妇不须亲自到法庭上，其下属或子弟可代理进行诉讼。到了元代，如诉讼当事人为老弱病残者，也可由其亲属代理进行诉讼。

在中国古代，打官司要先向官吏递状子、陈述案情，但大部分人属于文盲，于是社会上一些文人干起了专门为他人写状子及其他文书的营生，民间便出现了"刀笔先生"（又称"刀笔吏"）。② 这些"刀笔先生"写状子，并不一定都熟悉法律知识，只不过是凭着读书识字的优势和"见多识广"的经验来开展业务，但也有的会给当事人出一些如何打官司的主意。

---

① 李化德.英国的法学教育［J］.现代法学，1996（6）：119.

② "刀笔吏"一词可追溯到春秋战国时期。源自于古人用简牍时，以刀对书简上谬误之处削之并更正，故古时的读书人及政客经常随身带着刀和笔，以便随时修改错误。因刀笔并用，历代的文职官员也就被称为"刀笔吏"。人们还往往特将讼师幕僚称为"刀笔吏"，以此谓其深谙法律之规则，文笔犀利，用笔如刀。

【案例 1-1】

【案例 1-1】点评

刀笔吏简单词句，使改嫁为情有可原

　　传说古代有一讼师，为别人打官司战无不胜，在当地小有名气。有一少妇年轻守寡，欲再嫁，但又怕丈夫的家人阻拦，就找到该讼师讨教，讼师收取了高额费用后，为之撰写辩词，其中经典一句是"为守节失节改节全节事：翁无姑，年不老，叔无妻，年不小"。这将孀妇本欲再嫁的心思表述成了为保节、守节而在"翁无姑，年不老，叔无妻，年不小"的情况下被迫所作出的一种无奈选择，使得改嫁之举不仅符合情理，而且还会引发人们对孀妇的恻隐之心。因此，"县官受词，听之"。可见讼师的讼词对于该案件的结果起了决定性作用。

　　上述的历史事件，似乎是律师制度的小小萌芽，但远远不是严格意义上的律师制度。因为只有较为完备的诉讼代理（辩护）制度与职业法律家相结合，才能产生律师和律师制度。因而，中国古代虽有某些"代理诉讼"的现象和"助人诉讼"的人员，但由于政治、经济条件的限制，前者未进一步发展成代理制度，后者未形成职业法律家阶层，两者也从未在诉讼领域中结合。因此，中国最后还是从国外引进了律师制度。

（二）中国近代律师制度的萌芽

　　1840 年鸦片战争后，外国侵略者根据不平等条约在租界以"领事裁判权"为由设立了会审公廨，外国律师也偶尔出现在租界的法庭开展代理活动。

　　清末著名法学家沈家本①以自己卓越的立法贡献，奠定了在中国法律现代化进程中不可动摇的历史地位，并博得"中国法律现代化之父"的美誉。著名的法律史学家杨鸿烈称其为"媒介中西方法制的一个冰人（媒人）"。② 沈家本提出了建立中国自己的律师制度之设想，甚至在他的主持下起草了 1910 年的《大清刑事、民事诉讼法》，该草案规定了律师可以参加诉讼，但因辛亥革命的爆发而没有公布施行。

（三）中国现代律师制度的产生

　　1911 年，孙中山领导的南京临时政府起草了律师法草案，这是第一部有关律师制度的成文法草案。后因袁世凯夺权而未公布实行。

　　1912 年，北洋军阀政府制定了《律师暂行章程》和《律师登记暂行章程》，这是中国第一部关于律师制度的成文立法。《律师暂行章程》规定了律师资格、律师证书、律师

----

　　① 沈家本（1840~1913），清末法学家、目录学者。同治举人，1883 年（光绪九年）进士，任天津府知府、刑部右侍郎，1903 年奉命总裁修定法律，曾收集我国历代法律资料，作系统整理和考订。又参考西方各国刑法，制定《大清新刑律》。喜治目录学，家富藏书。著述有《古今官名异同考》、《读史琐言》、《史记琐言》、《寄簃文存》、《枕碧楼偶存稿》、《历代刑法考》、《律目考》、《历代刑官考》、《刑志总考》等 30 余种。后人辑为《沈寄簃先生遗书》甲编 22 种、乙编 13 种。

　　② 奚天宝．沈家本，中西方法制的"冰人"［EB/OL］．［2016-06-20］．新浪，http://news．sina．com．cn/o/2006-02-16/08308219160s．shtml．

名簿、律师职务、律师义务、律师公会、律师惩戒等内容。该章程公布后，中国律师职业得以慢慢兴起，至北洋军阀政府末期，律师达到了 3000 人。① 甚至还出现了类似施洋②、沈钧儒③等著名的律师。

国民党政府于 1927 年公布了《律师章程》，1942 年制定《律师法》。这两个法律，奠定了国民党律师制度的基础，也是现在台湾地区律师制度的渊源。1927 年公布的《律师章程》规定，允许女子担任律师，律师公会就法律修改可向司法部长提出建议，律师年龄在 21 岁以上，高等法院应当接受律师惩戒诉讼和律师惩戒委员会及司法部长复审。

（四）中华人民共和国的律师制度的建立和中断

1949 年 10 月 1 日中华人民共和国成立后，揭开了社会主义法制建设的新一页。在解放区所建立起来的律师辩护制度得到了继承和发展。根据社会发展的需要，1950 年 7 月，中央人民政府政务院公布了《人民法庭通则》，明确了人民法庭应当保障被告人有辩护和请他人辩护的权利。

1954 年 7 月 31 日，中央人民政府司法部发出了《关于试验法院组织制度中几个问题的通知》，决定在北京、上海、天津等大城市试行开展律师工作。同年 9 月，颁布了《中华人民共和国宪法》和《中华人民共和国人民法院组织法》，明确规定，被告人可以委托律师为自己辩护。应当说，这是从国家根本大法的层面以及人民法院组织法的层面，为中华人民共和国的律师制度之建立提供了法律依据并奠定了法制基础。

1956 年 1 月，国务院批准了司法部的《关于建立律师工作的请示报告》，明确了律师开展工作的相关问题。同年 7 月 20 日，司法部颁布了《律师收费暂行办法》，明确了律师收取代理费的标准和具体的办法。

1957 年上半年，《律师暂行条例（草案）》终于脱稿。可惜的是，1957 年下半年开始，在"反右"扩大化的情形下，律师被错误理解为"丧失阶级立场"、"替罪犯开脱"、"为坏人说话"的人员，不少律师被下放、劳动改造甚至被判刑。刚刚建立起来的律师制度，由于历史的原因而被迫中断。

（五）中国改革开放中的律师制度恢复及改革

1. 律师法的颁布实施及修正

---

① 杨智勇. 中国现代律师发展成就非凡 [J]. 中国律师，2009（4）：28.

② 施洋（1889~1923），湖北竹山麻家渡镇双桂村人。1915 年，就读于湖北私立法政专门学校，毕业后与武汉法学界人士组织法政学会，主张律师是保障人权、伸张公理之工具。1922 年 6 月，加入中国共产党。同年 7 月底，领导汉阳铁厂取得了罢工胜利后参与组建武汉工团联合会，并被聘请为该会法律顾问。1923 年 2 月 4 日，作为京汉铁路工人举行总罢工领导者之一，积极组织武汉工人和学生进行反对军阀吴佩孚的游行示威。2 月 7 日晚，被反动军警逮捕而牺牲。

③ 沈钧儒（1875~1963），原籍浙江嘉兴，光绪甲辰（1904）进士，次年留学日本，回国后参加辛亥革命和反对北洋军阀的斗争。1935 年，与宋庆龄等发起并组织了全国各界救国联合会，积极开展抗日救亡运动，触怒当局而遭入狱，为著名的"七君子"之一。曾任国会议员、广东军政府总检察厅检察长、上海法科大学教务长。他为反对内战争取和平，建立和扩大爱国统一战线作出了很大的贡献，是中国民主同盟的创始人之一。中华人民共和国成立后，为最高人民法院第一任院长，曾任全国政协副主席、全国人大常委会副委员长和民盟中央主席等职，被誉为"民主人士左派的旗帜"、"爱国知识分子的光辉榜样"。

应用型系列法学教材

1979 年中共中央第十一届三中全会的召开，明确了进行改革开放的政策，党中央决定恢复律师制度的建设。1979 年 4 月，全国人大常委会法制委员会成立了专门的小组，开始起草律师条例。1980 年 8 月 26 日，第五届全国人民代表大会常务委员会第十五次会议通过了《中华人民共和国律师暂行条例》。该条例的颁布实施，标志着中华人民共和国律师制度的正式建立。

1996 年 5 月 15 日第八届全国人民代表大会常务委员会第十九次会议通过了《中华人民共和国律师法》（该法分别于 2001 年 12 月 29 日、2007 年 10 月 28 日、2012 年 10 月 26 日三次经全国人民代表大会常务委员会决议修订）。该法除规定有总则外，还具体规定了律师执业许可、律师事务所、执业律师的业务和权利义务、律师协会、法律援助、法律责任等方面的内容。

2. 律师资格考试与司法资格考试

1986 年，司法部开始实行第一次的全国律师资格统一考试。为了规范律师资格考试，司法部于 1996 年 12 月 2 日发布了《律师资格全国统一考试办法》（1996 年 12 月进行了修订，后该办法因全国统一的司法资格考试而被废除）。截至 2000 年，全国律师资格考试已举行了 12 次，有百万以上人次参加了考试，有 14 万人取得了律师资格证书。① 全国律师资格考试为我国律师行业遴选了一大批法律专业人才，其中很多人已成为律师行业的骨干，他们在执业中努力依法维护当事人的合法权益，维护法律的正确实施，为我国民主与法制建设作出了重大的贡献。

为了适应社会主义法制建设的需要，统一法律职业人的专业素质，从 2002 年 3 月起将"律师资格考试"、"初任法官资格考试"和"初任检察官资格考试"合而为一——国家司法考试，是国家统一组织的从事特定法律职业的资格考试。初任法官、初任检察官和取得律师资格必须通过国家司法考试。

司法部会同最高人民法院、最高人民检察院于 2008 年对《国家司法考试实施办法（试行）》进行修订后，于 2008 年 8 月 8 日以"司发〔2008〕11 号"文印发了《国家司法考试实施办法》。国家司法考试实行全国统一命题和评卷，成绩由司法部国家司法考试办公室公布。国家司法考试的考试成绩一次有效。通过国家司法考试的人员，由司法部统一颁发《法律职业资格证书》。

根据中共中央办公厅、国务院办公厅 2015 年 12 月 22 日公布的《关于完善国家统一法律职业资格制度的意见》的规定，担任法官、检察官、律师、公证员、法律顾问、仲裁员（法律类）及政府部门中从事行政处罚决定审核、行政复议、行政裁决的人员，应当取得国家统一法律职业资格。国家鼓励从事法律法规起草的立法工作者、其他行政执法人员、法学教育研究工作者等，参加国家统一法律职业资格考试，取得职业资格。而且，只有符合全日制普通高等学校法学类本科学历并获得学士及以上学位，或者全日制普通高等学校非法学类本科及以上学历并获得法律硕士、法学硕士及以上学位或获得其他相应学位从事法律工作 3 年以上条件者，方可报名参加考试。

---

① 全国统一司法考试：历史性的突破［EB/OL］.［2016-06-14］. 百度，http://www. 51edu. com/zhiye/2008/0809/article_ 4176. html.

依照相关规定，中国香港特别行政区、澳门特别行政区和台湾地区的居民，均可依法参加国家统一法律职业资格考试。

3. 律师协会的建立

根据 1980 年颁布的《中华人民共和国律师暂行条例》的规定，1986 年 7 月中华全国律师协会成立。中华全国律师协会是社会团体法人，是全国性的律师行业自律性组织，依法对律师实行行业管理。各省、自治区、直辖市设立地方律师协会，设区的市根据需要可以设立地方律师协会。律师协会章程由全国会员代表统一制定，报国务院司法行政部门备案。根据《律师法》的规定，律师应当加入所在地的地方律师协会。加入地方律师协会的律师、律师事务所，同时是中华全国律师协会的会员。律师协会会员按照律师协会章程，享有章程赋予权利，履行章程规定的义务。中华全国律师协会现有团体会员 31 个（即各省、自治区、直辖市律师协会），个人会员近 11 万人。① 中华全国律师协会执行机构由秘书长领导，下设办公室、会员部、专业委员会工作部、培训部、国际部（中国国际律师交流中心）、信息调研部。中华全国律师协会自成立以来，在对律师业务指导、交流工作经验、维护律师合法权益、加强与外国律师之间的民间交流等方面发挥了很大的作用，逐步完善行业管理体制，为我国律师事业的发展作出了贡献。地方的律师协会在支持会员依法执业和维护会员的合法权益、制定并监督实施律师执业规范、负责律师职业道德和执业纪律的教育、总结和交流律师工作经验并提高会员的执业水准、组织律师业务培训、处理对会员的投诉、制定并监督实施会员奖惩办法、组织会员开展对外交流、调处会员在执业活动中发生的纠纷、参与立法活动、宣传律师工作、举办律师福利事业、组织与实施全国律师资格考试的具体工作、法律规定的其他职责、行使司法行政部门及上级律师协会委托行使的其他职责等方面作出了积极的贡献。

4. 律师制度的改革

（1）完善律师的管理体制。在计划经济条件下，对律师事务所和律师的管理，实行的是行政和行业"双轨"的"两结合"管理模式。随着市场经济的发展，律师管理的方式逐渐由"两结合"的双轨模式逐渐向行业自治转变。专职律师也从过去的"国家法律工作者"向"自由执业者"转变。

2016 年 6 月 13 日，中共中央办公厅、国务院办公厅印发了《关于深化律师制度改革的意见》，对深化律师制度改革作出全面部署。《关于深化律师制度改革的意见》共分 6 部分 29 条，从深化律师制度改革的总体要求到完善律师执业保障机制、健全律师执业管理制度、加强律师队伍建设、充分发挥律师在全面依法治国中的重要作用、加强组织领导等方面，全面提出了深化律师制度改革的指导思想、基本原则、发展目标和任务措施。明确了深化律师制度改革必须要坚持的 5 项原则：坚持党的领导、坚持正确的政治方向、坚持执业为民、坚持依法执业、坚持从中国实际出发。提出了 6 个方面的措施：保障律师诉

---

① 中华全国律师协会简介［EB/OL］.［2016-05-29］. 中华人民共和国司法部，http：//www. legalinfo. gov. cn/gb/moj/zhishudanwei/lvshixiehui. htm. 截至 2016 年 3 月，我国律师已达 29.7 万人，律师事务所已达 2.4 万多家。我国执业律师人数已超 29.7 万人［EB/OL］.［2016-05-29］. 新华网，http：//news. xinhuanet. com/legal/2016-03/30/c_1118492959. htm.

讼权利、完善便利律师参与诉讼机制、完善律师执业权利救济机制、建立健全政府购买法律服务机制、完善律师行业财税和社会保障政策、优化律师执业环境。

（2）多种形式的律师事务所并存和发展。在计划经济条件下，律师事务均是国家政府机关（司法局）或者事业单位（如高等院校等）投资设立。市场经济要求主体的多元化，因此在保留公职律师事务所的基础上有了个人合伙律师事务所甚至出现了个人律师事务所，境外的律师事务所也可以设立办事机构；依法设立的律师事务所还可以根据业务发展需要在异地设立各分所。

（3）保障律师执业权利。律师依法享有执业权利是确保律师"司法平衡器"功能正常发挥的前提。为了保障律师在执业过程中的应有权利，确定了律师的独立执业权、豁免权、职业秘密权、调查取证和阅卷权、会见和通信权，并给予了充分的法律及制度保障。根据党的十八大和十八届三中、四中全会精神以及习近平总书记等中央领导同志重要指示精神，在深入调查研究、广泛听取意见的基础上，"两院三部"（最高人民法院、最高人民检察院、公安部、国家安全部、司法部）于2015年9月16日，联合印发了《关于依法保障律师执业权利的规定》（以下简称《规定》）。《规定》共49条，自发布之日起施行。《关于依法保障律师执业权利的规定》，提出了依法保障律师执业权利措施，着力解决当前律师权利保障中存在的突出问题。"两院三部"联合出台《规定》，在律师事业发展史上还是第一次，对于进一步加强律师工作，保障律师执业权利，推进律师事业发展，充分发挥律师在全面推进依法治国中的重要作用，为协调推进依法治国战略布局的实施将产生重要的贡献，具有重大而深远的意义。

（4）积极应对WTO和CEPA挑战，推动律师机构的规模化、专业化发展。我国加入世贸后，特别是随着CEPA等文件的签署，内地开放法律市场的步伐进一步加快，如何应对国外、港澳法律服务业的挑战，是我国律师业必须面对的课题。而对国内律师业而言，一个突出的问题就是律师事务所的规模较小，缺乏能够参与国际竞争的规模型、集约型、专业型与全能型相结合的大所，缺乏懂法律、懂经济、懂英语的综合型人才。目前，世界前50强的律师所平均人数为800人，而我国律师所平均只有10名律师，这显然缺乏国际竞争力。① 以2014年全年全国律师行业500亿元毛收入平摊至29.7万名律师名下计算，每位律师年创收也不超过17万元。②

（5）律师行业的党建工作的加强。我国的律师工作必须始终坚持社会主义方向。因此，加强党对律师工作的领导，是坚持律师工作正确方向的根本保证。在政治上，必须坚决抵制西方政治制度、法律制度、法治观念的不良影响和侵蚀，坚决抵御西方敌对势力对我国律师队伍进行"西化"、"分化"的图谋。应当充分发挥律师基层党组织的战斗堡垒作用和党员的先锋模范带头作用，加强律师行业党的作风建设，推动律师行业进一步形成良好的行业风尚。

---

① 李英才. 坚持科学发展观 深化律师制度改革［EB/OL］.［2009-05-29］. 中国律师网, http：//www. acla. org. cn/pages/2009-1-6/s49752. html.

② 佛山律师年薪大起底，人均收入25万元［EB/OL］.［2016-06-20］. 南都网, http：//paper. oeeee. com/nis/201412/03/301532. html.

根据不同律师事务所的实际情况，对具备条件的律师事务所单独建立党支部，对党员较少的律师事务所联合建立党支部，对无党员的律师事务所派驻了指导员或联络员。至今，全国已经全面完成了党的组织和党的工作对律师行业的全覆盖，实现了律师行业党的建设工作新突破。

建立完备的具有中国社会主义特色的现代律师制度，是中国司法实践的迫切需要。只有立足国情，善于借鉴，稳步改革，完善制度，全面推进司法公正，才可能使律师制度为全面建设和谐社会提供有力的保障。

四、律师制度的发展趋势

（一）政府律师与社会律师并存

以提供专业服务对象为标准，可以将律师划分为社会律师和政府律师。社会律师是为社会不特定的服务对象提供专业法律服务的律师。而政府律师则是在政府部门工作并为政府提供法律服务的律师。政府律师制度是在西方法治发达的国家普遍实行，在我国正处于积极探索的阶段。随着社会主义市场经济体制和社会主义法律体系的不断健全、完善，以及受经济全球化趋势发展的影响，政府行为的法治化已经成为了全社会的普遍性要求。因此，在我国建立和完善政府律师制度也就日益成为必要和必然。

在英国，早期的政府律师，是从"诉讼代办人"（Attorney）发展而来的。早在14世纪前后，英国王室就已出现了一批由国王任命专门协助国王处理王室法律事务的"国王法律代办人"（King's Attorney）和"国王事务律师"（King's Solicitor）。到了15世纪，这些代办人因获得国王的重用，逐渐演变成为国王和贵族院的法律顾问，最终成为官方律师（Crown Solicitor）。① 英美法系国家和地区普遍采用政府律师制度，美国、加拿大、澳大利亚、新西兰、斯里兰卡、新加坡等国家，中国的香港特别行政区政府也拥有相当数量的政府律师。

目前，我国的政府律师被称为"公职律师"。公职律师，是在国家行政部门设立的政府律师，由政府支付薪水，属于国家公务员序列，主要办理本机关的法律事务以及为政府部门和领导的决策提供法律意见，以提高政府机构的依法行政水平和维护国家利益。公职律师不得为社会提供有偿法律服务。

由于政府担任着社会执法者和社会经济干预者的角色，因此作为一个行政主体与行政相对人之间发生纠纷就难以避免。而随着法律制度的健全，诉讼过程是一种专业化活动的过程，尤其是法庭的辩论所特有的专业化和"艺术化"，使政府很难应付日渐频繁的诉讼。政府专门雇请一批律师为自己服务，提供法律咨询、参加行政诉讼就成为了必然。尽管公职律师在发展过程中还存在一些值得改进的地方，② 但是社会法制化程度越高，社会律师和政府的公职律师也必将同步增长。

（二）专业化律师的发展

英国的律师划分为出庭律师和事务律师两大部分，在组织上和业务上彼此分立，互不

① 张富强. 香港律师制度与实务［M］. 北京：法律出版社，1999：123-124.
② 陈建彬. 公职律师制度：如何走出面临的困境［J］. 广州司法，2003（1）：58.

统属。这种二元制在英国已经实行了数百年之久，尽管自19世纪以来不时有人对其提出批评，要求将两类律师合而为一，但始终没有成功。① 在我国，律师既没有出庭与事务律师之划分，也没有刑事、民事等专业的划分，律师既可以办理诉讼业务也可以办理非诉讼业务。但是，随着专业化的发展，客观上不少的律师已经根据自身专业特长和客户群，进行了专业化发展的定位。② 可以设想，今后的律师队伍也将逐渐出现专事出庭辩论、专事非诉讼业务或者专事某个专业领域业务的自然分化，从而形成多元制的发展格局。

值得注意的是，在律师协会往往成立有民商事、刑事、公司法、知识产权法等各种业务的专业委员会，为律师提供专业的指导服务。

（三）行业自律逐渐增强

律师从政府国家工作人员逐渐向社会自由执业者的发展过程中，也使得对律师的管理从行政性强制管理向行业性自律性管理转变。不少的律师行业自律监管工作，如律师的年审注册、律师的专业继续教育、律师信息服务、专业研究和律师经验交流等，均由律师协会自主开展。

（四）各种形式的律师事务所之发展

随着司法制度的改革深入，原来单一的国家设立的律师事务所已经逐步向合伙制律师事务所转变，同时也存在着个别的个人律师事务所，还有国家公务员队伍的公职律师事务所。境外的律师事务所也逐渐在中国大陆设立了办事处。国内的律师事务所符合条件的，也可以在异地设立分所（部）。

（五）律师事务所的规模化发展

目前的合伙制律师事务所，一般要求要由3名以上的执业律师构成。从市场经济的发展规律以及经济发展本身的要求来分析，达到一定的规模才能产生相应的经济效益。由于律师行业属于人力资源和服务的行业，而客户存在着"认所不认人"的"业务跟所走"的认同规模化发展之现象；同时也还存在着"认人不认所"的"业务跟人走"的认同律师个人专业性之现象。

律师作为一个专业性的执业者，无论其对外接待客户还是内部的准备开庭，目前大多是"单兵作战"式的发展。就算是在业务量多的情况下，也是较多地考虑聘请律师助理来解决问题。按目前29.7万名律师、2.4万家律师事务所来计算，平均每家律师事务所也不过12名左右的律师。这样的规模很难与国外大规模律师事务所相比。英国的高伟绅律师事务所和美国、德国的2家律师事务所合并后，成为世界第一大所，拥有2700名律师，其业务覆盖全球。③ 2015年1月27日，亚洲最大律师事务所——北京大成律师事务所与全球十大律所之一的德同（Dentons）律师事务所在北京签署合并协议，共同打造一个全新的、布局全球的世界领先国际律师事务所——"大成律师事务所"（英文名保留为

---

① 程汉大. 英国二元律师制度的起源、演变与发展走向 [J]. 甘肃社会科学，2005（4）：40.

② 彭耀林. 中国律师专业化之希望——律师专业化发展论坛侧记 [J]. 中国发明与专利，2006（1）：31.

③ 李凌燕. 中国"入世"以后律师业面临的问题 [EB/OL]. [2016-05-28]. 中国社会科学院，http：//www.cass.net.cn/file/2005102650439.html.

Dentons），该律所遍布全球 50 多个国家和地区，共有 120 个办公室，其执业律师人数超过 6500 人，大成律师事务所主任和创始合伙人彭雪峰将担任新律所的全球董事会主席和全球顾问委员会主席。[①]

现代化社会发展，在一定程度上要求专业化、集约式发展。因此，律师事务所的发展，应当考虑达到符合社会发展要求的一定规模。律师业务，特别是有一定规模的项目，往往需要多个领域的专门人才共同完成，其涉及的不仅有实体性和程序性的问题，还有项目管理以及与当事人沟通等诸多问题，需要的也不仅仅是专业的知识，还要有项目的协调管理等。在此情况下，一个有专业分工的大所要比个体作坊式的小所更有竞争力。美国学者 Marc Galanter 与 Thomas M. Palay 1990 年于《弗吉尼亚法学评论》上发表了《为什么大型律师事务所会越来越大：晋升合伙人竞赛与大型律师事务所规模的增涨》一文，并以此为基础于 1994 年出版发行了《律师之间的竞赛：大型律师事务所的变迁》一书。规模化发展，已经成为了摆在中国律师事务所面前的一个严肃的问题。

第二节　律师的性质

一、律师性质概述

（一）律师性质的概念

律师性质，一般意义上理解是指律师区别于其他职业的本质属性。律师性质体现了律师职业的基本属性，其实就是关于律师是一种什么样职业的理解。

（二）明确律师性质的意义

随着社会发展和文明程度的提高，律师与其他许多职业一样，也是社会分工发展到一定阶段的产物。专业化所带来的不同职业有了自己的本质属性。如果说企业家阶层，是一个自由流动的管理阶层，那么如何理解律师这一职业？关于律师是一种什么样的职业属性，律师到底是一种什么样的人，这涉及律师的地位、作用、权利和义务、责任等重大的问题。

律师到底是属于公权力的国家法律工作者，是社会的中介机构，还是专业的自由职业者？是营利企业、或者是慈善机构的工作人员？

如果不能正确界定律师的性质，则难以对律师行业的发展有正确的认识，难以对律师的执业活动作出正确的评价，难以理解律师应享有的权利，难以保障律师应有的权利，难以维护社会主义的法制秩序。

二、不同时期我国律师的性质

（一）国家法律工作者

1980 年 8 月 26 日，全国人大常委会通过并颁布了《中华人民共和国律师暂行条例》。

---

① 世界规模最大律师事务所诞生 [EB/OL]．[2016-06-20]．正义网．http://www.jcrb.com/prosecutor/information/201501/t20150129_1473462.html.

该条例第1条就明确规定了："律师是国家的法律工作者。"这是我国第一次以立法的形式对律师的性质作出界定。根据这一规定，律师制度是国家司法制度的组成部分，律师是国家司法工作人员中的一支队伍，律师在行使着相应的国家公权力。

1983年7月，广东省深圳经济特区蛇口律师事务所成立，其隶属于招商局蛇口工业区，这是改革开放以来建立的全国第一家律师事务所。将律师界定为"国家法律工作者"，是特定历史条件下的产物，这对恢复法制初期律师制度的建设，起到了重要的扶持作用，为律师工作发展奠定了良好基础。

由于中国行政机构的特殊性，在特定的历史时期，律师事务所都是国家投资设立，或者是由政府机构（司法局）、国家的事业单位（高等院校）投资设立。律师事务所也就带有了一定的行政色彩，具有行政级别，律师纳入国家行政人员的编制系列并享有行政人员的待遇。于是，律师与警员、检察员、审判员一样，都是"国家法律工作者"，其工作目的都是为了维护社会主义法治而从事法律工作，只是在履行的工作方面的分工和侧重点有所不同而已。

（二）市场经济的中介组织

1993年司法部的律师改革方案得到了国务院的批准，律师事务所作为中介组织的定位得到了政府有关部门和专家学者普遍认同。在此之前的1988年5月，深圳成立了全国第一家合作制律师事务所，同年8月还成立了全国第一家私人律师事务所。1993年底至1994年初，深圳率先突破以所有制和行政级别套用于律师执业机构和律师的束缚，对律师体制进行大胆改革，成立了一批不占国家编制、不要国家经费，自收自支、自负盈亏、自我发展、自我约束的合伙制律师事务所。国家统办律师所的一统天下的格局被打破了，出现了国资所、合作所、合伙所、个人所等不同体制律师事务所并存的局面。律师事务所作为社会服务的中介组织之间发生了市场经济条件下必然的竞争。

作为社会中介组织的律师事务所，作为向社会提供法律服务的律师，不再是列入国家公权力的范畴，因此事务所不再依照行政区划设置，对律师事务所的管理也从行政序列的管理中分离出来而进入行业管理；律师也不再列入行政编制和享受行政待遇（不再是公务员）。

律师事务所作为中介组织的定性，对完善律师制度、唤醒律师的主体意识起到了很大的推动作用。

（三）专业的自由执业者

1996年全国人大常委会通过了《中华人民共和国律师法》，将律师定义为"依法取得律师执业证书、为当事人提供专业法律服务的执业人员"。2007年新修订的《律师法》沿用了"为社会提供法律服务的执业人员"，较为准确地阐明了律师的职业特性、执业方式，把律师从市场中介中区分了出来，克服了以往对律师性质认识的不足，较好地解决了律师制度建设和律师发展实践中遇到的难题，强化和凸显了律师的专业属性，明确了律师今后的发展方向。

律师职业具有专业性，是以提供法律专业服务为表征和内容的。因此，律师应当具有相应的专业资格和达到一定的专业水平，司法考试就是一个很好的考核标准。

律师是自由职业者，其可以在不同的律师事务所进行合理"流动"（除合伙人以外，一般的律师可以在不同的时期内依照劳动合同加盟不同的律师事务所）。既然是自由职业者，不行使公权力，理所当然也就不存在占政府行政编制、享有公务员待遇的问题（政府律师除外）。对律师这一自由职业者，要求其加入律师协会，对其进行行业管理，也就理所当然。

第三节　律师的任务

律师的任务，是指由国家法律明确规定的，通过律师执业所要达到之根本目的。《律师法》明确规定了"律师应当维护当事人合法权益，维护法律正确实施，维护社会公平和正义"。

根据《律师法》以及相关法律的规定，结合律师的工作实际，律师的任务主要有以下几个方面。

一、维护当事人的合法权益

严谨地说，权益，是指依法行使法律赋予的权力以及由该合法权力的行使而带来应有的利益。因此权益应当作正解，属于褒义词，不存在非法权益之说。但是，社会上人们已经习惯将"权益"之前缀加"合法"一词以强调权益的合法性，已经成为了约定俗成的一个概念。因此，本书予以沿用。

维护当事人的合法权益，是律师的直接任务。无论是非诉讼事务的当事人，还是民事诉讼或者民商事仲裁案件的当事人，或者是刑事案件、行政案件的当事人，其均享有法律赋予或者认可之应有权益。如何享有这些权益或者正确行使相应的权利，需要当事人自身具有一定的法律知识、法律意识和法律运用的水平及技巧。而一般的公民和单位往往缺乏这样的实际能力，这就需要作为专业人士的律师来提供。

由于社会主义法制建设是一个过程，在维护当事人权益的时候将可能碰到不同的情形。

（一）有明确法律规定时的权益之维护

无论是作为国家根本大法的宪法，还是具体的基本法，关于公民和法人以及其他组织应享有的权益，大的方面已经有了基本的规定。在法律有明确规定的情况下，公民、法人和其他组织应当享有的权利和利益，律师在开展业务时应当坚决地予以维护，不允许单位和个人非法干预或者排除。

（二）法律没有明确规定时的权益之维护

而对于法律没有明确规定，不属于法律禁止和限制的，只要是不危害国家、不损害他人权益，不违反社会公序良俗的，从"法无禁止则自由"的私权保护观念出发，律师应当尽力维护当事人的相关权利。值得注意的是，相对应于公权力的国家、政府机关和公务员，在其行使公权力干预私权的时候，其遵循的则是"法无授权则无权"的基本准则加以约束之。

（三）当事人权益受到侵害时的救济

当事人的合法权益一旦受到侵害，律师应当根据实际情况选择不同的维权途径和采取不同的维权方式以及相应得力之措施予以积极维护。

当事人的权益受到侵害之后或者当事人之间发生纠纷时，既可以通过协商的方式来解决，也可以通过第三人来调解解决，或者可以通过国家公共权力机构的方式获得救济。

"受人之托，忠人之事"，律师在开展业务时必须明确以下几点：

首先，律师维护的是当事人的合法权益，而不是非法的利益。其次，即便是实施了非法行为的人也还有其相应的合法权益需要维护，只要是当事人的合法权益，律师就应当依法予以维护。再次，律师维护当事人的合法权益必须是当事人自己的或与当事人有直接或间接利害关系的合法权益，如与当事人无关，则不是律师应尽的责任范围。最后，在律师执业过程中应当积极维护当事人的合法权益，在选择不同的方式和措施时，应从维护当事人最大的效益角度出发。

（四）律师的具体业务范围

《律师法》第28条明确规定了律师可以从事下列业务：（1）接受自然人、法人或者其他组织的委托，担任法律顾问；（2）接受民事案件、行政案件当事人的委托，担任代理人，参加诉讼；（3）接受刑事案件犯罪嫌疑人的委托，为其提供法律咨询，代理申诉、控告；为被逮捕的犯罪嫌疑人申请取保候审；接受犯罪嫌疑人、被告人的委托或者人民法院的指定，担任辩护人；接受自诉案件自诉人、公诉案件被害人或者其近亲属的委托，担任代理人，参加诉讼；（4）接受委托，代理各类诉讼案件的申诉；（5）接受委托，参加调解、仲裁活动；（6）接受委托，提供非诉讼法律服务；（7）解答有关法律的询问、代写诉讼文书和有关法律事务的其他文书。律师在具体开展业务的过程中，维护当事人的合法权益。

二、维护法律的正确实施

维护法律的正确实施，是律师的基本任务和根本目的。国家制定的法律必须得到全面的贯彻实施。维护当事人的权益这一直接目的，必须服从维护国家法律的正确实施这一根本目的。

法律制度的目标，可以通过不同的方面在相辅相成的情况下得到实现，只要法律得到了正确的实施，例如刑法中打击犯罪和保障人民的权益，维护良好的社会秩序之目的就能够实现。

律师作为一个法律从业者，代理当事人并依照法律开展业务，不能片面地看待当事人的权益法律保护，应当认识到法律得到了正确的实施也就意味着当事人的权益能够得到有效的保护。保护当事人的权益与维护法律的正确实施，是完全一致的。

律师的执业活动在法律实施过程中发挥着独特的作用，是除司法、执法、守法之外的法律实施中的一个独立过程，它促使其他过程顺畅有序地运行并融合于其中，同时又保持自身相对独立的结构和机制，与国家的司法活动、政府的行政执法、公民和组织的守法并行发展。

尽管说维护法律的正确实施是律师的本质属性，但在法律实施的过程中不同的主体均有着难以离舍的部门角度，就难免会出现一些隐藏在纠纷表面之后纷繁复杂的问题和利益。律师在维护的当事人权益的过程中，务必坚持维护国家法律的正确实施这一根本目的。

【案例1-2】

某法院副院长借打麻将受贿①

【案例1-2】点评

某市中级人民法院副院长长期以来与某律师打麻将，并长期收受律师的行贿。按被查处的当事人的话说："我作为院长，本应远离老板和律师，但自己却毫不避讳，经常和他们吃饭、喝酒、打麻将，勾肩搭背，拉拉扯扯，甚至还觉得这样才显得自己豪爽。但仔细想想，如果不是有求于我，谁会愿意陪我吃喝玩乐呢？"该副院长最终被查处。律师维护当事人的权益，不能靠行贿法官来获得案件的胜诉。

三、维护社会的公平和正义

从繁体的汉字"法"的构成来看，法本身蕴含着平之如水的公平之意。维护公平和正义，是社会对律师的基本要求，也是人们对法律制度的基本期盼。作为法律制度，其对应的是"事"而非针对人，古代有"王子犯法与庶民同罪"，现代有"法律面前人人平等"的基本观念。

（一）公平及其含义和要求

公平（fair），英文的本意是指"参与各方在规则权上的平均或相等"，具体是指按照一定的社会标准（法律、道德、政策等）、正当的秩序合理地待人处事的基本要求。

公平是制度、系统、重要活动的重要道德品质和基本要求。公平包含公民参与经济、政治和社会其他生活的机会公平、过程公平和结果分配公平。公平，作为一个含有价值判断的"规范性概念"，比"平等"、"均等"更为抽象，更具有道德意味、伦理性和历史性。不公平可能产生严重的社会问题。正如孔子在两千多年前曾经指出的："有国有家者，不患寡而患不均，不患贫而患不安。"②

公平的内涵包括：（1）一般公平和机会均等，即公平指的是平等的规则和人人享有同等的机遇和权利，有人也因此把这样意义上的公平称为起点的公平或条件的公平；（2）分配过程或分配形式的公平，是指在机会均等的条件下，每个人获得与自己投入相称的收益，也就是人们常说的等量劳动得到等量报酬，等量资本得到等量利润；（3）结果的公平，是指人们在最终的分配上的平等、平均。

第一，公平是博弈的结果。公平不是天生的或者与生俱来的，同时也不是自动实现的。它作为人类始终追求的基本价值，是相关各方协商、斗争、妥协的结果。没有博弈的过程，也就不存在作为博弈结果的公平。

第二，公平的内涵是不断发展变化的。公平作为人类的价值评判尺度，离不开人的认

---

① 深圳中院原副院长贪腐内幕：牌桌上法官排队行贿［EB/OL］.［2016-06-20］.新华网，http：//news. xinhuanet. com/legal/2015-08/07/c_128103199. htm.

② 参见《论语·季氏》。

识和判断。不同的人对相同的人或事既有相同的认识和判断，也必然存在不同的认识和判断。因此，不同的人对公平有不同的理解；以前认为是公平的人或事，现在则可能认为它是不公平的。

第三，公平只能是相对的。现实社会不存在绝对的公平。受到主客观等诸多因素的影响，最后获得的只能是相对公平的结果；人类追求公平的过程相对于实现绝对公平的目标理想来讲，永远只能是相对的。

（二）正义的含义和基本要求

正义是人类社会普遍认为的崇高的价值，是指具有公正性、合理性的观点、行为、活动、思想和制度等。在伦理学中，人们通常将按一定道德标准所应当做的事称为正义，属于一种道德性的评价。"正义"一词，在中国最早见于《荀子》："不学问，无正义，以富利为隆，是俗人者也。"

正义观念萌于原始人的平等观，形成于私有财产出现后的社会。不同的社会或阶级的人们对"正义"有着不同的解释：古希腊哲学家柏拉图认为，人们按自己的等级做应当做的事就是正义；基督教伦理学家则认为，肉体应当归顺于灵魂就是正义；马克思主义伦理学认为，正义与否的客观标准主要在于其行为是否符合社会发展的要求与广大群众的利益。

正义作为一种主观的价值判断，一种行为、状态是否正义涉及三个要素：（1）主体——人。人是正义反映的主体，也是评价正义的主体，不同的主体的认识和判断标准不完全相同。（2）社会环境。社会环境的形成归于人的产生和结合，社会环境对人的分工、分配起着重要作用。因此，在社会的大环境之中，每个主体所处的地位、获得的待遇不可能完全相同。（3）与人直接相关的事物。与人直接相关的事物，如地位、资格、自由等，其多寡优劣肯定会主导着人们的评价。

（三）公平正义的意义

公平正义是每一个现代社会孜孜以求的理想和目标，不少国家都在尽可能加大公共服务和社会保障力度的同时，高度重视机会和过程的公平。构筑一个公平正义的社会，需要全社会进行长期努力，要提高全体公民的文化、道德、法制等方面的素质，使人们有渴求公平正义的意识、参与公平正义的能力和依法追求公平正义的行为。公平正义是衡量一个国家或社会文明发展的标准，也是我国构建社会主义和谐社会的重要特征之一。只有公平正义，才能使社会各方面的利益关系得到妥善协调，人民内部矛盾和其他社会矛盾得到正确处理。满足公民对社会公平正义的要求，提升公民的幸福感和满意度，必须具备较高的经济发展水平和较好的物质条件。在当今中国，维护和实现社会公平的根本途径，仍然是努力发展社会经济，为实现更高水准的社会公平奠定必要的物质基础。同时，制度是实现社会公平正义的根本保证。

应该看到，任何一个制度不可能没有缺陷。制度有其合理性的一面，必然也就存在着相应缺陷的一面。尤其是在成文法的国家，成文的立法与社会现实存在着不可避免的矛盾，具体表现在法律规定的原则性与社会客观现实的多变性和多样化。以预设的规则来解决现在和将来出现的问题，必然会或多或少地产生法律跟不上社会发展的情形；但是如果法律频频修改的话，又往往会减弱法律的权威性和稳定性，因为权威恰恰是建立在不变的基础上。因此，法律的稳定与社会的日新月异的变化之间的矛盾就会出现问题。不同的案件有其自身的具体情形和判决方式。尽管法治的统一性取决于司法过程中的制约，使法官不能随心所欲地判决，但这背后蕴藏着执法者对法律规定的理解和专业知识素养等方面的制约。因此，绝对的公平本身就是一个难以成立的命题。

在社会现实中，当事人往往将过去的案件审理结果与本人所涉案件的结果进行比较，如果本人所涉及的案件判决结果与他人的不同，就认为是不符合公平正义的。作为专业人士的律师，对自己办理案件的结果应当有一个清醒的认识和正确的评价。法律上的公平正义，首先应当是程序上的正义之衡量，其次才是实质上的公平考量。

四、构建和谐社会

律师是其客户的代理人，从某种意义上看是代表了民众的利益，因而会产生与公共权利相"对抗"的情形，尤其是在刑事诉讼活动中更为突出。

公权力与私权的对抗的成因表现在两个方面：一方面是公权力不当干预了私权领域；另一方面是私权的不当行使从而造成对社会秩序的破坏或者造成破坏的可能，公权力的介入是为了维护社会的利益或者保护他人的权益。公权力的膨胀与滥用所带来对其限制的探讨已经成了一个重大的课题，公权力的滥用远比个人私权不当行使的危害更大，这就是为什么在刑诉中控制国家权力，如刑诉中的证据排除规则等，这体现了对公权力制约和对个人权力尊重之间平衡的价值观念。

和谐社会不是一个简单的政治性口号，其在社会的各个领域和方面均有着深刻的含义和要求。建设和谐社会的司法实践中不仅仅是要求当事人之间的和谐，还要求法律职业共同体在执行职务中的彼此尊重对方职业所形成的和谐。例如，律师到法院立案未果，裤子竟然被撕破。尽管最终以法院向该律师公开赔礼道歉并赔偿损失；法院依法向律师出具接收立案材料的凭证并依法及时告知立案审查结果；法院启动责任调查程序，依照有关规定追究相关人员责任，并向社会通报结果；法院严格落实立案登记制度，进一步改进工作作风；法院依法保障律师执业权利及合法权利的结果告终。① 但是反映出来的问题是深层次的。法官应当如何看待和对待律师，社会相关的部门如何看待和对待律师；律师又应当如何看待自己和正确地对待规则和他人。

【案例1-3】

律师被法官铐在篮球架下40分钟②

【案例1-3】点评

云南省某县法院开庭后，代理律师见书记员没有把自己的主要观点在庭审笔录上

① 熊如梦. 广西律师法院立案被扯烂裤子，官方：法警滥用职权［EB/OL］.［2016-06-26］. 凤凰资讯，http：//news. ifeng. com/a/20160608/48940908_0. shtml.
② 陈鹏. 法官"铐押"律师，怎一个道歉了得［EB/OL］.［2016-06-20］. 新华网，http：//news. xinhuanet. com/politics/2009-07/14/content_11707581. htm.

记录下来，他要求补正但未获同意，于是他自己动手在笔录上做了补充。此举激怒了庭审的某法官，他当场叫来法警，用手铐将律师铐在法院的篮球架上；40分钟后，该法院一位副院长让人把手铐打开。

在民事诉讼活动中，原告与被告的指控与抗辩，在查明事实、明确可适用法律的前提下，出于私权处分和意思自治的尊重，鼓励当事人之间调解结案。对于人民内部矛盾，以道德规则来解决问题，远比以公权力的依法裁判解决要好，原因是通过当事人内心的确认达成一致的解决方案，能够更大程度地实现"案结事了"之终极目的。

五、增进"法律职业共同体"的团结

法律职业共同体，是指一个国家立法、司法、执法和法学研究人员共同组成的从事法律事务和法学研究职业的共同群体。法律职业共同体，实质上是法律职业阶层的一个概括。广义上的法律职业共同体中的法律职业人员包括法律实践者的法官、检察官、律师，学术类法律人才的法律研究者，法律辅助类技术应用型人才如书记官、法律助理、司法秘书、司法执行人员、司法警察等人员等。而狭义的法律职业共同体主要由法官、律师和检察官构成，他们具有法律职业共同体的"基本资质"的同一性要求。①

律师与国家司法审判机关、司法行政机关、公证机关等部门，以及法学研究部门，都存在着千丝万缕的关联性，从某种意义上看，它们都可以被纳入"法律职业共同体"予以考量。

在国外某些经济发达的国家，采取各种方式促进法律职业共同体的团结，如统一的法律教育、训练背景、法律专业的基本素质的衡量标准，立法者与社会民众的沟通，法学研究与司法实务的互动促进等。经过了多年的法制建设和司法制度改革，我国在法律职业人的选任上已经逐渐统一了基本考核标准——司法考试。律师、检察官、法官为代表的司法职业，有其本质上的共同属性，那就是维护国家法制的统一，追求公平和正义的共同目标。无论是大法官还是乡村的司法调解员，无论是满世界飞来飞去的知名教授还是啃着馒头咸菜在出租屋里复习考研的学生，也无论是"少于百万元收费不办"的"大状"还是为积聚办案经验恨不得自己掏钱求人将案件交给自己办的见习律师，共同的知识、语言、思维、认同、理想、目标、风格、气质，使得这些受过专门法律教育的法律职业人构成了一个共同体。如果不是一个共同体，对法律没有共同的理解，没有共同的社会信念，没有共同承担社会责任的勇气和能力，我们的法治大厦建设将是困难的。

在美国和中国的香港地区，法官一般从律师中产生。法官能够理解律师的行为，律师也可以更好地理解法官和检察官的工作。只要在国家法制统一这个前提下，出于对公平正义的追求，无论是检控方还是审判方，又或者是辩护方，对彼此的工作目标和工作方式就可能形成一致的认识，在具体的工作开展方面才能有相互的配合以及制约。通过这种法律制度安排下的协调与监督，法律职业人的共同体之团结也就容易达成。

必须清醒地认识到目前在法制建设过程中存在的一些问题，例如极个别的律师为了赢

① 霍宪丹．关于构建法律职业共同体的思考［J］．法律科学，2003（5）：19-20.

取官司而行贿以及极个别的法官受贿。对于所出现的问题，片面地指责是律师引诱了法官受贿或者是法官促使了律师行贿，都是不负责任的。行贿和受贿是相对应的，具体问题应当做具体的分析，才符合历史唯物主义和辩证唯物主义的基本原理。在相同的一个社会大环境中，检察官、法官和律师都处在相同的一个社会当中，他们都是法律共同体中的组成部分，他们的思想观念和行为都直接影响着法律共同体。清正廉明的检察官、法官有助于依法办案的律师队伍建设，而律师遵章守法地开展业务，也有助于检察官和法官的依法办案，两者的关系是互动的。社会法制环境的净化，都有赖于每个人"从我做起"和"从现在做起"的基本观念付诸实施。任何片面的指责，均于事无补，对法律共同体的声誉、法律尊严的维护以及法制建设和发展并无益处。

【案例 1-4】

律师向法官写信许诺支付介绍费①

【案例 1-4】点评

作为执业律师的翟某分别向北京市东城区、海淀区、朝阳区法院以及广东省东莞市中级人民法院的数名法官发出十余封信件。信中，翟某称自己是民商法硕士，从业 10 年有余，一向注重职业道德。翟某称，能力、责任心和案源向来是律师的立业之本，而他非常重视案件来源的多样性。他表示，自己希望和法官进行友好合作，一来是交个朋友，二来是希望在"维护当事人利益的前提下共享诉讼资源，同分可得收益（40%的案件代理费）"。他在信中表示，希望法官在其主审的民事和经济案件中，将具备下列三个条件的案件介绍给他代理：（1）争议金额在 30 万元以上；（2）该当事人未请代理人或还可以再请代理人；（3）该当事人有可能胜诉或减少一定经济损失。在信件中，他还附上了本人的名片。最终，其被吊销了执照。

作为法律共同体的一个组成部分甚至是一份子，律师执业道德水平和专业技术水平以及科研水平的高低，必然影响到法律共同体的水平，在某个层面和角度上也影响到一个国家法制化的水平。

尽管法官、检察官、律师在工作上有区别，甚至与医生的职业也存在着很大的差别，但是从他们的誓言来看，则具有某些相同之处——职业道德的要求。

中国的律师制度从无到有，从有到停止，从停止到恢复，再从恢复到发展，也就是短短的几十年的时间。与发达国家相比，我国仅用了短短 30 年不到的时间走过了发达国家要用数百年才能走完的路程。从这个角度来分析，我们已经取得了巨大的成就。但是，也正是因为我们的起步较晚和起点较低，法制建设的路程还相当漫长。

---

① 陈宜. 律师行贿法官案背后的理性思考 [J]. 行政法学研究，2005（2）：120；"介绍费"换案源，一律师想与法官"利益共享" [EB/OL]. [2016-06-25]. 腾讯新闻，http://news.qq.com/a/20040212/000285.htm.

【练习题】

一、概念题

律师；兼职律师；实习律师；公职律师；律师的性质；律师的任务；法律职业共同体。

二、思考题

1. 律师制度的产生有哪些基本的条件？

2. 我国今后的律师制度发展有哪些趋势？

3. 我国的律师事务所有哪些分类？各有什么特点？

4. 如何理解律师是一个专业的自由职业者？

5. 简述律师的任务。

6. 如何正确地看待法律职业共同体的发展？

7. 结合"希波克拉底誓言"，如何理解律师的职业道德和专业素质？

【阅读资料】

第二章　律师执业与权利义务

【学习目的与要求】了解取得律师执业资格的条件与相关的申请程序，掌握律师执业过程中的主要权利与义务。学生在课前应当熟悉相关的法律规定和行业性规章制度，预习相关的课程内容，课后复习基本概念、基本制度，并参阅相关的文献资料和相关案例、事例，加深对相关知识点的理解和掌握。

【重点问题】

- 律师执业资格的取得程序
- 取得律师执业资格的实质性条件
- 律师执业证书的取得
- 律师在执业过程中的权利与义务

【知识结构简图】

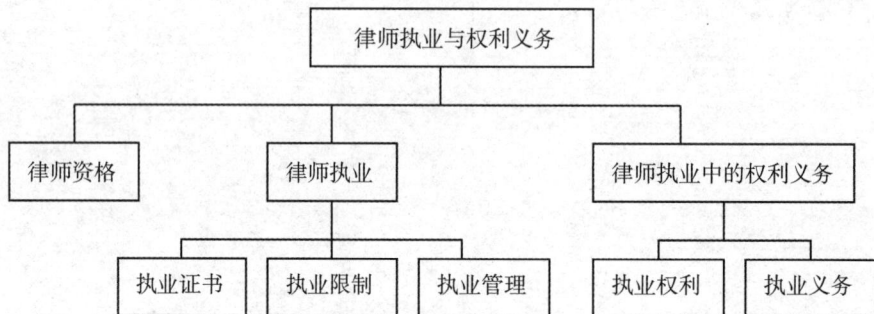

【引例】2013级（将于2017年7月毕业）的某高校法学专业本科学生王某某同学与该校管理学院的陈某某同学在饭堂吃午饭。陈某某向王某某了解国家司法考试的情况，希望自己毕业之前能够像2015届毕业的张师兄一样通过考试获得司法资格证书，今后能够到律师事务所工作。但王某某说根据传闻，2016年是最后一年应届本科学生能够在毕业前参加司法考试，今后必须毕业以后才能报名参加考试，而且还限于法学本科专业。他俩对相关问题不太了解，心中充满疑惑和不安。通过本章的学习，有助于我们了解他俩所提出的问题：

1. 非法学专业的学生能否参加国家司法考试？
2. 满足什么样的条件和履行什么程序才能成为一名执业律师？

3. 律师在执业中有哪些具体的权利与义务？

第一节　律师的执业资格

一、律师执业资格概述

（一）律师执业资格的概念

根据《律师法》的规定，律师，就是指依法取得律师执业证书，接受委托或指定，为当事人提供法律服务的执业人员。

律师作为一种专业性的技术人员，其工作的好坏直接关系到当事人合法权益能否得到维护、法律能否得到正确实施以及社会公平正义能否得以实现的严肃问题。因此，有必要设置一定的准入门槛（即要成为一名律师必须满足相应的条件及履行一定的程序）。

律师执业资格，是指满足法定条件、具有从事律师职业的基本法律知识，在经过一定时间的实践锻炼后，可以申请律师执业的一种身份性条件。只有具备了律师执业资格才有可能成为一名执业的律师。因此，获得律师执业资格是成为一名律师的基本前提条件。

（二）律师执业资格的取得方式

依照《律师法》的规定，在中国大陆取得律师执业资格的方式主要有两种：

1. 考试取得

应考者可报名参加每年一度的国家统一司法考试，通过考试并合格后，将会获得相应的合格证书。

我国的律师资格考试经历了由全国统一律师资格考试，到全国统一司法资格考试，再到 2017 年开始的法律职业资格考试的变化。

1986 年我国举办了首次的律师资格统一考试。当时，初任法官、初任检察官的考试与律师资格考试是分开的。在检察院的工作人员可参加检察官资格考试，在法院的工作人员可参加法官资格考试。

最高人民法院、最高人民检察院、司法部于 2001 年 7 月 15 日发布公告，宣布从 2001 年开始不再单独举行初任法官考试、初任检察官考试、律师资格考试，2002 年开始举行全国统一的国家司法考试。这种"三合一"的司法考试制度的改革"强化三种职业者之间的共同体意识和一种职业对另外两种职业的理解"。①

2017 年开始，全国实行统一的法律职业资格考试。

2. 考核取得

考核取得律师执业资格，就是指无须通过国家统一的司法考试，而由国务院司法行政部门按照规定的条件考核批准申请者取得律师执业资格。《律师法》第 8 条规定："具有高等院校本科以上学历，在法律服务人员紧缺领域从事专业工作满十五年，具有高级职称或者同等专业水平并具有相应的专业法律知识的人员，申请专职律师执业的，经国务院司法行政部门考核合格，准予执业。"

---

① 贺卫方. 司改，四级矛盾，八项课题［J］. 中外法学，2000（6）：64.

1996年10月25日〔司法部令第43号〕发布的《律师资格考核授予办法》第4条规定："拥护中华人民共和国宪法，品行良好，身体健康，年龄在六十五岁以下，具有高等院校法学本科以上学历，被授予律师资格后能够专职从事律师工作的中华人民共和国公民，符合下列条件之一的，可以申请考核授予律师资格：（1）在高等法律院校（系）或法学研究机构从事法学教育或研究工作，已取得高级职称的；（2）具有法学专业硕士以上学位，有三年以上法律工作经历或者在律师事务所工作一年以上的；（3）其他具有高级职称或者同等专业水平，可以考核授予律师资格的。"

二、考试取得法律职业资格的条件

2015年12月20日，中共中央办公厅、国务院办公厅印发了《关于完善国家统一法律职业资格制度的意见》。今后，报名参加国家统一法律职业资格考试的，必须注意以下条件（满足积极性条件要求，不得有消极性条件的情形）：

（一）积极性条件

1. 具有中国国籍

依据中华人民共和国国籍法，拥有中国国籍的自然人可申请参加考试。香港特别行政区、澳门特别行政区的居民以及台湾地区居民，也可以报名参加国家统一法律职业资格考试。外国人和无国籍人，不得参加中国的法律职业资格考试。

2. 具有完全民事行为能力

行为能力，是指可以自己的行为独立进行法律行为、承担法律责任的资格。具有完全民事行为能力，是参与民事活动的基本前提。行为能力是建立在私法自治的理念之上的。司法自治的理念在于个人自主及自我负责，因此行为能力须以行为人具有对于事务有正常的识别即能预见其行为可能发生如何效果的能力为前提。[①] 作为一名律师，要为委托人提供法律服务，要维护当事人的权利，就更需要清楚所做行为的法律后果。

3. 品行良好

报考司法考试的人员必须具有良好的品质，同时需要拥护《中华人民共和国宪法》，具有选举权与被选举权。

4. 法学本科以上学历

律师从事的是专业的法律服务工作，因此必须具备良好的法律专业素养，而前提则是受过相应的专业教育。因此，律师应当具备良好的法律专业知识背景，能够深刻地理解和灵活运用法律。过去，只要法学专科毕业生，或者无论任何专业的本科毕业，都可以参加国家司法考试。

针对我国地区之间发展不平衡的现状，为了推进法治进程，对一些经济相对落后、法律人才不足的地区，放宽在学历上的要求。根据《司法部关于确定国家司法考试放宽报名学历条件地方的意见》的规定，自2007年5月起至2011年12月31日，下列地方的国家司法考试报名学历条件可以放宽为高等院校法律专业专科毕业：（1）各省、自治区、直辖市所辖的自治县、自治旗，各自治区所辖县、旗，各自治州所辖县；（2）国务院审

---

① 王泽鉴. 民法总则［M］. 北京：中国政法大学出版社，2002：312.

批确定的国家扶贫开发工作重点县（县级市、区）；（3）西部地区（除西藏外）11 省、自治区、直辖市所辖县（包括省级扶贫开发工作重点县级市、区和享受民族自治地方政策的县级市、区）；（4）西藏自治区所辖市、地区、县、县级市、市辖区。需要注意的是在这些放宽地区虽然只要求专科学历但仅限于法学专业。

从 2017 年开始，必须具备全日制普通高等学校法学类本科学历并获得学士及以上学位，或者全日制普通高等学校非法学类本科及以上学历并获得法律硕士、法学硕士及以上学位或获得其他相应学位从事法律工作 3 年以上方可报名参加考试。具体而言，有三种符合报名的情形：第一，本科法学专业并获得法学学士学位；第二，本科非法学专业毕业但后续获得法学（法律）硕士学位；第三，本科非法学专业，但毕业后从事法律工作 3 年以上。从文意上理解，本科法学专业的应届生不能在毕业前参加考试。

（二）消极性（禁止报考）条件

有下列情形之一的人员，不能报名参加国家司法考试；已经办理报名手续的，报名无效。

（1）因故意犯罪受过刑事处罚的；

（2）曾被国家机关开除公职或者曾被吊销律师执业证、公证员执业证的；

（3）被处以 2 年内不得报名参加国家法律职业考试期限未满或者被处以终身不得报名参加国家司法考试的。

（三）成绩单的打印

过去国家司法考试一般在每年的 9 月份举行，考试改卷后司法部都会根据实际情况划定并公布不同地区的司法考试合格线。过去在一般地区的司法考试合格线是 360 分，条件放宽的地区可适当降低。考试合格的，可在规定的时间内自行查询考试成绩并打印成绩单。

三、法律职业资格的申请

"中华人民共和国法律职业资格证书"是证书持有人通过国家司法考试（2017 年以后称国家法律职业考试），具有申请从事法律职业的资格凭证。经考试合格的人员，可以向司法行政机关申请中华人民共和国法律职业资格证书。

（一）申请的时间

参加当年国家司法考试，取得合格成绩的人员，应当自收到成绩通知书之日起 30 日内向报名所在地（市）的司法局申请领取中华人民共和国法律职业资格证书。无正当理由逾期提出申请的，地（市）司法局不予受理。

（二）申请应提供的材料

申领法律职业资格证书，应当如实填写《法律职业资格证书申领表》，并提交以下材料：

（1）本年度国家司法（法律职业）考试成绩通知书（单）；

（2）申请人身份、学历证明原件（由受理机关审验后退回）及复印件。

（三）审查的程序

1. 初审

地（市）级人民政府的司法局对申请人提交的申请材料进行初审。对申请材料完整、符合申领法律职业资格证书条件的，报省级（省、自治区或直辖市）所在的司法厅复审；对材料不完整的，应当退回申请人，并要求申请人在规定的期限内补齐材料，逾期未补齐材料的，视为自动放弃申领资格。对材料不真实或不符合资格授予条件的人员，应当作出不予受理的书面决定，且不予受理的决定应当说明理由，通知申请人，并报司法厅备案。

2. 复审

司法厅应当对申请材料进行复审。对申请材料完整、符合申领法律职业资格证书条件的，报司法部审核颁发证书；对不符合资格授予条件的人员，由省级司法厅作出不予颁发法律职业资格证书的决定，并报司法部备案。

申请人对司法行政机关作出的不予受理申请、不予颁发证书等处理决定有异议的，可以在收到决定之日起 60 日内向上一级司法行政机关申请复议。

（四）发证

对于符合颁发中华人民共和国法律职业资格证书的，由地市级司法部门通知其领取证书。

中华人民共和国法律职业资格证书在"证书编号"① 一栏显示有三类：（1）A 类：适用于报名学历为大学本科以上，考试成绩为 360 分以上的应试人员。持 A 类资格证书者可以在全国范围内申请执业。（2）B 类：适用于属于放宽报名学历条件地区，且报名学历为法律专业专科，考试成绩为 360 分以上的应试人员。持此类证书的人员，只能在放宽地区任职或申请执业。（3）C 类：适用于属于放宽报名学历条件地区，考试成绩为 280~359 分的应试人员，以及在民族地区确需使用少数民族语言进行诉讼而得到照顾的以民族语言文字应试的人员。持此类证书的人员，只能在该少数民族地区任职或申请执业。

第二节　律 师 执 业

一、律师执业的概念

律师执业，是指依法以律师的名义从事相关律师业务的行为。

除律师外，还有普通公民、居民委员会工作人员、高校中的法律诊所的工作人员等，他们都可能在一定程度上为他人提供专业的法律咨询服务或者作为代理人出庭参加庭审活动。但是，这些人员均不能以律师的名义对外开展活动，既不得收取代理费用，也无法享有律师相应的权利。《律师法》第 13 条规定："没有取得律师执业证书②的人员，不得以律师名义从事法律服务业务；除法律另有规定外，不得从事诉讼代理或者辩护业务。"只有取得律师执业证书的人，才能够以律师的名义从事法律服务工作，才能享有法律规定的律师的权利。

---

① 以"证书编号：A20094401050093"为例，"A"表示 A 类证书，"2009"表示年份，"44"表示省份（广东省），"01"表示地区（广州市），"05"表示县级单位（海珠区），"0093"为流水号。

② "中华人民共和国律师执业证书"由司法部监制，由各地司法厅颁发。

【案例 2-1】

【案例 2-1】点评

取得法律职业资格证书就可以用律师的名义
开展执业活动吗？

张三是一名法学专业的本科毕业生，其毕业前参加了全国统一的司法考试并取得了法律职业资格证书。张三的舅舅王五被检察机关以盗窃罪提起公诉。张三收到其舅妈的来信，准备接受其舅舅的委托以辩护律师的身份为王五出庭辩护。

二、律师执业证书的取得

（一）律师执业与律师资格的关系

律师资格是取得律师执业证书的前提，在取得了律师资格以后当事人可以选择从事律师执业工作也可以不从事律师执业工作。如果其想要从事律师工作，就要在满足一定条件以后再向司法行政部门申请律师执业证书。由于我国目前已经没有单独的律师资格，而是大一统的法律职业资格，因此无论是公安、检察、法院、律师、公证、行政执法等与法律有直接关联的职业，都以法律职业资格为其资格。而现实中，法律职业资格与具体的法律执业证书是分离的。亦即，取得法律职业资格证不必然意味着取得律师执业证书或者进入律师行业执业。

（二）取得《律师执业证书》的条件

根据《律师法》第5条以及2008年司法部颁发的《律师执业管理办法》第6条的规定，申请律师执业，应当具备下列条件：（1）拥护中华人民共和国宪法；（2）通过国家统一司法考试取得法律职业资格证书；（3）在律师事务所实习满1年；（4）品行良好。

《律师法》第7条规定："申请人有下列情形之一的，不予颁发律师执业证书：（一）无民事行为能力或者限制民事行为能力的；（二）受过刑事处罚的，但过失犯罪的除外；（三）被开除公职或者被吊销律师执业证书的。"

为此，不少的地区司法行政管理部门在审核申请人材料时，要求申请人提供《无犯罪记录证明》，目的就是要确定申请者不存在《律师法》第7条规定的禁止性情形。但是，现实中在开具《无犯罪记录证明》时存在着诸多的障碍。例如，某申请者年满14周岁以后曾经在五个不同地区落户口居住过，现在的户籍所在地居住刚满2年。其在目前住所地的公安机关申请出具年满14周岁以来的《无犯罪记录证明》，公安机关只出具其迁入户口至今2年内的《无犯罪记录证明》。申请者需要到前四个居住地的公安机关要求分别开具相应时间段内的《无犯罪记录证明》，通常会遭到拒绝。理由是：该申请者的户籍已经不在本地，本地的公安机关没有权利和义务为一个已经外迁户口的人出具《无犯罪记录证明》，而且，是否有犯罪记录，现在公安机关已经联网了，全部的户籍登记材料上显示得一清二楚。居住本地的公安机关则以"我无权也无义务为你证明不在我管辖之前是否犯罪的情形"。公安信息本身是联网的，可为何不能出具全程的相关证明？申请者以律师协会不作为而向法院提起行政诉讼之后，竟然被法院以"不属于行政诉讼"而驳回起诉。① 一个本无犯罪记录的人，要证明自己确实没有犯过罪，何其难也。这无异于要证明"我是我自己"或者"你妈是你妈"②。这似乎让我们想起了某些电影、电视里的一些镜头——手持皮鞭的刑事审讯警员对着犯罪嫌疑人大吼："你说你自己没有杀人而是被冤枉的，谁信？拿出证据来证明你没有杀人呀！我看你还是配合早早地招了吧，免得受皮肉之苦！"各单位的本位主义无疑将当事人推上了绝路。

（三）申请律师执业证书的程序

1. 需要提供的材料

申请律师执业需要提供下列材料：（1）法律职业资格证书；（2）律师协会出具的申请人实习考核合格的材料；（3）身份证明；（4）律师事务所出具的同意接收申请人的证明。兼职律师申请执业的，还应当提交所在单位同意申请人兼职从事律师职业的证明。

2. 程序

（1）提出申请。实习人员在实习期满后申请领取律师执业证的，由所在的或拟调入的律师事务所将本人填写的《律师执业证申请登记表》、申请人的法律职业资格证书或律师资格证书、身份证复印件等材料审核无误后报送住所地的司法行政机关。

（2）审查。住所地司法行政机关在收到申请材料20日内提出审查意见，并将全部材料报送至省、自治区、直辖市司法行政部门。

（3）审核批准。省、自治区、直辖市司法行政部门对申请材料在10日内进行审核，作出是否准予执业的决定。

三、律师执业的限制性规定

根据我国《律师法》第10条、第11条的规定，律师执业受到以下几个方面的限制：（1）一名律师只能在一个律所执业。《律师法》第10条规定："律师只能在一个律师事务所执业。律师变更执业机构的，应当申请换发律师执业证书。律师执业不受地域限制。"律师作为专业性人员不得跨所执业，只能在一个专业机构执业，以便于管理和究责，公证员、注册会计师等也一样。（2）公务员不得兼职担任执业律师。由于公务员行使公权力，而律师则是维护当事人合法权益的自由职业者，公职人员兼职律师容易产生公私不分或者假公济私的情况；而且，在公职期间领取财政发的工资还在上班时间内代理他人的案件，也不合适。（3）任职期间的执业限制。律师如果担任各级人民代表大会常务委员会组成人员的，任职期间不得从事诉讼代理或者辩护业务。由于人大常委会成员负有检查、督促

① 章宁旦. 杨斌诉广州律协行政诉讼尘埃落定，补齐无犯罪证明申请撤诉后获批实习律师证［EB/OL］.［2016-06-28］. 中国普法网，http：//www. legalinfo. gov. cn/index/content/2016-05/05/content_6613192. htm？node=66689.

② 李克强."你妈是你妈，这怎么证明呢？简直是天大的笑话！"［EB/OL］.［2016-06-28］. 新闻中心，http：//news. qz828. com/system/2015/05/08/010972842. shtml.

相应的执法机关遵守和执行法律等职责，因此其担任人大常委会委员期间，为了避免职务与职业混淆或者产生的冲突，有必要进行任职期间的暂停执业。

四、律师执业资格的年度注册

律师执业资格的年度注册，或者称执业证年审、年检，是指在每一年度结束后新年度开始之前（各地时间不一，一般在每年的 5 月份进行），对上一年度工作的总结性检查，在律师执业证上签注发还的行政性管理活动。对于律师年审，《律师法》没有规定。

《律师执业证管理办法》规定，律师执业证每年度注册一次，未经注册的无效。省、自治区、直辖市司法厅（局）以上司法行政机关负责律师执业证的注册。省、自治区、直辖市司法厅（局）根据工作需要，可以委托地、市、州司法局负责本地区律师执业证的注册。

律师办理执业证年度注册，由其所在的律师事务所向住所地司法行政机关申报注册材料，住所地司法行政机关提出审查意见后，逐级上报至核准注册的机关。

办理注册手续，律师除应按规定填写《律师执业证年度注册审核登记表》外，还应当提交下列材料：（1）年度工作总结报告；（2）完成业务培训的记录证明；（3）遵守律师职业道德和执业纪律的情况报告；（4）律师事务所出具的履行章程规定义务的证明。兼职律师年度注册时，还应加注所在单位的意见。另外，在年度注册时，每位律师还要缴纳一定金额的注册费①。尽管没有明确的规定可以在年审时向律师收取费用，但收取年审费是经过物价管理部门审核批准的。② 过去，工商营业执照年审要收费，驾驶执照年审要收费，汽车年审也要收费。凡是资格审核后都要发证③，凡发的证件都要年审，凡年审必收费，似乎已经成为了一种司空见惯的怪现象，已然成为了行政机关打着管理旗号增加收入的一种冠冕堂皇的手段。

注册机关收到提交的材料后，应当进行审查。对于提交材料不合格的，注册机关应当退回，要求补充材料；符合注册条件的，注册机关应当自收到申请注册材料之日起 15 日内，依照规定办理注册手续。有下列情形之一的，注册机关可以暂缓注册，并通知该律师所在的律师事务所：（1）因违反律师执业纪律受到停业处罚，处罚期未满的；（2）所在的律师事务所因违反执业纪律被处以停业整顿，处罚期未满的；（3）有法律法规规定的暂时不能从事律师职业情况的。暂缓注册的原因消失后，由本人申请，注册机关核准后，应为其办理注册手续。

---

① 各地收取的注册费（或者称管理费），名称不一，额度亦不尽相同，少的为 600 元，多的为 4000 元。

② 律师叫板注册收费——14 年过去了，乱象依旧 [EB/OL]．[2016-06-28]．凯迪社区律师之窗，http：//club. kdnet. net/dispbbs. asp? id＝11610965&boardid＝25.

③ 各种各样的"证书"对国人的影响颇大，人们调侃称中国人"人在证途"——要么正在办证，要么就是正在去办证的途中。大学毕业发毕业证书、学位证书本属正常，但小学也发，甚至有的幼儿园也发毕业证书，难怪有关行政机关要求出具证明来证明"你妈是你妈"。

第三节　律师执业的权利与义务

一、律师执业的权利

执业律师的权利，是指律师在执行职务过程中依法享有法律所赋予的权利。

执业律师的权利表现为依法受到保护的可以为一定的行为，或者依法请求他人为（或者不为）一定行为的资格或者自由。值得注意的是，执业律师的权利是一种职务性权利，是以法律执业人员的身份向社会提供法律服务时所享有的。从权利的种类上看，既有法律直接规定的，也有当事人根据自己实际情况授予的。

（一）知情权

无论是律师在代理民事、刑事案件，或者在日常的法律顾问工作中，作为执业律师，都有对相关事项或者案件的相关问题（包括实质性和程序性问题）了解的权利，此了解详情的权利即知情权。因此，相关的当事人或者部门，在法律规定的范围内，应当向执业律师披露相关的信息。

如果当事人故意隐瞒相关的重要信息，则代理律师对此所造成不利于当事人的结果不负责任，而且依法和根据约定有权拒绝后续的代理活动。执业律师有权依法向相关部门了解情况。

无论是在民事案件、行政案件或者是刑事案件中，查阅案卷及有关材料，是律师系统、全面了解案情的重要手段。对于将要在法院开庭审理的各类案件，《律师法》第34条规定："律师担任辩护人的，自人民检察院对案件审查起诉之日起，有权查阅、摘抄、复制本案的案卷材料。"我国的诉讼法也对律师享有查阅案卷权作出了规定。如《刑事诉讼法》第38条规定："辩护律师自人民检察院对案件审查起诉之日起，可以查阅、摘抄、复制本案的案卷材料。其他辩护人经人民法院、人民检察院许可，也可以查阅、摘抄、复制上述材料。"《民事诉讼法》和《行政诉讼法》都对代理律师可依规定查阅本案有关材料作出了相应的规定。

正常情况下，律师在刑事案件提供法律服务时，只能在起诉后才能够到法院查阅案卷材料，而且只能查阅自己承办案件的相关材料。人民检察院、人民法院应当为律师阅卷给予必要的方便，应保障卷宗材料的全面、完整，提供必要的阅卷场所，并应当保证律师有必要的阅卷时间。律师阅卷时可以摘录和复制，但摘录和复制的材料应存入律师事务所的工作档案。律师复制本案材料的，人民检察院、人民法院可以收费，但仅限于复制材料所必需的工本费用，不得收取各种其他名目的费用。

律师的阅卷权与律师的保密义务紧密相关，律师对于阅卷中接触的国家机密、商业秘密和个人隐私，应当严格保守秘密。

为了保障司法独立及出于保密的需要，人民法院的工作卷（含合议笔录、审判委员会工作记录等）不提供给律师查阅。

【案例 2-2】

假冒律师到检察院"阅卷"被捕①

【案例 2-2】点评

　　2014 年 4 月 15 日，郝某某在广东省深圳市宝安区检察院检务大厅递交阅卷申请，案管科的工作人员经查发现其伪造证件而对其实施果断的处置，随后冒牌律师郝某某被民警带走。2014 年 8 月 7 日，郝某某涉嫌伪造国家机关证件罪，被深圳市宝安区人民检察院提起公诉。

（二）会见权

　　经办律师与民事案件、行政案件的委托人见面，了解相关案情和当事人的诉求，没有太大的障碍。

　　由于刑事案件的被告人通常是被采取了相应的治安措施的（如被逮捕），因此经办律师要与涉嫌犯罪的被告人见面了解相关情况就相当困难。为此，《律师法》第 33 条规定："律师担任辩护人的，有权持律师执业证书、律师事务所证明和委托书或者法律援助公函，有权会见犯罪嫌疑人、被告人并了解有关案件情况。辩护律师会见犯罪嫌疑人、被告人时不被监听。"《刑事诉讼法》第 37 条规定："辩护律师可以同在押的犯罪嫌疑人、被告人会见和通信。其他辩护人经人民法院、人民检察院许可，也可以同在押的犯罪嫌疑人、被告人会见和通信。辩护律师持律师执业证书、律师事务所证明和委托书或者法律援助公函要求会见在押的犯罪嫌疑人、被告人的，看守所应当及时安排会见，至迟不得超过四十八小时。危害国家安全犯罪、恐怖活动犯罪、特别重大贿赂犯罪案件，在侦查期间辩护律师会见在押的犯罪嫌疑人，应当经侦查机关许可。上述案件，侦查机关应当事先通知看守所。辩护律师会见在押的犯罪嫌疑人、被告人，可以了解案件有关情况，提供法律咨询等；自案件移送审查起诉之日起，可以向犯罪嫌疑人、被告人核实有关证据。辩护律师会见犯罪嫌疑人、被告人时不被监听。"

　　尽管律师和其他的辩护人都可以会见犯罪嫌疑人，但律师按照法定程序行使会见权无须经过法院与检察院的批准，只要履行必要的手续即可（除涉及国家秘密的或者相关特殊类型案件之外），但一般的辩护人要会见，无论任何类型的案件，均需经过批准。特别是，在刑事案件的侦查阶段，只有律师才可依法会见犯罪嫌疑人。

　　律师会见被限制人身自由的人员应当履行规定的手续为：提供律师事务所的专用介绍信、律师执业证书、授权委托书。在侦查阶段，涉及国家秘密的案件，律师会见在押的犯罪嫌疑人，应当经过侦查机关批准。

　　看管场所的相应机构应当依法协助律师行使会见权，并给予安排合适的会见室等便利。律师在会见时，不得为嫌疑人传递口信、传递书信和提供物品，不得将手机等无线通

---

　　① "黑律师""持证"到深圳检察院阅卷被抓 [EB/OL].［2016-07-03］. 网易财经，http：//money. 163. com/14/0815/10/A3MDHK9Q00253B0H. html.

信设备借给犯罪嫌疑人、被告人使用。

（三）调查取证权

律师在办理法律事务的过程中，有向有关单位、个人进行调查、收集有关案件证据材料的权利。《律师法》第35条规定："受委托的律师根据案情的需要，可以申请人民检察院、人民法院收集、调取证据或者申请人民法院通知证人出庭作证。律师自行调查取证的，凭律师执业证书和律师事务所证明，可以向有关单位或者个人调查与承办法律事务有关的情况。"《刑事诉讼法》第39条规定："辩护人认为在侦查、审查起诉期间公安机关、人民检察院收集的证明犯罪嫌疑人、被告人无罪或者罪轻的证据材料未提交的，有权申请人民检察院、人民法院调取。"第41条规定："辩护律师经证人或者其他有关单位和个人同意，可以向他们收集与本案有关的材料，也可以申请人民检察院、人民法院收集、调取证据，或者申请人民法院通知证人出庭作证。辩护律师经人民检察院或者人民法院许可，并且经被害人或者其近亲属、被害人提供的证人同意，可以向他们收集与本案有关的材料。"《民事诉讼法》、《行政诉讼法》也都规定了律师的调查取证权。

根据《刑事诉讼法》的规定，律师收集到对当事人有利而且有可能是冤假错案等特殊证据时，应当及时告知相关部门，以便更好地维护当事人的合法权益。《刑事诉讼法》第40条规定："辩护人收集的有关犯罪嫌疑人不在犯罪现场、未达到刑事责任年龄、属于依法不负刑事责任的精神病人的证据，应当及时告知公安机关、人民检察院。"

由于经办律师会接触涉案的当事人及其家属，因此《刑事诉讼法》第42条明确规定："辩护人或者其他任何人，不得帮助犯罪嫌疑人、被告人隐匿、毁灭、伪造证据或者串供，不得威胁、引诱证人作伪证以及进行其他干扰司法机关诉讼活动的行为。"

律师既要维护当事人的权益，也要保守相关的秘密。如果律师在执业过程中得知犯罪嫌疑人、被告人有隐瞒的罪行时，应当如何处理？如果帮助其隐瞒，与律师维护社会正义的宗旨相违背；如果检举揭发，则会使犯罪嫌疑人、被告人对律师失去信任，从而就会影响律师的辩护质量。[①] 应当说，要区别对待，对于犯罪嫌疑人故意隐瞒与案件有关的重要事实时，可以拒绝继续为其辩护；对其向律师陈述体现出来的新的犯罪事实，应当劝说其主动交代。律师应当保守在执业活动中知悉的国家秘密、商业秘密，不得泄露当事人的隐私。律师对在执业活动中知悉的委托人和其他人不愿泄露的有关情况和信息，应当予以保密。但是，委托人或者其他人准备或者正在实施危害国家安全、公共安全以及严重危害他人人身安全的犯罪事实和信息除外。

（四）出庭权

律师在执业中为犯罪嫌疑人辩护，或者代理民事、行政案件，有权出庭参加庭审活动，以维护当事人的合法权益。而且，出庭参加诉讼活动前，应当有充足的时间做好开庭前的准备工作，以便了解案情及研究法律的适用。否则，仓促出庭，庭审活动将流于形式，进而无法维护当事人的合法权益。因此，法律规定参加诉讼活动的律师享有得到人民法院及时的开庭通知的权利。

《刑事诉讼法》第182条规定："人民法院决定开庭审判后，应当确定合议庭的组成

---

① 胡志民. 律师制度与律师实务 [M]. 北京：立信会计出版社，2006：56.

人员，将人民检察院的起诉书副本至迟在开庭十日以前送达被告人及其辩护人。在开庭以前，审判人员可以召集公诉人、当事人和辩护人、诉讼代理人，对回避、出庭证人名单、非法证据排除等与审判相关的问题，了解情况，听取意见。人民法院确定开庭日期后，应当将开庭的时间、地点通知人民检察院，传唤当事人，通知辩护人、诉讼代理人、证人、鉴定人和翻译人员，传票和通知书至迟在开庭三日以前送达。公开审判的案件，应当在开庭三日以前先期公布案由、被告人姓名、开庭时间和地点。"

如果因案情复杂、开庭日期过急，经办律师有权申请延期审理，在不影响法定结案期间时法院应予以考虑。改期审理的案件，再次开庭也要为律师留出适当的出庭准备时间。

（五）庭审参与权

法庭审理是整个诉讼活动的核心阶段，也是律师提供法律服务的重要环节。律师在法庭审理的阶段依法享有多项权利。

1. 调查发问权

在刑事案件的法庭审理过程中，经审判长许可，律师可以向证人、鉴定人、勘验人、被害人、对方当事人发问，也可以请求审判长对上述人员发问。行政案件和民事案件的审理中，代理律师同样有向相关人员发问以了解案件事实的权利。《刑事诉讼法》第 186 条第 2 款规定："被害人、附带民事诉讼的原告人和辩护人、诉讼代理人，经审判长许可，可以向被告人发问。"第 189 条规定："证人作证，审判人员应当告知他要如实地提供证言和有意作伪证或者隐匿罪证要负的法律责任。公诉人、当事人和辩护人、诉讼代理人经审判长许可，可以对证人、鉴定人发问。"

2. 举证、质证权

当事人为自己的主张有义务举证，无论是当事人自己还是还代理律师，都有权向法院提供证据，这既是一种义务也是一种权利。

除依照规定进行庭前交换证据所提出的证据外，在法庭审理过程中，代理律师或者辩护人有权提出新的证据，有权申请通知新的证人到庭，调取新的物证，申请重新鉴定或勘验。是否准许，由法院作出决定。依据《最高人民法院关于民事诉讼证据的若干规定》第 41 条的规定，民事诉讼中的"新的证据"主要是指：（1）一审程序中的新的证据包括：当事人在一审举证期限届满后新发现的证据；当事人确因客观原因无法在举证期限内提供，经人民法院准许，在延长的期限内仍无法提供的证据。（2）二审程序中的新的证据包括：一审庭审结束后新发现的证据；当事人在一审举证期限届满前申请人民法院调查取证未获准许，二审法院经审查认为应当准许并依当事人申请调取的证据。

无论是在庭前证据展示阶段还是在庭审的质证阶段，代理律师对法庭或者对方出示的证据均有权就其真实性、合法性、关联性提出自己的质证意见。

《刑事诉讼法》第 190 条规定："公诉人、辩护人应当向法庭出示物证，让当事人辨认，对未到庭的证人的证言笔录、鉴定人的鉴定意见、勘验笔录和其他作为证据的文书，应当当庭宣读。审判人员应当听取公诉人、当事人和辩护人、诉讼代理人的意见。"《民事诉讼法》也规定，证据应当在法庭上出示，并由当事人互相质证。证据只有经过双方的质证才能作为判案的依据，即使是法院依照当事人的申请收集的证据也要在庭审时进行质证。

3. 辩论权

律师的辩论权，是指律师在诉讼进行过程中，在人民法院的主持下，就争议的问题、案件事实和适用法律，对指控方或者对方所提出的观点进行辩驳和论证的权利。

法庭开庭审理之目的就是要查明事实真相、正确适用法律，以求实现公平正义。而"获得真相的最好办法是让各方寻找有助于证实真相的各种事实，两个带有偏见的寻找者从田地的两端开始寻找，比一个公正无私的寻找者从田地的中间开始寻找更不可能漏掉什么东西"。①《刑事诉讼法》第 193 条规定："法庭审理过程中，对与定罪、量刑有关的事实、证据都应当进行调查、辩论。经审判长许可，公诉人、当事人和辩护人、诉讼代理人可以对证据和案件情况发表意见并且可以互相辩论。审判长在宣布辩论终结后，被告人有最后陈述的权利。"

4. 拒绝回答不当询问的权利

人民法院在庭审过程中，对担任辩护人、诉讼代理人的律师，不得询问律师的年龄、籍贯、住址等相关的隐私信息，否则律师有权拒绝回答。

（六）人身保障权

律师执业的目的就在于维护国家法律秩序和维护当事人的合法权益，首先其自身的权益必须得到保障，否则其执业行为就难以得到实施。

过去，人们对律师行业有误解，尤其是对作为刑事案件的代理律师，人们可能会认为他们是"替坏人说话的坏人"。鉴于对坏人的憎恨转而产生了对律师的憎恨。在"有罪推定"的历史背景下，刑事案件的被告成为了"敌我矛盾"的当事人，于是律师就是"替坏人说话"。

只有依法保护律师在执行职务时的人身自由和言论自由，才能很好地发挥律师的作用，维护当事人的合法权益。《律师法》第 37 条规定："律师在执业活动中的人身权利不受侵犯。律师在法庭上发表的代理、辩护意见不受法律追究。但是，发表危害国家安全、恶意诽谤他人、严重扰乱法庭秩序的言论除外。律师在参与诉讼活动中涉嫌犯罪的，侦查机关应当及时通知其所在的律师事务所或者所属的律师协会；被依法拘留、逮捕的，侦查机关应当依照刑事诉讼法的规定通知该律师的家属。"

【案例 2-3】

律师在案件代理中任何行为均不负法律责任吗？②

【案例 2-3】点评

2015 年 7 月 14 日，公安部指挥摧毁一个以北京锋锐律师事务所为平台，律师、推手、访民相互勾连、滋事扰序的涉嫌重大犯罪团伙。司法行政部门、律师界有关人

---

① [美] 史蒂文·鲁贝特. 现代诉辩策略与技巧 [M]. 王进喜等，译. 北京：中国人民公安大学出版社，2005：1.

② 北京锋锐律所"维权"黑幕利益链调查 [EB/OL]. [2016-07-03]. 新浪新闻中心，http://news. sina. com. cn/c/2015-07-19/023932122718. shtml.

士及专家表示，坚决支持依法查处涉嫌违法犯罪的极少数律师。清除律师队伍里的极少数害群之马，有利于为广大律师创造更好的执业环境，更好地保障律师的执业权利。2015 年 7 月 15 日的《人民日报》刊发署名评论，纵论当代律师的职业操守和历史担当。文章指出：以前，国内律师面临"会见难""阅卷难""调查取证难"的问题，随着《刑事诉讼法》的修改，关于"三难"问题的讨论越来越少。文章说，真正的律师不仅仅是个经济人，更是法律人，律师职业的公共属性要比个体属性重要得多。"一次对法律合法合理的'代言'，就是一次对全社会的法治示范，带来的是一大批社会公众法治观念的深化；反之，一次不恰当的'代言'，带来的可能是对社会公平正义的损伤。"

（七）拒绝辩护或代理权

根据《律师法》第 32 条 "委托人可以拒绝已委托的律师为其继续辩护或者代理，同时可以另行委托律师担任辩护人或者代理人。律师接受委托后，无正当理由的，不得拒绝辩护或者代理。但是，委托事项违法、委托人利用律师提供的服务从事违法活动或者委托人故意隐瞒与案件有关的重要事实的，律师有权拒绝辩护或者代理"的规定，委托人有随时终止委托的权利。

律师接受当事人的委托，就意味着当事人期望从律师的代理活动或者服务中获得相应的法律帮助，如果律师轻易地辞任，不但浪费了当事人的时间，还会影响当事人合法权益的维护。因此，一般情况下，律师接受委托后无正当理由不得拒绝辩护或代理。但是，当出现以下特定情况时，律师有权拒绝担任犯罪嫌疑人、被告人的辩护人或者其他法律事务的代理人：（1）委托事项违法；（2）委托人利用律师提供的服务从事违法活动；（3）委托人隐瞒重大事实。但是，在拒绝继续担任辩护人或者代理人的情况下，应当经律师事务所主任批准；如果是人民法院指定的辩护人拒绝辩护的，则应当经人民法院的同意。

（八）获取承办案件相关法律文书副本的权利

根据最高人民法院、最高人民检察院、公安部、司法部 1981 年发布的《关于律师参加诉讼的几项具体规定的联合通知》规定："1. 凡属公诉案件，检察院应当附起诉书副本一份，交由法院转发辩护律师；有律师辩护的第一审案件，检察院如提起抗诉，也应附抗诉书副本交由法院转发辩护律师。2. 凡有律师参加诉讼的刑、民案件，无论一审、二审，法院所作的判决书、裁定书，都应发给承办律师副本。"

相关的法律文书，不但记载了案件办理的程序和实体性问题，也记录了代理律师的意见是否被接纳的内容，还是律师事务所对案件管理装订案卷材料的一个主要的凭证，尤其是当事人提出上诉或者申请再审的依据。因此，律师有权获得其代理案件的相关法律文书。

（九）其他由当事人特别授权行使的权利

根据当事人的特别授权和相关的法律规定，律师可以行使诸如申诉、控告、上诉、申请再审、申请执行、和解、调解、申请取保候审等相关的权利。

为了保障律师执业过程中所享有的权利得到真正的落实，2015 年 9 月 16 日，最高人民法院、最高人民检察院、公安部、国家安全部、司法部印发了《关于依法保障律师执业权利的规定》明确了以下八个方面的问题：

第一，保障律师的知情权。律师有权向办案机关了解案件情况，办案机关应当依法告知，办案机关作出重大程序性决定时应当及时告知相应的情况。

第二，保障律师的会见权。律师提出会见在押的犯罪嫌疑人、被告人申请时，办案机关不得以法律规定之外的理由限制律师会见；律师会见犯罪嫌疑人、被告人时不被监听，办案机关不得派员在场，看守所还应当为律师会见提供便利。

第三，保障律师通信权。除特殊情形以外，办案机关不得对辩护律师同犯罪嫌疑人、被告人的往来信件截留、复制、删改等。

第四，保障律师阅卷权。律师有权调阅和复制案卷的相关材料，但也负有保密义务。

第五，申请收集、调取证据的权利。律师有权向办案机关提交自行收集的证据材料，也有权依法申请调取办案机关未提交的证据材料，申请向被害人等收集案件相关材料，申请人民检察院、人民法院收集调取证据，申请向正在服刑的罪犯收集案件相关材料。

第六，依法提出建议和意见权。办案机关应当听取律师的意见，律师的相关意见应当附卷。

第七，律师参加庭审的权利。包括保障律师庭审前的申请权，保障律师参加庭审和安全检查、出庭便利的具体措施，庭审过程中的诉讼权利保障、申请休庭、发表辩护代理意见，向法庭提出异议，申请查阅庭审录音、录像以及与庭审相关的通知和文书送达等内容。

第八，事务所或协会的知情权。侦查机关对律师采取强制措施时，应当在规定时间内通知其所在的律师事务所或者所属的律师协会。

二、律师执业的义务

律师作为公民依法享有相应的权利和承担相应的义务。律师在执业过程中，有以下义务：

（一）勤勉履行代理职责

律师事务所接受当事人的委托，指派律师承接相关的业务，此时，经办律师作为一个专业人士就要为当事人提供相应的专业法律服务。正所谓"受人之托，忠人之事"。勤勉履行代理职责涉及一个专业律师的诚信和道德，同时也反映一个专业律师对所受托之事的责任心和专业水平。

在公司法领域，有"勤勉义务"① 一说，它是要求董事处理公司事务时能像处理个人事务时那么认真和尽力，或者说董事必须以一个谨慎的人在管理自己的财产时所具有的勤勉程度去管理公司的财产。勤勉义务被扩展至委托代理关系中的受委托人。

民间有"受人钱财替人消灾"之说，律师并非是简单的收取费用为人消灾的封建迷信式的"法师"，而是利用其专业的法律知识为当事人维护合法的权益。对于是否能够达到当事人预想的效果，取决于多方面的因素，如案件本身的情况、当事人之间的法律关

① 勤勉义务（Duty of Care），也称注意义务或审慎义务，和忠实义务一并构成公司董事和高管法律义务的两大种类。

系、当事人所在的法律地位、相关的行为以及证据、法律规定、律师在程序上专业技巧的运用、法官的水平、社会舆论影响等。因此，不能简单地以是否胜诉来判断和认定律师是否勤勉地履行了代理职责。

专业水平无绝对的标准，正所谓"没有最好，只有更好"。但是，对待一项工作的态度以及作为一个受托之人是否为当事人着想，尽心尽力地依照法律规定为其维护合法权益，则是可作出评判的。

勤勉履行代理职责，起码应当做到：认真分析案件情况，诚实对待当事人，不夸大事实也不吹嘘将会得到某种必然的结果；不滥用代理权，不与他人串通损害当事人的合法利益；不透露其代理业务中所获得的秘密情报和资料；不擅自无故地将代理权转托给他人；准时参加庭审活动；不出现显而易见的错误；及时向当事人反馈案件办理的进展情况等。总而言之，就是要像对待自己的事务一样来处理受托之事。

除非有依法可停止代理的情况外，律师代理案件或者提供法律服务应当依照合同约定履行义务，不得无故中止、中断服务。

（二）利益冲突防止

防止相关利益冲突，通常是指回避，即案件经办人员由于对本案有利害关系或其他关系而不参加该案的处理（侦查、起诉、审判等）活动的制度。回避制度的目的是为了防止徇私舞弊或发生偏见，以有利于案件的公正审理。一般而言，回避只限于公职机关的工作人员，如侦查人员、检察官、法官、书记员等。律师作为自由职业者，不属于公职领域，因而也不存在所谓的回避问题。例如，法官与律师存在着某种特定关系时，法官需要回避而不是律师回避。但是，律师在执业中，在某些情形下，可能会影响到其执业。

1. 司法关联的利益冲突防止

曾经担任法官、检察官的律师，从人民法院、人民检察院离任后2年内，不得担任诉讼代理人或者辩护人。根据2011年最高人民法院的《关于对配偶子女从事律师职业的法院领导干部和审判执行岗位法官实行任职回避的规定（试行）》，法院领导或者审判、执行、立案、审判监督、国家赔偿等业务岗位工作的法官，其配偶或子女是律师的，一方必须退出。

2. 当事人利益关联的冲突防止

律师不得在同一案件中为双方当事人担任代理；同一律师事务所不得代理诉讼案件的双方当事人，偏远地区只有一个律师事务所的除外。

【案例 2-4】

特殊律师执业时的特殊规定

【案例 2-4】点评

小陈于1995年从某政法大学毕业后在某检察院工作，工作期间考取了司法资格证书，2013年9月他从检察院辞职到某律师事务所做律师。2014年11月在律师事务所实习满1年并经过培训，最终获得了律师执业证书。2014年12月，小陈的同学希望小陈代理其所在公司的一件租赁纠纷案件。

（三）遵章守纪

律师在执业过程中，应当严格遵守国家法律（含实体法律和程序性法律）以及相关的规章制度。律师不得违反规定会见法官、检察官、仲裁员以及其他有关工作人员；向法官、检察官、仲裁员以及其他有关工作人员行贿，介绍贿赂或者指使、诱导当事人行贿，或者以其他不正当方式影响法官、检察官、仲裁员以及其他有关工作人员依法办理案件。

律师不得故意提供虚假证据或者威胁、利诱他人提供虚假证据，妨碍对方当事人合法取得证据。

此外，律师不得在法庭、接待室等录音录像，必须尊重法官和工作人员，遵守法庭纪律，依照举证时间提交证据，按照法庭要求穿着律师袍出庭等。

【案例 2-5】

【案例 2-5】点评

律师未着袍出庭被处罚①

2016 年 1 月深圳律协对张某某律师的处罚决定书中提到，张某某于 2016 年 1 月 11 日出庭未穿着律师出庭服装及佩戴徽章，且多次因出庭未穿律师袍被举报。1 月 28 日，深圳律师协会收到深圳司法局转来的投诉张某某涉嫌违规着装一案，本会决定立案调查。2016 年 5 月，深圳律协向张某某下发了处分决定书，对其予以训诫处分，并要求张某某交纳 1000 元查处费。

（四）保守秘密

律师在接受委托为当事人提供法律服务的过程中，对于接触到当事人的个人隐私或商业秘密乃至国家秘密的，应当严格依照法律规定保守秘密。《律师法》第 38 条规定："律师应当保守在执业活动中知悉的国家秘密、商业秘密，不得泄露当事人的隐私。律师对在执业活动中知悉的委托人和其他人不愿泄露的有关情况和信息，应当予以保密。但是，委托人或者其他人准备或者正在实施危害国家安全、公共安全以及严重危害他人人身安全的犯罪事实和信息除外。"

（五）正当竞争

在市场经济社会中，任何一个行业都存在着竞争，律师在执业过程中同样也会有竞争。但是，律师事务所以及律师之间，应当开展公平、合法的竞争，不得采取通过给相关人员或委托人回扣、介绍费或者通过诋毁其他律师的能力、声誉等不正当手段来招揽业务。《律师职业道德和职业纪律规范》第 44 条规定："律师不得以下列方式进行不正当竞

---

① "全国首例律师开庭未穿律师袍被训诫"案进入复查阶段［EB/OL］．［2016-07-03］．法制网，http：//www.legaldaily.com.cn/Lawyer/content/2016-06/20/content_6678834.htm? node＝32988.

争：1. 不得以贬低同行的专业能力和水平等方式，招揽业务；2. 不得以提供或承诺提供回扣等方式承揽业务；3. 不得利用新闻媒介或其他手段向其提供虚假信息或夸大自己的专业能力；4. 不得在名片上印有各种学术、学历、非律师业职称、社会职务以及所获荣誉等；5. 不得以明显低于同业的收费水平竞争某项法律事务。"根据现有的相关规定，律师可以通过文字作品、研讨会、简介、普及法律等方式，宣传自己的专业领域及特长。法律事务所在学校可以设立奖学金、资助学生开展模拟法庭或者法学专题讲座等形式，也鼓励律师积极参加社会公益活动。而且，相关的律师事务所在大学生毕业季举办的宣讲会从某种意义上来看实质上就是宣传加招聘相结合的活动。

（六）依法收费和依法纳税

律师事务所与当事人建立委托代理合同关系，律师作为律师事务所的工作人员，根据相关的规定获得报酬。因此，律师个人不得私自接案和向当事人收取费用。律师事务所向当事人收取费用，应当严格依照相关规定进行；对于协商收费的应当在合同中予以明确收费的计算方法和支付方式以及时间等事项。除民商事案件依法可约定按照风险代理收费外，刑事辩护不允许以实现某种判决结果为标准计算的风险付费方式。

依法纳税是我国公民应尽的一项基本义务。根据我国《个人所得税法》的规定，律师应就其工资、薪金所得和劳务报酬缴纳个人所得税。

（七）提供法律援助

社会发展的不平衡等诸多方面的原因，导致了个人之间的收入状况和知识水平的差异，国家建立了法律援助制度，目的是为了使经济困难的公民以及特殊案件的当事人获得必要的法律服务，从而维护当事人的合法权益，让人人都能够平等地站在法律面前。《律师法》第42条规定："律师、律师事务所应当按照国家规定履行法律援助义务，为受援人提供符合标准的法律服务，维护受援人的合法权益。"《法律援助条例》第10条规定："公民对下列需要代理的事项，因经济困难没有委托代理人的，可以向法律援助机构申请法律援助：（一）依法请求国家赔偿的；（二）请求给予社会保险待遇或者最低生活保障待遇的；（三）请求发给抚恤金、救济金的；（四）请求给付赡养费、抚养费、扶养费的；（五）请求支付劳动报酬的；（六）主张因见义勇为行为产生的民事权益的。"《法律援助条例》第11条规定："刑事诉讼中有下列情形之一的，公民可以向法律援助机构申请法律援助：（一）犯罪嫌疑人在被侦查机关第一次讯问后或者采取强制措施之日起，因经济困难没有聘请律师的；（二）公诉案件中的被害人及其法定代理人或者近亲属，自案件移送审查起诉之日起，因经济困难没有委托诉讼代理人的；（三）自诉案件的自诉人及其法定代理人，自案件被人民法院受理之日起，因经济困难没有委托诉讼代理人的。"

【练习题】

一、概念题

律师；律师执业；律师执业资格；执业律师的权利；调查取证权。

二、思考题

1. 考试取得律师资格的条件有哪些？

2. 取得律师执业资格的程序是怎样的？

3. 执业律师有哪些权利?

4. 执业律师有哪些义务?

三、案例分析题

1. 某地张三于 2011 年通过考试取得了司法资格证, 2012 年在甲律师事务所开始实习, 2014 年取得律师执业证开始执业。之后其在该律师事务所开始执业。2012 年 10 月 6 日律师事务所接受了一件民事案件原告的委托, 指派张三为代理人并开具了律师事务所公函给法院。2013 年春节期间张三回乡下过年, 亲属都希望他能够回到自己的家乡乙地 (与甲地同属一个省份) 执业。于是, 2013 年 3 月, 张三向甲律师事务所提出转所的请求, 甲所同意并将相关材料报司法厅, 在司法厅审批过程中, 在未撤回原来律师事务所公函的情况下, 张三则以将要转入的乙律师事务所律师的名义 (乙律师事务所向法院出具了新的公函) 出庭参加了案件的审理活动。司法厅以张三的行为已经构成跨所执业为由, 准备对其处罚。

问题: 如何理解律师不得跨所执业的相关规定?

2. 陈某在一家律师事务所执业, 一直以来业务量上不去, 苦思冥想之下也没有想到什么好办法, 一次偶然机会碰到一位在看守所担任看守的中学同学王某。两人相谈甚欢, 不禁为都在法律界工作而感到惊喜, 进而两人商定由陈某提供名片给王某, 王某利用工作之便向犯罪嫌疑人介绍陈律师, 陈律师在律师事务所成功签订合同收取费用之中提取 30% 作为介绍费给王某。果不其然, 此举促成了陈律师的业务量, 犯罪嫌疑人也得到了陈律师的专业帮助, 王某还获得了一定的介绍费。

问题: 如何看待陈某和王某的行为?

【阅读资料】

第三章 律师的职业道德与执业纪律

【学习目的与要求】 了解律师"职业论与营业论的争议、职业利益与法治利益的对立统一"的背景知识；掌握我国对执业律师素质的基本要求，了解律师执业道德的基本准则与规范；明确律师执业纪律的要求和制度，并把握我国对执业律师进行奖励与惩戒的条件与程序。

【重点问题】

- 律师的基本素质内容
- 律师职业道德的内涵与外延
- 我国律师执业规范的主要内容
- 我国对律师奖惩的主体、方式、条件及程序

【知识结构简图】

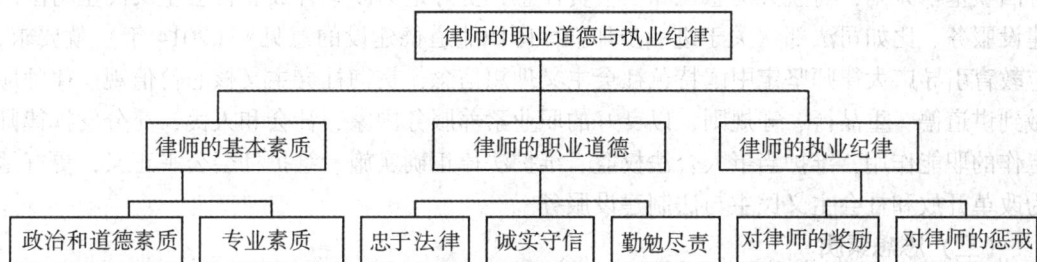

【引例】 一直以来，西方就有这样的谚语："好的律师是坏的邻居"、"律师就是靠嘴皮子吃饭的人"、"诉讼当事人喜欢会钻法律空子的律师"。与此同时，中国的《史记·货殖列传》亦有如此的说法："天下熙熙，皆为利来；天下攘攘，皆为利往。"由于律师的有偿服务可能向"以讼求财"转化，故而古往今来，中国存在着对律师的贬义词"讼棍"。长此以往，人们的观念就会受到潜移默化的影响。当谈论到律师的职业道德与执业责任，有人曾发表过如此的观点："依我所见，那些给自己做宣传、猛抢案源、标榜自己一定能胜诉、收费还高甚至敢搞风险代理的律师，都应该把他们的证书吊销掉，情节恶劣的还要严打。"该人的观点过于绝对。在我国，律师在不违背相关规定的前提下，进行合理的推广、收费乃至进行风险代理都是可以的。但是类似于乱收费、非法承诺、不敬业尽职、为了争案源采用不正当手段的律师，就应由其所在的律师协会进行训诫、通报批评、公开谴责、取消会员资格。当其触犯《律师法》第48、49、50条所列的情形并情节严重的，可以由其所在的设区的市级或者直辖市的区人民政府司法行政部门吊销律师执业证书。

第一节　律师的基本素质

一、律师的政治和道德素质

要想从事律师业务，一个人必须具备两方面的条件：一个是要获得律师执业证书，另一个则是必须拥有律师执业所需要的素质。在这之中，获得执业证书只是需要达成相应客观条件的外在条件，而律师的素质则是需要不断打磨才能逐渐形成的内在条件。在社会主义法制建设过程中发挥作用的律师，应当具备应有的政治素质和道德素质。

（一）政治素质

律师的政治素质主要表现为律师的政治立场和观点。众所周知，律师是在一个国家中依法从事各种法律服务的人，该国的政治状况和意识形态决定了律师所用法律的内容、律师执业活动的性质和方向。故而，政治素质是律师必不可缺的基本素质之一。对我国律师的政治素质的要求，主要表现为以下两点：（1）能够贯彻执行党的路线、方针、政策。作为党员的律师还应能够按照2016年6月中共中央办公厅、国务院办公厅印发的《关于深化律师制度改革的意见》的要求，始终坚持把拥护中国共产党领导、拥护社会主义法治作为律师从业的基本要求，增强广大律师走中国特色社会主义法治道路的自觉性和坚定性，加强法治文化建设，培育中国特色社会主义律师执业精神；（2）能够始终如一地坚持四项基本原则，树立大局意识和社会责任感，更好地为改革开放和社会主义民主与法制建设服务。比如司法部《关于进一步加强律师职业道德建设的意见》（2014年）就要求，应教育引导广大律师坚定中国特色社会主义理想信念，贯彻社会主义核心价值观。律师应做到讲道德、重品行、守规则，以良好的职业素养服务国家、社会和人民，充分发挥律师工作的职能作用，维护当事人合法权益、维护法律正确实施、维护社会公平正义，更好地为改革开放和社会主义民主与法制建设服务。

（二）思想素质

律师执业无时无刻离不开双方当事人对于利益的博弈。当事人委托事项能否实现还有赖于法院的最终判决，由此律师执业亦离不开与同行、法官的博弈。在市场规律表现得过度彻底甚至异化的法务市场，律师行业可能会发生执业理念不正的问题。部分律师还存在着思想认识过度自由化、商业化、个体化，理想信念动摇、社会责任感不强、片面追求经济利益、商业化趋势严重等现象是其典型的表现。并且，律师对金钱、地位、权力的过度关注，亦可能导致只有社会上的"富人"才可能享受到高质量的法律服务，而大多数中低收入者的利益往往容易被忽视。因此，"律师职业论与营业论的争议、职业利益与法治利益的对峙"① 能否协调好，成为律师业能否稳定、健康发展的关键。在波斯纳看来，与其他行业类似，法律职业不会随着"商业化"而丧失职业的特征，相反，随着科学的发展和有效的外部规制，法律职业能更加"职业化"。所以对律师的思想道德素质的"强制性"要求，成为律师能够在纷繁复杂的利益冲突的环境中保持清醒的头脑、理性的方向

---

① 司莉．律师职业属性论［M］．北京：中国政法大学出版社，2006：114-125.

判断的应有之意。

亚里斯多德曾经说过:"人类由于志趋善良而有所成就,成为最优良的动物,如果不讲礼法、违背正义,他就堕落为最恶劣的动物。"①

对我国律师的思想道德素质要求主要表现为以下两点:(1)能够培养和树立正确的人生观和价值观,不受金钱、利益的引诱或权力的不当干预,有强烈的正义感和使命感。对律师而言,最根本的价值是为公众服务的精神,比如 2015 年 6 月,中共中央办公厅、国务院办公厅印发了《关于完善法律援助制度的意见》,其中要求律师不断扩大民事、刑事、行政法律援助覆盖面,力求实现法律援助咨询服务全覆盖,并且要求参与法律援助的律师尽职尽责、提高法律援助质量,不敷衍,不推脱。这体现了作为一名律师,理所应当坚持以人为本,不断促进社会公平正义,以塑造其良好的社会形象。(2)能够做到理论联系实际,积极主动抓住重点、要点,开展法制研究,提供法律服务。比如中央政法委《关于建立律师参与化解和代理涉法涉诉信访案件制度的意见(试行)》(2014 年),鼓励律师充分发挥法律服务队伍在维护群众合法权益、化解矛盾纠纷、促进社会和谐稳定中的积极作用,联系实际,克服困难,深入推进涉法涉诉信访改革,以全面推进依法治国的具体要求和实践。总而言之,我国正处于全面建设小康社会、基本实现现代化的关键时期,律师在保障市场经济有序、高效、健康运转,推进依法治国、维护司法公正和化解社会矛盾纠纷等方面发挥的作用愈加明显。特别是随着全球化进程不断加快,涉外法律业务不断增多,律师面临新的形势、任务和挑战。随着当今社会对法律服务的需求不断增大,对律师思想素质的要求也在不断提高。我国的律师应当具有较高的思想政治觉悟,在世界观、价值观方面从严要求自己,从灵魂深处保证职业道德水平和执业境界。因此,律师道德素质要求的基础就是律师的思想道德素质。

(三)职业素质

律师在执业活动中,需要处理好与当事人、律师同行、司法机关和仲裁机构等的关系,除了要有良好的思想道德素质,律师的职业道德素质亦是不可缺少的。律师的职业素质表现为"职业道德"的要求与管制上。

法律职业管制(Regulation of the Legal Profession)指的是为消除法务市场的信息不对称(Information Asymmetry)、外在性(Externalities),以及防止职业行为过分商业化或者受到其他势力的不良干预。对其进行管制的原因在于当下律师职业中存在着诸如职业道德执业纪律缺失,违法违规执业的问题:比如某些律师接受委托后,不认真履行职责,不向委托人提供约定的法律服务;接受私下的委托,向当事人收取费用;向当事人收取"办案费"、"人情费"、"关系费"等非法费用;违反规定为犯罪嫌疑人、被告人传递信息、钱物;跨所执业等。此外,律师和法官在诉讼活动中存在着不合法、不正当的交往,比如律师私下招待法官;邀请法官游玩;给法官报销比如手机通信费等闲杂费用;主动或被动向法官送现金、礼品;向法官支付介绍费或回扣等。以上行为不仅损害了当事人利益,妨碍了司法公正,也给整个律师行业带来了极其恶劣的影响。因而对律师的职业道德素质的"强制性"要求,成为律师应具备的"核心"道德素质。

---

① [古希腊]亚里斯多德.政治学[M].吴寿彭,译.北京:商务印书馆,2007:9.

对我国律师进行职业道德管制的直接依据见诸《律师职业道德和执业纪律规范》。我国《律师法》第3条明确规定："律师执业必须遵守宪法和法律，恪守律师职业道德和执业纪律。"据此，1996年10月6日，中华全国律师协会通过了《律师职业道德和执业纪律规范》，并于2001年11月26日对其进行了修订。根据《律师职业道德和执业纪律规范》，我国律师的职业道德素质应达到以下三个方面：（1）应当忠于宪法和法律、恪守职业道德和执业纪律。坚持以事实为根据，以法律为准绳，严格依法执业。坚持原则，坚持对法治的信仰，维护国家法律与社会正义。不断陶冶自身的品行和职业道德修养，自觉珍视和维护职业声誉，自觉履行法律援助义务。坚持对律师职业的归属感和使命感，关注、支持、积极参加社会公益事业。（2）应当诚实守信，依据事实和法律，维护当事人的合法权益。应当本着公平、真诚的精神，以善意的方式，与当事人建立委托代理关系，并信守诺言，严格履行委托合同，认真完成合同约定事物，忠实维护委托人的合法权益。不仅如此，还应当保守执业中知悉的秘密，不泄露当事人隐私。（3）应当勤勉尽责，敬业勤业。坚持做到理论联系实际，积极主动抓住重点、要点，开展法制研究，提供完善的法律服务。同时保证尊重同行，同业互助，公平竞争，共同提高执业水平，以保障律师业的健康、持续发展。

二、律师的专业素质

"德才兼备"是古人对于"人才"的肯定评价。对于律师而言，有"德"是基础，有"才"则是处于不败之地的保障。因此可以这么说，精湛的专业素质就是律师执业的根本。律师的专业素质是指律师从事业务活动所必须具备的知识和能力。无论律师从事的是辩护人、代理人还是法律顾问的工作，相关的专业知识和基本技能都是必需的。律师的专业素质可以归结为"法律知识的运用能力"、"律师语言的表达能力"和"律师职业的掌控能力"三个方面。

（一）法律知识的运用能力

律师开展一系列的业务活动的过程，实际上就是其运用相关的法律知识解决实际问题的过程。因此，对于一名合格的律师而言，不仅应具有"广而博"的法律知识，而且应同时保证法律知识的"精而专"。也就是说：（1）一名合格的律师除了要对宪法、刑法、行政法、民法、商法、经济法、环境法、劳动法等实体法熟练地掌握和运用外，还要熟识以民事诉讼法、刑事诉讼法、行政诉讼法为核心的三大诉讼法及诉讼规则。对律师而言，掌握法律是必需的，但也要了解法规、规章、司法解释、政策甚至某些内部规定、行业习惯与惯例，不仅要熟悉国内法，还要了解国际法。"扎实的理论知识、系统的知识体系"是律师法律知识"广而博"的表现和评判标准。（2）执业律师不仅要知其然，还要知其所以然。不是仅仅在法律条文的字面上下工夫，而是要透过法律条文深刻地去理解法律精神。由于律师的工作涉及经济、政治、文化和社会生活的方方面面，律师在处理法律事务时不仅涉及法律问题，而且还会涉及许多自然科学和社会科学的问题，由此，律师掌握物理学、化学、医学等自然科学知识，以及掌握经济学、政治学、社会学等社会科学知识也就不足为奇了。"精准的法律文本解释能力、专业法务领域的操作能力"是律师法律知识"精而专"的表现和评判标准。

应用型系列法学教材

不仅如此，律师对法律知识的运用能力还体现在对法律知识的"再次学习能力"上。在当前的时代中，随着新的法律、法规不断颁布，新的司法解释、地方性行政法规不断颁行，对于律师而言，必须具有能够跟上时代步伐的"新法思维"。律师需要通过不断地接受教育、参与研究、自我学习，持续地补充法律知识，完善法律素养，从而能够了解、掌握新的业务知识，抢占法律服务的制高点，以点带面，促进各项业务工作的开展。

（二）语言的表达能力

像钢琴家练琴一样，律师应该练习运用语言，既要练写，也要练说。律师语言的使用能力体现为"书面语言的表达能力"和"口头语言的表达能力"。

1. 良好的书面表达能力

律师在执业的过程中，免不了要制作各式各样的法律文书，比如撰写代理词、辩护词、法律意见书等，这就离不开其良好的书面表达能力。正如英国的丹宁勋爵所言，"语言是律师的职业工具。当人家求你给法官写信时，最要紧的就是你的语言。当你必须解释成文法的某一款或规章的某一节时，你必须研究的还是语言。你一定要靠分析语言，才能发现句子的含义，并且要逐字逐句地分析，直到最后一个音节"。因此，对于律师而言，必须掌握良好的文字基本功，这包括遣词造句、语法修辞，甚至标点符号的使用等。不仅如此，律师在使用文字时也需要做到严谨准确、恰如其分。

2. 良好的口头表达能力

雄辩的口才、敏捷的应变能力、清晰的吐字、适中的音量、层次清楚的逻辑，是律师必备的素质。律师要能够迅速理解当事人的话语并精确地回答，把自己的想法准确地表达出来。在诉讼业务中，律师应当在法庭上进退自如、抑扬顿挫，能清晰而准确地阐述事实、引用法律，充分而深刻地论证当事人主张的合理性，明白、清楚地向法官表达自己的看法；在非诉业务中，律师也应当流畅、清晰地与客户交流，适时发表意见，及时反馈回答询问。总而言之，执业律师口头表达时应做到有理有据、以理服人，生动而不失于轻浮，形象而不失于浅薄，锐利而不失于偏激。另外，在市场经济具备空前竞争性、开放性和国际性特征的今天，律师的执业工作也具备了较强的开发性、国际性和多层次性。如果一名律师有志于拓展外向型的业务，则必须去掌握多国的语言；如果一名律师对专业领域的业务有兴趣，亦离不开对于该专业话语系统的学习。所以，在新的形势下，良好的语言能力愈发成为对一名成功律师的必然要求。

（三）职业的掌控能力

2008年6月1日起施行的新《律师法》实现了我国律师执业权利的诸多发展，如首次提出在我国境内"个人可以申请开办律师事务所"；提出了律师可获得"强化的案件材料查阅权"；赋予律师辩论言论的"司法豁免权"等，表明该法对律师的自觉性和判断力的信任。这在另一个方面要求执业律师具备更高的"律师职业的掌控能力"：（1）能够在是非纠缠的漩涡中坚持原则、深明大义，直面各种诱惑与风险。律师应当不能被暂时的名、利、权所引诱，不能为不良习惯、观念所动摇，更不能故意勾结、串通，损害国家、集体或当事人的合法利益。应坚定正确的政治立场，坚定信念，维护法律尊严与权威。（2）能够具有过硬的心理素质，在执业的过程中成熟自信、不卑不亢。针对不断变化的案件与局势，控制自身的心态，做到遇事不惊、敏捷果断，确保每时每刻都能作出正确及时的判断。（3）能够在充分理解证据的证据力与证明力的基础上，拥有熟练的调查取证能力，灵活运用各式各样的证据形式，合理运用《律师法》及相关诉讼法中的取证规则，从容应对调查取证、深入了解案件情况过程中繁琐、棘手的情形。（4）能够具备良好的交际能力，善于与当事人、司法机关、其他相关单位打交道，通过合法合理的方式拓展自己的人脉关系，获得他人的信任、理解和帮助。

总之一句话，"没有金刚钻揽不了瓷器活"。专业素质是律师执业的根本，是律师自身人格魅力之所在，也是赢得当事人信任的前提和基础。律师的专业素质与道德素质是密切相关的，二者相互促进、相辅相成。律师"有德"，便不会偏离正确的路线；律师"有才"，才能挑起法律实务的大梁。随着时代的发展，律师的素质要求也呈动态的发展。在新的形势下，律师应当不断完善自我、充实自身，才能成为一名"政治合格、业务精通、作风优良、纪律严明、形象良好"的中国律师。

第二节 律师的职业道德

一、律师职业道德的内涵

（一）律师职业道德的本质

职业道德，是指一定社会的道德准则和规范在职业行为和职业关系中的特殊表现，是人们在职业活动中所应遵守的道德规范以及与之相适应的道德观念、情操和品质。

我们知道，律师是依法取得执业证书，接受委托或指定，为当事人提供法律服务的执业人员，因此其道德往往打上了职业的烙印。律师职业道德，是指从事律师工作的人在执行职务、履行职责时，从思想到行为所应恪守的道德准则，其范围包括道德品质标准、职业行为规范和调整律师执业中所涉及社会关系的道德性规范，是社会职业道德的重要组成部分。

律师职业融合了"职业性"与"商业性"，美国联邦最高法院的首席大法官伦奎斯特曾指出，"律师职业是一种商人和神职人员所组成的微妙的混合体。"[①] 因此，律师职业道德本质上混合了"法律职业道德"和"商业道德"：首先，律师职业道德具有显著的职业规范性。这些职业规范置于宪法法律的框架之下，以"维护法律正确实施，维护社会公平和正义"为内容形成若干条"律师职业道德基本准则"。其次，律师职业道德还离不开商业伦理规范性。由于"在律师和委托人之间实际上同时存在两种关系，一种是交易关系，另一种就是委托人——律师关系。委托人和律师的关系是一种信托关系"，[②] 正是基于这种有偿的信托关系，受托人必须履行诚实守信、尽职勤勉的义务。商业伦理中的"当为或不当为"的考量，也可作为判断律师是否具有职业操守的辅助标准。利益与道德并非难以融合，法务市场化不会必然导致律师职业伦理的丧失，反而会强化律师的商业伦

---

① William H. Rehnquist. The Legal Profession Today［J］. 62 Ind. L. J. 151.

② 王进喜. 从规矩到规则：律师职业化的规律［J］. 中国律师，2006（6）.

理规范。因此，在学理上探讨律师职业道德时，应该直面律师的个人利益诉求，从而在律师职业道德规范体系中加入"商业伦理规范性"。

（二）律师职业道德的特点

同一般意义上的社会道德对比，律师的职业道德与其存在着共通之处，即都是由相同的经济基础产生，并为其服务，都彰显着社会最一般的道德标准。同时，律师职业道德与律师职业伦理相似，均有示范性、约束性、规范性的特点。但是无论是与一般意义上的社会道德，或是与律师职业伦理相较，律师职业道德存在着不同之处，有其自身的特点。

首先，从社会道德与律师职业道德的区别来看：一般而言，社会道德是人们在履行社会义务或涉及社会公众利益的活动中应当遵循的道德准则，是依靠社会的舆论和人的内心信念来维持的道德准则，是一种"软约束"。而律师职业道德是执业律师在职业活动中所应遵循的具有较大强制性的道德准则，全国律师协会制定了全国统一适用的律师职业道德标准，要求所有律师共同遵守。因而，违反了律师职业道德不仅要受到社会舆论的谴责，而且还会受到相应的惩戒和处罚，严重的甚至要追究刑事责任。因此律师职业道德是一种"硬约束"，它具有职业性、自律性和外在的强约束性。

其次，从律师职业伦理与律师职业道德的区别来看：律师职业伦理解决的问题是，究竟何谓"应当做"何谓"禁止做"。然而，律师职业道德要规范的则是，律师对于法律职业伦理内容所产生的态度、看法、目的、动机及其外化的行为。在我国，律师职业道德不同于律师个体的道德品性，其已经外化成为律师职业道德规范，具有客观性、普适性、纪律性的特征，而律师个体的道德品性是个体的道德选择、道德品性，是律师个人素质的体现，具有主观性和个体性的特征。

（三）恪守律师职业道德的意义

管仲曾云："道德当身，不以物惑。"尽管每一种职业都应恪守自己的执业纪律和职业道德，但相较而论，恪守律师的职业道德有着特殊而深远的意义。恪守律师职业道德的意义包括：（1）从最终极的层次而言，律师职业道德维护的是"法律共同体的职业精神利益"，指的是维护法律的正确实施，维护社会公平和正义。恪守律师职业道德的过程中，体现法治的尊严、信仰和向心力，从而影响和激励其他法律工作者乃至全社会对法治的信仰和信心。（2）从整个律师行业而言，恪守律师职业道德，维护的是"律师的职业声誉"。良好的职业素质和声誉不是天然形成的，而是全体律师严格恪守律师职业道德的结果，只有律师整体素质和声誉提高了，律师行业才能健康地发展。（3）从律师自身角度而言，恪守律师职业道德是律师职业生存和发展的必然要求，有利于贯彻"以德治行"这条主线，提高律师的职业素质，从而规范律师的执业行为，建立良好的个人口碑和信誉。

二、律师职业道德的外延

（一）律师职业道德的表现形式

所谓律师职业道德的表现形式，就是指律师职业道德规范的渊源。从规范形式的方面出发，其大致体现在以下几方面：（1）法律。法律是传播道德的有效手段，其内涵是最低限度的道德；道德是法律的评价标准和推动力量，是法律的有益补充。因而，律师职业道德中的基本内容常常被法律所吸收，上升成为法律规范。《律师法》第3条有如是规定："律师执业必须遵守宪法和法律，恪守律师职业道德和执业纪律。律师执业必须以事实为根据，以法律为准绳。"（2）行政法规和地方性法规。行政法规和地方性法规也是律师职业道德的表现形式之一。比如国务院颁布的《法律援助条例》中就包含了律师的法律职业道德规范。各地方人大颁布的涉及职业道德与纪律的条例，如广东省第八届人民代表大会常务委员会颁布的《广东省律师执业条例》等。（3）部门规章。比如司法部制定的关于《律师服务收费管理办法》、《律师执业管理办法》等，其中对于律师职业道德规范有着概述性的规定。（4）司法解释。比如最高人民法院、最高人民检察院有关于适用《中华人民共和国民事诉讼法》的司法解释，其中有许多内容均涉及律师职业道德。（5）行业规范。比如中华全国律师协会发布的《律师职业道德和执业纪律规范》、《律师职业道德基本准则》等，各省级律师协会亦有颁布的自律性规章，如《广州市律师执业规范》、《湖南省律师执业规范》等。（6）国际公约。这方面主要可以参见联合国的国际人权公约，特别是有关刑事法律方面的法律文件，例如《执法人员行为守则》、《关于司法机关独立的基本原则》、《关于律师作用的基本准则》等，这些文件也涉及包括律师、警察、法官等法律职业人员在内的道德要求和规范。

（二）律师职业道德的内容范围

我国律师职业道德规范已形成了主要包括非强制性的道德要求和具有强制性的纪律要求在内的，多方面、多层次的规范体系。根据前文的阐述，从渊源上看，我国律师职业道德显现出多元化的特性。从逻辑学角度讲，一个概念内涵越大，外延就越小；内涵越小，外延就越大。由于我国缺少对律师职业道德在规则层次上内涵的界定，取而代之采用的是"概括+例举"的立法方法，所以从外延上看，律师职业道德的内容与范围显得较为宽广，边界（与社会道德、法律、纪律、章程等规范性体系的边界）则显得相对模糊，它的贯彻与实现机制有赖于"自律与他律的结合"。但是，从现有规范意义上（他律）讲，集中体现律师职业道德要求的还是中华全国律师协会于2001年修订的《律师职业道德和执业纪律规范》和2009年修订颁布的《律师职业行为规范》。

根据《律师职业道德和执业纪律规范》第二章"律师职业道德基本准则"中规定的内容，可将律师职业道德的基本内容归纳为以下几个具体的方面：（1）律师应当忠于宪法和法律，坚持以事实为根据，以法律为准绳，严格依法执业；（2）律师应当忠于职守，坚持原则，维护国家法律与社会正义；（3）律师应当诚实守信，勤勉尽责，尽职尽责地维护委托人的合法利益；（4）律师应当敬业勤业，努力钻研业务，掌握执业所应具备的法律知识和服务技能，不断提高执业水平；（5）律师应当珍视和维护律师职业声誉，模范遵守社会公德，注重陶冶品行和职业道德修养；（6）律师应当严守国家机密，保守委托人的商业秘密及委托人的隐私；（7）律师应当尊重同行，同业互助，公平竞争，共同提高执业水平；（8）律师应当自觉履行法律援助义务，为受援人提供法律帮助；（9）律师应当遵守律师协会章程，切实履行会员义务；（10）律师应当积极参加社会公益活动。

总而言之，律师职业道德是律师政治素质、理想信念、思想品质、纪律作风、情操气质和风度的综合要求，兼有较大的强制性，是介于法律和道德之间的一种特殊的行为规范。并且，律师的职业道德深深植根于律师活动的实践，是在律师职业实践过程中逐步建立和发展起来的，它会伴随社会的发展、律师职业的进步而不断丰富和完善。因此，律师职业道德的内容与范围又是开放的、可变的，它与国家意志、社会公德、行业环境是互助与自足的联动关系。

第三节　对律师的奖励与惩戒

一、律师奖惩的依据：执业纪律

纪律，一般指的是机关、团体、企事业单位和行业制定的要求其工作人员或其成员所应遵守的内部规则。因而，律师的执业纪律，就是指律师在执业活动中所必须遵守的行为规范。

律师的执业纪律是约束律师执业行为的重要准则，其体现了对律师执业行为的基本规范，具有以下特征①：

第一，律师的执业纪律不仅以律师最高行业的自律组织——中华全国律师协会制定的行业规则形式出现，而且还以最高律师行政管理部门——国家司法部制定的行业规章形式出现。

第二，律师执业纪律规定显得较为明确和具体，具有很强的操作性，是律师执业时必须遵守的法定义务。

第三，任何律师如有违反律师执业纪律的行为，不仅会受到律师协会实施的律师惩戒，还可能被追究行政、民事或刑事责任。

第四，律师执业纪律约束的是与律师执业行为相关的活动，律师的其他活动则不受此约束。

律师的执业纪律区别于律师的权利和义务。从概念上看，律师执业纪律包括了律师在执业活动中"必须为之"和"禁止为之"的规范，是约束律师执业行为的重要准则，也是律师执业时必须遵守的法定义务；而律师的权利和义务是律师在执业活动中受到法律保护的某种利益和依照法律必须履行的某种责任，具体表现为"可以为之"的权能和"应当为之"的规范。另外，从表现形式上看，律师的执业纪律见诸律师协会制定的行业规则和国家司法部制定的行业规章，而律师的权利和义务往往直接体现于《律师法》、《刑事诉讼法》、《民事诉讼法》等法律规范中。

从性质上看，律师所应遵守的执业纪律分为积极性的律师执业纪律和消极性的律师执业纪律。所谓积极性的律师执业纪律，就是指对律师执业活动起到倡导作用的行为规范，如律师应严格保守当事人秘密、应尊重法官和仲裁员、主动回避利益冲突等的执业纪律。而所谓消极性的律师执业纪律，就是指律师在执业活动中严禁为之的行为规范，如律师不

① 王俊民. 律师与公证制度教程 [M]. 北京：北京大学出版社，2009：119.

得作出虚假承诺、禁止非法牟取委托人利益、不违规会见案件经办人员等的执业纪律。

根据《律师法》、《律师执业管理办法》和《律师执业行为规范》等法律法规，结合对律师执业纪律进行的积极性和消极性的划分，律师的执业纪律主要体现在以下几个方面：

（一）律师在其执业机构应遵守的执业纪律

1. 律师在执业机构应遵守的积极性执业纪律

第一，律师陷入执业困境时应及时报告事务所并主动担责。在执业活动中，律师对于可能出现的或者已经出现的难以克服的困难和风险，应及时向律师事务所报告。与委托人发生纠纷时，律师应接受律师事务所的解决方案。若因执业过错给事务所、委托人及其他相关人员或机构造成损失的，应主动承担相应责任。律师对于受其指派处理相关事务的辅助人员出现的错误，应及时采取制止或者补救措施，并主动承担相应的责任。

第二，律师在变更执业机构时，应依照相关规定办妥转所手续。转所后的律师，应当信守对其作出的保守商业秘密的承诺，不损害原所属律师事务所的利益；转所后，律师应遵守不为原所属律师事务所正在提供法律服务的委托人提供法律服务的规定。

2. 律师在执业机构应遵守的消极性执业纪律

第一，律师不得同时在两家以上事务所执业。律师的执业机构是律师事务所，律师事务所监督和管理律师的执业活动。律师不得在多家事务所同时进行执业活动。同时，律师也不能同时在律师事务所和其他法律服务机构执业。例外情形是，若因涉及专业领域问题，某律师所在的事务所邀请另一事务所参与案件的办理，且该律师所在的事务所与被邀请的事务所之间以书面形式约定法律后果由前者承担并告知委托人的，不构成对上述规定的违背。

第二，律师不得绕开事务所私自承揽业务或谋取非法私利。律师不得私自接受委托、收取他人费用，接受委托人财物或者其他利益。律师不得违反律师事务所收费和财务相关方面的规定，私自挪用、处分、侵占业务收费。

（二）律师在与委托人关系方面应遵守的执业纪律

1. 律师在与委托人关系方面应遵守的积极性执业纪律

第一，律师应诚信对待委托人。在建立委托代理关系时，律师应诚信告知委托人相关的法律风险，并就委托事项代理的范围、内容、权限、费用、期限等方面和委托人详细讨论与交流，协商一致后由律师事务所出面和委托人签署代理协议，取得委托人的确认。在委托代理的过程中，由于律师代理的案件往往受限于客观事实、相关证据和法律规定，所以律师在代理中仅仅是发挥维护当事人权益的作用，而绝非是"拿人钱财替人消灾"。因而，律师应秉承诚信客观的理念，不得对代理结果作出绝对性的断言，针对案件作出的个人判断，也应向委托人阐明其为"个人意见"。在代理中，律师还应严格遵守法律规定的期间、时效，信守和委托人约定的时间承诺，妥善办理相关事项。

第二，律师应遵守相关保密义务。在委托代理的过程中，律师应保守委托人的商业秘密、个人隐私等，绝不能将委托人的隐私和秘密泄露出去，尤其在代理结束之后，律师亦应严格地遵守相关保密义务。

【案例 3-1】

律师的保密规则

【案例 3-1】点评

　　甲律师在庭审过程中向法院出具了委托人包含有商业秘密的股东大会会议记录作为证据；乙律师将多年来办理的案例汇编出版，其中包括了客户的大量商业秘密信息；丙律师发现其委托人正在实施的行为将会引发致人伤亡的严重犯罪后，立即将该情况反映给有关单位；丁律师发现其代理的海关关税事务的委托人行为触犯了走私罪，担心自己会被牵涉其中，遂向有关单位反映情况。

　　第三，律师应妥善保管委托人财产。律师所属的事务所可以与委托人签订书面保管协议，妥善保管委托人财产，严格履行保管协议。律师事务所受委托保管委托人财产时，应当将委托人财产与律师事务所的财产、律师个人财产严格分离。

　　第四，律师应对委托人合理收费。根据《律师服务收费管理办法》，律师收费方式可以采用计时收费、固定收费、按标的比例收费的方式，也可适用法律不禁止的其他方式。总体而言，律师对于委托人的服务收费应遵循公开公平、自愿有偿、诚实信用的原则。律师以诉讼结果或其他法律服务结果作为收费依据的，该项收费的支付数额及支付方式应当以协议形式确定，应当明确计付收费的法律服务内容、计付费用的标准、方式，包括和解、调解或审判不同结果对计付费用的影响，以及诉讼中的必要开支是否已经包含于风险代理酬金中等。

　　第五，律师应主动避免与委托人产生利益冲突。在接受委托之前，律师及其所属律师事务所应当查证该拟代理的委托事项与该所其他委托事项的委托人之间是否会产生利益上的冲突，接受、继续代理是否会直接影响到相关委托人的利益。只有在确定委托人之间没有利益冲突的情况下，律师才可以与其建立委托代理关系。

【案例 3-2】

律师利益冲突的回避

【案例 3-2】点评

　　李律师受聘担任甲公司和乙公司的常年法律顾问，为期 1 年，已签署法律顾问聘用合同。在合同履行期内，甲公司与乙公司发生争议，经李律师再三调解未果，起诉至法院。甲乙两公司均要求李律师作为本方代理人参加诉讼，李律师均予以拒绝。后甲公司败诉，认为李律师不参与此案的代理，是败诉的直接原因，没有尽到法律顾问的职责，违反了《法律顾问聘用合同》的相关规定，应当承担法律责任，遂起诉李律师。法院没有支持甲公司的诉请。

2. 律师在与委托人的关系方面应遵守的消极性执业纪律

第一,律师不得擅自超越委托权限。在处理委托权限方面的事宜时,律师不得擅自越权,不应超越委托人对其的授权范围,只有在经委托人事先书面确认的情况下才可以进行特别授权代理。

第二,律师不得作出虚假承诺。律师不得因谋取代理、辩护业务而向委托人作出误导或虚假承诺,接受委托后也不得违背事实和法律规定作出承诺。在接受刑事辩护委托后,律师应"以事实为依据,以法律为准绳"提出相应辩护意见。刑事辩护中,如现有证据不足以否认有罪指控,不得承诺当事人必然获得无罪的结果。律师根据委托人提供的事实和证据,依据法律规定对案件进行分析后,应向委托人提出预见性、分析性的结论意见。

【案例 3-3】

律师的虚假承诺

【案例 3-3】点评

甲律师依据事实、证据和合同法的有关规定,在诉讼中主张全部免除委托人的违约责任,但法院未采纳;乙律师与当事人签订委托合同前讨论案情时表示:"如果我来办理这件案子,至少能拿回 500 万元";丙律师在接受辩护委托后,经过与被告人见面、查阅案卷、调查证据,在被告人尚有犯罪疑点的情况下,向委托人表示一定能让被告人无罪释放;丁律师在分析案情的基础上向当事人提出案件如经法庭宣判,有很大几率会败诉,建议当事人在法院主持下进行调解。

第三,律师不得非法牟取委托人利益。在代理案件的过程中,律师只能依照代理合同以及相关规定,收取当事人的法律服务费,不得与委托人争议的权益产生经济上的利害关系,不得与委托人约定在胜诉之后获得争议标的物,不得以他人名义购买委托人在案件中的争议标的物等。除约定的服务费之外,律师不得另行索要委托人其他财物,亦不得通过其他手段获得会导致委托人权益受损的经济利益。

第四,律师不得擅自转委托。未经委托人同意,律师所属的事务所不得将委托人委托的法律事务转委托其他律师事务所办理。但在紧急情况下,为维护委托人的利益可以转委托,但应当及时告知委托人。受委托律师遇有突患疾病、工作调动等紧急情况不能履行委托协议时,应当及时报告律师事务所,由律师事务所另行指定其他律师继续承办,并及时告知委托人。未经委托人的同意,律师不能因转委托而增加委托人的费用支出。

第五,律师不得擅自进行风险代理,或额外收取委托人报酬。律师不能以任何理由和方式向赡养费、扶养费、抚养费以及刑事案件中的委托人提出采用根据诉讼结果协议收取费用,但当事人提出的除外。另外,律师不得直接向委托人收取费用,不得索要或获取除依照规定收取的法律服务费用之外的额外报酬或利益。

【案例 3-4】

禁止律师进行刑事案件结果风险代理收费

【案例 3-4】点评

赵某的丈夫杨某因涉嫌贪污 230 万元，被检察院依法提起公诉。赵某向甲律师事务所的孙律师咨询后，签署一审委托代理合同，委托孙律师为辩护人。该委托合同规定："如果杨某被判死刑，收费 10 万元；如被判处死缓，则需一次性支付 20 万元。"

（三）律师在同行关系方面与自身执业推广上的纪律规范

1. 律师在同行关系方面与自身执业推广上应遵守的积极性纪律规范

第一，律师同行之间应互相尊重与合作。律师与其他律师之间应当相互合作、相互尊重，这具体表现在庭审或者谈判过程中各方律师应当互相尊重，避免使用挖苦、讽刺或者侮辱性的语言。律师同行之间还应加强经验和信息的交流，相互学习，共同提高执业水平。

第二，律师在拓展业务中应与同行进行公平、良性的竞争。律师在拓展业务过程中，应遵循平等、诚信原则，遵守律师职业道德和执业纪律，遵守律师行业公认的行业准则，公平竞争。律师所应当通过提高自身综合素质、提高法律服务质量、加强自身业务竞争能力的途径，形成良好的社会评价，进而获得更多的业务资源。

第三，律师应合法客观地进行自身推广。律师为推广业务，可以发布使社会公众了解律师个人和律师事务所法律服务业务信息的广告，但在发布广告过程中应当遵守国家法律、法规、规章和相应规范。律师个人广告的内容，应当限于律师的姓名、肖像、年龄、性别、学历、学位、专业、律师执业许可日期、所任职律师事务所名称、在所任职律师事务所的执业期限，以及包括收费标准、联系方法、业务范围、执业业绩等信息。

【案例 3-5】

律师应合法、客观地进行自身推广

【案例 3-5】点评

甲律师在其律师事务所官网上发布介绍自己专业范围、执业经历和联系方法的广告；乙律师加入当地的法律援助志愿者协会并免费提供法律咨询服务；丙律师通过"微信"群发信息，承诺给介绍案源者 5% 的回报；丁律师参加房地产专题研讨会，在会上发表"按揭"法律问题研究报告，并向与会者派发名片。

2. 律师在同行关系方面与自身执业推广上应遵守的消极性纪律规范

第一，律师同行之间禁止不正当竞争。律师不得采用不正当手段进行业务竞争，损害其他律师及律师事务所的声誉或者其他合法权益。律师执业的不正当竞争行为表现在：

（1）诋毁、诽谤其他律师或者律师事务所信誉、声誉；（2）无正当理由，以低于同地区同行业收费标准为条件争揽业务，或者采用承诺给予客户、中介人、推荐人回扣、馈赠金钱、财物或者其他利益等方式争揽业务；（3）故意在委托人与其代理律师之间制造纠纷；（4）向委托人明示或者暗示自己或者其所属的律师事务所与司法机关、政府机关、社会团体及其工作人员具有特殊关系；（5）就法律服务结果或者诉讼结果作出虚假承诺；（6）明示或者暗示可以帮助委托人达到不正当目的，或者以不正当的方式、手段达到委托人的目的；（7）擅自或者非法使用社会专有名称或者知名度较高的名称以及代表其名称的标志、图形文字、代号以混淆误导委托人；（8）伪造或者冒用法律服务荣誉称号。

第二，律师不得进行违规广告宣传。律师不得以有悖律师使命、有损律师形象的方式制作广告，不得采用一般商业广告的艺术夸张手段制作广告。在广告宣传时，不得进行歪曲事实或法律实质，亦不能进行律师之间的比较宣传。

（四）律师在诉讼和仲裁活动中应遵守的执业纪律

1. 律师在诉讼和仲裁活动中应遵守的积极性执业纪律

第一，律师应依法调查取证。律师应遵守证据客观性、合法性和关联性的要求，不能为了诉讼意图或目的，非法改变证据的内容、形式或属性。在收集证据过程中，应当以客观求实的态度对待证据材料，不得以自己对案件相关人员的好恶选择证据，不得以自己的主观想象去改变证据原有的形态及内容。不得威胁、利诱他人提供虚假证据。不得利用他人的隐私及违法行为，胁迫他人提供与实际情况不符的证据材料。律师不得利用物质或各种非物质利益引诱他人提供虚假证据，也不得向司法机关或者仲裁机构提交明知是虚假的证据。律师作为必要证人出庭作证的，不得再接受委托担任该案的辩护人或代理人出庭。

第二，律师应注重庭审仪表、体态语言。律师担任辩护人、代理人参加法庭、仲裁庭审理，应当按照规定穿着律师出庭服装，佩戴律师出庭徽章，注重律师职业形象。出庭时，男律师不留披肩长发，女律师不施浓妆，面容清洁，头发齐整，不佩戴过分醒目的饰物。在法庭或仲裁庭发言时，律师应当举止庄重、大方，用词文明、得体。

第三，律师应遵守法庭、仲裁庭纪律，尊重法官和仲裁员。律师应当遵守法庭、仲裁庭纪律，遵守出庭时间、举证时限、提交法律文书期限及其他程序性规定。在开庭审理过程中，律师还应当尊重法官、仲裁员。在执业过程中，因对事实真假、证据真伪及法律适用是否正确而与诉讼相对方意见不一致的，或者为了向案件承办人提交新证据的，与案件承办人接触和交换意见应当在司法机关指定场所内。

2. 律师在诉讼和仲裁活动中应遵守的消极性执业纪律

第一，律师不得损害司法公正。律师不得在公共场合或向传媒散布、提供与司法人员及仲裁人员的任职资格和品行有关的轻率言论。在诉讼或仲裁案件终审前，承办律师不得通过传媒或在公开场合发布任何可能被合理地认为损害司法公正的言论。

第二，律师不得违规接触案件的经办人。律师在办案过程中，不得与所承办案件有关的司法、仲裁人员私下接触。律师不得贿赂司法机关和仲裁机构人员，也不得以许诺回报或者提供其他利益等方式，与承办案件的司法、仲裁人员进行交易。律师不得介绍贿赂或者指使、诱导当事人行贿。

二、对律师的奖励

（一）行业奖励

对律师进行"行业奖励"主要的规则依据是中华律师协会的《律师协会会员奖励办法》。各级律师协会常务理事会负责各级律师协会会员奖励工作的规则制定、奖励审批及公告。各级律师协会设立会员奖励工作专门机构，负责奖励工作的评审及有关工作。律师协会秘书处则负责奖励工作日常事务。各级律师协会对会员奖励的推荐、评审、授奖，实行公开、公平、公正原则，保证律师行业奖励工作的科学性、公正性和权威性。

1. 行业奖励的方式

（1）通报表扬；（2）嘉奖；（3）授予荣誉称号。

2. 行业奖励的条件与标准

根据《律师协会会员奖励办法》的规定，对于有以下表现的律师，应予以奖励：（1）在执业中自觉贯彻执行党的路线、方针、政策，勇于探索创新，为完善社会主义法制建设和律师事业发展作出突出贡献的。（2）严格依法执业，勤勉尽责，为当事人提供优质的法律服务，为国家、当事人挽回或避免重大损失，受到好评的。（3）具有丰富的法律知识和较高的执业水平，成功办理在全国或本省有重大影响的法律事务的。（4）积极参加法律援助工作和社会活动，受到社会好评的。（5）常年坚持在律师工作中勤勤恳恳为当事人提供法律服务，忠于职守、廉洁自律、尽职尽责，取得较好社会效益的。（6）获得省级以上荣誉称号的。（7）积极参与人大、政协、立法咨询和其他社会活动，对律师社会形象提升作出突出贡献的。

3. 行业奖励的程序与步骤

（1）推荐：律师的奖励推荐工作由其律师事务所负责，向本地区律师协会推荐，并向律协奖励工作专门机构提交会员奖励推荐书及相关材料。（2）评审：律协奖励专门机构负责对推荐材料进行书面审查。评审通过的，报同级常务理事会审批，由会长签署会员奖励决定予以公告。（3）授奖：进行"通报表扬"的，以律师协会文件形式公布"律师协会常务理事会奖励决定"，下发到所辖律师事务所；进行"嘉奖、授予荣誉称号"的，以文件形式公布"常务理事会奖励决定"，有会刊的律协于会刊上同时予以公布；没有会刊的，可在社会有关报刊上予以公布，予以"嘉奖"的颁发证书；授予"荣誉称号"的，颁发奖牌及证书。最后，由律协对会员的奖励决定存入本人档案及律师协会诚信信息系统，作为律师、律师事务所考核依据。

（二）行政表彰

对律师进行"行政表彰"主要的规则依据是司法部的《律师执业管理办法》。该办法规定，省、自治区、直辖市司法行政机关负责组织对律师的表彰活动，设区的市级司法行政机关具体履行对律师进行表彰的职责。为保证行政表彰的科学、公正和权威，其"推荐、评审、表彰"实行"公开、公平、公正"原则。行政表彰的标准、方式和步骤，与行业奖励的标准、方式和步骤基本相同。

三、对律师的惩戒

（一）行业惩戒

对律师进行"行业惩戒"主要的规则依据是《中华人民共和国律师法》，中华律师协会修订的《律师协会会员违规行为处分规则（试行）》、《律师执业行为规范》。中华全国律师协会设立纪律委员会，负责律师行业处分相关规则的制定及对各级律师协会处分工作的指导与监督。各省、自治区、直辖市律师协会及设区的市律师协会设立惩戒委员会，负责对违规的执业律师进行处分。

1. 行业惩戒的形式

（1）训诫；（2）通报批评；（3）公开谴责；（4）取消会员资格。

2. 行业惩戒的具体适用情形

（1）执业律师有"本节第一部分"（第三章第三节"一、律师奖惩的依据：执业纪律"）所列的七个方面的违纪行为之一的，由省、自治区、直辖市及设区的市律师协会给予训诫、通报批评、公开谴责。具体还可参看《律师协会会员违规行为处分规则（试行）》第11条的规定。（2）执业律师有泄露国家秘密的，或向法官、检察官、仲裁员以及其他有关工作人员行贿或者指使诱导当事人行贿的，或提供虚假证据，隐瞒重要事实，或者威胁、利诱、唆使他人提供虚假证据，隐瞒重要事实的，由省、自治区、直辖市律师协会取消会员资格，同时报请同级司法行政机关吊销其律师执业证书。

3. 行业惩戒的程序

（1）受理和立案调查。惩戒委员会应在接到投诉案件后的7个工作日内对案件作出是否立案的决定。符合立案条件的，给予立案并审查有关证据、派人调查案情。（2）作出处分的决定。惩戒委员会在作出决定前，应保证被投诉律师本人到会陈述、申辩权、申请听证权和申请回避权。最终由惩戒委员会集体作出决定，并保证会议至少应有2/3的委员出席，决定由出席会议委员的2/3以上的多数通过。（3）制作决定书并送达。按规定内容制作的决定书经惩戒委员会主任审核后，由律师协会会长签发，并于签发后的15个工作日内直接送达或邮寄送达给被投诉的执业律师。（4）原作出决定的律协的复查机构复查。对惩戒委员会作出的决定不服，可在接到决定书的30个工作日内向律师协会复查机构申请复查。复查机构对作出的复查决定制作复查决定书，如果作出维持原决定的复查决定的，为最终决定。当然，（申诉）被惩戒的律师对律师惩戒委员会的惩戒不服的，也可以向市司法行政机关提出申诉。

（二）行政处罚

对律师进行"行政处罚"主要的依据是《中华人民共和国律师法》及司法部的《律师和律师事务所违法行为处罚办法》。

1. 行政处罚的形式

（1）警告；（2）没收违法所得；（3）停止执业；（4）吊销执业证书；（5）罚款。司法行政机关对律师的违法行为给予警告、罚款、没收违法所得、停止执业处罚的，由律师执业机构所在地的设区的市级或者直辖市区（县）司法行政机关实施；给予吊销执业证书处罚的，由许可该律师执业的省、自治区、直辖市司法行政机关实施。

2. 行政处罚的具体适用情形

（1）律师有下列行为之一的，由设区的市级或者直辖市的区司法行政部门给予警告，可以处 5000 元以下的罚款；有违法所得的，没收违法所得；情节严重的，给予停止执业 3 个月以下的处罚：①同时在两个以上律师事务所执业的；②以不正当手段承揽业务的；③在同一案件中为双方当事人担任代理人，或者代理与本人及其近亲属有利益冲突的法律事务的；④从人民法院、人民检察院离任后 2 年内担任诉讼代理人或者辩护人的；⑤拒绝履行法律援助义务的。

（2）律师有下列行为之一的，由设区的市级或者直辖市的区司法行政部门给予警告，可以处 10000 元以下的罚款；有违法所得的，没收违法所得；情节严重的，给予停止执业 3 个月以上 6 个月以下的处罚：①私自接受委托、收取费用，接受委托人财物或者其他利益的；②接受委托后，无正当理由，拒绝辩护或者代理，不按时出庭参加诉讼或者仲裁的；③利用提供法律服务的便利牟取当事人争议的权益的；④泄露商业秘密或者个人隐私的。

（3）律师有下列行为之一的，由设区的市级或者直辖市的区司法行政部门给予停止执业 6 个月以上 1 年以下的处罚，可处 50000 元以下的罚款；有违法所得的，没收违法所得；情节严重的，由省、自治区、直辖市司法行政部门吊销其律师执业证书；构成犯罪的，依法追究刑事责任：①违反规定会见法官、检察官、仲裁员以及其他有关工作人员，或者以其他不正当方式影响依法办理案件的；②向法官、检察官、仲裁员以及其他有关工作人员行贿，介绍贿赂或者指使、诱导当事人行贿的；③向司法行政部门提供虚假材料或者有其他弄虚作假行为的；④故意提供虚假证据或者威胁、利诱他人提供虚假证据，妨碍对方当事人合法取得证据的；⑤接受对方当事人财物或者其他利益，与对方当事人或者第三人恶意串通，侵害委托人权益的；⑥扰乱法庭、仲裁庭秩序，干扰诉讼、仲裁活动的正常进行的；⑦煽动、教唆当事人采取扰乱公共秩序、危害公共安全等非法手段解决争议的；⑧发表危害国家安全、恶意诽谤他人、严重扰乱法庭秩序的言论的；⑨泄露国家秘密的。律师因故意犯罪受到刑事处罚的，由省、自治区、直辖市政府司法行政部门吊销其律师执业证书。

（4）律师在受到警告处罚后 1 年内又发生应当给予警告处罚情形的，应当给予停止执业 3 个月以上 1 年以下的处罚；在受到停止执业处罚期限未满或者期满后 2 年内又发生应当给予停止执业处罚情形的，应当吊销律师执业证书。

【案例 3-6】

律师的执业责任

贾律师是 A 公司的诉讼代理人，代理 A 公司与 B 公司合同纠纷一案。贾律师经过对案件的分析，认为 A 公司很难胜诉，便与 A 公司负责人刘某串通，托朋友找到了受理该案件的法官林某，赠送了某超市价值 1 万元的购物卡。法官林某在 A 公司证据不足的情况下，依然作出了 A 公司胜诉的判决，给 B 公司带来了巨大的经济损失。后经审判监督程序，B 公司发现了贾律师、A 公司曾贿赂法官林某的事实。检察院以受贿罪起诉法官林某的同时，以行贿罪起诉了贾律师和 A 公司的负责人刘某。

3. 行政处罚的程序

（1）受理和立案调查：司法行政机关一经发现或者收到有关投诉，应当立案调查（司法行政机关也可委托律师协会进行调查），查明事实，收集证据；（2）审查：审查过程中，应当告知其查明的违法行为事实、处罚的理由及依据，并保证当事人依法享有的陈述和申辩权、依法申请听证权；（3）作出行政处罚决定：一般应当出具行政处罚决定书，并参照《民事诉讼法》规定的方式送达；（4）复议或起诉：当事人对行政处罚不服的，有权依法申请行政复议或者提起行政诉讼。当事人逾期不申请复议，不提起诉讼，又不履行行政处罚决定的，司法行政部门可以依法向人民法院申请强制执行。

【练习题】

一、概念题

律师的道德素质；律师职业道德的内涵；律师的业务拓展；律师的虚假承诺；律师的转委托；律师行政表彰；律师的行政处罚。

二、思考题

1. 律师的道德素质和专业素质应包括哪些？
2. 试分析律师职业道德的表现形式和内容范围。
3. 律师执业规范的主要内容包括哪些？
4. 试分析对律师进行奖励或惩戒的具体适用情形。

三、案例分析题

2014 年 7 月周女士与丈夫离婚。2015 年 6 月，周女士得知前夫与自己的同乡王某（离异，有一女 8 岁）再婚，购置并入住了一套新房。周女士认为，凭她对同乡王某的了解，其没有固定的收入来源，又有未成年女儿需要抚养，很可能是前夫隐匿夫妻共同财产购买该房。周女士找到 X 律师事务所的律师陈某。陈律师以个人名义先收取周女士 100 元咨询费后，又收取了她 500 元的"调查费"，在给周女士出具收款收据而不是发票后，开始进行前期调查取证工作。陈律师经调查得知，周女士的前夫与王某入住的新居是在周女士与前夫婚姻存续期间所购，房产价值 50 万元，至今未办理产权证，在购房的有关凭证上显示，购房人均为王某。但陈律师并没有获取任何证据证明，该房的购房资金系周女士前夫出资的（实际上是王某继承其父母的遗产）。在这种情况下，陈律师却明确告诉周女士，他已取得了对周女士"有利"的证据。于是，周女士与 X 律师事务所签订一份"委托代理合同"，所里则指派陈律师作为她的代理人。X 律师事务所按总价 50 万元标的收取了苏女士标的费 9000 元、手续费 600 元，并出具了正式发票。2015 年 9 月 9 日，陈律师代周女士提起了状告前夫及"第三人"王某的民事诉讼。在起诉状中，提出的诉请补偿标的为 43 万余元。法院立案后的，陈律师再一次以个人名义向苏女士收取 1000 元调查费，并出具了收款收据。2015 年 11 月，法院经审理认为，原告周女士未能就自己提出的主张提供相应证据加以证明，故对原告的诉请不予支持。同年12月，法院一审判决驳回周女士的诉请，并承担1万多元诉讼费。接到判决书后，周女士找到了数家律师事务所的律师和法律界人士进行咨询，他们在认真看了周女士现有的证据后都称，由于周女士没有直接的证据证明其前夫隐匿了夫妻共同财产，都称苏女士"不可能打得赢这场官司"。接着，在法定的上诉期限内，苏女士只好放弃上诉。

问题：本案中陈律师的执业行为哪些违反了职业道德与执业纪律？如果查证属实，他可能会受到何种处罚？

【阅读资料】

第四章　律师收费与法律援助

【学习目的与要求】 系统地掌握我国律师收费制度与法律援助制度，重点掌握我国律师收费的基本原则、我国律师收费方式、律师收费争议的解决以及我国法律援助的对象、范围、实施程序等相关规定。要求学生在课前预习相关的法律规定和行业性规章制度，课后复习基本概念、基本制度，并参阅相关的文献资料和相关案例、事例，加深对相关知识点的理解和掌握。

【重点问题】

- 律师收费的基本原则
- 我国律师收费方式
- 我国法律援助的对象、范围
- 法律援助人员的权利、义务
- 援助实施程序

【知识结构简图】

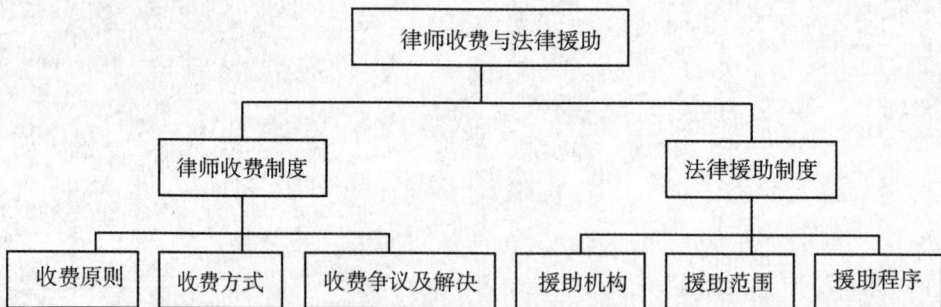

【引例】 2015 年 11 月，8 岁的单亲小孩郑某在放学回家横穿马路的途中，被何某超速驾驶的摩托车撞击，造成右胫骨粉碎性骨折、重度脑震荡。郑某的母亲心急如焚，想要起诉何某，但自己不了解相关法律规定，欲聘请律师，但又不知道律师如何收费。考虑到自身无固定收入，家庭一贫如洗，郑某的母亲不知道自己的情况是否符合法律援助的条件。

第一节 律师收费制度

律师收费制度与律师的服务性及有偿性相对应。律师的职责是为社会提供法律服务，这种服务一般来说是有偿的。因而，律师收费制度自从律师制度的出现便应运而生，并伴随着社会的发展不断调整，以适应律师业发展的需要。

一、我国律师收费规范的历史沿革

一直以来，我国对律师收费的政府管制较严格，政府部门制定了统一的律师收费管理办法和收费标准，不仅要求律师，更要求律师事务所严格地执行国家规定的标准。2000年以后，在国家放权于各地方出台相应收费标准的情况下，严格的收费管制有了一定弱化。

1956年5月司法部颁发了《律师收费暂行办法》，这是新中国第一个有关律师收费的规范性文件。该办法基本适应了当时的国情，确立了我国律师收费按劳取酬的原则，并规定了收费标准以及免收律师费的情形，在一定程度上完善了新中国的律师制度。

十一届三中全会后，伴随着政治上拨乱反正的不断开展，我国律师制度得以逐步恢复。1981年12月9日，司法部、财政部公布了《律师收费试行办法》，并附《律师收费标准表》。该办法除基本沿用原收费办法外，还增加了律师办理涉外业务可与委托人协商收费的规定。对诉讼标的较大而案情又较复杂的民事案件，根据《律师收费试行办法》，允许律师在规定的收费标准之外同委托人另行商定收费数额，另外还规定了律师减免收费的范围。

进入20世纪90年代，原有的律师收费规定已难以适应社会和律师业的发展，故而在1990年2月，司法部、财政部、国家物价局联合发布《律师业务收费管理办法》及《律师收费标准》，与之前的律师收费办法相比，20世纪90年代的收费办法在收费方式上新增了计时收费方式，比如律师在解答法律咨询时，除了可以计件收费，还可以采用以小时收费的方法。除此之外，办法还明确规定了律师在接受外国当事人、港澳台同胞委托办理法律事务的时候，可以根据律师的水平和法律业务量与当事人协商收费或计时收费。

随着社会主义市场经济的建立和发展，1990年发布的《律师业务收费管理办法及收费标准》已不能适应律师工作发展的需要，其问题主要表现在：首先，收费标准偏低。例如，法律咨询按计件收费1~30元/件，按计时收费2~15元/小时；制作法律事务文书收费2~50元/件；办理刑事案件收费30~150元/件。收费标准明显偏低使律师的劳动得不到合理的体现，不利于律师积极性的发挥。其次，律师收费方式单一。收费方式采用法定标准，排斥协商收费。这容易使得律师办案质量不高。最后，律师收费比例不合理。民事经济案件的收费比例随着案件标的增大而递减，但法律事务标的额的大小与案件的难易程度并不成正比。另外，上述文件规定律师承办刑事案件最高收费不超过150元，这就使律师承办刑事案件与承办民事经济案件的收费形成强烈反差。

为了使律师服务收费符合市场经济规律，1997年3月国家计划委员会、司法部发布《律师服务收费管理暂行办法》，对律师收费制度进行了较大幅度调整。根据该办法，律师收费的原则、收费的构成、收费的范围和方式都得到了调整，改变了过去收费方式单

一、收费不合理的现象，较之以往的规定有了明显的进步。在收费方式上，该办法扩大了协商收费和计时收费的内容，如担任法律顾问、提供非诉讼法律服务、解答有关法律的询问、代写诉讼文书和有关法律事务的其他文书等，既可协商收费也可计时收费。同时，依据该办法，在制定律师服务费标准时，应充分听取律师事务所和委托人的意见，既要有利于律师服务的成本补偿，又要考虑委托人的承受能力。在确定收费标准的构成因素上，除了应当考虑办理法律事务所需律师人数、所需工作时间、法律事务的复杂程度之外，该办法还明确了应考虑办理法律服务可能承担的风险和责任。

但是，1997 年的《律师服务收费管理暂行办法》对律师收费仍是原则性规定。因此，2000 年 4 月原国家计委、司法部下发《关于暂由各地制定律师服务收费临时标准的通知》，规定律师服务收费标准暂由各省级价格主管部门会同司法行政部门制定。该文件对于规范本地区律师服务收费起到了重要的作用。但是随着我国律师业的快速发展，律师和委托人之间因为收费争议诉诸法庭的时有发生，《律师服务收费管理暂行办法》已经不能完全适应新形势的要求。

2006 年 4 月 13 日国家发展改革委员会与司法部联合颁布了《律师服务收费管理办法》，该办法自 2006 年 12 月 1 日起执行。该办法对原有律师收费制度做了修改和完善，如明确律师收费应当遵循公开公平、诚实信用和便民利民的原则；严格规范律师服务收费环节和收费程序；完善律师收费争议解决机制；进一步加强监督检查等。《律师服务收费管理办法》的颁布，弥补了以往收费办法过于原则性、陈旧的缺点，规范了律师服务收费行为，维护了委托人和律师的合法权益，促进了律师服务业的健康发展。

二、律师收费的原则

（一）统一收费原则

律师服务费由律师事务所统一收取，并一并出具收据、服务发票等，禁止律师私自收费。根据《律师法》第 25 条的规定，律师承办业务，由律师事务所统一接受委托，与委托人签订书面委托合同，按照国家规定统一收取费用并如实入账。根据《律师服务收费管理办法》第 27 条的规定，对于违反律师事务所统一接受委托、签订书面委托合同或者收费合同规定的；违反律师事务所统一收取律师服务费、代委托人支付的费用和异地办案差旅费规定的，由司法行政部门依照《律师法》以及《律师和律师事务所违法行为处罚办法》实施行政处罚。故而，无论委托人是与律师直接联系或是与律师事务所接洽，其委托合同均是与律师事务所订立，律师服务费也是由律师事务所统一收取。禁止律师个人以任何名义向委托人收取任何费用。

【案例 4-1】

律师须合规地统一收费

【案例 4-1】点评

某律师事务所律师李某在代理原告王某与甲公司承揽合同纠纷中，收取王某

8000 元的律师费，但是李律师并没有按规定出具收据、服务发票等。其中 5000 元李某直接向王某出示"已收到"的收条，另外 3000 元开具的是李某所在律师事务所"财务专用章"的收据。

（二）依法收费原则

律师及律师事务所的收费服务应当严格遵守国家制定的相关服务价格政策及收费标准的法律法规，该原则具体体现在以下几个方面。

1. 种类限定

律师可以向委托人收取的费用主要是指律师服务费和其他费用。律师服务费是律师的办案酬金，是律师事务所的唯一合法收入。律师事务所依法提供下列法律服务，应按规定的标准向委托人收取律师服务费。(1) 代理民事案件；(2) 代理行政案件；(3) 为刑事案件犯罪嫌疑人提供法律咨询、代理申诉和控告、申请取保候审，担任被告人的辩护人或自诉人、被害人的代理人；(4) 代理各类诉讼案件的申诉；(5) 代理仲裁；(6) 担任法律顾问；(7) 提供非诉讼法律服务；(8) 解答有关法律的询问、代写诉讼文书和有关法律事务的其他文书等。其他费用，是指律师在为委托人提供法律服务的过程中，为委托人垫付的费用，包括鉴定费、公证费、异地办案所需差旅费以及律师事务所代委托人支付的其他费用等，这部分费用由委托人另行支付。

2. 标准明确

律师服务费的收费标准根据服务种类的不同，采取不同的方式。根据《律师服务收费管理办法》第 5 条的规定，律师事务所依法提供下列法律服务实行政府指导价：代理民事诉讼案件；代理行政诉讼案件；代理国家赔偿案件；为刑事案件犯罪嫌疑人提供法律咨询、代理申诉和控告、申请取保候审，担任被告人的辩护人或自诉人、被害人的诉讼代理人；代理各类诉讼案件的申诉。另外，律师事务所提供其他法律服务的收费实行市场调节价。实行市场调节的律师服务收费，由律师事务所与委托人协商确定。根据《律师服务收费管理办法》第 9 条的规定，律师事务所与委托人协商律师服务收费应当考虑以下主要因素：耗费的工作时间；法律事务的难易程度；委托人的承受能力；律师可能承担的风险和责任；律师的社会信誉和工作水平等。

3. 退费有据

退费合法原则要求律师事务所收费后，如果发生下列情况，则应全部或部分退还已收取的费用：(1) 委托人因律师过错而提出终止委托关系的，律师事务所应退还预收的律师服务费；非因律师过错而终止委托关系的，律师事务所已经收取的律师服务费不予退还。(2) 律师事务所因委托人的过错或委托人的要求超出合理范围而终止委托关系的，应当根据承办该项法律事务的实际支出进行相应的扣除，余额部分退还委托人。(3) 律师事务所无故终止委托关系的，应当退还已收取的全部律师费，给委托人造成损失的，根据有关的规定，律师事务所应负责赔偿。

（三）特殊案件减免原则

特殊案件减免收费原则，是指律师经办法律规定的特殊案件可以酌情减免对于当事人的法律服务收费的原则，主要体现律师提供法律服务具有一定社会性和公益性。费用减免的案件主要包括两种：第一，根据《中华人民共和国律师法》、《法律援助条例》、《律师服务收费管理办法》等的相关规定，律师和律师事务所承担的法律援助义务，律师办理法律援助案件不向受援人收取任何费用。第二，对于经济确有困难，但不符合法律援助范围的公民，律师事务所可酌情减免其律师服务费。

三、律师收费方式

（一）大陆法系国家律师收费方式

1. 德国

在德国民事、刑事诉讼中，律师的收费应严格依据国家制定的收费标准，律师禁止为拉拢顾客而故意压低收费标准。这些规定是根据 1957 年 7 月颁布的《联邦律师收费条例》。但如果当事人以书面的形式表示同意，律师也可以按高于法定的标准进行收费。通常，律师收费的数额要以争议标的金额以及法律规定进行考量。针对诉讼事项，律师的收费必须严格执行法律规定标准。因此，诸如签发法庭传票、调查案情、收集证据、出庭辩护、商谈和解等都是按法定的标准收取律师服务费。与诉讼服务收费相对的是，律师办理非讼事项的收费标准则较为灵活。在非讼业务中，律师往往根据有关事项的难度、花费的时间以及当事人的经济状况确定具体的收费数额。

2. 法国

法国律师收费以计时收费方式为主。原则上，酬金可以由律师和委托人进行协商，进而自由确定。在刑事及民事诉讼中，律师均可自行确定出庭辩护的收费数额，但其进行法庭辩护的酬金与办理法律程序事务的酬金有严格的区分，并且律师协会理事对两种业务酬金负责监督和管理。律师的收费分为酬金（律师提供法律服务而收取的报酬）、费用（如通信费、旅费、邮费等）以及开支（数额较大的花费，如法庭费、注册登记费等）。[①] 法国 1972 年 8 月 25 日的法令对律师从事诉讼代理的途径做了规定，该规定具有强制性，律师在收取酬金时不得超过规定的限额。酬金是律师基于提供法律服务而收取的报酬，如果委托人拒付酬金，律师可以为此向法院起诉。

3. 日本

日本律师服务费用的计算标准是按日本律师协会的规定执行的。这个标准仅是律师费用的计算基准，具体费用还应与聘请的律师本人商议。1975 年施行的日本律师联合会章程第 20 号《报酬等标准规程》对律师收费问题作了比较详细的说明。根据其规定，除特殊情况外，报酬应在案件着手处理前以契约的方式确定，报酬应比照所属律师会规定，根据委托人地位、诉讼标的金额、案件难易程度等作出适当的规定。在日本，律师报酬名目繁多，除收取挂号费、报酬费、手续费、法律谈判费、鉴定费、顾问费及日津贴费外，还收取为接受的案件和法律事务的处理所必需的实际费用。

《报酬等标准规程》根据委托人得到的经济利益作为标准来决定报酬数额，对于其利益难以明确计算的案件，则一般考虑案件的难易程度、诉讼标的金额以及付出劳动的程度等。日本最主要的收费方式是按诉讼标的价额收费，除此之外，还实行计件收费、计时收

---

① 石毅. 中外律师制度综观 [M]. 北京：群众出版社，2000：312.

费、胜诉酬金收费。

（二）英美法系国家律师收费方式

1. 美国

作为世界上律师最多的国家，关于律师的收费标准，美国没有统一规定，各州做法也不一。虽然有些地方律师协会规定了最低限度的收费标准，但对于重大法律事务，仍由律师决定。在一般情况下，律师的服务报酬基本上由律师本人和委托人当面协商，最后确定一个合理的收费标准。美国律师收费的方式主要包括①：

（1）小时收费制

在美国，小时收费制是最典型的收费方式。在美国小时收费制被称为"hourly rate"。就是说，律师将根据为当事人的案件而花费的每1个小时，甚至1小时的一部分，来向当事人收费。例如，如果这位律师每小时收费100美元，为此工作了5个小时，那么当事人将为此而支付500美元。有的律师根据工作类型的不同而收取不同的费用，如法律事务调查和出庭的费用就不相同。另外，在大型的律师事务所中，律师们也有不同的收费标准，多数资深律师的收费要比年轻律师或者律师助理收费高得多。

（2）风险代理收费制

在美国，风险代理收费被称为"contingency fees"。其中的"contingency"包含着这种报酬是偶然的、可能的，因此是有风险的。"Fee"即"酬金"之意。所谓"contingency fees"，就是说，律师获取的报酬取决于所代理的案件获得法院判决给付总额的一定百分比。假如你聘请了律师帮你打官司，如果官司输了，律师将得不到任何报酬。但是，你仍然必须支付律师为此而支出的有关费用，即律师办理案件而花费的"expenses"。在美国，律师的风险代理收费的比例各有不同，一般的比例是1/3。有些律师根据案件的具体进展程度，按比例增减其所分享的报酬。当然，即使在美国这样的高度意思自治的国家，律师的风险代理收费也不是随心所欲的，而是受到一些限制和约束的。首先，风险代理收费并不是适用于所有的案件。一般而言，这种类型的收费方式可以在人身伤害、财产索赔或者其他涉及大量金钱的案件中使用。但是，在一些特定类型的案件，例如，在犯罪案件和儿童监护案件中，律师被禁止收取风险代理报酬。非常特别的是，在离婚案件中，如果你成为被告，或者你需要的是商业买卖这样的一般性法律服务的话，风险代理收费并不适宜。其次，法庭可以对律师所能收取的风险代理报酬的总数给予一定的限制。

（3）套费

套费在美国被称为"retainer fees"。这种收费方式非常类似于我们乘公交车所使用的月票。所谓套费，就是支付给律师一系列的费用。这一费用多半是根据小时收费制进行计算的。可以将这种套费理解为是预付定金。这不同于那些对未来发生的费用进行记账的收费方式。套费通常存放于一个专用账户，相关的服务费用随着这些费用的产生从这个账户中扣除。多数套费是不可返还的，除非这一费用被法庭认为是不合理的。套费同时意味着律师将会在一定的时期内随时来处理你遇到的法律问题。由于套费这种收费方式较为复杂，因此，律师必须解释清楚这种收费方式的具体细节。

---

① 赵鑫. 英国、美国与中国律师收费制度比较研究［J］. 国际商法论丛，2013（1）：394-395.

（4）固定的收费

固定的收费即所谓的"flat fees"，就是说，律师收取的是一笔数额确切的总的费用。例如，一起案件就收 1000 美元。这种收费方式通常仅在较为简单或者例行公事的案件中收取，如遗嘱或者没有争议的离婚案件。

（5）介绍费

介绍费即所谓的"referral fee"。如果一位律师把自己联系的案件转介绍给另外的律师，那么他也许要取得为这个案件所支付的总费用的一部分，这就是介绍费。在可适用的州职业道德法典中，介绍费可能会被禁止，除非符合某些条件。就像其他类型的收费一样，总的费用必须是合理的，并且必须同意这种收费方式。

（6）磋商费

磋商费即所谓的"consultation fee"。在美国，第一次见律师，以决定律师是否能提供帮助，为此，律师也许收取一笔固定金额的费用或者按小时收费。因此，如果要请律师的话，作为当事人，请务必弄清楚你是否将为最初的这次会见律师而付费。

（7）法定的收费

法定的收费即所谓的"statutory fee"。在一些案件中，律师收费是由具体的法令来规定，或者是由法庭提出和批准要支付的费用。这些类型的收费可能出现在遗嘱检验、破产或者其他程序中。

（8）法律援助

法律援助即"pro bono fee"。在少年法庭审理的案件中，法院会为经济条件不好的被告人聘请指定律师并提供法律援助。

2. 英国

英国采用二元制的律师制度，律师分为专门律师（又称大律师、出庭律师）和初级律师（又称小律师、事务律师）。对于律师收费，英国法律并没有具体规定律师的收费项目和标准，专门律师和初级律师的收费性质基本相同，但在形式和具体做法上存在不少差异。英国律师收费主要分为三部分：法律服务费、其他支出、税金。事务律师的报酬分为两类，即办理非诉讼法律事务的酬金和办理诉讼法律事务的酬金。根据《1972 年初级律师收费》的规定，初级律师（即事务律师）办理非诉讼法律事务的收费额应当公平而且合理地确定，应当考虑与法律事务有关的所有情况。对于诉讼事务的收费，事务律师可以与当事人协商确定，具体的酬金数额可以高出或低出通常的收费标准，但是英国法律禁止律师"不胜诉不收费"。理由是这种做法容易被滥用，会使律师倾向于只办理他们感到必定胜诉的案子，而忽视那些急需法律主持正义的人。如果事务律师没有就诉讼事务的酬金与其当事人签订收费协议，则可以自由决定在收费清单中是写明具体的收费项目，还是只写明收费的总额。对于支付事务律师办理诉讼事务的费用的协议，协议的当事人或当事人的代理人，或对于协议涉及的事务支付或要求支付的费用，承担或被请求承担的义务人，或者有权和声称有权取得支付的人，可以请求法院强制履行。

在英国民事诉讼方面，律师如代表当事人出庭辩护，可自行决定其报酬金额。通常情况下，由事务律师与当事人联系，再与辩护律师的助手商定应付的酬金数额。而在刑事诉讼方面，出庭律师也可以自由地确定他们的报酬金额，这一广泛的自由也适用于在刑事诉讼中担任辩护人的事务律师。无论哪一种诉讼，当事人都必须向受聘律师支付固定的酬金。

（三）我国现行的律师收费方式

我国律师收费可以采取多种方式，从现行做法来看，主要有以下几种方式：

1. 计件收费

计件收费，是律师业务的传统收费方式，即按照承办业务的件数进行收费。计件收费的标准正常情况下是固定的，较多地适用于解答法律咨询、代写法律文书，以及办理不涉及财产关系的民事、刑事和行政案件中。

2. 计时收费

计时收费，是指律师事务所根据律师提供法律服务的时间和律师的小时收费标准进行计价收费。这是一种更能够体现律师服务强度的收费方式。计时收费是西方律师业普遍适用的一种收费方式，然而在我国，目前只有少数涉外律师业务的律师事务所使用计时收费。

3. 比例收费

比例收费就是按照律师代理服务中标的金额，按照总金额的一定比例收取律师费。按比例收费一般有一个浮动幅度，收费比例随标的金额的增加而分级递减。这种方式多用于涉及财产关系法律事务中，但对于涉案财产标的额很低的案件，由于律师服务成本上升，可以与当事人协商采取按件等固定的方式收费。

4. 风险收费

风险收费，也称胜诉收费，是将律师的法律服务结果与律师的收费联系起来，将当事人的利益与律师的利益联系起来的一种收费方式。这种方式主要适用于诉讼领域，律师收取报酬以胜诉为条件，如果案件取得了胜诉的结果，律师可以从诉讼标的或赔偿金额中提取较高比例的酬金，否则就不收或只收取少量的律师费。我国《律师服务收费管理办法》对律师风险收费作出了明确的规定。若律师协会的其他规定和地方性规定与《律师服务收费管理办法》相冲突，应当按照《律师服务收费管理办法》的规定执行。

根据《律师服务收费管理办法》第 11、12、13 条的规定，律师在办理涉及财产关系的民事案件时，委托人被告知政府指导价后仍要求实行风险代理的，律师事务所可以实行风险代理收费，但下列情形除外：婚姻、继承案件；请求给予社会保险待遇或者最低生活保障待遇的；请求给付赡养费、抚养费、扶养费、抚恤金、救济金、工伤赔偿的；请求支付劳动报酬的等。禁止刑事诉讼案件、行政诉讼案件、国家赔偿案件以及群体性诉讼案件实行风险代理收费。此外，实行风险代理收费，律师事务所应当与委托人签订风险代理收费合同，约定双方应承担的风险责任、收费方式、收费数额或比例。实行风险代理收费，最高收费金额不得高于收费合同约定标的额的 30%。

【案例 4-2】

风险代理收费的限制

【案例 4-2】点评

当事人田某因为工作单位拒不支付劳动报酬 68 万元，找到了律师张某，希望张某为其做风险代理，约定案件如胜诉即支付张某律师费 15 万元；若未胜诉，田某只负责报销张某的必要支出。经张律师代理，田某胜诉。在田某支付完 15 万元的律师费后，其认为律师事务所和律师不该得这笔代理费，于是起诉要求退钱。后人民法院依据《律师服务收费管理办法》的相关规定，民事案件的请求为支付劳动报酬的，受托人不能按风险代理的方式收取代理费用，故而判决当事人之间约定的代理费用 15 万元对双方当事人不产生法律效力。

5. 固定收费

固定收费，是指按年度、月份收取固定的律师费以及收取固定的签约费、手续费的收费方式。律师受聘担任常年法律顾问的，经律师事务所与聘请方协商，可以按年度固定收费，但涉及诉讼及仲裁重大法律事务时得另行按规定减半收费，也可以先收取一笔签约费，再按实际工作量另行收费。除此之外，在律师办理的涉及财产关系的经济、民事、行政案件中，也可收取固定的手续费。

6. 协商收费

协商收费，是指由委托人与律师事务所自行协商确定律师费收取的标准和方式。这种收费方式适用于实行市场调节的律师服务收费。根据《律师服务收费管理办法》第 5 条规定，律师事务所依法提供下列法律服务实行政府指导价：代理民事诉讼案件；代理行政诉讼案件；代理国家赔偿案件；为刑事案件犯罪嫌疑人提供法律咨询、代理申诉和控告、申请取保候审，担任被告人的辩护人或自诉人、被害人的诉讼代理人；代理各类诉讼案件的申诉。律师事务所提供其他法律服务的收费实行市场调节价。根据《律师服务收费管理办法》第 9 条规定，律师事务所与委托人协商律师服务收费应当考虑以下主要因素：耗费的工作时间；法律事务的难易程度；委托人的承受能力；律师可能承担的风险和责任；律师的社会信誉和工作水平等。

四、律师收费争议的解决

根据《律师服务收费管理办法》的相关规定，因律师服务收费发生争议的，律师事务所应当与委托人协商解决，协商不成的，可以提请律师事务所所在地的律师协会、司法行政部门和价格主管部门调解处理，也可以申请仲裁或者向人民法院提起诉讼。此外，公民、法人和其他组织认为律师事务所或律师存在价格违法行为，可以通过函件、电话、来访等形式，向价格主管部门、司法行政部门或者律师协会举报、投诉。为了更好地解决律师服务收费争议问题，中华全国律师协会于 2007 年通过了《律师服务收费争议调解规则（试行）》，该规则适用于律师服务收费争议的调解。可见，我国律师收费争议解决机制主要包括协商、调解、仲裁、诉讼四种方式。

（一）协商方式

协商方式是解决律师收费争议最主要，也是最普遍的方式。律师与委托人因为收费问题发生争议的，首先应当由律师或律师事务所与委托人进行协商，协商应秉承友好的原则，基于对案件事实、诉讼周期、律师提供服务的各方面状况进行考量，如果委托人提出的意见有依据，律师应当协调并作出适当的让步。协商方式有助于避免收费问题破坏律师和委托人之间的信任关系。

(二) 调解方式

《律师服务收费争议调解规则（试行）》规定，委托人可以就收费争议向律师协会申请调解，直辖市律师协会、地市级律师协会设立律师收费争议调解委员会，依据本规则进行律师收费争议的调解。收费争议的调解应当坚持自愿调解、及时便捷、遵循规则、公正公平的原则。

(三) 仲裁方式

仲裁方式适用于律师事务所与委托人已经就律师服务收费争议解决问题达成仲裁条款，在这种情况下，如果律师事务所与委托人发生律师收费争议，经过协商和调解不能解决争议的，可以向仲裁机构提起仲裁。

(四) 诉讼方式

诉讼方式是目前律师和当事人收费争议解决最主要的方式之一，由于双方协商不成，律师事务所诉委托人或委托人诉律师事务所的案件时有发生。

【案例 4-3】

律师收费争议问题

【案例 4-3】点评

　　林女士与前夫就离婚后财产分配纠纷打官司，委托高律师进行代理，约定按照诉讼标的额（涉案不动产约 100 万元）的 2% 支付律师费。在高律师的参与下，林女士与前夫达成调解协议，100 万元的不动产归林女士所有。林女士认为律师通过调解结案太过"简单"，拒绝按约定支付代理费。高律师和所在的律所负责人与林女士协商无果，林女士又拒绝律协的调解，无奈之下一纸诉状将林女士起诉至法院。法院认为，根据双方当初签订的协议，高律师参与了案件的调解工作，并促成林女士与其前夫达成调解，林女士应依照约定支付 2 万余元代理费。

第二节　法律援助

一、法律援助及其立法

(一) 法律援助的概念

法律援助，英美法系国家称之为"Legal Aid"，在日本被称为"法律扶助"，在法国被称为"司法帮助"，虽然在不同国家有不同的名称，但是从各国关于法律援助的法律规定来看，主要内容都是一致的，通常是指国家设立的法律援助机构组织法律援助人员，依法为经济困难或者特殊案件的当事人减免收费提供法律帮助的制度。

（二）法律援助的起源

法律援助起源于英国，早在 1495 年，英国就赋予穷人享有免交诉讼费的权利。1903年英国对刑事案件的被告人委托辩护人的问题又作了专门规定，建立了相关的法律援助制度。根据现行 1998 年英国《法律援助法案》的规定，法律援助制度是指为那些由于经济困难而无力负担法律咨询、扶助和代理费的人提供公共基金的制度。随着时代的不断发展，目前世界上已有 150 多个国家的宪法和法律确立了法律援助制度。法律援助制度现已成为世界各国普遍采用的一种司法救济制度，是现代法治国家法律体系中不可缺少的重要组成部分，也是一国政治文明和社会进步的重要标志。

（三）我国的法律援助之产生和发展

在我国，法律援助出现在新中国建立之后。20 世纪 50 年代，相关的法律援助内容逐渐在一些法律法规中有所体现。比如 1956 年司法部颁布的《律师收费暂行办法》中就规定了律师免费、减费给予当事人法律帮助的具体范围。改革开放后，我国陆续颁布的《民事诉讼法》、《刑事诉讼法》、《律师收费施行办法》等法律法规中，都作出了带有法律援助性质的规定。由于我国法律援助起步较晚，加之主客观因素的限制，长期以来我国的法律援助制度尚未健全与完善。我国制度化的法律援助，形成于 20 世纪 90 年代后，1996 年 3 月，司法部批准成立了国家法律援助中心筹备组。同年修订的《刑事诉讼法》，首次规定了刑事诉讼法律援助的内容。1996 年通过的《律师法》，用专门章节规定了法律援助的内容。1997 年到 1999 年，最高人民法院与司法部联合陆续发布了《关于刑事法律援助工作的联合通知》与《关于民事法律援助工作若干问题的联合通知》，使我国法律援助制度逐渐体现出法制化、制度化的特征。2003 年 7 月 21 日，国务院颁布《法律援助条例》，并于同年 9 月 1 日起施行。由是，通过一步步的努力，我国的法律援助制度得到了极大的发展。

二、法律援助的对象及范围

（一）法律援助的对象

法律援助的对象，是指具备法定条件可以获得法律援助的人。从各个国家有关法律援助的立法和实践来看，关于法律援助对象的范围，多数国家将之限定为为自然人。而少数国家则规定了特定的社会团体也可以作为法律援助的对象，如英国 1988 年《法律援助法》第 2 条规定，在咨询、扶助、代理方面经合法授权、具备代理或受托或法定资格的社团，可以成为法律援助对象。同时，法律援助对象范围一般限定为本国公民，外国人享受法律援助，必须具备特定条件并且限制在一定范围内。如美国《纽约法律援助社团工作细则》规定，外国人获得法律援助，必须符合以下条件之一：（1）被合法接纳为永久居民的外国人；（2）和美国公民结婚的外国人或是未满 21 岁的未婚美国公民的父母，已经申请依移民和国籍法成为美国永久居民，并且这一申请未被拒绝；（3）依法律规定作为难民合法进入美国或由司法部长批准予以庇护，或因种族、信仰、政治观点和毁灭性的自然灾害等原因被有条件地允许进入美国；（4）依法律规定，因司法部长不予驱逐的决定而合法地居留于美国。根据《法律援助条例》等有关法律法规的规定，我国的法律援助对象是指具备获得法律援助的资格条件并实际获得法律援助的人。上述获得法律援助的资格条件具体指：

1. 普通对象获得法律援助的资格条件

对于中华人民共和国的普通公民而言，获得法律援助需具备两个条件。其一是确因经济困难无能力或者无完全能力支付法律服务费用。关于经济困难的标准如何确定，我国《律师法》没有具体规定，《法律援助条例》第 13 条规定："本条例所称公民经济困难的标准，由省、自治区、直辖市人民政府根据本行政区域经济发展状况和法律援助事业的需要规定。"目前我国很多省市确定了最低生活标准，各地可以在此基础上确定受援人的收入标准，经济困难的标准应适当高于最低生活标准。其二是有充分理由证明为保障自己合法权益需要法律帮助。这一条件又包含两层含义：首先，有充分理由证明自己的合法权益受到侵害。只有申请人的合法权益受到侵害，才需要司法保障，因此这是决定公民得到法律援助的前提。其次，申请人需要的必须是法律专业方面的帮助。法律援助不同于其他社会保障措施，它不是通过提供物质帮助来解救贫弱者，而是通过提供专业的法律服务来帮助社会贫弱者，因此申请人所申请的事项必须是通过法律帮助才能予以解决的事项。

2. 特殊对象获得法律援助的资格条件

此处的特殊对象，应与前段的普通对象相对，即是指符合特定条件的中华人民共和国公民，主要是指 2012 年修订的《刑事诉讼法》第 34 条第 2 款和第 3 款所列的几种人员："犯罪嫌疑人、被告人是盲、聋、哑人，或者是尚未完全丧失辨认或者控制自己行为能力的精神病人，没有委托辩护人的，人民法院、人民检察院和公安机关应当通知法律援助机构指派律师为其提供辩护；犯罪嫌疑人、被告人可能被判处无期徒刑、死刑，没有委托辩护人的，人民法院、人民检察院和公安机关应当通知法律援助机构指派律师为其提供辩护。"

3. 外国人获得法律援助的条件

法律援助对象一般限定为本国公民，外国人获得法律援助需具备特定条件。根据国际法中的"国民待遇"原则，与中国签订了法律援助司法协助协议的国家的公民，只要他们之间或者与中国公民之间发生的纠纷受中国法院管辖，并且适用中国法律，就可以享受法律援助。另外，外国人或无国籍人涉嫌犯罪的，即使其国籍国与我国并未签订双边法律援助协议，也应成为我国的法律援助对象，在刑事案件中，其没有委托辩护人的，人民法院为其指定律师辩护的，可以获得法律帮助。

（二）法律援助的范围

法律援助的范围，是指国家提供法律援助的案件和事项的具体领域，即根据法律的规定，对于哪些案件、哪些情况可以提供法律援助。

根据《律师法》、《法律援助条例》的相关规定，我国法律援助的范围如下：

1. 刑事案件

《法律援助条例》第 11 条规定："刑事诉讼中有下列情形之一的，公民可以向法律援助机构申请法律援助：（一）犯罪嫌疑人在被侦查机关第一次讯问后或者采取强制措施之日起，因经济困难没有聘请律师的；（二）公诉案件中的被害人及其法定代理人或者近亲属，自案件移送审查起诉之日起，因经济困难没有委托诉讼代理人的；（三）自诉案件的自诉人及其法定代理人，自案件被人民法院受理之日起，因经济困难没有委托诉讼代理人的。"第 12 条规定："公诉人出庭公诉的案件，被告人因经济困难或者其他原因没有委托辩护人，人民法院为被告人指定辩护时，法律援助机构应当提供法律援助。被告人是盲、聋、哑人或者未成年人而没有委托辩护人的，或者被告人可能被判处死刑而没有委托辩护人的，人民法院为被告人指定辩护时，法律援助机构应当提供法律援助，无须对被告人进行经济状况的审查。"

从上面的规定，可以看出刑事案件的法律援助，包括刑事辩护和刑事诉讼代理，前者指为刑事案件被告人提供辩护，后者为刑事自诉案件的自诉人、刑事附带民事诉讼当事人或公诉案件被害人及其近亲属提供诉讼代理。另外，刑事诉讼提供法律援助的根据不仅限于经济困难原因，关键在于保障被告人辩护权的行使，保障审判公正。

2. 民事案件、行政案件

《法律援助条例》第 10 条规定："公民对下列需要代理的事项，因经济困难没有委托代理人的，可以向法律援助机构申请法律援助：（一）依法请求国家赔偿的；（二）请求给予社会保险待遇或者最低生活保障待遇的；（三）请求发给抚恤金、救济金的；（四）请求给付赡养费、抚养费、扶养费的；（五）请求支付劳动报酬的；（六）主张因见义勇为行为产生的民事权益的。省、自治区、直辖市人民政府可以对前款规定以外的法律援助事项作出补充规定。公民可以就本条第 1 款、第 2 款规定的事项向法律援助机构申请法律咨询。"

根据该条的规定，可以看出对于民事和行政案件的法律援助，条例采取了混合式列举的规定。具体的法律援助方式，包括对于案件的代理和相关的法律事务咨询。值得注意的是，《法律援助条例》第 10 条第 2 款规定，省、自治区、直辖市人民政府可以对该条第 1款穷尽性列举的事项作出相应补充性的规定，从一定程度上扩大了民事、行政案件中法律援助的范围。

从上述的规定可以看到，我国法律援助的范围与西方发达国家相比，有一些区别，尤其是在民事案件的范围上，但我国法律援助范围的界定与我国经济发展水平相适应，随着我国经济的快速发展，我国法律援助范围必将进一步扩大，以满足更多需要法律援助的弱势群体。

三、法律援助机构

法律援助机构，是指国家有关部门根据国家有关法律、法令设立的，或各社会团体或个人基于自己的社会责任自发建立的制定和实施法律援助计划的特定组织形式。其基本职责是，组织并实施向本国（或本地区）的因经济困难无力支付法律服务费用的公民提供无偿或减少收费的法律服务，使其合法权益得以实现。

（一）境外及一些地区法律援助机构的组织形式

从世界上已经建立法律援助制度的国家和地区的情况来看，大致有以下五种组织形式：

1. 专门组织

专门组织的形式，是指有些国家专门成立相关的组织来承担法律援助职能。如新西兰有五个法律援助委员会专门负责法律援助方面的事务，这些委员会是自愿性组织，负责办理具体的法律援助事务，每周开会一次，法律援助委员会由律师和司法部的工作人员共同组成的法律服务委员会来管理。

2. 政府机构

政府机构的组织形式，是指有些国家统一由政府机构出面，承担法律援助的职能。例如英国的法律援助委员会、瑞典的公共法律事务所，均为由政府机构承担法律援助职能的组织形式表现。

3. 律师协会

律师协会的组织形式，是指由律师协会来承担法律援助职能，最常见于日本、泰国和中国台湾地区的律师协会等。

4. 多种组织形式并存

多种组织形式并存，是指多个机构、多个组织共同参与法律援助的组织形式的表现。如美国在国会建立了一个独立的、由联邦提供资金的法律服务公司，通过在社区的法律服务所实施法律援助，大城市一般设法律援助处及公设辩护人事务所，由律师公会指导实施法律援助事宜。中国香港地区的法律援助机构也是多层次的，它把官方的法律援助署实施的法律援助与民间的由律师专业团体实施的法律援助有机结合起来，相辅相成，互为补充，扩大了法律援助的范围和申请人寻求法律援助的渠道，同时，为加强对法律援助工作的监督，香港还设置了香港法律援助服务局。

5. 法院和律师共同承担

该种组织形式是指由法院和律师共同承担法律援助职能。典型的例子是中国澳门地区，司法援助的批准权属于法官所有。法官根据澳门社会工作司开具的经济状况证明及申请人正在接受公共援助的证明等文件进行审批。法官根据案件的需要，由法官按次序委任律师、实习律师或法律代办担任依职权指定的在法院代理的职务。

（二）中国的法律援助机构组织体系

1. 政府设立的法律援助机构

我国的法律援助机构有四级，分别是司法部、省级地方、地级市和县区级的法律援助中心。在中央，由司法部设立法律援助中心，统一对全国的法律援助工作实施指导，组织开展法律援助工作。1997年5月，司法部法律援助中心在北京正式成立。司法部法律援助中心主要负责对法律援助工作进行业务指导，制定全国性的法律援助规章制度以及法律援助中心中长期发展计划和年度工作计划，协调全国法律援助工作事宜，开展与国外法律援助团体及人士的交流活动等。同时司法部法律援助中心还可以在非常必要时承办少量重大案件。在省级地方，省、自治区、直辖市司法行政部门根据需要设立法律援助中心。省级地方不要求与中央的机构设置完全一致，但都应当建立法律援助管理机构，在业务上接受司法部法律援助中心的指导和监督，对所辖区域内的法律援助工作实施指导和协调。除此之外，省级法律援助机构还承担少量实施或者组织实施为公民提供法律援助的职能。

在地市级地方，地、市司法行政部门根据需要设立法律援助中心，接受司法部法律援助中心、省级法律援助中心的业务指导，行使对辖区内法律援助工作的管理和组织实施的双重功能。

在具备条件的县、区级地方，可以设立县、区一级的法律援助中心，接受上级司法部门法律援助中心的业务指导，具体组织实施本地的法律援助工作。不具备建立法律援助机构条件的地方，则由县、区一级的司法局具体组织实施法律援助工作，直接依托现有的律师事务所、公证处和基层法律服务机构开展工作。

2. 社会团体、组织设立的法律援助组织

除了上述四级法律援助机构，我国还存在着许多社会团体建立的法律援助组织，主要有工会、妇联、残联以及民间机构、高等院校的法律院系建立的法律援助组织，这些法律援助组织在我国的法律援助工作中也发挥着重要作用。为确保法律援助制度的统一实施，保障法律援助的质量，司法行政机关法律援助机构应当对社会团体的法律援助工作以及本机构的法律援助工作进行统一指导和监督。另外，社会团体的法律援助组织只能为本团体的成员提供法律援助，不能借法律援助之名办理有偿法律服务。

（三）法律援助人员

法律援助人员，是指接受法律援助机构的指派，直接承办法律援助案件和事项，履行法律援助职能的人员。《法律援助条例》第21条规定："法律援助机构可以指派律师事务所安排律师或者安排本机构的工作人员办理法律援助案件；也可以根据其他社会组织的要求，安排其所属人员办理法律援助案件。"可见，法律援助人员包括律师事务所的律师、法律援助机构的工作人员以及其他社会组织的所属人员等。

1. 法律援助人员的权利

根据我国有关法律法规的规定，法律援助人员在开展法律援助工作时享有以下权利：（1）要求受援人提供与法律援助事项有关的材料，如实陈述事实和情况，提供有关证据材料；（2）对不符合法律援助条件的事项，可以提请法律援助机构终止法律援助；（3）认为不宜承办所指派的法律援助事项时，可以申请法律援助机构批准中止法律援助；（4）办理法律援助事项和案件，法律援助机构应当给予适当的报酬；（5）有关法律、法规赋予的其他权利。

2. 法律援助人员的义务

根据我国有关法律法规的规定，法律援助人员在开展法律援助工作时必须履行以下义务：（1）认真履行法律职责，无正当理由不得拒绝、延迟、终止或者中止承办的法律援助事项；（2）在承办案件中，应当保守国家秘密和有关的商业秘密，不得泄露当事人的隐私，不得向受援人索取、收受金钱、物品或者谋取其他不正当利益；（3）应当及时向受援人通报办理法律援助事项的进展情况；（4）法律援助事项完成后，应当及时将有关材料整理归档，向法律援助机构提交结案报告；（5）办理法律援助事项按规定需要回避的，应当回避；（6）在提供法律援助时，应当基于诚信、公平、理性和良知，不得违反公序良俗；（7）有关法律、法规规定的其他义务。

（四）法律援助机构和人员的法律责任

1. 法律援助机构及其工作人员的法律责任

根据《法律援助条例》第26条的规定，法律援助机构及其工作人员有下列情形之一的，对直接负责的主管人员以及其他直接责任人员依法给予纪律处分：（1）为不符合法律援助条件的人员提供法律援助，或者拒绝为符合法律援助条件的人员提供法律援助的；（2）办理法律援助案件收取财物的；（3）从事有偿法律服务的；（4）侵占、私分、挪用法律援助经费的。同时法律援助机构及其工作人员办理法律援助案件收取的财物，由司法行政部门责令退还；从事有偿法律服务的违法所得，由司法行政部门予以没收；侵占、私分、挪用法律援助经费的，由司法行政部门责令退回，情节严重，构成犯罪的，依法追究刑事责任。

【案例 4-4】

律师提供法律援助服务，不得私自收取受援人财物

【案例 4-4】点评

　　梁某等 9 人自 2015 年 12 月起，陆续被聘到宁夏一物业公司从事公共秩序维护员工作，工资为 1500 元/月。工作期间，该公司长期安排员工加班，但拒绝向员工支付相应的加班费，从而导致梁某等 9 人一直没有享受法定的节假日。由于长期加班且没有得到任何的经济补偿，2016 年 3 月 11 日，梁某等 9 人向所在区法律援助中心寻求帮助，法律援助中心接到梁某等 9 人的法律援助申请后，决定给予其法律援助，同时指派律师张某承办该案，张某私下对梁某等人暗示，平时其手头案件多，这次帮梁某等人办案，梁某等人需"表示表示"，梁某等 9 人遂凑钱给张某 3000 元"好处费"。

2. 律师事务所在承担法律援助义务中的责任
　　根据《法律援助条例》第 27 条的规定，律师事务所拒绝法律援助机构的指派，不安排本所律师办理法律援助案件的，由司法行政部门给予警告、责令改正；情节严重的，给予 1 个月以上 3 个月以下停业整顿的处罚。

3. 律师在承担法律援助义务中的责任
　　根据《法律援助条例》第 28 条的规定，律师有下列情形之一的，由司法行政部门给予警告、责令改正；情节严重的，给予 1 个月以上 3 个月以下停止执业的处罚：(1) 无正当理由拒绝接受、擅自终止法律援助案件的；(2) 办理法律援助案件收取财物的。其中，收取财物的，由司法行政部门责令退还违法所得的财物，并可以并处所收财物价值 1 倍以上 3 倍以下的罚款。

四、法律援助的实施程序

　　法律援助实施程序，是指法律援助机构、法律援助人员和受援人在法律援助实施过程中必须遵循的方式和步骤。法律援助程序各国规定存在很大差异，律师进入法律援助程序的具体环节也很不同。总体看来，法律援助程序一般包括申请、审批、决定、实施几个环节。根据《法律援助条例》的规定，我国法律援助实施程序主要包括以下步骤。

(一) 法律援助的申请

　　根据法律援助案件的性质不同，申请方式存在一定的差异。人民法院指定辩护的刑事法律援助案件，应由该人民法院所在地的法律援助机构统一接受并组织实施；非指定辩护的刑事诉讼案件和其他诉讼案件的法律援助，由申请人向有管辖权的法院所在地的法律援

助机构提出申请；其他非诉讼法律事务，由申请人向居住地或工作所在地的法律援助机构提出申请；法律咨询、代书等简易法律援助申请以及遇紧急情况的法律援助申请，不受上述管辖所限。

公民申请法律援助时，需向法律援助机构说明请求法律援助的目的和主要事实，并提交相关证件、证明材料。依据《法律援助条例》的规定，公民提交的材料包括：身份证、户口簿或暂住证；有关单位出具申请人及家庭成员经济状况的证明；申请法律援助事项的基本情况和证据材料；法律援助机构认为需要提供的其他材料；如果申请人为未成年人或无行为能力人的，应由其监护人代为申请，代为申请的，代为申请人应提交有代理权资格证明。

（二）法律援助的审查与受理

根据《法律援助条例》的规定，法律援助机构收到法律援助申请后，应当进行审查；认为申请人提交的证件、证明材料不齐全的，可以要求申请人作出必要的补充或者说明，申请人未按要求作出补充或者说明的，视为撤销申请；认为申请人提交的证件、证明材料需要查证的，由法律援助机构向有关机关、单位查证。对符合法律援助条件的，法律援助机构应当及时决定提供法律援助；对不符合法律援助条件的，应当书面告知申请人理由。

申请人对法律援助机构作出的不符合法律援助条件的通知有异议的，可以向确定该法律援助机构的司法行政部门提出，司法行政部门应当在收到异议之日起5个工作日内进行审查，经审查认为申请人符合法律援助条件的，应当以书面形式责令法律援助机构及时对该申请人提供法律援助。

（三）法律援助人员的选任和指派

1. 人民法院指定辩护的法律援助人员指派程序

人民法院对需要指定辩护的案件，至迟应当在开庭10日前，将指定通知书和起诉书副本送交法律援助机构。同时书面告知被告人符合法律援助条件的情况或经济困难的证明材料。

法律援助机构接到上述通知后，对被告是盲、聋、哑人，尚未完全丧失辨认或者控制自己行为能力的精神病人，未成年人或可能被判处无期徒刑、死刑的辩护案件，应当在3日内通过律师事务所指派律师提供辩护。

对人民法院指定的被告人因经济困难需要提供法律援助的刑事辩护案件，法律援助机构应当根据本地有关法律援助对象的经济条件的规定，于3日内根据不同情况作出决定，对符合条件的，作出给予法律援助的决定，并通知有关人民法院。

接受法院指定的辩护律师征得刑事被告人同意后，即可依照刑事诉讼法的有关规定履行辩护职责。

2. 一般法律援助人员选任程序

法律援助机构决定提供法律援助的，应当选任法律援助人员承办法律援助案件。法律援助人员包括律师、公证员、基层法律服务工作者等。综合考虑法律援助事项的特点和案情需要，法律援助机构指派能够承担该案件的律师或者其他法律援助人员实施法律援助。一般而言，受援人不能自己选择法律援助人员，但也有个别地方赋予受援人一定的选择权，规定受援人可以从《法律援助人员名册》中选出自己满意的律师、公证员或基层法律服务工作者。选任法律援助人员后，法律援助机构应当及时向该法律援助人员发出《法律援助指派通知书》，通知书上应当载明法律援助人员的姓名、受援人的姓名、法律援助事项、签发日期，同时加盖法律援助机构公章。法律援助人员接到通知后，应当及时办理相关手续，履行法律援助义务。

（四）法律援助协议的订立与变更

法律援助机构确定法律援助人员后，应与受援人签订《法律援助协议书》，该协议书主要包括以下内容：（1）法律援助机构名称及地址、法律援助人员姓名及工作单位、受援人姓名及自然情况；（2）提供法律援助的理由；（3）对受援人是免收费用还是由受援人分担办案费用；（4）法律援助事项及法律援助人员的权限；（5）在实施法律援助过程中，受援人的权利、义务和法律责任；（6）法律援助的有效期限；（7）法律援助人员、受援人、法律援助机构签名盖章。

法律援助协议的变更，是指在法律援助的有效期内，由于出现法定或者约定事由，经双方当事人协商一致对法律援助协议的有关内容进行更改。法律援助协议的解除有单方解除和双方解除两种，是指由于出现法定或约定事由，法律援助机构及法律援助人员与受援人单方或双方终止法律援助协议效力的行为。

（五）法律援助的实施

法律援助实施是指法律援助机构、法律援助人员及受援人履行法律援助协议的约定，实现法律援助目的的过程。

在法律援助实施过程中，法律援助人员的职责主要有：（1）在接受法律援助指派后，应及时有效地开展法律援助工作，尽职尽责，根据事实和法律最大限度地为受援人争取合法利益；（2）在办理法律援助事项时，必须接受作出指派的法律援助机构的监督，未经法律援助机构批准，不得拖延、终止法律援助或者委托他人代为办理法律援助事项，不得向受援人收取财物或者谋取其他不正当利益；（3）在为受援人提供法律援助的过程中，应当保守国家秘密和有关的商业秘密，不得泄露受援人的隐私。

在法律援助实施过程中，法律援助机构的职责主要有：（1）应当积极协助法律援助人员开展援助工作，及时提供所需的证明文件，为法律援助人员顺利进行法律援助创造良好条件；（2）法律援助机构应切实负起监督、指导的责任，采取各种行之有效的方式对法律援助的实施进行监督、指导，保证受援人获得优质的法律援助。

法律援助人员在办理法律援助案件中，遇有下列情形之一的，应当向法律援助机构报告，法律援助机构经审查核实，应当终止该项法律援助：（1）受援人的经济收入状况发生变化，不再符合法律援助条件的；（2）案件终止审理或者已经被撤销的；（3）受援人又自行委托律师或者其他代理人的；（4）受援人要求终止法律援助的。

（六）法律援助的结案

法律援助承办人员在援助事项办结后，应向法律援助机构提交有关的法律文书副本或者复印件以及结案报告等材料，以便法律援助机构整理归档。结案报告应载明下列内容：（1）法律援助人员的姓名及所在单位；（2）法律援助事项；（3）办理法律援助事项的过程；（4）办理结果。法律援助机构收到结案报告和相关材料后应及时审核，将材料装订成册，归档保存，验收合格后，作出指派的法律援助机构应根据有关规定进行核算并及时向法律援助承办人员支付办案费用。

（七）法律援助的异地协作

法律援助实施过程中的异地协作，是指为节约司法资源、顺利实施法律援助，各地法律援助机构之间相互进行的协调与合作。

法律援助机构进行异地协作应符合以下条件：（1）部分法律援助工作必须在享有管辖权的法律援助机构的管辖区域外完成，如法律援助案件的主要证据在异地，必须外出调查取证。（2）有管辖权的法律援助机构完成该项特定的法律援助工作确实存在不便。（3）委托其他法律援助机构办理该项特定的法律援助事项确实有利于节约司法资源。

法律援助机构进行异地协作应遵循以下程序：首先，寻求异地协作应经法律援助机构的负责人批准。其次，委托异地法律援助机构办理特定的援助事项，应当向受委托的法律援助机构发出书面委托函，写明委托办理的事项、委托原因，同时还应附送有关材料。再次，受委托的法律援助机构接到委托函后应及时答复。最后，受委托的法律援助机构完成受委托事项后，应向委托方发出书面复函，说明委托事项办理过程和办理结果，同时还应附送有关材料。

【练习题】

一、概念题

风险收费；固定收费；协商收费；法律援助；法律援助对象；法律援助机构；法律援助实施程序。

二、思考题

1. 我国律师收费制度的基本原则主要有哪些？
2. 我国现行律师收费方式主要有哪几种？
3. 我国法律援助的对象主要包括哪些？
4. 我国法律援助的范围主要包括哪些？

三、案例分析题

杨某某等5人，均为男性，无业。其中，杨某某，男，17岁，2014年3月到2015年5月期间，伙同其他4人盗窃10次之多，盗窃范围从广州市番禺区流窜到佛山市南海区，盗窃目标主要是电动车、摩托车和面包车，杨某某被指控盗窃价值约11万元，数额巨大，其行为均已触犯了《中华人民共和国刑法》。2015年6月，公安机关对此案立案侦查之后抓获杨某某等5名犯罪嫌疑人，之后案件经检察院审查后移送起诉。

问题：

1. 杨某某是否属于我国法律援助的对象？为什么？
2. 假设杨某某具备申请法律援助的资格，具体程序如何操作？

【阅读资料】

第五章　律师事务所及律师管理

【学习目的与要求】掌握关于律师事务所性质的规定，掌握律师事务所设立的条件和程序性要求，了解当前律师事务所的组织形态，掌握对律师管理的具体内容。学生在课前预习相关的法律规定和行业性规章制度，课后复习相应的概念、制度，参阅相关的文献资料和相关案（事）例，加深对相关知识点的理解和掌握。

【重点问题】

- 律师事务所的性质
- 律师事务所的权利义务
- 律师事务所设立的条件
- 律师事务所设立的程序
- 律师事务所的内部管理

【知识结构简图】

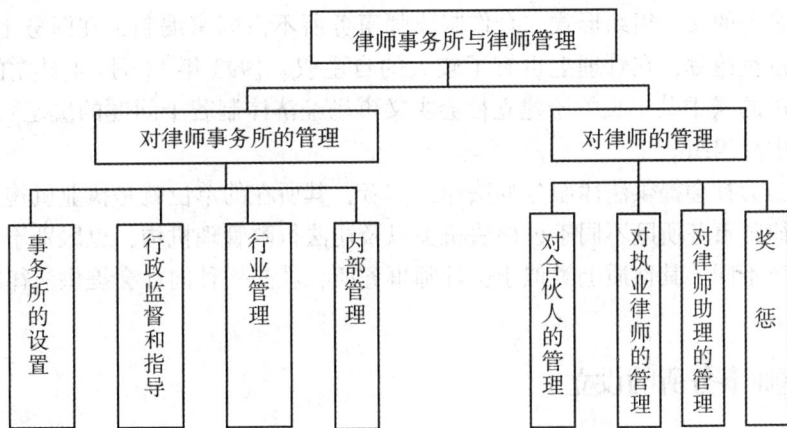

第一节　律师事务所

一、律师事务所的界定

（一）律师事务所的概念

根据《律师法》第 14 条、《律师事务所管理办法》（2008 年 7 月 18 日司法部颁发、

2012 年修订）第 2 条的规定，"律师事务所是律师的执业机构"。律师事务所，就是指律师执行职务开展业务活动的工作机构。律师事务所应当依法设立并取得执业许可证。

律师制度的最早萌芽出现于公元前二三世纪的古罗马时期。公元前三世纪，罗马皇帝以诏令的形式确定了"大教侣"从事"以供平民咨询法律事项"的职业。同时，还允许委托他人代理诉讼行为，于是，"职业律师"正式出现了。中国清末 1910 年颁布的《大清刑事民事诉讼法草案》促进了律师制度在中国的诞生。

（二）律师事务所的性质

律师事务所究竟是国家机关、事业单位、企业还是什么性质的单位？

1980 年 8 月 26 日五届人大十五次会议通过的《律师暂行条例》，该条例明确规定律师是国家的法律工作者，律师执行职务的工作机构是法律顾问处。为此，全国各地基本上是按照行政规划的司法局对应设置了法律顾问处，而且该法律顾问处属于事业单位，受国家司法行政机关直接的组织领导和业务监督，其人员列入国家事业编制，财政经费列入国家事业预算。后来，法律顾问处逐渐改称律师事务所。①

在计划经济条件下，1979 年相关高校恢复法律系建设并对外招生，法律系的学生毕业后有的就直接被分配至律师事务所工作，其与被分配至法院、检察院工作的同学一样，都是有编制的（享受国家财政发放的工资和津贴）。在这种历史条件下，我国当时律师执业机构的"国办"色彩尤为明显，当时的律师就是以"国家法律工作者"的身份从事法律职业的。除了由政府的司法局设立的法律顾问处后来更名为律师事务所外，自 1984 年开始，为了便于法学专业学生的实习，不少的政法院校也开始投资设立了律师事务所。

1988 年 6 月，司法部下发了《合作制律师事务所试点方案》，使合作制律师事务所成为继国办所之后的又一组织形式。合作制律师事务所不占国家编制，在财务上自收自支、独立核算、自负盈亏，在管理上也有了较大的自主权。1993 年 11 月 14 日党的第十四届三中全会通过的《中共中央关于建立社会主义市场经济体制若干问题的决定》，将律师事务所界定为中介组织。

律师作为为社会提供法律服务的法律工作者，其所在的单位就是执业机构，也就是律师事务所。律师事务所既不同于公检法机关以及司法行政管理机构，也区别于企业，还与教育事业单位不同，其性质上类似于会计师事务所，就是一种向社会提供法律服务的社会服务机构。

二、律师事务所的设立

（一）律师事务所成立的条件

依照《律师法》和《律师事务所管理办法》的相关规定，律师事务所的设立须经司法行政部门的批准，并必须符合以下相应的条件。

1. 有自己的名称、住所和章程

（1）名称

---

① 成立于 1983 年 7 月的深圳市蛇口律师事务所，是新中国成立以来第一家以"律师事务所"名称挂牌的律师执业机构。

应用型系列法学教材

　　1984年司法部在全国司法行政工作会议上决定将法律顾问处改称为律师事务所，1996年《律师法》明确规定了律师执业机构为律师事务所。

　　律师事务所的名称是该所在执业活动中所使用的供公众识别的机构名字和称号，它是一个律师事务所区别于其他律师事务所的称谓。该名称须由司法行政机关审定，在规定的范围内享有专用权，受法律保护。

　　律师事务所名称应当由"省（自治区、直辖市）行政区划地名、字号、律师事务所"三部分内容依次组成。

　　在1995年之前，各地的律师所基本上是以所处的行政区划名称来命名，如"某某市律师事务所"、"某某市某某区律师事务所"等，后来加入了专业性领域，如"某某市涉外经济律师事务所"、"某某市经贸律师事务所"等。但这一阶段基本上还是没有自己独特的"字号"（在商法领域称之为"商号"）。

　　司法部颁布的《律师事务所名称管理办法》（1995年颁布，2009年重新颁布施行）规定，律师事务所名称中的字号应当由两个以上汉字组成，并不得含有下列内容和文字：①有损国家利益、社会公共利益或者有损社会主义道德风尚的，不尊重民族、宗教习俗的；②政党名称、党政军机关名称、群众组织名称、社会团体名称及其简称；③国家名称，重大节日名称，县（市辖区）以上行政区划名称或者地名；④外国国家（地区）名称、国际组织名称及其简称；⑤可能对公众造成欺骗或者误解的；⑥汉语拼音字母、外文字母、阿拉伯数字、全部由中文数字组成或者带有排序性质的文字；⑦"中国"、"中华"、"全国"、"国家"、"国际"、"中心"、"集团"、"联盟"等字样；⑧带有"涉外"、"金融"、"证券"、"专利"、"房地产"等表明特定业务范围的文字或者与其谐音的文字；⑨与已经核准或者预核准的其他律师事务所名称中的字号相同或者近似的；⑩字号中包括已经核准或者预核准的其他律师事务所名称中的字号的；⑪与已经核准在中国内地（大陆）设立代表机构的香港、澳门、台湾地区律师事务所名称中的中文字号相同或者近似的；⑫与已经核准在中国境内设立代表机构的外国律师事务所名称中的中文译文字号相同或者近似的；⑬其他不适当的内容和文字。

　　律师事务所分所名称应当由"总所所在地省（自治区、直辖市）行政区划地名、总所字号、分所所在地的市（含直辖市、设区的市）或者县行政区划地名（地名加括号）、律师事务所"四部分内容依次组成。

【案例5-1】

律师事务所使用的名称在全国范围内应当是唯一的

【案例5-1】点评

　　广东省某市某律师事务所自20世纪90年代初就一直使用"X信"的名称，且在该地也已经有一定的影响力。1995年在向司法部申请规范字号时，发现外地也有一家律师事务所早于自己已经使用"X信"律师事务所的名称，由于当时全国的律师事务所的名称管理尚未规范，各省级司法行政管理部门进行审查时只要在本管辖范围内没有重复即可。因此,在全国统一规范名称管理的情况下就发生了相同的现象。鉴于不得出现律师事务所名称相同的要求,广东省某市的该所为了维持其字号在该地区的影响力,派出专人赴外地谈判,最终经过协商,外地所主动放弃了"X信"字号,从而成全了该所。

(2)住所

律师事务所的住所,是指律师事务所的办公地点和执业场所。律师除了外出调查取证、出庭诉讼之外,通常需要一个办公地点作为必要的物质保障。该场所可以是律师事务所购买的,也可以是租用的。

(3)章程

律师事务所的章程,是调整和规范律师事务所内部关系的基本文件。章程一般规定了律师事务所的组织结构、内部关系和开展律师业务活动的基本规则和依据。根据《律师事务所登记管理办法》的规定,律师事务所的章程应当包括以下内容:①律师事务所的名称和住所;②律师事务所的宗旨;③律师事务所的组织形式;④设立资产的数额和来源;⑤律师事务所负责人的职责以及产生、变更程序;⑥律师事务所决策、管理机构的设置、职责;⑦本所律师的权利与义务;⑧律师事务所有关执业、收费、财务、分配等主要管理制度;⑨律师事务所解散的事由、程序以及清算办法;⑩律师事务所章程的解释、修改程序;⑪其他需要载明的事项。

设立合伙律师事务所的,其章程还应当载明合伙人的姓名、出资额及出资方式。律师事务所章程的内容不得与有关法律、法规、规章相抵触。律师事务所章程自省、自治区、直辖市司法行政机关作出准予设立律师事务所决定之日起生效。

2. 有符合法律规定的律师人数

律师是律师事务所的主体,拥有符合法律规定的执业律师是律师事务所开展业务活动、提供法律服务的先决条件。

对不同组织形式的律师事务所的律师人数法律有不同的规定。合伙律师事务所应当有3名以上已经获得律师执业许可的律师,设立特殊的普通合伙律师事务所须有20名以上合伙人作为设立人。国家出资设立的律师事务所,应当至少有2名符合《律师法》规定并能够专职执业的律师。

3. 设立人符合条件

1996年制定的《律师法》并没有明确规定律师事务所设立人的条件,但《律师事务所登记管理办法》中明确规定律师事务所发起人必须是能够专职从事律师业务的律师;发起人必须有3年以上的执业经历,并在申请之日前3年的执业活动中未受过停止执业以上的行政处罚。2007年新修订的《律师法》吸收了《律师事务所登记管理办法》中的合理内容,规定设立人必须是具有一定的执业经历且在3年内没有受过停止执业的行政处罚的律师,其中合伙制律师事务所的设立人应当具有3年以上的执业经历,个人律师事务所的设立人应当具有5年以上的执业经历。

4. 有符合要求的资产

律师事务所作为一个独立的法人,拥有一定的资产是开展业务活动的基础,也是独立承担民事责任、取信于社会的必要保证。设立特殊的普通合伙律师事务所，须有人民币1000万元以上的资产；设立普通合伙律师事务所，须有人民币30万元以上的资产；设立个人律师事务所，须有人民币10万元以上的资产；需要国家出资设立律师事务所的，由当地县级司法行政机关筹建，申请设立许可前须经所在地县级人民政府有关部门核拨编制、提供经费保障。

（二）律师事务所设立的程序

无论成立哪种形式的律师事务所，都需要经过一系列的法定程序。应由设立律师事务所的申请人提出申请，经拟设立的律师事务所所在地的省、自治区、直辖市的司法行政部门审核批准。具体包括提出申请、受理及审查、审核及决定三个阶段。

1. 提出申请

设立律师事务所程序一般由申请人启动。申请人应当向有权受理设立律师事务所申请的机关提出申请，提出申请时应当提交以下材料：（1）申请书；（2）律师事务所的名称、章程；（3）律师的名单、简历、身份证明、律师执业证书、拟任负责人的人选；（4）住所证明；（5）资产证明。设立合伙律师事务所的，应当提交合伙协议；设立国办律师事务所的还须提供相关的批文及财政预拨证明文件等。

2. 受理及审查

由设区的市级或者直辖市的区人民政府司法行政部门负责受理设立律师事务所的申请。受理的司法行政部门应当在20日内初查完毕，并将初查意见和全部申请材料上报至省、自治区、直辖市司法行政部门。

3. 审核及决定

省、自治区、直辖市人民政府司法行政部门负责对设立律师事务所的申请进行审核。审核的司法行政部门应当自收到报送材料之日起10日内予以审核，并作出是否准予设立登记的决定。对于符合条件的，作出准予设立登记的决定，并为申请人办理律师事务所执业证书；对于不符合条件的，作出不准予设立登记的决定，并向申请人书面说明理由。申请人对决定不服的，可以在收到通知之日起15日内向国务院司法部申请行政复议；对复议决定不服的，可以自收到复议决定之日起15日内向有管辖权的人民法院提起行政诉讼；也可以不经复议，直接向人民法院提起行政诉讼。

根据《律师事务所登记管理办法》的规定，律师事务所办理开业登记后，登记机关除应向律师事务所颁发执业证书外，还应当在报刊上予以公告。律师事务所执业证书的正本应当悬挂于办公场所显著的位置，副本留存用于查验。律师事务所凭据律师事务所执业证书办理刻制公章、开立银行账户、办理税务登记等相关事务，并将刻制的律师事务所公章、财务章印模和开立的银行账户报所在地设区的市级或者直辖市的区（县）司法行政机关备案。律师事务所执业证书不得伪造、涂改、出借、抵押和转让。

（三）关于分所、分支机构设立的特别规定

1. 分所的设立

尽管律师事务所的名称之中带有行政区划名称的部分，而且也根据一定的属地原则加以管理，但由于律师事务所可以在全国各地执业，因此随着业务量的扩大和实际需要，律师事务所可以在所在的市、县以外的地区设立分支机构以便扩大业务和便于管理。

律师事务所的分支机构，被统称为律师事务所分所。律师事务所可以设立分所。设立分所，须经拟设立分所所在地的省、自治区、直辖市人民政府司法行政部门按照规定的条件审核。律师事务所对其设立的分所的债务承担责任。

设立律师事务所分所的，事务所必须是成立 3 年以上并具有 20 名以上执业律师的合伙律师事务所。分所的名称应当为"律师事务所名称+分所所在地（市、县）地名+分所"，如"广东××律师事务所珠海分所"，"北京××律师事务所广州分所"等。一个分所只能使用一个名称。分所的申请设立程序同样须遵循申请设立律师事务所的一般程序。

2. 国外分支机构的设立

随着中国加入世界贸易组织，法律服务的全球化已经展开，外国的律师事务所在中国设立办事处，中国的一些律师事务所也逐渐开始走出去，1993 年北京君合律师事务所在美国纽约设立分所，成为中国第一家走出国门的律师事务所。① 为了规范在国外设立律师事务所分支机构的行为，司法部于 1995 年 2 月 20 日颁发了《律师事务所在国外设立分支机构管理办法》，对律师事务所在国外设立分支机构作了具体规定。申请在国外设立分支机构的律师事务所，应具备以下条件：（1）设立时间满 2 年；（2）有执业律师 10 人以上，其中能熟练运用外国语工作的不少于 3 人；（3）在提出申请之日前 2 年内未受过惩戒处分；（4）具有相应的经济实力和办公通信设备和其他开展涉外法律服务业务的条件。

律师事务所委派驻国外分支机构的律师，应当具备以下条件：（1）具有良好的政治素质和职业道德，在执业期间未受过惩戒处分；（2）在国内连续执业 2 年以上；（3）具有承办涉外法律事务的业务能力，了解拟驻在国的法律；（4）能熟练运用拟驻在国语言工作。

律师事务所在国外设立分支机构须经所在地的省、自治区、直辖市司法厅（局）审核，并报国家司法部批准。申请设立驻外分支机构的律师事务所应向审核机关提交下列材料：（1）申请书，内容包括设立驻外分支机构的理由和条件，拟驻在国、驻在地点和驻在期限，机构设立形式、名称、业务范围、管理和运作方式及经费保障等。（2）律师事务所基本情况。（3）律师事务所出具的委任拟派驻律师的授权书。（4）律师事务所出具的有关拟派驻律师的执业能力、执业经历、遵守律师职业道德和执业纪律情况的鉴定意见。（5）拟派驻律师的简历、学历证明、律师资格证书和律师执业证件的复印件。（6）拟驻国有关允许外国律师事务所设立分支机构的法律或文件。（7）审核批准机关要求提供的其他材料。省、自治区、直辖市司法厅（局）收到律师事务所申请材料后，应当予以审核，对符合规定条件的，应当将申请材料及出具的审核意见一并报送司法部。司法部应作出批准或不批准的决定。获准在外国申请设立分支机构的律师事务所，在依照驻在国规定获准执业后 30 日内，应将该国有关部门的批准文件（副本）和驻外分支机构的名称、派驻人员、执业场所、通信方法等情况书面报所在地省级司法行政机关，并由其报司法部备案。

上述所称的国（境）外分支机构设立的相关条件和程序，仅是我国国内部分的，设立在其所在国家（地区）的，还须按照该地的相关规定办理相应的手续。

---

① 肖微．中国律师开拓境外法律服务市场的途径［J］．环球法律评论，2001（夏季号）．

三、律师事务所的组织形式

根据《律师法》的规定，我国律师事务所目前的组织形式主要有三种：

（一）合伙律师事务所

2007 年修订的《律师法》取消了合作律师事务所的组织形式，原有的合作律师事务所根据实际情况转为合伙制，或者改为个人所又或者依法被终止。

合伙律师事务所，简称合伙所，是由合伙人依照合伙协议的约定依法设立，共同出资、共同管理、共享收益、共担风险的律师执业机构。

合伙律师事务所是当前各国律师事务所存在的主要形式。1993 年，国务院批准了司法部《关于深化律师工作改革的方案》，该方案提出了律师工作改革的指导思想是进一步解放思想，放手发展律师队伍，大胆突破用所有制模式和行政级别制度对律师机构的束缚，为建立起自收自支、自负盈亏、自我发展、自我约束的律师工作制度奠定基础。于是各地开始探索以合伙形式建立律师事务所。1996 年《律师法》规定，律师可以设立合伙律师事务所，合伙人对该律师事务所的债务承担无限连带责任。为配合《律师法》的实施，司法部颁布了《合伙制律师事务所管理办法》（1996 年颁布，2004 年修订后重新颁布），进一步对合伙制律师事务所的设立、管理、财务等方面进行了规范。虽然合伙律师事务所作为一种法定的组织形式为立法所确认，但由于立法中规定了合伙所无限连带的责任形式，合伙人承担了较大的风险，也抑制了合伙所的发展规模。因此，2007 年新修订的《律师法》第 15 条对合伙所的责任形式作出新的规定："合伙律师事务所可以采用普通合伙或者特殊的普通合伙形式设立。合伙律师事务所的合伙人按照合伙形式对该律师事务所的债务依法承担责任。"

普通合伙，就是合伙人对律师事务所的债务承担无限责任和连带责任的一种合伙形式。

特殊合伙，是指合伙人对律师事务所的债务按照合伙协议的约定承担有限责任的合伙形式。

随着社会的发展，为了促进粤港澳法律服务的合作，出现了跨境的合伙联营律师事务所的新形式。①

（二）个人律师事务所

个人律师事务所，简称个人所，是由一名取得律师执业许可的律师单独投资设立，以自己或家庭的所有财产承担无限责任的律师执业机构。由于律师主要是运用自己的专业知识和能力为当事人提供法律服务，因此国外一般都允许取得执业许可的律师以个人的名义申请设立个人所。个人律师事务所其特点是个人出资、个人经营、个人承担风险和享受利润。

---

① 广州首家粤港合伙联营律师事务所——国信信扬麦家荣（南沙）联营律师事务所于 2015 年 7 月 21 日在广州南沙挂牌成立并正式开业。7 名内地律师和 3 名香港律师当天还举办了一场题为"粤港澳律师合作发展"的研讨会。参见广州市首家粤港合伙联营律师事务所挂牌开业 [EB/OL]．[2016-07-07]．网易网，http：//news. 163. com/15/0722/16/AV52FLVP00014JB5. html.

自 1993 年司法部《关于深化律师工作改革的方案》发布后，北京、上海、浙江等全国诸多省市都开始了探索个人律师事务所的试点工作。2002 年北京市司法局为首批 5 家个人律师事务所举办了颁证仪式。这些个人律师事务所的办公场所都设立在居民聚居区或社区附近，立足于基层、贴近群众，为社区居民、驻区企业和其他经济组织提供全方位的法律服务，也为宣传法律和维护社区稳定作出了贡献。①

由于个人所是一人创办②，一般也以其个人的名字为字号，故带有较多的个人风格，其发展规模及竞争力也势必受创办人的能力、风格、气质、眼光、处事方式、个人资源等因素的限制。但是，个人所也可以避免合伙所或其他形式律师事务所经常出现的内部矛盾与争端。

律师事务所的发展，应该是多元化的，有公司化运营的特殊合伙，也有合伙人承担连带责任的普通合伙，还有个人所和国办所，事务所的规模也在变化，正所谓的"合久必分，分久必合"。律师事务所的规模化、专业化、规范化、品牌化、国际化是律师事务所发展的一个方面。最终衡量的标准是能否为社会提供优质服务和律师在该律师事务所之中能否发挥积极的作用。

（三）国办律师事务所

国办律师事务所，简称国办所，是指国家出资设立并以其全部资产对外承担责任的律师执业机构。1979 年我国恢复律师制度首先成立的就是占国家事业编制的国办所，其由司法行政机关设立附属于司法局，人员编制属于司法事业编制，经费列入国家预算，依靠国家拨款。司法部从 1984 年起就开始对国办所的工资分配、经费开支和人员进出等方面进行一系列的改革。根据 1996 年 11 月 25 日司法部发布的《国家出资设立的律师事务所管理办法》规定，国办律师事务所由司法行政机关根据国家需要设立，其设立的形式包括一次性投入开办资产不核定编制、核定编制并核拨经费等两种形式。国办所实行独立核算，根据情况分别实行全额管理、差额管理、自收自支三种经费管理形式。国办所依据按劳分配的原则，实行效益浮动工资制；确定律师工资标准、等级时，考虑律师的所龄、资历、办理法律事务的质量和数量等因素。国办所应当根据司法行政机关的有关规定，建立和健全人事、财务、业务、收费等内部管理制度，并报司法行政机关备案；同时，应当按照规定设立事业发展、执业风险、社会保障和培训等项目的基金。国办所的主任须具有 3 年以上执业经历的本所律师，其对设立本所的司法行政机关负责并报告工作。

在《律师法》的修订过程中，对国办律师事务所的存废有过争议，但考虑到我国各地律师业发展的不均衡，一些欠发达地区律师事务所自我发展能力较弱，为了满足这些地区法律服务需求，需要继续保留由国家出资设立律师事务所的形式。

四、律师事务所的权利义务

律师事务所作为律师的执业机构，享有一系列的权利和义务。

---

① 苏楠．首批个人律师事务所在京开业［J］．中国司法，2002（12）．
② 个人律师事务所并非仅限于一个执业律师，而是指由一个律师投资设立。

应用型系列法学教材

（一）律师事务所的权利

律师事务所根据律师法和其他有关的法律法规的规定，享有以下的权利。

1. 业务开展权

律师承办业务，由律师事务所统一接受委托，与委托人签订书面委托合同，进行立案登记，指派律师承办。在律师事务所与当事人之间，律师事务所作为委托代理关系的主体，其所指派的律师接受律师事务所的内部管理，律师的代理行为属于职务行为，受律师事务所章程及具体的规章制度约束。律师事务所有权独立自主地在全国范围内对外开展业务，受律师法和相关规章制度的制约，不受其他组织和个人的非法干预。律师个人不能以自己的名义对外接受委托而开展业务。

【案例 5-2】

律师私自接活收费属违规①

【案例 5-2】点评

　　2010 年 9 月 25 日，廖某以其亲属张某涉嫌职务侵占一案与曾某签订法律事务委托合同，约定曾某为张某办理取保候审手续。曾某以其所在的律师事务所的名义与委托人签订委托代理合同，但却未在该委托合同上加盖该律师事务所的公章。此后，曾某收取了廖某风险辩护费 4 万元，仅出具了一张收条。根据案情，公安机关对张某作出了取保候审的决定。2012 年 2 月 28 日，重庆市相关司法部门得知此事后，以曾某私自违规收案为由，对其作出停止执业 3 个月，没收违法所得的处罚。事后，廖某以曾某收费行为不合法，且没有为其提供法律服务为由，诉至法院，要求曾某退还所收取的风险辩护费。一审法院审理后认为，曾某提出法律事务委托合同是律师事务所与廖某签订的，应举出相应的证据予以证明。他既未举出律师事务所委托自己以其名义签订法律事务委托合同的相应证据，也未举出该律师事务所事后追认的相应证据，所以该合同的相对人是曾某与廖某。根据《律师法》的相关规定，律师在执业活动中不得私自接受委托、收取费用，故该合同应为无效合同，判决曾某返还向廖某收取的风险辩护费，但曾某为委托人处理部分事务所产生的合理费用可酌情予以扣除。宣判后，曾某不服一审判决，提起上诉；二审判决驳回曾某的上诉，曾某应返还向当事人廖某收取的风险辩护费 31500 元。

2. 决定内部分配制度权

律师在律师事务所里执业，根据相关的劳动法律规定，其薪酬待遇通过与律师事务所签订的合同加以确定。

律师在律师事务所获得的薪酬，一般通过以下几种形式体现：

（1）年薪制。根据被聘用律师的学历、从业年限、专长、过去的业绩、水平等，确

---

① 律师接活收钱不开票，代理费落空还需退费 [N] . 海法治报，2014（12）：B01.

定每月（或年度）一个固定的薪金标准，逐月发放。采取此种薪酬制度的，一般是大型的公司化律师事务所。其基本的前提是，律师事务所有大量的代理业务，且有相应的代理费收入为基础。不同的执业律师的年薪差距相当大，在专业团队中负责的专家型律师有高达百万元年薪的，也有刚入行不久靠处理日常事务年薪几万元的。

（2）提成制。每位执业律师基本上都是靠自己的私人关系来获得案源，因此一般的律师事务所没有固定的案源。律师事务所不可能养活没有业务的律师。因此，一般都是按每一件业务的收入提取一定的比例作为律师的酬金报酬。通常提取的比例为50%～80%不等，剩余的部分留归事务所。故此，执业律师就要"靠关系和案源吃饭"。提成制具有"过程简单、操作简便、见效明显"的优点，实践表明，提成制使律师的个人收入与总业务收入水平直接挂钩，多劳多得，多能多得，调动了律师执业的积极性，保障了事务所收入的稳定和增长。

（3）底薪加提成制。对于某些合伙人掌握有一定案源的律师事务所，当合伙人无法全部办理案件的情况下，会将一些案件交付给执业律师去完成。为此，就出现了"底薪+提成"的薪酬方式。即每月在完成律师事务所交付的工作任务时，执业律师即可获得底薪（较低、固定的月薪）；当执业律师有自己的案源收入时，则依照一定的比例收取提成费用。

（4）分摊成本制。事务所将月或年度的成本（如房租、物业管理费、水电费、行政人员的工资等、税费等）平均分摊给每一个执业律师。除成本以外，各执业律师办理案件的收入归属个人支配。在此总体精神下，衍化出了以下的两种具体方式：第一种是挂靠制。即每年上交固定挂靠费给事务所，不占用事务所的办公资源，税后的全部收入归执业律师。第二种是场地租赁制。事务所根据办公场所的面积、条件，分房间或卡座按年或月出租给律师，并按一定标准向执业律师收取固定的费用或租金，律师的创收税后归自己支配。

（5）合伙人的年底分红制。合伙人除了按照上述的薪酬制度进行分配外，还可根据章程及合伙协议对年度红利进行分配。

无论是哪一种方式，专职律师应缴纳的相关养老保险、住房公积金等，按照律师事务所与执业律师的合同约定处理。通常，是通过律师事务所缴纳，但是具体的承担方式和资金来源，由合同约定。

3. 收费权

律师事务所有权按照国家的规定根据约定向当事人收取费用并如实入账。

律师事务所的收费，根据各地司法行政部门和财政部门批准的标准执行。当前，律师事务所的收费，有以下几种：

（1）依标准收费。其中有计件收费（指按每件法律事务以固定或者事先约定的价格收费）或计时收费（根据律师提供法律服务所耗费的时间收取相应的费用）两大类。

（2）协商收费。当事人与律师事务所根据案件或业务的特殊性，通过协商确定附条件的收费方式。通常，诉讼业务尤其是刑事诉讼代理活动的收费有较为严格执行的标准和计算方式，而非诉讼业务类的收费标准比较有弹性，可通过协商的方式确定收费的方式和标准。协商收费并非是完全没有标准的，在按标准协商的情况下应当依照标准幅度内具体协商，没有确定上下限的情况下，也要根据具体的业务量和工作难度以及派出的律师等情况考虑。

4. 机构设置和劳动用工权

律师事务所可根据实际需要内设相应的机构，也可以依照规定设立分所、海外分支机构；根据实际需要招聘执业律师和其他工作人员以及协商确定其薪酬待遇，有权奖惩相关的工作人员。

5. 其他权利

律师事务所依法享有其他的合法权利和权益。

（二）律师事务所的义务

1. 接受监管

律师事务所作为一个向社会提供法律服务的社会中介机构，理当接受行政机关的管理及行业协会的监管。行政部门及行业协会的管理和监督包括固定的和临时性的。

2. 按时参加年检和缴费

律师事务所每年应按时向主管的司法行政机关上报相应的材料，上缴管理费和向律师协会缴纳会费；登记管理机关每年对所登记的律师事务所进行年检，未通过年检的律师事务所不得继续执业。

3. 依法纳税

纳税是我国法律规定的每个公民和营利性组织的一项法定的义务。在"营改增"的税制改革过程中，律师事务所不再缴纳营业税而依法缴纳增值税。对于执业律师提成的，应当履行单位代扣个人所得税的相应义务。

4. 提供法律援助

法律援助，又称为法律扶助或法律救济，是指在免除全部费用或者在收取较少费用的情况下，对需要专业性法律帮助的人所提供的法律服务帮助。

国务院于 2003 年 7 月 21 日公布的《法律援助条例》明确规定律师事务所有向社会提供法律援助的义务。由人民法院指定辩护的案件，法律援助机构应当在开庭 3 日前将确定人员名单回复作出指定的人民法院。如果律师事务所拒绝法律援助机构的指派，不安排本律师事务所办理法律援助案件的，将由司法行政部门给予警告、责令改正；情节严重的，给予 1 个月以上 3 个月以下停业整顿的处罚。

5. 公平竞争

律师事务所作为提供法律服务的律师执业机构当然负有依法执业的义务。律师事务所在激烈的市场竞争中，容易构成不正当竞争行为。我国《律师法》第 26 条规定："律师事务所和律师不得以诋毁其他律师事务所、律师或者支付介绍费等不正当手段承揽业务。"司法部 1995 年 2 月 20 日发布的《关于反对律师行业不正当竞争行为的若干规定》中规定的不正当竞争行为主要有：（1）通过招聘启事、领导人题写名称或其他方式，对律师或律师事务所进行不符合实际的宣传；（2）在律师名片上印有律师经历、专业技术职务或其他头衔；（3）借助行政机关或行业管理部门的权力，或通过与某机关、部门联合设立某种形式的机构而对某地区、某部门、某行业或某一种类的法律事务进行垄断；（4）故意诋毁其他律师或律师事务所的声誉，争揽业务；（5）无正当理由，以在规定收费标准以下收费为条件吸引客户；（6）采用给予客户或介绍人"案件介绍费"或其他好处的方式承揽业务；（7）故意在当事人与其代理律师之间制造纠纷；（8）利用律师兼有的其他身份影响所承办业务的正常处理和审理。律师事务所有违反上述规定的，依法给予警告；情节严重的，责令其公开澄清事实，消除影响或停业整顿。对于实施两种或两种以上的不正当竞争行为的律师事务所，应当从重处罚，直至由司法行政机关撤销该律师事务所的执业证书。

律师事务所的活动主要限于为社会提供法律服务，不得兼营其他营利性的业务。根据《律师法》第 27 条的规定，律师事务所不得从事法律服务以外的经营活动。

【案例 5-3】

律师事务所不得开展不正当竞争

【案例 5-3】点评

2015 年 6 月，A 律师事务所与同在一栋楼里的 B 律师事务所因客户咨询等问题发生矛盾。因此，凡是到 A 律师事务所来咨询后表示准备再到 B 律师事务所去继续咨询的客户，基本上都能听到关于 B 律师事务所坑害顾客的说法。有鉴于此，很多客户都不敢相信 B 律师事务所的咨询建议而转向在 A 律师事务所办理委托手续。经过调查后，B 律师事务所向当地的律师管理行政机关投诉。经查属实后，司法行政机关对 A 律师事务所予以处罚。

6. 其他义务

律师事务所应当履行法律法规规定的其他义务。

五、律师事务所的变更与终止

（一）律师事务所的变更

根据《律师法》和《律师事务所登记管理办法》的规定，成立之后的律师事务所因故需要进行名称、住所、章程、律师事务所负责人、合伙人等变更的，应当由律师事务所向原审核部门提交书面申请书，说明变更的事项与理由，申报批准并办理变更登记。

律师事务所变更分所或者驻外分支机构的设立形式、名称、负责人和其他派驻律师的，亦必须依照规定报原批准机关批准，并应在驻在国办结变更手续的 30 日内，将有关变更材料报所在地的省、自治区、直辖市司法厅（局），并由其报国家司法部备案。

（二）律师事务所的终止

1. 终止的事由

（1）不能保持法定设立条件，经限期整改仍不符合条件的；（2）律师事务所执业证书依法被吊销的；（3）自行决定解散的；（4）法律、行政法规规定应当终止的其他情形。

2. 终止的程序

在出现法定的终止事由后，律师事务所应当依法成立清算组进行清算工作，司法行政机关应当对清算活动进行监督，必要时可指派人员参加。律师事务所在清算期间其律师不得执业，尚未办结的法律事务，由律师事务所和委托人协商解决。合伙律师事务所清算结束后，清算机构应当编制清算报告，经合伙人会议审议通过后，由律师事务所主任签名，报原登记机关备案，并在清算结束后到原登记机关办理注销手续，由颁发执业证书的部门注销该律师事务所的执业证书，律师事务所的全部财务账簿、业务档案、印章应当按照规定移交司法行政部门。

如果律师事务所领取律师事务所执业证书后 6 个月内未开展业务活动，或开业后停止业务活动达到 1 年的，视为终止，原登记机关可予以注销。如果律师事务所决定停办其驻外分支机构的，应当在驻在国办结注销手续后的 30 日内，将有关材料报送所在地的省、自治区、直辖市司法厅（局），并由其报国家司法部备案。

第二节　律师事务所的管理

一、行政监管与指导

国务院司法行政部门即司法部，是主管全国律师工作的职能部门，省、市、县级人民政府的司法厅、局是主管本行政区域律师工作的职能部门，其依照法律、法规和规章的规定对律师事务所实施行政监督和管理。且司法行政部门依照律师法的规定，对律师、律师事务所和律师协会进行监督、指导。

司法行政部门的管理内容包括宏观和微观两个方面。宏观的方面，主要是指司法行政部门从制定规范的方面对律师事务所实施管理。微观方面的管理内容主要是指对包括律师事务所的设立登记管理、年检和奖惩等具体的行政管理行为。

根据《律师法》的规定，县级人民政府司法行政部门对律师和律师事务所的执业活动实施日常监督管理，对检查发现的问题，责令改正；对当事人的投诉，应当及时进行调查。县级人民政府司法行政部门认为律师和律师事务所的违法行为应当给予行政处罚的，应当向上级司法行政部门提出处罚建议。

律师事务所有违法行为的，由设区的市级或者直辖市的区人民政府司法行政部门视其情节给予相应的处罚：

第一，有以下行为的，处警告、停业整顿 1 个月以上 6 个月以下的处罚，可以处 10 万元以下的罚款；有违法所得的，没收违法所得；情节特别严重的，由省、自治区、直辖市人民政府司法行政部门吊销律师事务所执业证书：（1）违反规定接受委托、收取费用的；（2）违反法定程序办理变更名称、负责人、章程、合伙协议、住所、合伙人等重大事项的；（3）从事法律服务以外的经营活动的；（4）以诋毁其他律师事务所、律师或者支付介绍费等不正当手段承揽业务的；（5）违反规定接受有利益冲突的案件的；（6）拒绝履行法律援助义务的；（7）向司法行政部门提供虚假材料或者有其他弄虚作假行为的；（8）对本所律师疏于管理，造成严重后果的。律师事务所因上述违法行为受到处罚的，对其负责人视情节轻重，给予警告或者处 2 万元以下的罚款。

第二，律师事务所因违反律师法规定，在受到停业整顿处罚期满后 2 年内又发生应当给予停业整顿处罚情形的，由省、自治区、直辖市人民政府司法行政部门吊销律师事务所执业证书。

二、行业管理

律师协会是律师及律师事务所进行自我管理的社团性法人组织，是行业自律的机构，有权对律师事务所进行一定程度的管理。根据《中华全国律师协会章程》第 5 条的规定，律师协会应指导律师事务所的规范化工作；负责对律师和律师事务所的日常管理和登记，受司法行政部门委托进行律师事务所和律师的年检注册工作；处理律师和律师事务所的投诉；调处律师和律师事务所在执业活动中发生的纠纷；组织律师和律师事务所开展对外交流等。律师协会作为行业协会对律师事务所的管理也有利于维护和规范律师业的健康、有序的发展，是律师事务所外部管理的重要力量。

三、事务所内部管理

（一）劳动人事管理

律师事务所作为律师执业的机构，也是作为社会法律服务的中介机构，更是律师的"家"。因此，无论是合伙人、负责人、普通执业律师，还是普通的行政工作人员，都与律师事务所存在着千丝万缕的联系。

在律师事务所全员纳入社保体系的情况下，聘用和解聘，建立劳动合同关系、挂靠档案管理和组织关系的确定，薪酬支付等问题都与劳动人事管理有关。

（二）执业流程管理

执业流程管理，包括统一收案、案件讨论、利益冲突审查、请示汇报、归档管理制度等。

1. 统一收案制度

收案是律师事务所提供法律服务、开展业务工作的第一步。任何案件都应当由律师事务所统一接受，绝对不允许律师以个人的名义等收案。执业律师仅仅是律师事务所指派承办案件的具体人，其必须以律师事务所的名义与当事人建立委托代理合同关系。事实上，犹如到医院看病挂号一样，当事人认为某位执业律师比较适合的，可要求律师事务所指派该律师为其提供法律服务，通常律师事务所应当尽量满足委托人的要求。不可否认的一点，当前律师的业务主要来源于熟人的介绍和口碑相传，当人们基于人情关系和彼此的了解，往往相信熟人会更加上心负责以信赖其人际关系，而通常不会过多地考虑和比较所谓的专业性。如果委托人指明的律师因特殊情况确实不能接受委托的，应当向当事人说明原因，并指派其他合适的执业律师担任代理工作。

2. 利益冲突审查制度

律师事务所在接收案件之前，应当审查律师事务所及其律师与委托人之间、委托人与委托人之间是否存在直接或间接的利益冲突。利益冲突审查制度是保证当事人与律师事务所及其律师委托代理关系具有合法性、保证事务所服务质量和信誉的重要环节。如果发现存在利益冲突的情形，应及时告知委托人另行委托或在信息充分披露的情况下取得相关人员的书面豁免。在利益冲突的情况下律师事务所不得接受当事人的委托。

3. 案件讨论制度

承办具体案件通常是由律师个人进行的，但由于一些案件难度较大，个别律师的知识水平难以保证办案质量，因此案件的复杂性、多变性、专业性往往会使一个执业律师力不从心。这就需要像医院进行专家会诊和多科室综合讨论一样，对重大、复杂、疑难的案件，在律师事务所的力量整合下，展开共同研究，以便集思广益。通过对疑难案件的讨论，也为事务所的其他执业律师、律师助理、实习律师提供了一个共同学习的平台，有利于进一步提高律师事务所的整体业务能力。

4. 请示汇报制度

第一，对于律师在执行职务中遇到重大、复杂问题，尤其是可能影响社会稳定的群体性案件，应当及时向主任或主管副主任请示汇报。第二，执业律师经办案件外出时，应当报备，以防止律师在办理案件时受到不法侵害而无法获得及时的救济。例如，每位执业律师要到看守所会见犯罪嫌疑人、参加庭审活动、外出调查之前，都应当向律师事务所报备，完成工作任务后也要及时撤销报备。当工作过程中出现特殊的状况，或者延长原来预定的时间的，必须及时将相关的信息向律师事务所值班人员报告。第三，对于律师事务所内部机制改革或办案过程中遇到的一些重大问题，应当及时向律师事务所汇报以便及时向司法行政机关请示汇报，争取得到指导和监督。这对于保障律师应有的权益、促进律师事务所规范化管理都具有重要的意义。

5. 档案管理

律师业务档案是律师进行业务活动的真实记录，反映了律师维护委托人合法权益、维护国家法律实施的情况，体现了律师的基本职能和社会作用。因此，必须严格按照有关规定，认真做好立卷、归档工作。

（1）分类建档。律师事务所可以根据不同的标准对业务档案进行归类管理。通常是分诉讼程序（诉讼、仲裁）业务、非诉讼业务、常年顾问业务三类。诉讼程序类包括刑事辩护、刑事诉讼代理、民事诉讼代理和行政诉讼代理、仲裁（民商事仲裁、劳动仲裁）几种；非诉讼类则包括申诉代理、法律咨询、代书、非诉讼法律事务；常年顾问是一类特殊的法律业务。也有按国内、涉外来分类的。

（2）归档要求。立卷归档的基本要求是：按年度一案一卷、一卷一号。两个以上律师共同承办的同一案件或同一律师业务一般应合并立卷。律师承办跨年度的业务，应在办结的年度立卷。律师担任常年法律顾问的，应做到一单位一卷。为了做好档案管理工作，律师在承办业务过程中要注意收集和保管有关资料，发现材料不齐全或法律手续不完备时，应当及时补齐。

律师业务文书材料应当在结案或事务办结后3个月内整理立卷。装订成册经律师事务所主任审阅盖章后，移交档案管理人员，并办理移交手续。档案管理人员接收档案时应进行严格审查，凡不符合要求的，一律退回重新整理，直至全部合格后方可办理移交手续。涉及国家秘密和个人隐私的律师业务案卷应当列为密卷，确定密级，在归档时应在档案封面右上角加盖密卷章，列入特殊管理。随卷归档的录音带、录像带等声像档案，应在每盘磁带上注明当事人的姓名、内容、档案编号、录制人、录制时间等，逐盘登记造册归档。

（3）档案管理。律师事务所应当配备专职或兼职档案管理人员，有条件的应逐步设立档案机构，负责律师业务档案的集中统一管理。档案管理机构和人员的职责包括：①收集、整理、保管和统计本所的档案和有关资料，确保档案的完整和安全；②积极开展档案的利用工作，为律师开展业务提供服务；③指导、督促、检查律师对律师业务文书材料的立卷归档；④进行档案鉴定，并按国家有关规定向同级档案馆移交档案；⑤接受司法行政机关和地方档案管理部门的业务指导、监督和检查，定期汇报档案工作情况；⑥完成领导交办的有关档案工作的其他任务。

（三）财务管理

律师事务所应当依法设立会计科目、会计账簿、会计凭证、会计报表和其他会计资料，而且应当保证其真实、准确、完整，符合会计制度规定。全部的原始凭证、账簿、会计报表等会计资料以及会计印章应当有专人负责保管。必须做到：（1）财务管理制度健全，做到统一入账，账目清楚；（2）财务资料真实、准确、完整，符合财务管理制度规定，律师事务所财务状况向全体律师或合伙人公开，并依法纳税；（3）统一收取律师服务费，统一结算，没有律师个人向委托人收取律师服务费或自行结算的情况；（4）按照律师服务收费标准和委托合同的约定收费，没有低于律师服务收费标准收费的不正当竞争情形；（5）统一出具合法的收费凭证，没有使用收据或白条的情况。

（四）日常事务管理

任何的管理，实质上就是充分利用现有资源，谋求既定目标实现的控制过程。作为一个单位，有对顾客（委托人）迎来送往的接待，有与物业管理的协调，还有对内部人员的工作安排等。因此，必要的日常事务管理是必需的。在上有司法行政管理部门和律师协会、旁有街道和居委会以及物业管理、内有员工和顾客的情况下，任何一方面的工作协调不到位，都有可能影响律师事务所的发展。

律师事务所不仅仅要依靠执业律师团队，还要依靠行政管理队伍的辅助和支持。正所谓"兵马未动，粮草先行"，现代战争打的就是整体实力和后勤补给。为了提高律师事务所的行政管理效率，不少的律师事务所已经在"互联网+"方面动起了脑筋，开拓网上业务，运用管理软件来提高管理效率。专业合作团队，加上团结一致、高效服务的行政管理队伍，才有可能形成一个优秀的律师事务所。

第三节　律师的管理

一、概述

（一）对律师管理的重要性

律师作为一个专业性很强的自由职业者，其为社会提供法律服务，直接影响到社会主义法治建设的进程。随着社会主义市场经济的逐步建立和完善，社会对法律服务的需求不断增加，律师队伍也在不断地扩大。据统计，全国律师队伍以每年 2 万名的速度增长。①

---

① 孟建柱：律师事务所要加强日常监督管理，不能养蛆遗患［EB/OL］．［2016-07-09］．中国新闻网，http：//www.chinanews.com/gn/2015/09-16/7526556.shtml.

因此，管理好律师队伍，至关重要。

（二）对律师管理的形式

律师管理，实质上就是以执业律师为对象的管理活动。对律师的管理，从力量源的方面看，有行政管理、行业管理、律师事务所管理三个大方面。

1. 对律师的行政管理

对律师的行政管理，是指有关律师的行政机构和组织依据有关律师的法律规范，对律师的执业资格、执业行为、违规行为的惩戒等执业事务进行的管理。

2. 对律师的行业管理

对律师的行业管理，主要是指律师协会对加入协会的律师，从行业的方面加以监督和服务，包括但不限于律师的培训、律师执业年审注册、律师的惩戒等。律师协会不再隶属于司法行政部门，而是作为律师行业性自治组织。《中华全国律师协会章程》明确其职责为：团结和教育会员忠实于律师事业，恪守律师执业道德和执业纪律，捍卫宪法和法律尊严；维护会员的合法权益，提高会员的法律素质和职业技能；加强行业自律，促进律师事业的健康发展，以发展社会主义民主，健全社会主义法制，促进社会主义的文明和进步。律师协会在沟通协调、利益代表、行业管理、维护权益、促进和谐等五个方面发挥积极的作用。[①]《中华全国律师协会章程》将律师协会的职责细化为15项目：（1）组织会员学习国家的法律、政策和有关专业知识，对会员进行职业道德和执业纪律的教育；（2）制定律师行业规范和准则并组织实施；（3）组织会员开展律师工作研讨活动，总结、交流律师业务经验；（4）负责对律师进行培训和业务指导；（5）开拓律师业务领域；（6）支持会员依法执业，维护会员的合法权益；（7）负责对会员的奖励和惩戒工作；（8）指导地方律师协会搞好律师、律师机构的登记、公告等工作；（9）开展与外国、境外律师界的交往活动；（10）举办律师刊物，编辑出版业务资料，为会员提供业务信息；（11）向司法行政机关和国家有关部门提出关于法制建设、律师制度的改革与发展的建议；（12）维护会员间的团结，解决会员间的纠纷；（13）举办会员的福利事业；（14）指导、支持团体会员的工作；（15）办理法律规定的中华人民共和国司法部委托办理的其他事项。

3. 对律师的事务所管理

对律师的事务所管理，包括对律师的劳动人事、薪酬、执业规范等方面的管理。

此外，也可以根据被管理者来进行相应的划分，如对合伙人的管理、对执业律师的管理、对律师助理和实习律师的管理等。

二、合伙人

（一）真正的合伙

律师事务所的合伙人是律师事务所的创设人，也是律师事务所的领导层和主心骨，律师事务所的负责人仅仅是他们所推举出来的一个代表而已。因此，合伙人的团结精神、观念意识、专业水平等，对律师事务所的管理和发展就起到了关键的作用。

按照相关规定，共同投资、共同管理、共担风险、共享利润的合伙，合伙人就应当承

---

① 朱伟. 论律师协会在行政法律关系中的地位和作用［J］. 理论与改革，2006（5）.

担起相应的义务，为实现公共的目标而一起奋斗。

真正的合伙，就要舍得将私人的关系和利益往合伙团队里带，而不是从合伙团队里往自己家里搬。合伙人的会议和决议制度建设落实得好的，合伙律师事务所的发展就好。

（二）借名合伙，各自为政

过去，留存在人们脑海之中的就是"权力"，有了权力就意味着有了控制力，就可能带来财富。事实上，合伙所因合伙人的争斗，只有两个结果：要么皆大欢喜，要么同归于尽。实践中，就有不少的合伙人在事务所成立后刻制了三枚事务所的印章，三个合伙人各持一枚，从而凸显出了各自为政、同床异梦的局面。有好处大家争抢、有义务则彼此推却。

一些进入律师行业的人都经历过从实习律师到执业律师、到合伙人，再回归到执业律师的过程。实习律师没有独立的案源和提成，因此，希望早日成为执业律师单独执业，而成为合伙人不但是执业成熟的标志，也是事业成功的标志。但成为合伙人之后，往往又因为合伙人之间的矛盾、分摊成本的压力等问题，不愿将自己的案源拿出来与他人分享，因此又促成自己归回到执业律师的阶段，过上自己的"小日子"。

合伙，注重的是人合而非资合。合伙人就是律师事务所权力结构的顶层，其上不会有更高的管理者。他们的结构就是律师事务所的"顶层结构"，不会有外力对之管理。因此，从某种意义上看，合伙人的素养，尤其是观念意识，将决定事务所的未来。律师事务所的发展，不仅要有手艺人的思维，还要有商人的思维，而且在互联网时代更要有网络思维。即使每个合伙人都是"精英"，在不团结的情况下，也未必就能搭建成一个"精英团队"。如果说"天时、地利、人和"是三个最主要的成功要素的话，在加快社会主义法治建设的好环境下，天时地利的条件已经具备了，最欠缺的莫过于"人和"了，而合伙人的团结就成为首要的条件。

三、执业律师

执业律师，是律师事务所的业务主干力量。他们为律师事务所开展对外宣传活动，联系甚至培养客户，办理案件，为律师事务所创收。

一个好的律师事务所，应当团结在合伙人的带领下，逐渐建立起相应的专业团队，发挥执业律师的积极作用，才有可能形成竞争力。

无论是专职律师还是兼职律师，其专业知识的发挥，有赖于律师事务所的各项管理制度的科学构建和有力的执行。诚然，管理的目的就是要对资源进行合理的分配，实现律师事务所的发展目标，对有成绩者实施奖励，对有过错者实施惩罚。要体现出"事业留人、发展留人、待遇留人"，形成一个合理的上升机制，要让执业律师有一定的上升空间，留出让有影响力的专业执业律师逐渐上升为合伙人的通道。

根据司法部《律师职务试行条例》的规定，司法行政机关负责专职律师职称的评审工作。专职律师的专业职称分三档五级，高级（一级、二级）、中级（三级）、初级（四级律师和律师助理）。高级律师职称由省级司法厅（局）组建职称评审委员会评定；中级律师职称由地（市）级司法局组建的律师职称评审委员会评定；初级律师职称由县级司法局组建律师职称评审委员会评定。

四、律师助理与实习律师

通常，一个合伙制的律师事务所最初是由合伙人创设的，其招聘来的律师助理有的有律师执业资格，而有的则没有。律师助理，通常由合伙人自己选聘而由律师事务所与之签订合同，也有由执业律师在某个团队里或者独自选聘。一些大型的律师事务所聘有事务所的律师助理，其根据律师事务所的统一安排而为某一特定的案件（或者事务）承担辅助性的工作；一些小型的律师事务所则仅设个人助理。对于律师助理，要留有如转为执业律师等一定的上升空间和允许在期满后转所执业的可能。

实习律师，是指取得律师资格或法律职业资格证书，为了获得执业证书而根据相关要求在律师事务所的执业律师指导下，进行实习活动的人。实习者要向司法行政管理部门提出申请，并与律师事务所签订《实习协议》，经审核，由司法行政管理部门或者其委托的律师协会审核，审核合格的向申请实习人员颁发申请律师执业人员实习证，律师事务所和执业律师（师傅）要对实习律师进行管理和监督，实习期满，应当写出全面的鉴定，并将相关资料递交到管理部门，以便对其考核。通常，实习律师要经过 1 年的实习，并参加培训合格后，才能获得执业律师证。凡未经实习的人员，无法获得执业律师证。

律师违法执业或者因过错给当事人造成损失的，由其所在的律师事务所承担赔偿责任。律师事务所赔偿后，可以向有故意或者重大过失行为的律师追偿。

实习律师区别于在律师事务所的实习学生。不少的法律院校在符合条件的相关律师事务所挂牌建立实习基地，为即将毕业的法学专业学生安排专业实习活动。律师事务所应当依照基地合作协议和对法学专业人才培养的标准以及相关的规章制度，严格要求实习学生。

五、奖惩制度

对在执业活动中表现优秀，或者在社会法律服务活动中有特别优异表现的律师，依照相关规定由律师行政管理部门或者律师协会又或者律师事务所给予表彰。

《律师法》详细规定了律师违反法律规定的行为所应当承担的法律责任，司法行政机关依据《律师法》及相关法律法规有权依据违法情节的不同对律师进行行政处罚，如给予警告、一定期限的停止执业、吊销律师执业证书、没收违法所得等。司法部颁布、自 2010 年 6 月 1 日起施行的《律师和律师事务所违法行为处罚办法》则细化了对律师的各种违法行为及其相应的处罚后果、处罚程序，防止司法行政机关行政处罚权的滥用，同时也增强了法律的可操作性，强化了司法行政部门对律师的管理职能。律师协会制定行业规范和惩戒规则、组织管理申请律师执业人员的实习活动、对实习人员进行考核、对律师和律师事务所实施奖励和惩罚、受理对律师的投诉或举报、受理律师的申诉及法律、行政法规、规章以及履行律师协会章程规定的其他职责。

根据《律师法》的规定，对律师施予的处罚主要有：警告；没收违法所得；停止执业（3 个月、3 个月以上 6 个月以下、6 个月以上 1 年以下）；吊销律师执业证书。相关处罚所分别对应的相关行为如下：

（1）有以下违法行为的，处警告，可以处 5000 元以下的罚款；有违法所得的，没收违法所得；情节严重的，给予停止执业 3 个月以下的处罚：①同时在两个以上律师事务所执业的；②以不正当手段承揽业务的；③在同一案件中为双方当事人担任代理人，或者代理与本人及其近亲属有利益冲突的法律事务的；④从人民法院、人民检察院离任后 2 年内担任诉讼代理人或者辩护人的；⑤拒绝履行法律援助义务的。

（2）有以下违法行为的，处警告，可以处 1 万元以下的罚款；有违法所得的，没收违法所得；情节严重的，给予停止执业 3 个月以上 6 个月以下的处罚：①私自接受委托、收取费用，接受委托人财物或者其他利益的；②接受委托后，无正当理由，拒绝辩护或者代理，不按时出庭参加诉讼或者仲裁的；③利用提供法律服务的便利牟取当事人争议的权益的；④泄露商业秘密或者个人隐私的。

（3）有以下违法行为的，给予停止执业 6 个月以上 1 年以下的处罚，可以处 5 万元以下的罚款；有违法所得的，没收违法所得；情节严重的，吊销其律师执业证书；构成犯罪的，依法追究刑事责任：①违反规定会见法官、检察官、仲裁员以及其他有关工作人员，或者以其他不正当方式影响依法办理案件的；②向法官、检察官、仲裁员以及其他有关工作人员行贿，介绍贿赂或者指使、诱导当事人行贿的；③向司法行政部门提供虚假材料或者有其他弄虚作假行为的；④故意提供虚假证据或者威胁、利诱他人提供虚假证据，妨碍对方当事人合法取得证据的；⑤接受对方当事人财物或者其他利益，与对方当事人或者第三人恶意串通，侵害委托人权益的；⑥扰乱法庭、仲裁庭秩序，干扰诉讼、仲裁活动的正常进行的；⑦煽动、教唆当事人采取扰乱公共秩序、危害公共安全等非法手段解决争议的；⑧发表危害国家安全、恶意诽谤他人、严重扰乱法庭秩序的言论的；⑨泄露国家秘密的。

没有取得律师执业证书的人员以律师名义从事法律服务业务的，由所在地的县级以上地方人民政府司法行政部门责令停止非法执业，没收违法所得，处违法所得 1 倍以上 5 倍以下的罚款。

受到 6 个月以上停止执业处罚的律师，处罚期满未逾 3 年的，不得担任合伙人。

律师因故意犯罪受到刑事处罚的，吊销其律师执业证书。

【练习题】

一、概念题

律师事务所；国办律师事务所；合伙律师事务所；个人律师事务所；统一受案制度；律师管理；律师协会。

二、思考题

1. 试比较合伙所和个人所在当前社会环境中的优劣。

2. 简述我国律师事务所设立的条件及程序。

3. 我国律师事务所的终止有哪些事由？

4. 我国的律师事务所有哪些权利和义务？

5. 简述我国律师事务所主要的内部管理制度。

6. 简述我国对律师事务所的行政管理内容。

7. 简述我国律师协会的性质和宗旨。

8. 简述我国律师的专业级别。

【阅读资料】

第六章　律师的刑事辩护与刑事案件代理

【学习目的与要求】熟练掌握律师在刑事辩护中的权利和义务，重点掌握律师在刑事辩护中的工作流程、具体工作以及律师代理刑事诉讼的业务。

【重点问题】

- 律师作为辩护人参与刑事诉讼的地位
- 侦查阶段律师为犯罪嫌疑人提供法律帮助的主要工作
- 审查起诉阶段、一审程序中的辩护律师的主要工作
- 律师担任自诉案件代理人的诉讼地位
- 律师担任自诉案件代理人的主要工作
- 律师代理刑事附带民事诉讼的主要工作
- 特别程序中的律师代理辩护工作

【知识结构简图】

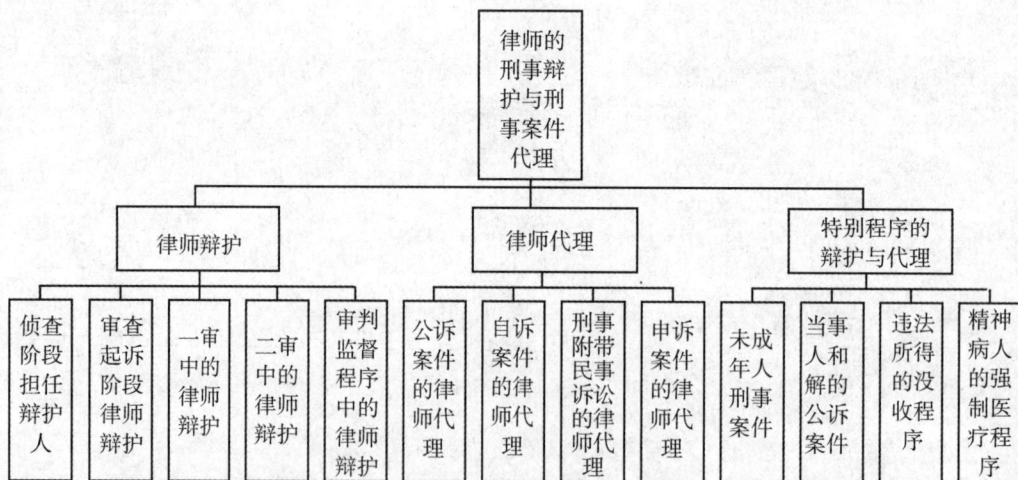

【引例】小王通过国家司法考试，他看到办理刑事案件的律师在法庭上慷慨陈词，希望从事律师职业，施展风采。在律师事务所实习期间，由于刑事案件办案程序和法律规定的复杂性，小王感觉自己的专业能力还很薄弱，远远未达到一个执业律师的专业素质要求。刑事诉讼中的律师辩护和代理是律师业务中的重要组成部分，学习该内容不仅是希望从事律师职业的人员所必需的，也是本课程学习的重点。

第一节 律师的刑事辩护

一、律师刑事辩护概述

（一）刑事辩护的概念和种类

1. 刑事辩护的概念

有犯罪就有刑事辩护，有刑事辩护就需要有律师。被告人有权获得辩护是世界各国通行的诉讼原则，我国《宪法》和《刑事诉讼法》都作了明确规定。

辩护权是法律赋予刑事诉讼中犯罪嫌疑人、被告人的一项民主权利，是指当事人及其辩护人针对控诉而进行申辩活动的权利。作为一项基本人权，保障辩护权就是保障人权，我国的《宪法》、《人民法院组织法》和《刑事诉讼法》明确规定了被告人享有辩护权，规定作为国家审判机关的人民法院有义务保证被告人获得辩护，实现其辩护权。

刑事辩护，是指在刑事诉讼中，犯罪嫌疑人、被告人及其辩护人依据事实和法律，反驳控诉，提出证据证明犯罪嫌疑人、被告人无罪、罪轻或减轻、免除刑事责任的材料和意见，维护被告人合法权益的诉讼行为。任何人在遭遇司法机关追究刑事责任时，都有权针对被指控的罪行进行无罪、罪轻、减轻或者免除处罚的申辩和辩解，刑事辩护是现代刑事诉讼赖以生存和发展的职能之一，也是犯罪嫌疑人、被告人享有的最基本、最关键的诉讼权利。刑事诉讼中的律师辩护，是指律师基于犯罪嫌疑人、被告人或者被告人亲属的委托，根据事实和法律反驳控诉人对犯罪嫌疑人、被告人提出的控诉的部分或者全部，以说明犯罪嫌疑人、被告人无罪、罪轻或者减轻、免除其刑事责任的诉讼活动。

党的十八届四中全会提出："推进以审判为中心的诉讼制度改革，确保侦查、审查起诉的案件事实证据经得起法律的检验。"以审判为中心要求庭审必须实质化，法庭要中立、独立，控方依法公正行使控诉职权，辩方真正充分发挥依法辩护的作用。律师的辩护表面上是体现为维护犯罪嫌疑人、被告人的利益，但其结果却是维护了整个公平正义的法律体系。律师通过担任犯罪嫌疑人、被告人的辩护人，对维护社会主义法制，保障国家法律的正确实施，保障无罪的人不受追究，保障社会主义建设事业的顺利进行起到了重要作用。

2. 刑事辩护的种类

《刑事诉讼法》第 32 条规定，犯罪嫌疑人、被告人除自己行使辩护权以外，还可以委托一至二人作为辩护人。因此，在刑事诉讼中，犯罪嫌疑人、被告人可以通过两种方式行使辩护权：一是自己行使辩护权；二是委托他人代为辩护。两种方式可以同时进行。能够作为犯罪嫌疑人、被告人的辩护人参加诉讼的人有以下几种：（1）律师；（2）人民团体或犯罪嫌疑人、被告人所在单位推荐的人；（3）犯罪嫌疑人、被告人的监护人、亲友。另外，《刑事诉讼法》第 32 条第 2 款和《最高人民法院关于适用〈中华人民共和国刑事诉讼法〉的解释》第 35 条规定，下列人员不能被委托担任辩护人：（1）正在被执行刑罚或者处于缓刑、假释考验期间的人；（2）依法被剥夺、限制人身自由的人；（3）无行为能力或者限制行为能力的人；（4）人民法院、人民检察院、公安机关、国家安全机关、监狱的现职人员；（5）本院的人民陪审员；（6）与本案审理结果有利害关系的人；（7）

外国人或者无国籍人。上述第（4）、（5）、（6）、（7）项规定的人员，如果是被告人的近亲属或者监护人，由被告人委托担任辩护人的，人民法院可以准许。

此外，为了规范审判人员的诉讼回避行为，维护司法公正，《最高人民法院关于适用〈中华人民共和国刑事诉讼法〉的解释》第 36 条规定，审判人员和人民法院其他工作人员从人民法院离任后 2 年内，不得以律师身份担任辩护人。审判人员和人民法院其他工作人员从人民法院离任后，不得担任原任职法院所审理案件的辩护人，但作为被告人的监护人、近亲属进行辩护的除外。审判人员和人民法院其他工作人员的配偶、子女或者父母不得担任其任职法院所审理案件的辩护人，但作为被告人的监护人、近亲属进行辩护的除外。

在刑事诉讼中，律师具有丰富的法律专业知识和辩护经验，在辩护过程中既接受职业道德约束，又能积极履行辩护职责，因此，律师辩护制度是犯罪嫌疑人、被告人行使辩护权重要的保障，律师担任辩护人比其他公民担任辩护人具有优越性。

根据《律师法》第 28 条第 3 款的规定，律师可以接受犯罪嫌疑人、被告人的委托或者人民法院的指定，担任辩护人。律师担任犯罪嫌疑人、被告人的辩护人，有委托辩护和指定辩护两种情形。

（1）委托辩护。委托辩护是指犯罪嫌疑人或者被告人为维护其合法权益，依法委托律师或者其他公民协助进行辩护。委托辩护是最常见的一种辩护形式，可以分为以下三种不同的情形：

第一种，自诉案件中的被告人有权随时委托辩护人。自诉案件的被告人一旦知道自己被告发到人民法院以后，即可委托辩护人。人民法院自受理自诉案件之日起 3 日以内，应当告知被告人有权委托辩护人。

第二种，公诉案件中的犯罪嫌疑人，自被侦查机关第一次讯问或者采取强制措施之日起，有权委托辩护人；在侦查期间，只能委托律师作为辩护人。被告人有权随时委托辩护人。

侦查机关在第一次讯问犯罪嫌疑人或者对犯罪嫌疑人采取强制措施的时候，应当告知犯罪嫌疑人有权委托辩护人。人民检察院自收到移送审查起诉的案件材料之日起 3 日以内，应当告知犯罪嫌疑人有权委托辩护人。人民法院自受理案件之日起 3 日以内，应当告知被告人有权委托辩护人。犯罪嫌疑人、被告人在押期间要求委托辩护人的，人民法院、人民检察院和公安机关应当及时转达其要求。犯罪嫌疑人、被告人在押的，也可以由其监护人、近亲属代为委托辩护人。辩护人接受犯罪嫌疑人、被告人委托后，应当及时告知办理案件的机关。

第三种，人民检察院直接受理的案件，自侦查机关在第一次讯问犯罪嫌疑人或者对犯罪嫌疑人采取强制措施的时候，应当告知犯罪嫌疑人有权委托辩护人。《刑事诉讼法》第 182 条规定："人民法院决定开庭审判后，应当确定合议庭的组成人员，将人民检察院的起诉书副本至迟在开庭 10 日以前送达被告人及其辩护人。"

（2）指定辩护。指定辩护是指犯罪嫌疑人、被告人及其近亲属因经济困难或者其他原因没有委托辩护人而向法律援助机构申请的，或者犯罪嫌疑人、被告人没有委托辩护人且具备法定情形时由公检法机关直接通知法律援助机构指派承担法律援助义务的律师为其提供辩护。根据《刑事诉讼法》第 34 条、第 267 条的规定，指定辩护分为两种：

应用型系列法学教材

第一种，申请法律援助，是指犯罪嫌疑人、被告人因经济困难或者其他原因没有委托辩护人的，本人及其近亲属可以向法律援助机构提出申请。对符合法律援助条件的，法律援助机构应当指派律师为其提供辩护。申请法律援助，法律不作强制性规定。

第二种，通知法律援助，是指在具备法定情形时，由侦查机关、检察机关和人民法院直接通知法律援助机构指派律师提供辩护。通知法律援助具有强制性，一旦具备法定情形，根据案件所处的诉讼阶段，相应的办案机关应当承担通知法律援助机构的义务，而法律援助机构接到通知后应及时指派律师。根据《刑事诉讼法》第 34 条的规定，法定情形指的是犯罪嫌疑人、被告人是盲、聋、哑人，或者是尚未完全丧失辨认或者控制自己行为能力的精神病人，或者可能被判处无期徒刑、死刑，或者是未成年人。

【案例 6-1】

刑事案件的指定辩护

【案例 6-1】点评

　　谢某因故意杀人罪一审被判处死刑。某省高院受理谢某的上诉后发现，其没有委托辩护人，一审又被判处死刑，于是向该省法援局发出通知辩护公函。该省法援局遂指派律师倪某担任他的二审辩护人。通过详细了解案情，倪律师在二审庭审中辩护指出：该案被告人属突发性犯罪；被害人的行为存在一定过错；被告人认罪态度好，有悔罪表现。倪律师据此请求合议庭依法从轻处罚。高院作出终审判决，改判谢某为死刑缓期二年执行。

（二）辩护律师在刑事诉讼中的地位

辩护律师在刑事诉讼中的地位，是指律师担任辩护人时，在刑事诉讼中的职能、职责和与检察机关、审判机关、其他诉讼参与人之间的相互关系问题，即在刑事诉讼法律关系中所处的位置。在我国，律师接受犯罪嫌疑人、被告人的委托或者人民法院的指定，作为辩护人参加刑事诉讼，以诉讼参与人的身份进行诉讼活动，具有独立的诉讼地位。

1. 辩护律师不是独立的诉讼主体，但在诉讼中拥有独立的诉讼地位[①]

刑事诉讼主体是指侦查机关、检察机关、人民法院、自诉人、犯罪嫌疑人或被告人。律师是经国家授权为社会提供法律服务的执业人员。既不代表国家参与诉讼，也不是以自己的名义参与诉讼，与诉讼结果没有任何利害关系。律师作为辩护人参与刑事诉讼，是基于犯罪嫌疑人、被告人的委托，既没有完整的主体权利，也不承担特定的义务，故不称其为诉讼主体。但是辩护律师毕竟具有独立的诉讼地位，独立地参与刑事诉讼。

首先，辩护律师依法履行辩护职责，不受犯罪嫌疑人、被告人的观点影响和意志的约束。《刑事诉讼法》第 35 条规定："辩护人的责任是根据事实和法律，提出犯罪嫌疑人、被告人无罪、罪轻或者减轻、免除其刑事责任的材料和意见，维护犯罪嫌疑人、被告人的

---

① 田平安. 律师公证与仲裁教程 [M]. 北京：法律出版社，2002：185.

诉讼权利和其他合法权益。"辩护律师虽然接受犯罪嫌疑人、被告人的委托担任辩护人，并且与犯罪嫌疑人、被告人共同行使辩护权，但不是犯罪嫌疑人、被告人的代言人，辩护律师进行辩护，不受犯罪嫌疑人、被告人的操纵、指使，其辩护内容不受犯罪嫌疑人、被告人意志的约束。律师辩护是依据自己对证据的判断、事实的认定和法律的理解，提出有利于犯罪嫌疑人、被告人的意见和材料，维护当事人的合法权益。

其次，辩护律师依法进行辩护，不受公诉人和审判人员意志的约束。辩护律师与出庭公诉的检察人员的诉讼地位是平等的，并依法履行各自的诉讼职能。律师为被告人进行辩护，在诉讼目的上与检察机关和审判机关是一致的，但是他们各自的职能是不同的。律师依法辩护不以公诉人或审判人员的意志为转移。律师的任务是反驳公诉人的控诉，提出和发现有利于被告人的材料和意见。在法庭审理过程中，辩护人与公诉人的诉讼权利是平等的，都享有提出物证和书证、传唤证人鉴定人出庭作证、对被告人进行询问质证、发表辩论意见的权利，律师通过提出不同于公诉人的材料和意见，使法院全面了解案件情况，作出符合法律的处理结果。法庭上，律师应当遵守法庭纪律，服从审判人员指挥。但律师如何进行辩护，取决于自己对案件事实的认识和对法律的理解，根据自己的经验制定辩护策略，发表辩护意见，不受审判人员的意志左右。

最后，律师依照法定程序进行的活动不受司法机关和其他部门或任何个人的非法干涉。《律师法》第3条规定："律师执业必须遵守宪法和法律，恪守律师职业道德和执业纪律。律师执业必须以事实为根据，以法律为准绳。……律师依法执业受法律保护，任何组织和个人不得侵害律师的合法权益。"律师在刑事诉讼中享有法律规定的查阅案件、调查，同在押的被告人会见、通信等特殊的权利，其他部门或任何个人不能非法干涉。

2. 人民法院有义务维护辩护律师在刑事诉讼中的独立诉讼地位

辩护律师在刑事诉讼中担任辩护人，享有法律规定的特殊权利，根据事实和法律为犯罪嫌疑人、被告进行辩护，形成独立的辩护意见，不受犯罪嫌疑人、被告人的左右。其提出的正确辩护意见有助于人民法院查明案件事实和作出公正裁判，同时，在案件审理过程中，通过控辩双方的辩论以及相互质证，有利于人民法院最终作出符合案件事实和法律规定的裁判。因此，《刑事诉讼法》规定，人民法院有义务保障辩护律师依法履行职责。如在审理阶段，人民法院应在规定的期间，用出庭通知书的形式提前3天通知辩护律师出庭，在庭审中不能随意限制辩护律师发言时间、辩护轮数，不得随意责令律师出庭；在法律文书中应该对辩护律师意见说明其具体理由等。

总之，辩护律师拥有独立的诉讼地位，是具有特定身份和职责的诉讼参与人，法律赋予其广泛的诉讼权利，独立开展辩护工作。

【案例6-2】

辩护律师的独立地位

【案例6-2】点评

林某，自2011年5月起在某市工商银行办理了6张信用卡并使用，截至案发时一共透支本息人民币20余万元、美金1万余元。银行多次催缴仍未归还，林某以涉嫌犯信用卡诈骗罪于 2014 年 5 月 27 日被某公安局刑事拘留。林某的家属事后举债近20 万元，于 2014 年 6 月 30 日之前归还了银行所有欠款。某律师接受林某家属的委托担任林某的辩护律师。律师调查发现本案存在多处疑问。首先，侦查机关将利息也计算进了透支金额。其次，有 1 张信用卡在案发前已经全部还清，但侦查机关还是将该张信用卡的透支金额列入犯罪金额当中。庭审过程中律师提出辩护意见，法院最终接受了律师的观点，判处林某有期徒刑 3 年，缓刑 5 年，并处罚金人民币 6 万元。

二、律师在刑事辩护中的权利和义务

（一）诉讼权利

2015 年 9 月 16 日，最高人民法院、最高人民检察院、公安部、国家安全部、司法部印发《关于依法保障律师执业权利的规定》，强调充分发挥律师维护当事人合法权益、促进司法公正的积极作用；进一步明确了人民法院对律师知情权、阅卷权、出庭权、辩护辩论权、有关申请权等诉讼权利以及人身安全的保障。

律师担任辩护人参加刑事诉讼，根据《刑事诉讼法》、《律师法》及其他有关规定，主要享有的诉讼权利如下：

1. 依法独立执业权

辩护律师根据事实和法律，依法独立进行辩护，维护犯罪嫌疑人、被告人的合法权益。不受人民法院、人民检察院和其他机关、团体或者个人的非法干预。律师在执业活动中的人身权利不受侵犯。《律师法》特别增加了"律师执业豁免权"这一章节，强调律师在执业活动中的人身权利不受侵犯；犯罪嫌疑人被侦查机关第一次讯问或者采取强制措施之日起，受委托的律师凭律师执业证书、律师事务所证明和委托书或者法律援助公函，有权会见犯罪嫌疑人、被告人并了解有关案件情况。律师会见犯罪嫌疑人、被告人，不被监听。律师在法庭上发表的代理、辩护意见不受法律追究。此规定保障了律师的依法独立执业权，降低了律师执业的风险。

2. 收集与本案有关的材料的权利

辩护律师经过证人或者其他单位和个人同意，可向其收集与本案有关的材料；也可以申请人民检察院、人民法院收集、调取证据，或者申请人民法院通知证人出庭作证。《律师法》还规定，受委托的律师根据案情的需要，可以申请人民检察院、人民法院收集、调取证据或者申请人民法院通知证人出庭作证；律师自行调查取证的，凭律师执业证书和律师事务所证明，可以向有关单位或者个人调查与承办法律事务有关的情况。

3. 查阅与本案有关的材料的权利

联合国《关于律师作用的基本原则》第 21 条规定，主管当局有义务确保律师能有充分的时间查阅当局所拥有或管理的有关资料、档案和文件，以便使律师能向其委托人提供有效的法律协助，应该迟早在适当时机提供查阅案卷的机会。《律师法》第 34 条规定："律师担任辩护人的，自人民检察院对案件审查起诉之日起，有权查阅、摘抄、复制本案的案卷材料。"人民检察院和人民法院对辩护律师的阅卷权应提供必要的方便，对律师申请阅卷的，应当在合理时间内安排；案卷材料被其他诉讼主体查阅的，应当协调安排各方阅卷时间。律师依法查阅、摘抄、复制有关卷宗材料或者查看庭审录音录像的，应当提供场所和设施。有条件的法院，可提供网上卷宗查阅服务。

4. 辩护律师有权同自己承办案件中的犯罪嫌疑人会见和通信

根据《刑事诉讼法》第 37 条的规定，辩护律师可以同在押的犯罪嫌疑人、被告人会见和通信。犯罪嫌疑人被侦查机关第一次讯问或者采取强制措施之日起，受委托的律师凭律师执业证书、律师事务所证明和委托书或者法律援助公函，有权会见犯罪嫌疑人、被告人并了解有关案件情况。律师会见犯罪嫌疑人、被告人，不被监听。保障犯罪嫌疑人、被告人与辩护律师的无障碍会见是刑事辩护国际标准的要求和各国刑事诉讼制度的普遍做法，律师的自主会见权的确定保证了律师以及犯罪嫌疑人双方会见的及时、畅通，使得犯罪嫌疑人能够充分、有效地行使辩护权，进而有利于司法公正的实现。

5. 出席法庭参加诉讼的权利

律师出席法庭参加诉讼的权利具体包括：（1）人民法院至迟应当在开庭 3 日前将开庭通知书送达律师，不得使用传票传唤律师。因特殊情况更改开庭日期的，应当提前 3 日告知律师。律师因正当理由请求变更开庭日期的，法官可在征询其他当事人意见后准许。（2）出示证据的权利。《刑事诉讼法》第 190 条规定，辩护人应当向法庭出示物证，让当事人辨认。（3）质证权和辩论权。在法庭审理过程中，经审判长许可，辩护律师有权向证人、鉴定人和被告人发问，有权向法庭申请新的证人到庭，调取新证据，申请重新鉴定或勘验；辩护律师有权对当庭宣读的证人证言笔录、鉴定结论等证据材料发表意见；辩护人可以同公诉人、被害人等就案件事实、证据和法律的适用进行辩论。法官在庭审过程中应充分听取律师意见，对在法庭上发生殴打、威胁、侮辱、诽谤律师等行为，应当及时制止，依法处置，依法保障律师的人身安全。

6. 拒绝辩护权

拒绝辩护权，是指辩护律师在特定情况下有拒绝为被告人继续辩护的权利。《律师法》第 32 条规定，委托事项违法、委托人利用律师提供的服务从事违法活动或者委托人故意隐瞒与案件有关的重要事实的，律师有权拒绝辩护或者代理。因此律师的拒绝辩护有严格的法定条件，只有符合条件的，拒绝辩护才能成立。辩护律师接受委托以后，无正当理由的，不得拒绝辩护。

7. 其他诉讼权利

（1）代行上诉权。经被告人同意，辩护人可以对第一审尚未发生法律效力的判决或者裁定提出上诉。

（2）要求解除强制措施权。对于人民法院、人民检察院或者公安机关采取强制措施超过法定期限的，辩护人有权要求解除强制措施。

（3）代理犯罪嫌疑人、被告人提出申诉。经犯罪嫌疑人、被告人授权，律师可以代理其申诉案件。

（二）诉讼义务

律师在享受权利的同时，必须承担相应的义务。律师必须承担的主要义务包括：

1. 维护被告人的合法权益

辩护律师进行辩护时，应当根据事实和法律，提出证明犯罪嫌疑人、被告人无罪、罪轻或者减轻、免除其刑事责任的材料和意见，维护犯罪嫌疑人、被告人的合法权益。

2. 正当执业

辩护律师不得私自接受委托和收费。不得在办案中行贿，不得违反规定会见法官、检察官。在接到人民法院的开庭时间、地点的通知后，应准时到庭并依法执行辩护职能。

3. 提供辩护服务

辩护律师在接受犯罪嫌疑人、被告人的委托或者人民法院指定担任辩护人，无正当理由，不得拒绝辩护。不得帮助犯罪嫌疑人、被告人隐匿、毁灭、伪造证据或者串供，不得威胁、引诱证人改变证言或者作伪证以及进行其他干扰司法机关诉讼活动的行为。

4. 遵守法庭规则和纪律

辩护律师应严格遵守法庭规则和秩序，严格遵守和执行法律规定的诉讼程序，不得干扰法庭秩序，干扰诉讼的正常进行。

5. 保密

辩护律师对于执业活动中知悉的国家秘密、当事人的商业机密和当事人的个人隐私，应当保守秘密。《律师法》第 38 条除了规定"律师应当保守在执业活动中知悉的国家秘密、商业秘密，不得泄露当事人的隐私"外，还特别规定，"律师对在执业活动中知悉的委托人和其他人不愿泄露的情况和信息，应当予以保密"。

【案例 6-3】

辩护律师的申诉控告权

【案例 6-3】点评

　　刘律师受当事人委托，为涉嫌行贿的李某提供法律帮助。律师到看守所要求会见李某，看守所告知李某所属办案单位限制律师会见在押犯罪嫌疑人，律师会见必须经办案单位检察院同意。律师向检察院递交了会见在押犯罪嫌疑人函，检察院办案单位回复："李某涉嫌重大行贿案，律师会见需要过一段时间。"律师向检察院控申科发函控告，要求办案单位依法安排律师会见。收到控告函后，检察院控申科及时与办案部门协调沟通后向律师出具了内容为"李某涉嫌行贿一案，本院立案侦查后，发现李某涉嫌虚开增值税专用发票罪，本案已移交公安机关处理，不再属于检察机关管辖，律师应当向公安机关提出会见申请的《刑事监督案件不予受理通知书》。办案单位批准律师会见当事人。"

三、律师在刑事辩护中的具体工作

一般而言，根据提起追诉的主体不同，可以将刑事案件分为公诉案件和自诉案件两类。具体包括公诉案件的侦查阶段，审查起诉阶段，一审、二审程序阶段，再审阶段及自诉案件阶段，律师在各阶段的具体工作各不相同。

（一）侦查阶段的律师工作

侦查阶段的律师工作，是指在刑事公诉案件的侦查阶段，律师接受委托或者指派，为犯罪嫌疑人提供法律帮助；代理申诉、控告；申请变更强制措施；向侦查机关了解犯罪嫌疑人涉嫌的罪名和案情，提出法律意见。

1. 职责范围

（1）为犯罪嫌疑人提供法律帮助。律师在会见犯罪嫌疑人为其提供法律帮助时，就犯罪嫌疑人所提出的法律问题进行解答，并详细阐述有关的法律规定。

（2）代理犯罪嫌疑人提出申诉和控告。《刑事诉讼法》第 14 条规定："诉讼参与人对于审判人员、检察人员和侦查人员侵犯公民诉讼权利和人身侮辱的行为，有权提出控告。"

（3）为犯罪嫌疑人申请变更、解除强制措施。辩护律师认为人民法院、人民检察院或公安机关采取强制措施不当的，申请变更强制措施；辩护律师认为人民法院、人民检察院或公安机关采取强制措施法定期限届满的，申请解除强制措施。

（4）向侦查机关了解犯罪嫌疑人涉嫌的罪名和案情，提出法律意见。

律师接受委托后，与侦查机关取得联系，向侦查机关了解犯罪嫌疑人涉嫌的罪名，及时提出会见犯罪嫌疑人的具体要求。

2. 工作程序

（1）接受委托或者指派。犯罪嫌疑人接受侦查机关第一次讯问或者被采取强制措施之日起，有权委托辩护人。律师事务所与委托人应签署《委托协议》，委托人签署《授权委托书》，律师事务所给承办律师开具信函，由律师交办案机关。律师接受刑事案件委托后，应了解犯罪嫌疑人基本情况，如涉嫌的罪名，案件进度等。

（2）与侦查机关联系。承办律师接受委托后，应及时与侦查机关联系，向其提交《授权委托书》或者法律援助公函、律师事务所信函，并出示律师执业证。向侦查机关了解犯罪嫌疑人涉嫌的罪名，及时提出会见犯罪嫌疑人申请的具体要求。

（3）会见与通信。除非涉及危害国家安全犯罪、恐怖活动犯罪、特别重大贿赂犯罪案件，律师会见犯罪嫌疑人不需要经过批准。律师提出会见犯罪嫌疑人的，侦查机关应当在 48 小时内安排会见。律师还可根据案件情况和需要，决定会见在押犯罪嫌疑人的时间和次数。律师会见犯罪嫌疑人时，可以向其了解有关案件的情况，提供法律咨询，为犯罪嫌疑人提供法律帮助。

律师在不违反侦查机关、看守所有关规定的情形下，有权与犯罪嫌疑人就与案件有关的情况进行通信，解答法律问题，告知辩护工作的进展等，但其内容不得有碍案件侦查。

（4）申请变更强制措施及羁押必要性审查。在押的犯罪嫌疑人或其监护人、近亲属要求律师为犯罪嫌疑人申请变更强制措施的，律师经初步审查认为申请符合《刑事诉讼法》规定的，可以为犯罪嫌疑人申请变更强制措施。律师也可以根据案情主动为犯罪嫌疑人向侦查机关申请变更强制措施。在押的犯罪嫌疑人符合条件的，律师可以为其申请取保候审或者监视居住。

犯罪嫌疑人被逮捕后，犯罪嫌疑人或其监护人、近亲属提出要求，律师经初步审查认为犯罪嫌疑人已经不存在《刑事诉讼法》第 79 条规定应当予以逮捕的情形，不需要继续羁押的，可以为犯罪嫌疑人向人民检察院申请对羁押必要性进行审查。律师也可以根据案情主动为犯罪嫌疑人向人民检察院申请对羁押必要性进行审查。

侦查机关对被采取强制措施法定期限届满的犯罪嫌疑人没有予以释放、解除取保候审、监视居住或者依法变更强制措施的，律师有权要求侦查机关解除强制措施。

（5）代理申诉和控告。犯罪嫌疑人及其监护人、近亲属提出申诉要求，律师依法认为可能成立的，可接受犯罪嫌疑人的委托，代理其向有关机关提出申诉；犯罪嫌疑人及其监护人、近亲属提出控告要求，律师依法认为确有证据证明侦查人员在办案中违反法律规定，侵犯犯罪嫌疑人的人身权利、诉讼权利或其他合法权益，或者认为侦查机关管辖不当的，可接受犯罪嫌疑人的委托，代理其向有关部门提出控告。

（6）其他事项。在侦查阶段，律师应当按照规定审慎取证。律师向侦查机关反映意见，可以通过书面方式进行。如果对全案提出法律意见，可以提交《律师意见书》。如认为犯罪嫌疑人符合申诉条件的，可以提交《申诉意见书》。

（二）审查起诉阶段的律师工作

1. 接受委托或者指派，与公诉机关联系

刑事案件移送审查起诉后，律师事务所可以接受犯罪嫌疑人本人或其监护人、近亲属的委托，或者接受法律援助机构的指派，指派律师担任辩护人；也可以接受被害人及其法定代理人或者近亲属、附带民事诉讼的当事人或者法定代理人的委托指派律师担任诉讼代理人。承办律师接受委托后，应及时与公诉机关取得联系，向其提交《授权委托书》、律师事务所信函，并出示律师执业证。

2. 查阅、摘抄、复制卷宗材料

了解案情、掌握有关案件材料，是履行辩护职能的基础。律师接受委托或指派递交手续后，可以申请查阅、摘抄、复制本案的案卷材料。案卷材料包括案件的诉讼文书和证据材料。律师对查阅、摘抄、复制所获得的案情信息应当保密。

3. 会见和通信

案件进入审查起诉阶段，辩护律师会见犯罪嫌疑人无须经过检察机关批准，可以随时会见。辩护律师应持律师事务所会见在押犯罪嫌疑人的专用介绍信和律师执业证书，并到看守所办理相关手续。辩护律师会见犯罪嫌疑人的目的在于亲自听取犯罪嫌疑人对指控罪名的意见，询问、查找有关能证明犯罪嫌疑人无罪、罪轻、减轻或免除其刑事责任的材料和意见，给犯罪嫌疑人提供法律上的帮助。辩护律师也可以与犯罪嫌疑人通信，但内容应与本案有关。

4. 调查取证

调查取证是辩护律师执行辩护业务的一项法定权利，也是查明案件事实真相的重要手段。辩护律师应当在查阅诉讼文书、技术性鉴定材料和会见犯罪嫌疑人的基础上，找出疑点，积极调查取证，提出有充分根据的辩护意见。《刑事诉讼法》第41条规定，辩护律师经证人或者其他有关单位和个人同意，可以向他们收集与本案有关的材料，也可以申请人民检察院、人民法院收集、调取证据，或者申请人民法院通知证人出庭作证。辩护律师经人民检察院或者人民法院许可，并且经被害人或者其近亲属、被害人提供的证人同意，可以向他们收集与本案有关的材料。

5. 提出辩护或代理意见

（1）向人民检察院提出关于本案的辩护或代理意见。根据《刑事诉讼法》第 170 条的规定，人民检察院审查案件，应当讯问犯罪嫌疑人，听取辩护人、被害人及其诉讼代理人的意见，并记录在案。辩护人、被害人及其诉讼代理人提出书面意见的，应当附卷。

（2）向公诉机关提出解除、撤销、变更犯罪嫌疑人的强制措施的意见。根据《刑事诉讼法》第 94 条和第 97 条的规定，辩护律师在审查起诉阶段如发现公安机关、检察机关对犯罪嫌疑人采取的强制措施不当，或者强制措施超过法定期限的，可以向公诉机关提出解除、撤销、变更犯罪嫌疑人的强制措施的意见。

（3）代理犯罪嫌疑人控告。犯罪嫌疑人的人身权利受到侵害或者人格受到侮辱的，辩护律师有权代理犯罪嫌疑人提出控告。

（4）代为提出申诉。对于人民检察院作出不起诉决定，被不起诉人要求申诉的，辩护律师可以在被不起诉人收到不起诉决定书后，代为提起申诉。

（三）一审程序中的律师辩护

1. 律师接受委托或指派担任辩护人

律师接受委托后，应注意审查该案是否属于受案法院管辖。发现管辖不当的，应及时提出书面管辖异议。

2. 辩护律师庭前准备工作

（1）辩护律师接受委托后，应及时与法院承办法官取得联系，向其提交《授权委托书》、律师事务所信函，并出示律师执业证。

（2）辩护律师有权查阅、摘抄、复制本案所有指控的犯罪事实的证据材料。包括：起诉书、证据目录、证人名单和主要证据的复印件或者照片等。

（3）会见、通信并提供法律帮助。在审判阶段，辩护律师会见被告人无须经过批准，可以随时会见。辩护律师可以与被告人进行通信。律师可以向被告人介绍法庭审理程序，告知被告人在庭审中的诉讼权利、义务及应注意的事项。

（4）为被告人申请取保候审或者变更强制措施。律师认为在押的被告人符合法定条件的，可以为其申请取保候审。在押的被告人或者其法定代理人、近亲属要求律师为被告人申请取保候审，承办律师认为符合法定条件的，可以代为申请取保候审。对于不同意取保候审的，律师有权要求其说明不同意的理由，并可以提出复议。

（5）调查和收集与案件有关材料。辩护律师根据法律的规定向被害人或者其近亲属、被害人提供的证人收集与案件有关的材料。向其他证人或者单位收集与案件有关的材料。辩护律师在调查、收集案件材料时，可以录音、录像。辩护律师认为必要时，也可以申请人民检察院收集、调取证据。

（6）庭前会议程序。对于与审判有关的程序性问题，律师可以口头或书面的形式申请人民法院召集庭前会议，并提供相应材料。律师应及时了解公诉人、合议庭组成人员的情况，及时与被告人沟通，以确定有无申请回避的事由及是否提出申请回避。如果认为被告人参加庭前会议能更好解决程序问题的，律师可以申请被告人参加庭前会议并说明理由。

（7）出庭准备。开庭前，律师应将收集的证据材料进行复制并制作证据清单，在开庭前提交人民法院。律师申请人民法院通知证人、鉴定人、勘验检查笔录制作人出庭作证的，应制作人员名单，并说明拟证明的事实，在开庭前提交人民法院。

3. 辩护律师在一审庭审中的工作

法庭审判阶段是刑事诉讼中最基本的、具有决定意义的诉讼阶段。在审判阶段，将对被告人是否实施了犯罪行为、实施何种犯罪行为、犯罪情节轻重、是否判处刑罚以及处以什么样的刑罚，依法作出判决。律师出庭辩护对于维护被告人的合法权益显得十分重要。

（1）认真听取公诉人宣读的起诉书，注意起诉书中指控的罪名、事实是否与起诉书副本一致，随时准备修改辩护思路。

（2）法庭调查阶段的辩护工作。法庭调查是法庭审理的中心环节，这一阶段法庭要在公诉人、当事人以及其他诉讼参与人的参加下，对案件的事实情节进行全面调查核实。辩护律师在此阶段的主要任务是查清有利于被告人的事实情节，核实能够证明被告人无罪、罪轻、减轻或免除刑事责任的证据。对拟定的辩护词加以充实、修改，为法庭辩论做好准备。

（3）法庭辩论阶段的辩护工作。法庭辩论是辩护律师履行辩护职责最重要的阶段。辩护律师的任务是依据法庭调查中查证核实的证据和查明的案件事实，对被告人是否构成犯罪、犯罪的性质和情节，提出全面的见解；对有罪的被告人应该适用的法律条款，向法庭提出建议。因此，辩护律师首先应认真听取公诉人、被害人的发言，以备答辩；并针对公诉人的发言，及时对辩护词进行修改，使之更具有针对性。其次，应认真听取被告人本人的陈述和辩护。最后，辩护律师可以针对控诉方的指控，从事实是否清楚、证据是否确实充分、适用法律是否准确无误、诉讼程序是否合法等方面进行分析论证，并提出关于案件定罪量刑的意见和理由。辩护律师通过发表辩护词，全面阐述自己对本案认定事实、适用法律的基本观点，以维护被告人的合法权益。

4. 休庭后的律师工作

休庭后，辩护律师应就当庭出示、宣读的证据及时与法庭办理交接手续。尽快整理书面辩护意见并及时提交法庭。一审判决后，律师可以会见被告人，听取其对判决书的意见，询问其是否上诉，并给予法律帮助。

【案例 6-4】

律师辩护①

【案例 6-4】点评

2006 年 4 月 21 日，许某伙同郭某（另案处理）在广州市天河区某银行 ATM 提款机上，利用银行系统升级出错之机，多次从该提款机取款，共提取现金人民币 175000 元。之后携款潜逃。检察机关认为被告人许某以非法占有为目的，盗窃金融

---

① ATM 机出故障 男子 171 次恶意取款被判无期［EB/OL］．［2009-04-01］．网易网，http：//news. 163. com/07/1217/01/3VSLHQ4E00011229. html#.

机构，数额特别巨大，构成盗窃罪。被告人在庭审中对公诉机关指控的事实无异议，但辩解认为其发现自动柜员机出现异常后，为了保护银行财产而把款项全部取出，准备交给单位领导。此外自动柜员机出现故障，银行也有责任。辩护人提出的辩护意见是：第一，本案事实不清，证据不足；第二，被告人的行为不构成犯罪，其行为是民法上的不当得利。法院充分考虑了被告人和辩护律师的意见，认为被告人的行为具有一定的偶然性，主观恶意性相对较小；其犯罪情节，与采取破坏手段盗取钱财相比，相对较轻，对其盗窃金融机构案减轻处罚：被告人许某犯盗窃罪，判处有期徒刑 5 年，并处罚金 2 万元。

（四）二审程序中的律师辩护

二审程序，又称上诉审程序，是第二审法院根据上诉人的上诉或检察院的抗诉，就一审未生效的裁判所认定的事实和适用的法律进行重新审理的活动。律师事务所可以接受上诉人，检察院提起抗诉的原审被告人或其近亲属的委托，指派律师担任公诉案件上诉人、原审被告人的辩护人。律师在二审程序中的辩护工作基本上可参照一审中的做法。主要包括：

1. 为上诉人代书上诉状，帮助被告人行使上诉权

上诉状应具有针对性，只针对原审判决中的不当部分提出，并具有辩驳性和规范性。如果二审的提出是由于检察机关的抗诉，还要针对检察机关的抗诉意见。

2. 开展必要的调查取证工作

围绕一审判决认定的事实和依据的证据，开展新的调查取证工作。包括会见被告、查阅卷宗材料等。

3. 撰写辩护词、出庭辩护

二审审理的方式有两种：一种是开庭审理方式；另一种是调查询问方式。两种方式的辩护内容是有区别的，调查询问方式下辩护律师的主要工作是通过书面的辩护词，充分、全面表达辩护意见；开庭审理方式辩护律师则出庭履行辩护职责，与一审相同。[①] 二审案件开庭审理的，律师进行发问、质证、举证、辩护，要抓住上诉请求和理由，突出重点，避免重复。二审案件不开庭审理的，律师应及时向法庭提交新的证据和书面辩护意见。

（五）审判监督程序中的律师工作

审判监督程序，是已经发生法律效力的判决、裁定，在认定事实或者适用法律上确有错误时，人民法院依法提起并进行重新审理的一种特殊程序。

《刑事诉讼法》第 241 条规定，当事人及其法定代理人、近亲属，对已经发生法律效力的判决、裁定，可以向人民法院或者人民检察院提出申诉。《律师法》第 28 条规定，律师可以接受委托代理对生效裁判的申诉，并接受委托在再审程序中担任辩护人。

人民法院按照审判监督程序重新审判的案件，应当另行组成合议庭进行。如果原来是第一审案件，应当依照第一审程序进行审判，所作的判决、裁定，可以上诉、抗诉；如果原来是第二审案件，或者是上级人民法院提审的案件，应当依照第二审程序进行审判，所

---

① 胡志民．律师制度与律师实务［M］．上海：立信会计出版社，2006：217．

作的判决、裁定，是终审的判决、裁定。由此可见，重新审判的案件有可能是一审程序，也有可能是二审程序。律师参加再审案件的辩护工作与一、二审中的辩护工作大体相同。

（六）律师在自诉案件中的辩护工作

律师担任自诉案件被告人的辩护人，是指律师接受自诉案件被告人的委托，担任被告人的辩护人，参加刑事诉讼。《刑事诉讼法》第 33 条规定，人民法院自受理自诉案件之日起 3 日以内，应当告知被告人有权委托辩护人。

《刑事诉讼法》第 207 条规定，自诉案件的被告人在诉讼过程中，可以对自诉人提起反诉。反诉适用自诉的规定。因此，辩护律师接受自诉案件被告人的委托后，应当告知被告人享有对自诉人提起反诉的权利，如果被告人要求辩护律师协助其提起反诉，辩护律师经审查符合反诉条件的，应当帮助被告人制作刑事反诉状，并且按照刑事诉讼的要求和方式向受理自诉案件的人民法院递交。律师在自诉案件中的辩护工作是根据事实和法律维护被告人的合法权益，与公诉案件被告人的辩护律师在刑事诉讼中享有同样的诉讼权利，履行同样的辩护职责。

第二节　刑事案件中的律师代理

一、刑事诉讼代理的概述

（一）刑事诉讼代理的概念和种类

1. 刑事诉讼代理的概念

刑事诉讼中的律师代理，是指律师在刑事诉讼中接受公诉案件被害人或其法定代理人、近亲属、自诉案件的自诉人及其法定代理人，附带民事诉讼的当事人及其法定代理人、刑事申诉案件的委托，以被代理人的名义参加诉讼，向被代理人提供法律服务，由被代理人承担代理行为法律后果的一项法律制度。《刑事诉讼法》第 44 条规定，公诉案件的被害人及其法定代理人或者近亲属，附带民事诉讼的当事人及其法定代理人，自案件移送审查起诉之日起，有权委托诉讼代理人。自诉案件的自诉人及其法定代理人，附带民事诉讼的当事人及其法定代理人，有权随时委托诉讼代理人。

2. 刑事诉讼代理的种类

根据法律规定，律师的刑事代理主要有以下几种：

（1）公诉案件被害人的律师代理。

（2）自诉案件的自诉人的律师代理。

（3）刑事附带民事诉讼的当事人的律师代理。

（4）刑事申诉人的律师代理。

（二）刑事诉讼中律师代理的意义

刑事诉讼是司法机关追究和惩罚犯罪的活动，案件的诉讼结局与自诉人、公诉案件的被害人、附带民事诉讼的当事人等有一定的利害关系。因此法律赋予他们一定的诉讼权利，律师代理他们参加诉讼，有非常重要的意义。

首先，可以为被代理人提供法律帮助。被代理人由于缺乏法律知识，不能充分地行使自己的诉讼权利和发表切中要害的意见，律师作为诉讼代理人代为参加和进行刑事诉讼，可以充分发挥律师法律知识和诉讼经验丰富的优势，更好地维护被代理人等的合法权益。

其次，有利于保护当事人的合法权益。当事人由于缺乏法律知识和经验，容易不当行使诉讼权利，导致诉讼拖延；有些被代理人由于被犯罪行为致伤、致残等原因不能参加诉讼。因此由律师代理其进行诉讼，不仅可以保障当事人的合法权益，也可以保障诉讼权利行使的正当与合法，从而使刑事诉讼能够顺利进行。

最后，可以协助人民法院准确及时地查明案情，正确地处理案件。律师参加诉讼，能对案件事实、证据作出全面的分析，提出自己对案件处理的意见，可以促使司法机关正确、合法、及时地处理案件，保护被代理人的合法权益，有利于刑事诉讼活动的顺利进行。

【案例 6-5】

刑事诉讼中的律师代理

【案例 6-5】点评

某年 4 月 4 日，许某因为寻衅滋事，带领同伙擅自闯入受害人家中，采用斧子劈被害人头部等极其残忍的手段致被害人重伤并严重致残，许某在此次犯罪活动中精心策划、悉心导演，在整个犯罪活动中起到了关键作用，但公安机关、检察机关先后三次鉴定被害人的伤情为轻伤。代理律师接受被害人委托后本着认真负责态度，进行专业性的深入分析，重新委托鉴定机构对被害人的伤情进行鉴定，鉴定结果为重伤。最终法官采纳代理人提交的重伤的鉴定结论，以故意伤害罪判处被告人有期徒刑 9 年及附带民事赔偿。

二、公诉案件的律师代理

公诉案件中的律师代理，是指律师接受公诉案件被害人或其法定代理人、近亲属的委托担任被害人的代理人，为维护被害人的合法权益而进行的诉讼活动。

公诉案件的被害人作为诉讼当事人，与案件的处理结果有直接的利害关系。在实践中，有的被害人由于遭受犯罪行为的侵害，人身健康受到严重损伤或精神上受到强大刺激而无法出庭，或者被害人因法律知识的欠缺，在诉讼中不能有效维护自己的合法权益。因此，需要诉讼代理人协助维护其合法权益。《刑事诉讼法》第 44 条规定，公诉案件的被害人及其法定代理人或近亲属自案件移送审查起诉之日起，有权委托诉讼代理人。同时为了保证被害人知悉此权利，刑事诉讼法还规定人民检察院自收到移送审查起诉的案件材料之日起 3 日内应当告知被害人及其法定代理人或其近亲属有权委托诉讼代理人。

（一）公诉案件代理律师的诉讼权利

公诉案件代理律师的权利由两部分构成：一部分是基于被害人的授权，代为行使被害人的诉讼权利；另一部分是根据《刑事诉讼法》、《律师法》规定的律师代理所享有的诉讼权利。

1. 诉讼代理人经被害人授权代理行使的诉讼权利

代理律师是以被害人的名义参与诉讼，其享有的诉讼权利必须是被代理人的授权范围之内。其主要的诉讼权利包括：

（1）申请对审判人员、检察人员的回避的权利。

（2）对不起诉决定不服，有提出申诉和起诉的权利。

（3）对一审判决不服，有请求人民检察院提出抗诉的权利。

（4）对已经发生法律效力的判决、裁定，有提出申诉的权利等。

2. 法律规定的律师享有的诉讼权利

代理律师依法享有的诉讼权利主要包括：

（1）出庭权、阅卷权、调查取证权和法庭审理过程中诉讼权利。在法庭审理阶段，诉讼代理人与辩护人的诉讼权利是大体相同的。在法庭调查时，诉讼代理人有对未到庭的证人的证言笔录、鉴定人的鉴定结论、勘验笔录和其他作为证据的文书发表意见的权利。

（2）经审判长许可，诉讼代理人有向被告人、证人、鉴定人发问的权利。

（3）诉讼代理人有申请法庭通知新的证人到庭，调取新的物证，申请重新鉴定或者勘验的权利。

（4）在法庭辩论时，经审判长许可，诉讼代理人有对证据和案件情况发表意见并且与被告人、辩护人辩论的权利。

（二）公诉案件代理律师的主要工作

代理律师在接受委托人的委托后开始进行代理工作，参与刑事诉讼，在授权范围内行使诉讼权利。其代理工作主要包括：

1. 为被害人提供法律咨询

律师接受委托的，应当同被害人及其法定代理人或其近亲属签订委托代理合同，并由被代理人填写授权委托书，注明代理的权限。接受委托后律师可以为被害人提供法律咨询，帮助起草相应的法律文件。此外，律师还可以从专业的角度对被害人描述的案件事实进行分析，包括案件的性质、行为人是否应当承担刑事责任、承担何种刑事责任等。律师还可以根据法律规定要求依法从快查处犯罪，正确适用法律，以严惩犯罪。

2. 案件审查起诉阶段的代理律师的工作

审查起诉阶段是衔接侦查阶段与审判阶段的重要诉讼阶段。在此阶段中，检察机关要对公安机关移交的案件材料进行分析和判断，并在符合提起公诉的条件下向法院提起公诉。由于我国目前的《刑事诉讼法》没有赋予公诉案件被害人独立提起诉讼的权利，因此检察机关能否充分地行使指控犯罪的职责，直接影响到案件的处理结果。对此，被害人代理律师可以在一定程度上协助和监督公诉机关及时有效行使职权。

在审查起诉阶段，被害人代理律师的主要工作有以下几方面①：

（1）在确认案件已经移交审查起诉后，应当及时与公诉机关的承办人取得联系，为

① 朱加宁. 律师担任刑事被害人代理人的若干问题思考［EB/OL］.［2009-04-09］. 国纲华辰律师事务所，http：//www.ggilawyer.com/article.php? articleid=80.

全面参与审查起诉过程做好准备。

（2）案件移送到检察机关后，代理律师应尽早查阅、摘抄、复制案件的诉讼文书、技术性鉴定材料等。对材料从事实证据和法律适用等方面进行分析，以协助公诉机关做好审查起诉阶段的工作。

（3）对检察机关提供的材料和律师自己调查掌握的材料，起草书面意见表达自己对案件的观点和建议。对公安机关的《起诉意见书》中认定的案件性质、适用法律如有异议的，代理律师应及时制作《律师意见书》，向公诉机关提出自己的意见和要求。

3. 庭审中的律师代理工作

法庭审理阶段对于被害人代理律师而言是最为重要的代理阶段。代理律师可以协助公诉机关对被告人进行控诉，揭示案件的事实真相，提出法律的适用意见，全力地维护被害人的合法权益。

在此阶段，律师应当做好以下工作：

（1）及时申请阅卷。如果被害人因被告人的犯罪行为遭受财产损失的，应当告知被害人可以同时提起附带民事诉讼，在征得被害人的同意后，向法院提交《附带民事诉讼诉状》。

（2）分析起诉书，归纳其重点和要点。对于起诉书中没有涉及的内容，或者起诉书中事实认定和法律适用不妥甚至错误的地方，及时与检察机关的承办人员取得联系，争取取得一致的意见，并起草代理意见。

（3）在庭审中，维护审判的公正性。应当查明审判人员及有关人员有无回避的情况。对被告方提出的证据，应当从客观的角度依法进行质证和反驳；对自己掌握的证据，进行合理的说明，争取法庭采纳。对公诉机关的控诉作补充发言，使公诉方和被害人的意见得到最完整的反映，充分维护被害人的合法权益。

4. 休庭后的律师工作

休庭后律师应整理代理意见和证据，向法庭提交。被害人如果对一审法院判决、裁定不服，代理律师可协助其在收到判决书后 5 日内，请求人民检察院抗诉。

【案例 6-6】

公诉案件的律师代理

【案例 6-6】点评

被告人王某，男，工人。某日下午王某骑摩托车通过人行横道时未减速，把在人行横道上过马路的一个女孩撞倒，女孩经医院抢救无效死亡。检察院以交通肇事罪向法院提起诉讼，被害人亲属委托律师参与诉讼。

三、刑事自诉案件的律师代理

自诉案件是指被害人及其法定代理人、近亲属向人民法院起诉，要求追究被告人的刑事责任，由人民法院直接受理的刑事案件。刑事自诉案件中的代理，是指在自诉案件中，律师接受自诉人及其法定代理人的委托，在委托人授权范围内，代理参加诉讼，以维护自诉人合法权益的诉讼代理制度。《刑事诉讼法》第 44 条规定，自诉案件的自诉人及其法定代理人，附带民事诉讼的当事人及其法定代理人，有权随时委托诉讼代理人。

（一）自诉案件中的代理律师的诉讼权利和诉讼义务

1. 诉讼权利

（1）可以代自诉人向人民法院提起诉讼。纠正委托人无根据的起诉事实和无法律依据的诉讼主张。

（2）收集查阅与本案有关的材料。

（3）出席法庭参加诉讼。人民法院开庭审理时，代理律师有权到庭履行职务；经自诉人授权，有权代委托人依法申请法庭组成人员等人员回避；经审判长许可，可以向被告人发问，可以申请审判长对证人、鉴定人发问或者经审判长许可直接发问；申请通知新的证人到庭，调取新的物证，申请重新鉴定或者勘验；法庭调查后，有权发言并且可以和被告辩论；有权代自诉人阅读审判笔录，如认为有遗漏或者错误，有权请求补充或者改正。

（4）对司法人员非法剥夺自诉人诉讼权利和人身侮辱等侵权行为，有权提出控告。

2. 诉讼义务

（1）依法出庭履行职务。按照人民法院的通知及时到庭履行义务，应严格遵守法庭的规则和秩序。

（2）协助自诉人负举证义务。

（3）对于人民法院已经生效的判决、裁定或者调解协议，代理律师有义务教育委托人遵守执行。

（4）执业中接触到的国家机密、商业秘密和个人隐私，应当严格保守秘密。

（5）履行《律师法》规定的其他义务。由于自诉案件人民法院可以进行调解，自诉人在法院宣告判决前，可以同被告人自行和解或者撤回起诉。如果涉及处分自诉人的实体权利问题，代理律师如果没有委托人特别授权则无权代理。

（二）自诉案件代理律师的主要工作

1. 担任其诉讼代理人

律师可以接受自诉人及其法定代理人的委托，担任其诉讼代理人。接受委托前，律师应审查案件是否符合法定的自诉案件范围和立案条件；帮助自诉人分析案情，确定被告人和管辖法院。

2. 代写刑事起诉状

调查、了解有关案件的事实和证据，代写刑事起诉状。自诉人同时要求民事赔偿的，代理律师可协助其制作刑事附带民事起诉状。代理自诉案件到人民法院立案。人民法院对自诉案件作出不予立案决定的，律师可以代理自诉人向人民法院申请复议。

3. 协助自诉人做好补充证据工作

人民法院对自诉案件进行审查后，要求自诉人补充证据或者撤回自诉的，律师应协助自诉人做好补充证据工作或与自诉人协商是否撤回自诉。人民法院对自诉案件不予受理的，律师可以代理自诉人向人民法院申请复议。人民法院决定开庭的，代理律师应做好开庭前的准备工作、对于自己无法取得的证据，可申请人民法院依法调查取证。

4. 担任自诉人被反诉人的辩护人

在刑事自诉案件中，被告人提起反诉的，代理律师可以接受自诉人的委托，担任其被反诉辩护人，但是应办理相关委托手续。

5. 参加法庭审理

代理律师应出庭支持控告，参加法庭调查和辩论。代理律师应协助自诉人充分行使控诉职能，围绕被告人是否构成指控罪名、应当承担怎样的刑事责任进行询问、举证和辩论。法庭辩论结束后，可以根据委托人的授权参加法庭调解。在判决宣告前，应协助自诉人决定是否与被告人和解或者撤回自诉。如果自诉人不服地方各级人民法院的第一审判决和裁定，律师经自诉人同意，可以代为提出上诉。

【案例 6-7】

律师代理自诉案件

【案例 6-7】点评

郭某因受人侮辱而向法院提起诉讼，要求追究行为人许某的刑事责任，在人民法院受理案件时，郭某委托律师代理自己的自诉案件。

四、刑事附带民事诉讼的律师代理

刑事附带民事诉讼的律师代理，是指律师接受自诉案件或者公诉案件中附带民事诉讼当事人及其法定代理人的委托担任诉讼代理人，为维护附带民事诉讼当事人的合法权益而进行的诉讼活动。根据《刑事诉讼法》的规定，被害人由于被告人的犯罪行为而遭受物质损失的，在刑事诉讼中，有权提起附带民事诉讼，以恢复、弥补自己被犯罪行为侵害的合法权益。附带民事诉讼的实质是在追究被告人刑事责任的同时，就同一犯罪行为追究被告人应当承担的民事责任。因此附带民事诉讼的代理实质上是民事代理。

《刑事诉讼法》第 44 条规定，公诉案件附带民事诉讼的当事人及其法定代理人，自案件移送审查起诉之日起，有权委托诉讼代理人。自诉案件附带民事诉讼的当事人及其法定代理人，有权随时委托诉讼代理人。人民检察院自收到移送审查起诉的案件材料之日起 3 日以内，应当告知附带民事诉讼当事人及其法定代理人有权委托诉讼代理人。人民法院自受理自诉案件之日起 3 日以内，应当告知附带民事诉讼的当事人及其法定代理人有权委托诉讼代理人。

（一）律师担任附带民事诉讼原告的代理人

律师可以接受公诉案件被害人、死亡被害人的近亲属、自诉案件自诉人及其法定代理人的委托，担任附带民事诉讼的诉讼代理人。其具体工作应当注意：

第一，接受附带民事诉讼原告人的委托之前，应审查提起附带民事诉讼前提的刑事诉讼是否已经提起，附带民事诉讼原告是否适格，附带民事诉讼的被告人是否正确等。并对附带民事诉讼的其他条件，如被害人的物质损失与被告人的犯罪行为之间是否存在因果关系等问题进行分析判断。

第二，接受委托后，应该帮助委托人撰写附带民事起诉状；向人民法院提起附带民事诉讼；指导、帮助委托人收集证据，进行调查，申请鉴定；申请采取财产保全措施；参加法庭审理，指导、协助或代理委托人行使诉讼权利，参加调解。

第三，代理律师应指导委托人或依授权代表委托人参加调解，为委托人提供调解方案，办理相关法律文件。原告人对于一审判决、裁定中附带民事诉讼部分不服的，代理律师应协助其提起上诉。对法院决定不予立案的附带民事诉讼，可以建议委托人另行提起民事诉讼。

第四，原告人对于一审判决、裁定中附带民事诉讼部分不服的，代理律师应协助其提起上诉。附带民事诉讼进入二审程序后，律师事务所可以接受附带民事诉讼原告人的委托，指派律师担任其二审诉讼代理人。

（二）律师担任附带民事诉讼被告人的代理人

律师可以接受附带民事诉讼的被告人及其法定代理人的委托，在一审、二审程序中，担任诉讼代理人。此外，被告人的辩护律师也可接受委托，同时担任附带民事诉讼被告人的诉讼代理人，应当注意：

第一，接受委托后，代理律师应帮助被告人撰写答辩状，进行调查取证，自行委托鉴定或申请法院委托鉴定，参加庭审，举证质证，进行辩论，发表代理意见。其诉讼权利与附带民事诉讼原告人的诉讼代理人相同。

第二，如果附带民事诉讼被告人对于一审判决附带民事诉讼部分不服的，代理律师应协助其提出上诉。

（三）律师在刑事附带民事诉讼代理中应当注意的问题

第一，保护当事人的合法权益。担任附带民事诉讼原告人代理人的律师，既要注意追究被告人的民事责任，要求其依法予以赔偿，又要注意追究被告人的刑事责任，使其受到应有的刑罚处罚。

第二，律师在民事诉讼的代理，实质上是一种民事代理。由于其民事诉讼的性质，法院在审理时适用民事诉讼的原理和程序。如谁主张谁举证，法院可以调解等。由于附带民事诉讼中的代理在本质上属于民事代理，因此，关于诉讼代理人在附带民事诉讼中的权利、义务，可以参照民事诉讼代理的有关规定执行。[①]

第三，诉讼代理人应在授权范围内进行活动。附带民事诉讼中的代理分为一般代理和特别授权代理。特别授权代理，要在授权委托书中注明授权内容，如授权诉讼代理人代为承认、放弃或者变更诉讼请求、进行和解、调解等，并在委托协议书中注明。代理律师应在授权范围内进行活动，超越代理权限的行为是无效的。

---

① 陈光中. 公证与律师制度 [M]. 北京：北京大学出版社，2000：268.

【案例 6-8】

律师代理刑事附带民事诉讼案件

【案例 6-8】点评

2006 年 1 月 28 日 21 时许，宁某在周某家行窃时，被刚好回家的周某抓住，二人随即厮打起来。宁某操起周某家的菜刀欲砍周某，被周某奋力夺下，宁某见势夺门而逃。周某捡起一根木棒随后追赶，在居民西墙外，将宁某截获。当周某上前拽住宁某欲将其送至派出所时，不料宁某脸色发白，喘息急促，倒在地上。周某随即打电话报警，当警察赶到现场时，宁某已经死亡。经法医鉴定，死者宁某生前患有潜在性肺部疾病（肺气肿），在快速奔跑的诱因条件下，导致急性呼吸功能衰竭死亡。某区人民检察院以故意伤害罪向区法院提起公诉。被害人宁某的父母向法院递交了《刑事附带民事起诉状》，对被告人提出赔偿死亡补偿费、精神损害抚慰金等费用近 20 万元。律师接受附带民事诉讼被告人周某的委托担任代理人提出代理意见，认为宁某是在快速奔跑的诱因条件下，致急性呼吸功能衰竭死亡，与被告人的击打没有关系，故被告人不承担赔偿责任。

五、刑事申诉案件的律师代理

（一）刑事申诉案件的律师代理的概念和意义

刑事案件中的申诉是指当事人及其法定代理人、近亲属，对已经发生法律效力的判决、裁定，可以向人民法院或者人民检察院提出申诉，请求再次审理的诉讼活动。

依据我国《刑事诉讼法》的规定，当事人及其法定代理人、近亲属对已经发生法律效力的判决、裁定，可以向人民法院或者人民检察院提出申诉。律师有权接受委托人委托代为申诉。律师代为申诉，一方面可以利用其拥有的法律等业务知识及时帮助司法机关纠正其错误的裁判，更好地保护当事人的合法权益；另一方面律师可以对当事人进行法制宣传和教育，减少无理缠诉。

【案例 6-9】

律师代理刑事申诉案件

【案例 6-9】点评

2006 年 7 月 22 日下午 2 时许，被害人到申诉人的男友李某家，见李某不在，被害人遂对申诉人起歹意。为免遭不法侵害，申诉人借口到另一房间喝水，顺手藏起一把小刀。出来后被害人对申诉人进行调戏并欲行强奸，申诉人反抗，但不是被害人的对手，申诉人便用小刀连续捅了被害人几刀，导致被害人死亡。原审判决将申诉人行为定为故意杀人罪并判处无期徒刑。申诉人委托律师代为申诉。律师经审查认为，申诉人与被害人素无交往，没有杀害被害人的动机和目的。申诉人的行为对造成被害人的死亡，属于特殊防卫。根据我国《刑法》第20条第3款的规定，对正在进行行凶、杀人、抢劫、强奸、绑架以及其他严重危及人身安全的暴力犯罪，采取防卫行为，造成不法侵害人伤亡的，不属于防卫过当，不负刑事责任。律师接受委托代为提出申诉，请求法院撤销原判决，重新审理。

（二）律师代理申诉案件应注意的问题

根据《刑事诉讼法》的规定，申诉人不服已经生效的刑事判决、裁定，既可以向人民检察院提出申诉，也可以向人民法院提出申诉。申诉人向人民检察院提出申诉的，人民检察院如果发现判决、裁定确有错误，则向人民法院提出抗诉；申诉人直接向人民法院提出申诉的，则由作出生效判决、裁定的人民法院受理。代理律师应指导申诉人根据实际情况选择提交申诉状的机关。律师接受刑事案件当事人及其法定代理人、近亲属的委托，担任刑事申诉案件的代理人，在代理申诉时应当注意以下几个问题：

第一，弄清案情，了解申诉的理由是否成立，对毫无理由的申诉应拒绝代理。刑事案件的当事人不服人民法院已经生效判决、裁定，请求司法机关重新审理，应当有足够的证据证明已经生效的判决、裁定确有错误，否则很难达到申诉的目的。

第二，接受委托后，全面了解情况，进行必要的调查。律师接受委托后，应当尽量调查、收集新的证据，以保证申诉请求有足够的证据支持。

第三，制作刑事申诉状，提出明确的申诉请求，送交有关司法机关。代理律师接受委托后，应当帮助申诉人，并依据事实、证据和法律对申诉请求的合理性、合法性进行论证，明确表述不服生效判决、裁定的意见和申诉理由，并提出新的证据和证人名单。申诉状经申诉人签名或盖章后，送交有管辖权的有关机关。

第四，人民法院对申诉案件决定再审的，律师按照人民法院确定的审判程序进行辩护或者代理，但应当另行办理相应的委托手续。

第五，律师代理申诉人提出申诉后，人民法院立案再审的或者作出驳回申诉的答复时，代理关系即告结束。

第六，对再审改判宣告无罪并依法享有申请国家赔偿权利的当事人，律师应当告知其在判决发生法律效力后可以依法申请国家赔偿。

第三节　特别程序律师的辩护与代理

一、未成年人刑事案件的律师辩护与代理

（一）律师担任未成年犯罪嫌疑人、被告人的辩护人

律师接受委托或者指定，担任未成年犯罪嫌疑人、被告人的辩护人，维护他们的合法权益。

（1）律师可以根据案情需要对未成年犯罪嫌疑人、被告人的性格特点、成长经历、犯罪原因和监护教育等情况进行社会调查，并制作社会调查报告，提供给相关办案机关。

（2）发现办案机关存在侵犯未成年犯罪嫌疑人、被告人合法权益的行为，应当及时向相关办案机关提出意见并要求纠正。在法庭审理过程中，律师发现有对未成年被告人诱供、训斥、讽刺或者威胁等情形的，律师应当及时提请审判长予以制止。

（3）提出辩护意见。在人民检察院审查批准逮捕和人民法院决定逮捕时，律师应当根据未成年犯罪嫌疑人、被告人涉嫌犯罪的事实和证据、主观恶性、有无监护与社会帮教条件等，综合衡量其社会危险性，及时就逮捕的合法性、必要性提出辩护意见。

（4）变更强制措施。未成年犯罪嫌疑人、被告人被拘留、逮捕后，辩护律师可以根据具体情况依法及时向相关办案机关提请变更强制措施。对于符合法定条件的，辩护律师征得未成年犯罪嫌疑人及其法定代理人的同意，也可以主动提请人民检察院作出附条件不起诉的决定。

（二）律师担任未成年被害人的诉讼代理人

律师可以担任未成年被害人的诉讼代理人，维护被害人的合法权益。如发现办案机关存在侵犯未成年被害人合法权益的行为，应当及时向相关办案机关提出意见并要求纠正。

二、当事人和解的公诉案件的律师辩护与代理

律师在办理刑事案件中，认为承办的案件属于《刑事诉讼法》第277条规定的双方当事人可以和解的公诉案件范围的，应当向当事人说明案件可以进行和解，并释明刑事和解的相关法律规定和法律后果。律师可以接受当事人的委托参与刑事和解程序，但是，涉及认罪、悔罪、赔礼道歉、谅解等必须由当事人亲自去实施的行为，律师不得代理，并应当告知由当事人亲自实施。

（一）律师参与刑事和解程序，担任辩护人或者代理人

律师接受委托后，应当告知当事人可以就赔偿损失、赔礼道歉等民事责任事项进行和解，并且可以就被害人及其法定代理人或者近亲属是否要求或者同意公安机关、人民检察院、人民法院对犯罪嫌疑人依法从宽处理进行协商。

律师可以建议当事人优先选择在公安机关、人民检察院、人民法院的主持下进行和解协商并签署、履行和解协议书。律师可以接受当事人的委托，代为起草、审查修改或者指导制作和解协议书。

（二）申请变更强制措施

律师办理当事人和解的公诉案件，发现犯罪嫌疑人、被告人符合取保候审、监视居住等适用非羁押性强制措施的条件，应当及时向相关办案机关申请变更强制措施。

对于达成和解协议的，律师应当向公安机关、人民检察院、人民法院提出从轻、减轻、免除处罚的辩护意见。对于符合法律规定的不起诉条件的，律师应当提请人民检察院作出不起诉决定；符合非监禁刑适用条件的，律师应当提请人民法院适用非监禁刑；判处法定最低刑仍然过重的，律师应当提请人民法院予以减轻处罚；综合全案认为犯罪情节轻微不需要判处刑罚的，律师应当提请人民法院免除刑事处罚。

三、犯罪嫌疑人、被告人逃匿、死亡案件违法所得没收程序案件的律师代理

律师可以接受犯罪嫌疑人、被告人的近亲属和其他利害关系人的委托，以诉讼代理人

身份，参与违法所得没收程序。

（一）律师参与犯罪嫌疑人、被告人逃匿、死亡案件违法所得没收程序案件的代理

律师接受犯罪嫌疑人、被告人的近亲属委托后，参与违法所得没收程序，应当及时与人民法院取得联系，了解案件是否开庭审理。如果案件不开庭审理，应当及时向人民法院提交书面代理意见。如果案件开庭审理，应当以代理人的身份参与庭审，并针对没收违法所得申请发表意见、进行举证、质证、辩论等。

律师接受其他利害关系人的委托，参与违法所得没收程序，应当以诉讼代理人的身份参与开庭审理，并针对没收违法所得申请发表意见、进行举证、质证、辩论等。

（二）提起上诉，参与二审诉讼

犯罪嫌疑人、被告人的近亲属和其他利害关系人对没收违法所得的裁定不服，律师可以接受犯罪嫌疑人、被告人的近亲属和其他利害关系人的委托，代理提起上诉。

四、依法不负刑事责任的精神病人强制医疗程序案件的律师代理

律师可以接受被申请人或者被告人的法定代理人的委托或者法律援助机构的指派，以代理人身份，参与依法不负刑事责任的精神病人的医疗强制程序。

（一）律师参与依法不负刑事责任的精神病人的强制医疗程序案件的代理

律师参与强制医疗程序，可以告知被申请人、被告人的法定代理人有权申请不开庭审理，经人民法院审查同意后，案件不开庭审理。如案件开庭审理，律师应当以代理人的身份参与庭审，并围绕被申请人、被告人是否符合强制医疗的条件等发表意见、进行举证、质证、辩论等。

被决定强制医疗的人、被害人及其法定代理人、近亲属对强制医疗决定不服的，律师可以接受其委托，代理其向上一级人民法院申请复议。

（二）申请解除强制医疗

律师可以接受被强制医疗的人及其近亲属的委托，对于已不具有人身危险性，不需要继续强制医疗的，代理其向决定强制医疗的人民法院申请解除强制医疗。

【案例 6-10】

律师参与依法不负刑事责任的精神病人的强制医疗程序

【案例 6-10】点评

　　董某于 2007 年大学毕业后到天津市某公司工作，2011 年 2 月份离职后回老家，后离家外出，2011 年 4 月 12 日晚窜至山东省泰安市泰山南天门景点附近，无故持刀砍伤景点工作人员王某，尔后逃离现场，导致王某伤情达到轻伤的危害结果。后来，董某于 2011 年 11 月被家人从锦州救助站带回老家。回家后，董某变得不愿意说话。2013 年 1 月 14 日上午，董某到厦大白城海边捡来一块花岗岩石块装于自带的毛线帽子内，尔后尾随孤身一人行走的荆某，趁荆某行至无人之处，手持石块猛击荆某头部一下，致荆某当场倒地，接着董某又持石块再次猛击荆某头部一下。作案后，董某搭

乘出租车逃匿到集美，由于害怕，于同日下午向厦门市集美区公安分局投案。2013年1月16日，被害人荆某经送医后抢救无效死亡。2013年1月25日，厦门市公安局思明分局委托司法鉴定所对董某案发时的精神状况及刑事责任能力进行鉴定。2013年4月10日，司法鉴定所出具《精神病司法鉴定意见书》，认定董某患有精神分裂症，作案时处于发病期，丧失辨认能力，评定为无刑事责任能力。厦门市思明区检察院向厦门市思明区法院提起对精神病人董某强制治疗的申请。律师接受被申请人的委托参与依法不负刑事责任的精神病人的强制医疗程序。人民法院受理强制医疗的申请后，组成合议庭进行审理。

【练习题】

一、概念题

辩护；辩护权；辩护制度；刑事辩护；指定辩护；刑事代理。

二、思考题

1. 试论律师辩护的诉讼职能和诉讼地位。

2. 我国法律规定辩护律师享有哪些诉讼权利，承担哪些诉讼义务？

3. 刑诉法中辩护律师的辩护权与一般辩护人的辩护权有何区别？

4. 如何理解公诉案件中被害人代理律师的诉讼权利？

5. 如何理解自诉案件中被害人代理律师的法律地位和诉讼权利？

三、案例分析题

1. 公民张某之子因参加实施共同抢劫犯罪，被公安机关立案并采取了强制措施。公安机关将张某之子抢劫案移送到检察机关审查起诉。张某早就想为其子聘请辩护人，但他的妻子宋某提出现在还没有开庭，请律师时间太早了，只能到法庭开庭时才可以请。

问题：宋某的说法对吗？

2. 被告人曹某（男）与被害人李某是夫妻。曹某长期与有夫之妇通奸，为了达到与李某离婚的目的，曹某经常殴打其妻李某。李某不堪忍受凌辱，喝毒药自杀。李某死后，其16岁的儿子曹某某委托律师作为诉讼代理人，到法院控告父亲构成对母亲的虐待罪，要求追究其刑事责任。法院认为：被害人已经死亡，本案已经没有自诉人，因此，委托是没有依据的，法院对本案不予受理。

问题：法院的做法正确吗？

【阅读资料】

第七章 律师的民事案件代理

【学习目的与要求】系统掌握律师代理民事诉讼案件、民商事仲裁案件及劳动仲裁案件的相关程序及方法，培养初步的独立办理案件的能力。课前对相应的法律规定以及规章制度要有所了解，课后复习相关章节内容以及扩展知识面。

【重点问题】

- 民事案件立案的条件、流程及文书制作
- 证据性质的分析、归类及证据目录的制作
- 庭前准备，民事一审庭审程序的诉讼流程及各阶段的主要任务
- 民事执行的启动程序、执行期限及强制措施
- 民商事仲裁条款效力审查及申请文书的制作
- 撤销仲裁裁决的条件、程序；仲裁裁决申请执行程序及国内、涉外仲裁裁决不予执行的条件
- 劳动仲裁的受案范围、管辖和时效
- 劳动仲裁审理和裁决的特点

【知识结构简图】

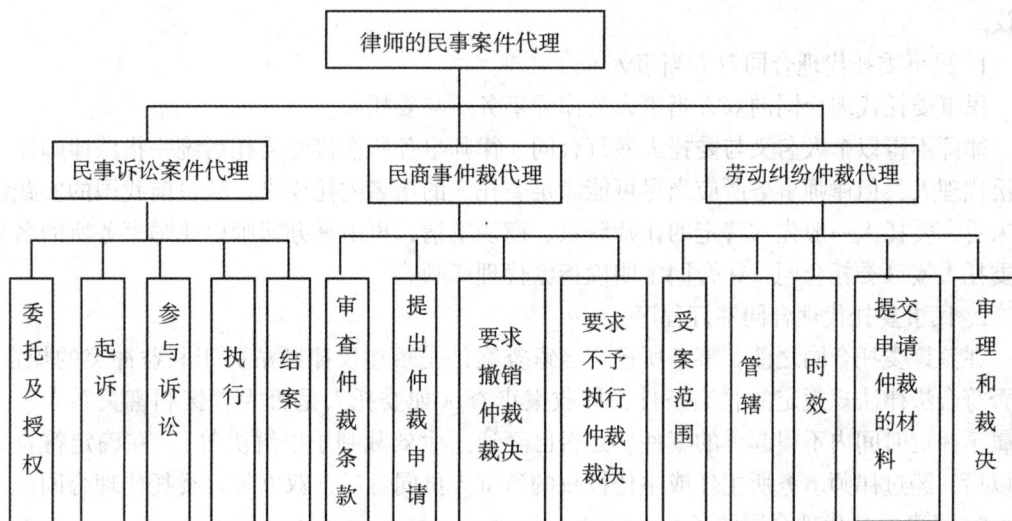

```
                          律师的民事案件代理
        ┌──────────────────────┼──────────────────────┐
   民事诉讼案件代理          民商事仲裁代理          劳动纠纷仲裁代理
 ┌──┬──┬──┬──┬──┐    ┌──┬──┬──┬──┐    ┌──┬──┬──┬──┐
委 起 参 执 结    审 提 要 要    受 管 时 提 审
托 诉 与 行 案    查 出 求 求    案 辖 效 交 理
及    诉          仲 仲 撤 不    范       申 和
授    讼          裁 裁 销 予    围       请 裁
权                条 申 仲 执             仲 决
                  款 请 裁 行             裁
                        裁 仲             的
                        决 裁             材
                           裁             料
                           决
```

应用型系列法学教材

【引例】 刘某某刚到一律师事务所做实习律师，他遇到了一个案件：王某借了张某 20 万元，立了借据一张，经张某多次催促，但王某就是不还，张某委托律师代理诉讼，律师接受委托后交由刘某某全程跟进办理，刘某某对这一民事诉讼代理应该怎么办？

第一节　民事诉讼案件代理

民事诉讼代理是指符合代理条件的代理人，在授权的范围内，以当事人的名义，在法律规定或者当事人授权的范围内，代理当事人一方进行民事诉讼活动，由当事人承担诉讼代理法律后果的制度。根据我国《民事诉讼法》的规定，诉讼代理人分为法定诉讼代理人和委托诉讼代理人，委托诉讼代理人又包括律师代理和公民代理。本节主要阐明在实践中最广泛存在的律师在民事一审普通程序和执行中的代理。

一、委托、授权

（一）律师民事诉讼代理的概念

律师民事诉讼代理，是指律师接受民事诉讼当事人或者其法定代理人（统称"委托人"）的委托，根据委托代理事项范围和授权的权限范围而发生的诉讼代理活动。律师民事诉讼代理，是委托诉讼代理的一种。

（二）律师民事诉讼代理的前提

律师代理民事诉讼的前提是取得委托人的授权，律师与委托人之间的权利义务关系由双方签订的民事委托代理合同和委托人签署的授权委托书约定。可见，律师的民事诉讼代理，根源于当事人的授权委托。没有授权委托，就没有律师的民事诉讼代理。

（三）民事委托代理合同

民事委托代理合同是律师事务所与委托人就民事案件代理的双方权利义务所签订的协议。

1. 民事委托代理合同双方当事人

民事委托代理合同的双方当事人为律师事务所与委托人。

律师不得以个人名义与委托人签订合同，律师事务所在接受委托后统一指派律师作为诉讼代理人，但律师事务所应当尽可能满足委托人的指名委托要求。就目前我国的实践情况来看，委托人一般先与特定的律师联系、商谈案情，再由承办律师以律师事务所的名义与委托人签订委托合同，在合同中明确指派代理律师。

2. 民事委托代理合同签订程序

在签订委托合同之前，事务所还应当审查案件是否违反律师法关于利益冲突的规定，是否符合法律法规规定的收案条件，即收案审查（如委托人是否为直接利害关系人、是否属于一定时间内不得起诉的案件、是否已经通过生效裁判予以解决等）。在确定符合条件以后，经过律师事务所主任或主任授权的负责人员同意后，双方签订委托代理合同。

3. 民事委托代理合同的条款

关于委托代理合同的条款，一般各地的律师协会提供了合同参考格式或条款以进行监督和指导，但由于案件情况的特殊性，律师有必要根据具体情况完善合同条款（补充、修订、选用），以满足个案的特殊性和当事人的合理要求。

民事委托代理合同的基本条款一般包括：

（1）委托代理事项。写法上因案而异，不强求千篇一律，应在简要概括案件基本情况的基础上，详细写明委托事项。（2）委托代理权限。逐项列明代理的权限，尤其是需特别授权的权限（如代为承认、代为放弃、代为提起反诉、代为和解、代为上诉等），避免出现"全权代理"、"诉讼代理"等含糊表述。（3）双方权利义务。（4）律师代理费和工作费用及其支付方式。律师代理费的收取分别有按标的额分段累计收费、按件收费、按小时收费及按风险收费，不管采取何种收费方式均应符合当地的律师服务收费标准，不得超过收费标准上限或者以明显低于收费标准的收费进行不正当竞争；工作费用包括差旅费、由行政部门收取的规费等。（5）委托代理期限。如一审、二审、执行终结的全过程或者其中某个阶段。（6）合同的变更和解除。（7）违约责任。（8）争议的解决。（9）合同的生效。（10）通知和送达及其他约定等。

【案例 7-1】

民事委托代理合同

【案例 7-1】点评

一天，李律师遇到一位老朋友陈某，陈某有一案件需要李律师代理，标的额为280万元，陈某口头答应李律师，由李律师全权代理，只要钱被追回来，给李律师40%的报酬，诉讼费用由陈某自己承担，无须签合同，也不用开发票。李律师于是持陈某的授权委托书代理起诉、申请执行，追回本金利息300多万元，但当他向老朋友陈某要代理费时，陈某却不认账，不同意给律师费了。

（四）授权委托书

授权委托书，是指律师作为委托代理人取得诉讼代理资格，代理当事人参加诉讼，并向法院提交的证明文书。授权委托书的主要内容包括委托事项和代理权限。

代理权限是确定律师代理委托人参加民事诉讼活动范围，检验代理行为是否有效的基本依据。根据委托代理行为对当事人实体权利的影响程度不同，委托人对诉讼代理人的授权分为一般授权和特别授权。

1. 一般授权范围

除法律规定的特别授权范围以外，律师代为起诉、应诉，提出管辖权异议，代理申请财产保全或证据保全，申请回避，申请证人出庭，向法庭提供证据，发表代理意见、申请执行等属于一般授权范围。

2. 特别授权范围

（1）诉讼代理人代为承认、放弃、变更诉讼请求；

（2）进行和解；

（3）提起反诉或者上诉。

根据最高人民法院的司法解释，授权委托书仅写明"全权代理"而无具体授权的，视为一般授权。如果律师越权代理后又得不到委托人的追认的，代理律师应自行承担法律后果。因此，授权委托书必须对代理权限作出明确、具体的规定，避免使用"全权代理"、"诉讼代理"等含混不清、不规范的表述。

另外，基于《民事诉讼法》规定的"当事人、法定代理人可以委托一至二人作为诉讼代理人"；在实践中，律师在接受委托后，如发现委托人已经或将要委托一名其他代理人时，应与该代理人交换代理意见。如意见不一致，应由委托人选任一名代理人，或者由委托人在授权委托书中分别列明授权事项及代理权限，以保障案件代理活动的顺利进行。

【案例 7-2】

陈某诉诉讼代理人朱某无权代理赔偿案①

【案例 7-2】点评

某年的 5 月陈某因车祸致伤，法院判决肇事者刘某赔偿其损失 14780 元。后朱某拿着陈某交来的生效判决书、陈某身份证及立案费用申请立案执行，且朱某自填了一份特别授权委托书。当年的 6 月在法院的主持下，朱某与刘某之妻达成执行和解协议，即刘某一次性给付陈某现金 7500 元，余款 7280 元由陈某自愿放弃。朱某以特别授权代理人身份在该协议上签字。后陈某诉至法院，称虽在诉讼中委托过朱某，但委托书不是他签名授权，且没让朱某做主放弃余款，要求朱某赔偿其损失 9000 余元。法院经调解，由朱某共赔偿陈某各项损失 5373 元。

二、起诉

律师接受案件当事人的委托以后，应积极为提起诉讼作准备，根据对案件情况的初步了解，向委托人提供需准备的材料清单，要求委托人提供证据材料复印件，同时核对原件。在对材料进行整理、分析以后，拟写起诉状等相关的法律文书，向有管辖权的法院提起诉讼。

（一）起诉前的分析

为了确保起诉能够顺利得到法院的受理，并对案件有一个整体的策划和部署，律师在起诉前应对案件所涉的法律关系、管辖与时效、利弊等情况进行综合分析。

1. 法律关系的分析

法律关系，是指法律规范在调整人们行为过程中形成的权利义务关系。如合同关系、婚姻关系、侵权关系等。法律关系由法律关系的主体、客体和内容三个要素构成。法律关系主体，是指法律关系涉及的人的范围；法律关系客体，即当事人权利义务指向的对象；

---

① 汤维建. 民事诉讼法学原理与案例教程 [M]. 北京：中国人民大学出版社，2006：195.

法律关系的内容，就是主体之间法律上的权利和义务。法律关系是法律规范的内容在社会生活中的具体体现，是法律规范在社会关系中实现的状态。

分析案件的法律关系，即对案件进行定性，关系到案件诉讼请求的选择、诉讼目的之实现以及案件的诉讼时效和管辖等，法律关系分析错误，可能导致诉讼请求被驳回的后果，因此，起诉前首先应对案件的法律关系进行准确的定位，在排除非法律因素干扰的前提下，提炼出案件的核心法律关系，透过现象看本质，如企业间名为投资实为借贷的法律关系。尤其值得注意的是，当事人之间的法律关系可能不只是单纯的一种，同一个法律事实（事件或者行为）可能会引起多种法律关系的产生。如当事人违反合同约定的义务，也可能同时造成对守约方的侵权，即合同关系与侵权关系发生竞合。而基于不同的法律关系，可能存在当事人的多种请求权，因此，需要对案件所涉及的全部法律关系进行深入的分析，综合衡量各种法律关系所对应诉讼请求的利弊，以提出对当事人最有利的诉讼请求。

对案件请求权的选择，一般可从以下几个方面进行考量：（1）是否有利于实现当事人利益的最大化；（2）是否有利于选择就近的管辖法院，以降低诉讼费用成本；（3）是否有利于承担较轻的举证责任，以降低诉讼风险；（4）是否有利于案件的执行，以保障诉讼目的之实现；（5）在遇到诉讼时效临近或可能届满的情况下，采取何种措施有利于解决诉讼时效问题等。

在对上述情况进行综合分析的情况下，根据案件的实际情况或当事人的特殊要求和案件解决之整体思路，确定适当的诉讼请求。

【案例 7-3】

法律关系分析

【案例 7-3】点评

　　某大型墓地陵园位于某一大型驰名楼盘南面 500 米，陵园为了推销其墓地，到处大肆广告宣传其墓地风水好、价优，位于某大型驰名楼盘南面 500 米；该楼盘看到这些广告大大影响了该楼盘房产的销售，觉得这广告构成了严重侵权，经交涉未果，于是请律师以陵园侵权为由，向法院起诉。但是法院没有支持其诉讼请求；后来该楼盘以陵园构成不正当竞争为由起诉，最后得到法院的支持。

2. 管辖和时效的分析

律师接受当事人委托，代为提起诉讼的，应分析利弊，确定案件管辖法院。主要从以下五方面进行分析和审查：（1）是否属于人民法院受理范围；（2）是否属于专属管辖；（3）是否属于特殊地域管辖；（4）有无协议管辖条款及其效力；（5）有无仲裁条款、书面仲裁协议及其效力。案件存在多个管辖法院的情况下，可以根据案件情况从节约成本的角度选择向就近的法院或者有利于案件执行的法院提起诉讼。

诉讼时效虽不影响案件的受理，但超过诉讼时效的请求在被告提出诉讼时效抗辩的情况下，往往会丧失案件的胜诉权，得不到法院的保护，而且案件的诉讼时效存在中断、中止和延长的事由，并可以采取一定的措施进行补救，因此，为了实现诉讼目的，在起诉前应对诉讼时效进行审查。如发现时效确实存在问题，应以法律允许的方式予以补救，如收集时效中断的证据，选择合理的诉因以达到时效的中断等。因时效并不影响案件的受理，是否真的超过诉讼时效，要经过法庭的审理之后才能确定，因此，律师应在诉讼时效可能存在届满问题的情况下，告知当事人可能存在的不利后果。

【案例 7-4】

【案例 7-4】点评

吴某与王某买卖合同纠纷案①

居住在甲市的吴某与居住在乙市的王某在丁市签订了一份协议，吴某将一幅名人字画以 10 万元的价格卖给王某，并约定双方在丙市一手交钱一手交货，后吴某反悔并电告王某自己已将字画卖给他人。王某诉至甲市法院，法院受理。

3. 综合利弊的分析

在分析委托人提供的诉讼材料，对案件事实进行发掘、整理、还原的基础上，收集与案件法律关系相关的全部法律法规之后，就可以归纳出案件可能的争议焦点和委托方的优势与缺陷。同时，当事人基于某些自身情况的考虑，可能不愿提供与案件有关且对自己不利的某些资料和情况，律师应与当事人沟通，解除当事人的顾虑，以全面了解案件的事实情况，做好充分的准备，以免在庭审中对被告提供的新情况弄得措手不及。律师还应当进行换位思考，站在对方律师（假设对方聘请了律师而且该律师就是自己）的角度考虑（可能会从哪些方面进行反驳，可能会提供哪些证据材料；是否可能提起反诉，如反诉有哪些反诉的事实与理由），从而做到知己知彼，充分了解案件可能存在的不利情况，进而采取相应的应对和补救措施。

（二）起诉资料的准备

1. 起诉所需的材料

根据民诉法的规定和法院的具体要求，律师代理起诉时一般应向立案庭法官提供如下的文件材料：

（1）起诉状。起诉状正本一份并按被告人数提供相应数量的副本（单位由法定代表人签字并加盖公章、个人签名），原告为个体工商户的，应以营业执照登记的业主作为原告，同时标明身份（以律师 1 份留底为准，被告为 1 人时，准备 3 份，每增加 1 人多准备 1 份）。

（2）原告身份证明资料。自然人提供居民身份证复印件或护照、同胞回乡证等复印件，法人或其他组织应提交营业执照、组织机构代码证、法定代表人身份证明书或主要负责人证明书（加盖原告公章）。

---

① 参见 2003 年国家司法考试试题，第三卷第 25 题。

（3）被告身份证明资料。被告为个人的，提供身份证复印件或者公安查询的身份证明材料；被告为公司或其他组织的提交营业执照或者工商查询的企业基本资料、组织机构代码证。

（4）证据清单。证据清单要列出所提交的证据的名称、证明内容，并按照被告的人数提供相应数量的副本（加盖原告公章）。

（5）授权委托书。由委托人签名、盖章的授权委托书，具体写明委托事项、权限、期限及联系电话等。

（6）律师事务所出具的民事案件代理的所函。律师事务所函是律师事务所向法院出具的指派所内律师代理相应案件的证明文件。

（7）案件的全套证据材料。

以上案件材料如原告为涉外、涉港澳台的，必须提供经公证、认证材料（董事会决议、法人身份证明书、授权委托书、商业登记的复印件等）。

2. 起诉状的书写

根据《民事诉讼法》第121条的规定，起诉状应当记明下列事项：（1）当事人的姓名、性别、年龄、民族、职业、工作单位和住所，法人或者其他组织的名称、住所和法定代表人或者主要负责人的姓名、职务；（2）诉讼请求和所依据的事实与理由；（3）证据和证据来源，证人姓名和住所。在实践操作中，证据名称及证据来源、证明内容等在独立制作的证据材料清单中具体列明，并在起诉状中所证明的相应事实部分以括号说明对应的证据编号。证人名称、住所和联系电话等在向法院提交的证人出庭申请书中予以明确。

对于上述第一项当事人情况，主要审核是否有遗漏被告的情况。对于与案件有关的其他当事人是否应承担责任的问题不是十分确定的情况，从诉讼技巧的角度来说，应先将其列上，因为案件受理费是根据标的额确定的，在不会增加当事人成本的情况下，多一个被告承担责任，对于当事人而言是利大于弊。并且被告的选择对案件的管辖权具有重要意义，尤其是在可能异地诉讼的情况下，增加与案件有关的当地被告，能够节省成本，发挥本土优势。当然，增加被告须有合法的依据，否则将无法通过立案审查，即使通过立案也可能因被告提出管辖权异议而移送管辖。

起诉状的核心内容是围绕诉讼请求说明案件事实情况，并与法律法规相结合说明理由，做到事实清楚，说理充分。在民事诉讼中追求的不可能是绝对的客观事实，而只能是具有法律意义的事实，因此，律师在拟写诉状前应根据证据材料和当事人提供的情况对事实情况进行发掘、整理和消化，然后用法律的语言和写作技巧表达出来。从某种程度上来说，起诉状的目的是为了引导法官的思路，获得法官的理解与认同，因此，在写作技巧上应偏重于说服性。同时，考虑到对方律师在阅读起诉状时是"找茬"的心态，任何的疏忽都可能被对方抓住而成为攻击的要害，因此，起诉状的内容应力求思维严谨，做到字斟句酌。

具体写作上，在起草诉状之前，可先列纲要，将与案件相关的事实按照一定的逻辑关系（如以发生的时间顺序、以重要性大小等）排列；所有与案件相关的法律问题一一予以列出，并找出所有相关的法律资料（包括法律法规、类似案件的判决等）；然后将事实与相关法律相结合进行分析，推导出诉讼请求的结论，做到法律问题没有遗漏，法律法规的引用准确、充分，逻辑推导过程严密，案件的模糊点和漏洞得到了合理的处理和填补。同时，起诉状在形式上应力求思维清晰，表达简洁而有条理，若内容较长，应分多级标题，使文本形式简洁美观、内容条理清晰。

最后，应对诉状进行全篇通读，检查标点符号、数字小数点、错别字、文件格式等，这些细节貌似不起眼，却往往对案件可能产生重大的影响，且如发生这些低级错误可能会使律师的形象严重受损，使当事人对律师所做工作的评价大打折扣，严重的还会影响案件的诉讼目的之实现。

3. 证据的组织

证据的范围主要包括证明诉讼请求正确的证据、证明对方证据有误、失实的证据及与案件处理有关的其他证据。

证据的组织根据不同的案件具体情况有不同的方式，一般可以根据法律关系的内在结构组织证据，如侵权法律关系的构成应当具备违法行为、损害事实、行为与后果之间存在因果关系和行为人主观过错四个要件。以商标权侵权赔偿为例，首先应为商标权权属证据，对方侵权的前提是己方享有合法有效的商标权，这是当事人主张侵权赔偿的前提。权属证明包括商标注册证书、商标公告、续展注册证书、商标人变更名称文件及其他证明商标权属的文件，如注册商标转让合同、商标使用许可合同及许可的类型（只有独占实施许可合同的被许可人才可以单独提起诉讼）、转让费及许可使用费的付款凭证等。其次为侵权行为实施的情况，如经公证的被控的侵权产品或服务凭证，与商标注册图样等享有权属的产品或服务的特征对比材料等；最后为侵权造成损害结果的证据，如己方因被侵权造成销售额下降、对方侵权获利的证据等损失的证据。

律师对收集的证据应当进行编号，编制证据目录并说明证据来源及要证明的事实内容。对整理好的全部证据材料应标注流水号码，尤其是证据材料比较多的案件应及时标注，以免因文件脱落造成顺序打乱，或者在复印中造成遗漏。对于需证人出庭作证的案件，律师应编制证人名单，并说明拟证明的事实，在举证期限届满前 10 日内将证人出庭申请、证人名单及相关材料递交人民法院。

【案例 7-5】

曾某诉王某借贷纠纷案①

【案例 7-5】点评

某年的 2 月，原告曾某起诉王某，主张两年前的 9 月他借给被告 3 万元，期限为 3 个月，但被告至今没有履行还款约定。原告提交的证据主要有：双方签订的借款协议，协议约定，被告向原告借 3 万元，期限为 3 个月；两张买房收据和房子的钥匙，是被告交给原告作抵押的保证；被告发给原告的一条短信，内容是要求原告宽限 3 个月；发短信的那个手机号码的话费单印有被告的名字。最终，法院认定被告欠款未还

---

① 凌寒，李星林. 手机短信为证：首例债务官司胜诉 [J]. 恋爱婚姻家庭，2004（7）.

的事实，支持了原告的诉讼请求。

（三）立案

1. 立案要注意的事项

根据《民事诉讼法》第 119 条的规定，起诉必须符合下列条件：（1）原告是与本案有直接利害关系的公民、法人或其他组织；（2）有明确的被告；（3）有具体的诉讼请求和事实、理由；（4）属于人民法院受理民事诉讼案件范围和受诉人民法院管辖。对于符合上述条件的起诉，法院必须受理。但是在司法实践中，由于现实情况的多样性、案件的复杂性以及审理法官对法律的理解不同，尽管最高人民法院对于案件的受理出台了多项司法解释，但还是不可避免地出现了一些应该立案而未能予以立案的情况。在立案的过程中还应注意：

第一，诉讼请求必须具体明确，如涉及请求金钱给付的，应写明具体的请求金额，若金额无法确定的，应注明具体的计算方式。

第二，鉴于法官对法律的理解并不完全相同，对于某些案情比较复杂的案件，如某个立案法官不予受理，在实践中可以选择向其他立案窗口提交立案材料或者选择向有管辖权的其他法院起诉。当然，这是在符合法律规定或者对法律规定存在分歧或不同理解的情况下采取的应对措施，并不是抛开法律的投机取巧的行为。

第三，遇到需补充材料的情况，应按照要求及时予以补充提交，如补充被告主体资格材料等。立案时应尊重法官的工作和判断，避免与法官发生争吵而影响案件的受理。①

2. 预交案件受理费

案件通过法官立案审查后，应按照交费通知的期限和金额预交案件受理费，并向法院收费窗口换取预收案件受理费收据。案件受理费的金额虽由法院通知确定，但是实践中也存在案件受理费错算的情况，因此，律师在立案前或者交费前有必要对其金额进行核算。根据我国《诉讼费用交纳办法》第 13 条的规定，诉讼费用的交纳标准如下：

（1）财产案件依据标的额，按照下列比例分段累计交纳：

1 万以内的部分	50 元
1 万以上到 10 万以内的部分	标的额×2.5%−200 元
10 万以上到 20 万以内的部分	标的额×2%+300 元
20 万以上到 50 万以内的部分	标的额×1.5%+1300 元
50 万以上到 100 万以内的部分	标的额×1%+3800 元
100 万以上到 200 万以内的部分	标的额×0.9%+4800 元
200 万以上到 500 万以内的部分	标的额×0.8%+6800 元
500 万以上到 1000 万以内的部分	标的额×0.7%+11800 元
1000 万以上到 2000 万以内的部分	标的额×0.6%+21800 元
2000 万以上的部分	标的额×0.5%+41800 元

---

① 广西南宁青秀区法院回应"律师吴良述信访室被打"事件［EB/OL］．［2016-07-05］．观察者,http://www.guancha.cn/FaZhi/2016_06_04_362872.shtml.

（2）非财产案件按照下列标准交纳：

①离婚案件：（50~300元的基础费）+（标的额-20万）×0.5%

②侵害人格权的案件：

标的额5万~10万元的：（100~500元的基础费）+（标的额-5万）×1%

标的额超过10万元的：（100~500元的基础费）+标的额×0.5%

③其他非财产案件每件交纳50~100元。

（3）知识产权民事案件：

没有争议金额或者价额的，每件交纳500~1000元；

有争议金额或者价额的，按照财产案件的标准交纳。

（4）劳动争议案件每件交纳10元。

3. 证据保全与财产保全

（1）证据保全。在证据可能灭失或者以后难以取得的情况下，律师应当代理当事人在举证期限届满前7日向法院提出证据保全，并根据法院的要求提供担保。在知识产权案件和海事诉讼案件中，还可以申请诉前证据保全。证据保全的具体方法可以根据申请保全的证据具体情况，采取查封、扣押、拍照、录音、录像、复制、鉴定、勘验、制作笔录等方法。必要时，代理律师也可以通过公证方式对相应的证据予以确定。

（2）财产保全。财产保全，是指人民法院在利害关系人起诉前或者当事人起诉后，为保障将来的生效判决能够得到执行或者避免财产遭受损失，对当事人的财产或者争议的标的物，采取限制当事人处分的强制措施。财产保全分为诉前财产保全和诉中财产保全，在情况紧急，不立即采取相应的保全措施，可能使申请人的合法权益受到难以弥补的损失的情况下，可以申请诉前财产保全（须提供相应的担保），在采取保全措施后15日内再行起诉。

民事案件从人民法院受理到作出生效判决需要经过几个月甚至更长的时间。在这一过程中，将来的生效判决可能因为主观或者客观的因素导致不能执行或者难以执行（包括全部不能与部分不能）。主观因素如当事人有转移、毁损、隐匿财物的行为或者可能采取这种行为；客观因素主要是诉讼标的物是容易变质、腐烂的物品，如果不及时采取保全措施将会造成更大损失。法律虽然授予人民法院在必要时采取财产保全措施的职权，但是，人民法院一般很少主动行使该项职权，因为根据《国家赔偿法》的规定，人民法院依职权采取财产保全错误的，应当由人民法院依法承担赔偿责任。因此，为了保障案件的执行，在征得当事人同意的情况下，律师应代理申请财产保全，向法院提供被申请人银行账号、有价证券、房地产、机器设备、车辆、原材料、产成品等财产线索，并按法院要求提供相应担保，交纳保全费用。

财产保全的好处是显而易见的，如果案件胜诉了，即使对方拒不履行判决确定的义务，也有已被保全的财产可供执行；而且，因为财产保全限制了被申请人对财产的处分，可能对其产生诸多的不利影响，实践中，对于事实比较清楚的案件，当事人往往会在权衡利弊的情况下进行和解或者调解。但是，毕竟案件是否胜诉存在着一定的风险，如申请人财产保全错误，则须承担被申请人因财产保全而遭受的损失。因此，律师在代为申请财产保全权之前应向当事人说明申请不当的后果。

关于财产保全的期限问题，根据《最高人民法院关于人民法院民事执行中查封、扣押、冻结财产的规定》，人民法院冻结被执行人的银行存款及其他资金的期限不得超过6个月，查封、扣押动产的期限不得超过1年，查封不动产、冻结其他财产权的期限不得超过2年。查封、扣押、冻结期限届满，人民法院未办理延期手续的，查封、扣押、冻结的效力消灭。因此，律师应严格把握保全的期限，在期满前及时申请续期，否则，自动解封可能导致被申请人迅速转移财产或者被其他案件的当事人采取执行措施，而丧失执行的保障。

三、参与诉讼

（一）出庭前的准备

律师在出庭前必须考虑到案件进展过程中事实运用和法律适用上可能出现的各种可能性，这样才能思路开阔，做到知己知彼。出庭前，律师应询问委托人对合议庭组成人员是否提出回避申请及有无相应证据。听取委托人对案件的意见，以便在法庭审理时进行必要的配合，并对案件的疑点进行有针对性的询问，以确定是否需要提供新的补强性证据等。

1. 熟悉案情

律师从接受委托到开庭之间存在一定的时间差，而且，律师可能同时在跟进多个案件。因此，无论在接受委托时对案件了解得如何透彻，在出庭前还是应当对案件进行进一步全面了解，熟悉案件发生的时间、地点、原因、经过、结果等事实情况，双方的重要分歧和矛盾的焦点所在，以及双方当事人的主要观点和理由。在案件情况比较复杂、材料比较多的情况下，还应当做案件摘录，以表格或图表的方式将案件化繁为简，使错综复杂的法律关系变得一目了然。

2. 归纳争议焦点

律师在对案件证据和法律进行考量的基础上，应从对方可能进行反驳的主要证据和观点中概括出案件的争议焦点所在，并重点对焦点问题做好充分的准备，如补充相应的证据材料，以增强己方的证明力，或反驳对方的证据；分析对方证据的瑕疵、漏洞、矛盾之处，以进行有力的反驳；查找对己方有利的法律依据，甚至以往类似案件对己方有利的判决材料等，以便做好充分的准备，在法庭调查结束，法官总结案件的争议焦点后，对争议焦点的遗漏提出补充建议，并集中围绕争议的焦点发表辩论意见。

3. 拟定发问与准备被提问的问题

在庭审中律师要接受法庭的询问，并根据需要向对方及证人、鉴定人等发问，因此，有必要在庭审前草拟发问提纲，内容包括对其他当事人进行发问的内容和对出庭作证的证人、鉴定人的提问内容等。采取怎样的方式进行发问，具有较大的技术性，通过高技巧的发问，往往能攻破虚假的证词，还原事情的真相。实践中常见的发问方式有：选择式提问、引导式提问、封闭式提问、开放式提问、澄清式提问等。律师可以事先设定连环提问的问题，并对可能存在各种不同的回答，设定分叉的发问，以从不同的方面了解案件情况，判断和揭露对方的回答所存在矛盾和虚假之处。

在被提问的准备上，律师应就可能的提问进行充分的准备，对于超出律师授权范围，或者律师不清楚的情况，无法作出当场回答的，建议应在与当事人协商后，于庭后提交补充意见。对于己方当事人共同出庭的，应事先与当事人沟通，告知其回答法庭提问时应注意的问题，并可以进行程序上的演练，以便于庭审的顺利进行。

4. 准备自由辩论

法庭辩论是双方观点的直接碰撞，需要急速反应和临场应变，但法庭辩论过程中可能会出现这样的情况：在辩论中，不自觉地被卷入对方的思维中；辩论的问题偏离了案件的争议焦点；突然无话可说或是不记得自己说了什么等。因此，提前准备书面的辩论大纲是非常必要的，围绕案件的争议焦点列出主要的事实证据和重要的论点，在辩论的过程中保证始终围绕核心问题，突出强调对己方有利的事实和法律。律师辩论大纲是律师开庭表现的最有力保证，尤其是对缺乏开庭经验的新手律师及案情比较复杂的案件，提前准备辩论大纲，并在庭审的过程中予以进一步完善，能有效地保证律师的法庭辩论的实效。

（二）庭审代理应当注意的问题

法庭审理一般包括准备阶段、法庭调查阶段、法庭辩论阶段、合议阶段和宣判阶段等，律师代理的重点在法庭调查和法庭辩论两个阶段。律师在庭审中除了按照法定的程序履行代理责任以外，还应注意基本的庭审技巧。

1. 出庭礼仪

律师作为专业人士，在出庭参加诉讼的过程中，应模范维护庭审的秩序，保持庭审的严肃性，遵守出庭的礼仪。律师出庭礼仪包括着装、谈吐举止等方面。

着装方面，近年来我国司法机关进行了一系列改革，包括全国法院审判人员换着黑色法官袍出庭，在法庭开庭审理案件时使用法槌。律师协会也为所属的律师提供了订购律师袍的服务。虽然目前穿律师袍开庭的情况比较少见，但律师应依照规定着装参加庭审，以体现对法庭和诉讼参加人的尊重。

在法庭辩论中，律师难免带有激烈的对抗情绪，但是，律师必须善于控制自己的情绪，始终保持说话的语气、语调和语速，做到充分说理，防止陷入激动或愤怒的情绪中而无法冷静地作出判断和采取临场应变对策，无论法庭之中的观点冲突多么激烈，都不能将观点的争论转为人身攻击。否则，不但影响律师自身的形象，对庭审将产生不利影响，甚至会影响到律师正常的执业。

2. 突出争议焦点中对己有利的案情陈述

法官对其要审理的案件可能事先并没有详细的了解，通过翻阅案卷，也只能对此有大概的印象，关于案件情况，更多的是通过庭审中双方律师的陈述和辩论来了解和加深印象。因此，有关的法律和事实，需要律师加以整理和消化，然后陈述给法官听。法庭审理的过程，实际就是双方律师运用法律及事实信息影响法官判断的过程。律师对信息的整合和传递，因采用不同的表达方法和技巧，便会在法官的头脑中形成不同的影像，从而会产生不同的结果。

正确介绍案情的关键在于简练而有序地阐述案件基本情况和争议的焦点，然后抓住对己方有利的事实情况进行展开详细的说明，必要时可以进行简要的重复，以确保书记员能清楚完整地记录下这部分重要案情，同时在法官的头脑中留下比较清晰的印象。

3. 重视举证与质证

虽说案件的审理应以事实为依据，以法律为准绳，但法律上的事实只能通过证据来得以证实。一切以证据说话，这是现代法治的显著标志。当时发生了什么、我们认为当时发生了什么、证据证明当时发生了什么，这是不同的三件事情，法律只承认最后一件①。

法庭审理案件的第一步就是查明事实，只有在查明事实的基础上才能进行法律的适用，并且大部分的案件，主要是双方对案件事实存在争议，很少是单纯对法律适用的争议，而法庭调查阶段的举证与质证是法庭查明案件事实的过程。在举证和质证的过程中，案件的事实逐渐清晰，因此律师必须重视举证与质证。

具体而言，当事人举证与质证的基本目标有两个：（1）通过举证，即以证据的种类、证据来源、证明的事实内容等来证明己方诉讼请求的合法性。（2）通过质证，即以证据的客观性、合法性和关联性为标准，通过质询、辨认、分析、反驳等方式揭露对方所提交证据的虚假、矛盾和错误，从而降低或者否定其证据的证明力。同时在质证中通过反驳对方的证据，以证明和确定对于己方有利证据材料的真实性、合法性和关联性。

对于对方申请证人、鉴定人出庭作证，律师经审判人员许可就与本案有关的问题发问的，若发问受到审判人员制止，律师应尊重法庭的决定，改变问题或者发问的方式。若对方对己方证人进行威逼性、诱导性发问及其他不当发问，律师应提出反对意见。反对意见被法庭驳回后，可提请法庭将反对意见记录在案。

每一案件事实的全部证据出示完毕后，律师应结合有关背景材料进行综合分析，对于应公证而未予以公证的证据，证人未出庭作证的证言，有矛盾、程序违法及与案件没有关联性的证据，以及其他不具备证据证明力的证据，应建议法庭不予采信。必要时可以准备书面举证和质证提纲。通过拟定提纲对已经掌握的有关对方证据中存在的问题进行总结、概括，从而更有利于质证效果的体现。

此外，对当事人提供的证据，律师应当留存复印件，原件最好由当事人自行保管，在庭审时由当事人自己带到法庭，以便于在质证时进行原件核对。

4. 突出自由辩论中的重点

法庭调查结束，审判人员归纳出案件争议焦点并询问双方有无修改和补充意见后，庭审进入法庭辩论阶段。

法庭辩论阶段，律师要根据法庭调查的事实和有关程序问题，作出自己的判断，并阐明自己的观点，同时对对方的观点和理由进行反驳，其目的在于使审判人员接受己方观点，否定对方观点。律师自由辩论发言，应紧紧围绕争议焦点进行。从事实、证据、法律等不同方面进行分析，阐明观点，陈述理由。

所谓庭审代理的技巧，其实都是建立在充足的准备基础上，如对案件事实了解不够清晰，对所涉及的法律关系和法律法规不熟悉，就算掌握再多的庭审经验和技巧也只能是徒劳，即便是经验丰富的律师，也不能说不需要准备也能在庭审中正常发挥，因为庭审中面对的是对方律师的对抗，你的准备是否充分很快就会被对方察觉，因此，充足的准备才是庭审效果的保障，是庭审技巧发挥的前提。

（三）庭后工作

1. 补充举证

---

① 张勇. 远见［M］. 北京：机械工业出版社，2003：92.

在法庭调查中，可能因对方提交了新的证据，已方需要提供反驳的证据不能当庭提供，法官一般会指定一定的期限，要求庭后提供补充证据材料，并在庭审记录中予以载明，如当事人不能在指定的期限内提交，将承担举证不能的后果。因此，庭审后，律师应与当事人积极配合，查找和调取相应的补充证据材料，及时向法庭提交。

2. 提交代理词

庭后向法庭提交的代理词是代理律师在参加整个法庭审理之后，对案件的事实和法律发表的总结性代理意见，是在对法庭调查和法庭辩论中查明事实情况的基础上论证已方诉讼请求合法及反驳对方无理指控或答辩的法律文书，目的在于进一步分析案件的事实和焦点，促使审判人员采纳已方观点，对案件作出公正处理，以充分保护委托人的合法权益。

代理词形式上由前言、代理意见、结束语三部分所组成。前言是一段简短的开场白。简要说明代理律师是接受民事诉讼哪一方当事人的委托，参加哪个案件的诉讼活动；代理律师在庭审中做了哪些工作等。代理词虽然是在休庭后以书面的形式提交法院，但其内容却是一种口头发言稿，因而其内容的主体部分——代理意见在写法上并没有固定的格式。从司法实践的具体情况来看，比较常见的写法有：在陈述案件基本事实的基础上，对案件的争议焦点逐条进行事实和法律论证，或者按照先事实分析，在此基础上结合法律进行论证，以推导出结论。结束语是对代理意见的归纳和小结。一般概述两个内容：一是简单归纳代理意见的核心观点；二是简洁明了地向人民法院提出对案件的处理建议。

四、执行

负有义务的当事人在拒不履行生效法律文书确定义务的情况下，法院根据另一方当事人的申请或者依职权可以强制其履行义务。执行程序是民事诉讼活动的最后阶段，也是实现当事人权益的关键环节，案件从一审胜诉到二审，再到执行已经不易，但"执行难"一直是司法实践中的常态，况且，案件经过一审、二审这么长的时间，被执行人可能早已把主要财产转移，更增加了案件的执行难度，即使在已申请财产保全的情况下，也可能因第三人对执行标的提起权属争议之诉而导致执行中止。因此，律师在执行阶段更需要提高警惕，以免使当事人拿到的胜诉判决书成为一纸空文。

律师在这个阶段的主要工作为：代理提出执行申请、执行和解、参与执行异议听证、收转执行财产等。

（一）申请执行

1. 申请执行资料的准备

律师代理执行申请应向法院提交下列材料：

（1）申请执行书。要写明申请执行的事项、金额、申请的理由以及申请执行人所了解的被执行人的财产状况及线索，由当事人签名盖章。对于诉讼费用是否应写入执行事项中，根据《最高人民法院关于适用〈诉讼费用交纳办法〉的通知》（法发〔2007〕16号）第3条关于"对原告胜诉的案件，诉讼费用由被告负担，人民法院应当将预收的诉讼费用退还原告，再由人民法院直接向被告收取，但原告自愿承担或者同意被告直接向其支付的除外"的规定，可以直接向案件书记员办理退还诉讼费用手续，从而避免被告无财产可供执行时，原告胜诉还要承担诉讼费的后果。

（2）生效法律文书、生效证明原件以及复印件各一份。

（3）申请人的身份证明文件：申请人是法人或其他组织的，应提交营业执照复印件、法定代表人（负责人）身份证明书原件、法定代表人（负责人）的身份证的复印件；申请人是自然人的，应提交身份证的复印件；继承人或承受人申请执行的，还应提交继承或承受权利的证明文件。

（4）授权委托书。写明委托事项、代理人的权限及联系方式，由委托人签字或盖章。

（5）律师事务所函。

（6）申请执行人涉外、涉港澳台的，必须提供经公证、认证材料（董事会决议、法人身份证明书、授权委托书、商业登记的复印件等）。

（7）已经对被申请人的财产申请保全措施的，提交民事裁定书复印件一份。

2. 申请执行的立案

立案庭对申请人提出的执行申请，经审查符合《最高人民法院关于人民法院执行工作若干问题的规定（试行）》第18条条件的予以受理：

（1）据以申请执行的法律文书已经发生法律效力。

（2）在法定期限内提出。根据诉讼法的规定，申请执行的期间为2年，从法律文书规定履行期间的最后一日起计算；法律文书规定分期履行的，从规定的每次履行期间的最后一日起计算；法律文书未规定履行期间的，从法律文书生效之日起计算。适用法律有关诉讼时效中止、中断的规定。申请人一旦超过该期限，即不能通过强制执行程序来实现自己的权利（无法获得法院强制力执行的支撑），从而转为了自然债，很难予以追回；

（3）生效法律文书具有给付内容，不具有给付内容的生效文书，无须也无法进行强制执行，如确权之诉。

（4）申请人是生效法律文书确定的权利人或其继承人、权利承受人，被申请人是生效法律文书确定的债务人。

（5）被申请人在生效法律文书确定的期限内未履行或未完全履行义务。

（6）属于申请法院管辖。根据《民事诉讼法》的规定，发生法律效力的民事判决、裁定，以及刑事判决、裁定中的财产部分，由第一审人民法院或者与第一审人民法院同级的被执行的财产所在地人民法院执行。法律规定由人民法院执行的其他法律文书（如公证的债权文书、仲裁裁决等），由被执行人住所地或者被执行的财产所在地人民法院执行。

【案例7-6】

法院判决的执行①

【案例7-6】点评

A公司向B公司承租房屋后，向B公司提出拆除部分残缺墙体，重新布建的要求。B公司拒绝了这一要求，但A公司依然不顾B公司反对，拆除部分墙体，重新

---

① 汤维建．民事诉讼法学原理与案例教程［M］．北京：中国人民大学出版社，2006：565.

布建。B公司因此诉诸法院，法院判决要求A公司将改建的墙体恢复原状。然A公司依然故我，未见行动，B公司只得向法院申请强制执行。法院受理该执行案后向A公司发出公告，限期令其恢复墙体原状，但A公司不予理睬。于是法院现场强制执行，工程队登场现场恢复墙体原状，并将拒不配合执行、态度恶劣的A公司老总司法拘留。

（二）协助执行

法院强制执行行为所指向的对象，为执行标的，即被申请人所有或合法持有的可供执行的以实现申请人债权的财产。原则上被执行人的财产均可以强制执行，但在实体法和程序法上基于保障社会安全或债务人的生存或第三人利益等考虑，被执行人的特定财产，法院虽可采取执行措施，但不得实际执行，如对被执行人及其所扶养家属生活所必需的居住房屋，人民法院可以查封，但不得拍卖、变卖或者抵债。具体而言，执行财产包括有体物，如房屋、车辆、船舶、机器设备、产品、材料等；无形财产如存款、知识产权、股权及其派生权益、土地使用权等自然资源使用权、公路运营权等。虽然法律规定了法院依职权执行，但在司法实践中，申请人不提供被执行人的财产线索，法院一般是不会主动去查找被执行人财产的。因此，当事人有必要在申请执行的同时或者执行期间提供被申请人可供执行的财产线索，此处与申请财产保全时的做法一致，实际上财产保全就是为了保障案件的执行，以提供担保的方式，提前所做的工作。根据上述执行财产的范围，当事人向法院提供的财产线索相应包括银行账号，房产地址，证券账号，股权登记地，机器设备、车辆、产品等所在地，知识产权登记地（号）和具体部门等。

五、结案归档

律师代理的民事案件结案后，应及时拟写办案小结并进行案卷归档。根据《律师业务档案立卷归档办法》的规定，律师业务档案按年度和一案一卷、一卷一号的原则立卷。律师业务档案按照案卷封面、卷内目录、案卷材料、备考表、卷底的顺序排列装订成册。案卷内档案材料应按照诉讼程序的客观进程或时间顺序排列。

民事代理卷具体顺序为：（1）律师事务所（法律顾问处）批办单；（2）收费凭证；（3）委托书（委托代理协议、授权委托书）；（4）起诉书、上诉书或答辩书；（5）阅卷笔录;（6）会见当事人谈话笔录;（7）调查材料（证人证言、书证）;（8）诉讼保全申请书、证据保全申请书、先行给付申请书和法院裁定书；（9）承办律师代理意见;（10）集体讨论记录;（11）代理词;（12）出庭通知书;（13）庭审笔录;（14）判决书、裁定书、调解书、上诉书;（15）办案小结。整理好的案卷应进行装订并进行编号后进行存档以备查询。

第二节　民商事仲裁代理

民商事仲裁，是指双方当事人在发生民商事纠纷之前或者之后达成协议，自愿将其之间的争议提交给第三者作出裁决，双方当事人有义务履行裁决的一种解决争议的方式。

仲裁代理是指律师接受争议当事人的委托，以代理人的身份代理当事人向仲裁机构申请仲裁，参加仲裁活动，以维护委托人利益的活动。

一、仲裁条款的审查

民商事仲裁和民事诉讼都是解决民商事纠纷案件的途径，但是民商事仲裁以当事人之间达成仲裁协议为前提，是否达成仲裁协议及仲裁协议的效力，直接决定当事人能否申请仲裁解决纠纷，因此，律师在代理仲裁申请前应审查仲裁条款的效力。

仲裁条款是双方当事人预先订立或在争议发生之后双方共同协商达成的自愿将相关争议提交仲裁解决，并履行仲裁裁决的书面意思表示。《仲裁法》第16条规定："仲裁协议包括合同中订立的仲裁条款和以其他书面方式在纠纷发生前或者纠纷发生后达成的请求仲裁的协议。仲裁协议应当具有下列内容：（一）请求仲裁的意思表示；（二）仲裁事项；（三）选定的仲裁委员会。"据此，有效的仲裁条款要具备以下三要素：

（一）请求仲裁的意思表示明确具体

明确具体的仲裁意思表示则排除了法院诉讼，是唯一可以确定的争议解决方式，实践中经常发生的仲裁意思表示不明确，主要表现为约定既可仲裁也可诉讼，根据《最高人民法院关于适用〈中华人民共和国仲裁法〉若干问题的解释》第7条的规定，如当事人在仲裁协议中约定"如因本合同发生争议向仲裁机构申请仲裁或提交法院解决"，则是仲裁请求不明确，是无效的仲裁条款；但若该协议中约定的仲裁机构明确具体，一方在被提起仲裁以后未提出异议的，则可以确认其效力，如协议约定"如因本合同发生争议向广州仲裁委员会申请仲裁或提交法院解决"，一方向仲裁机构申请仲裁，另一方未在规定期间内提出异议的，仲裁机构可以受理。

（二）提交仲裁的事项属于仲裁法规定和当事人约定的仲裁事项范围

根据《仲裁法》第2条的规定，平等主体的公民、法人和其他组织之间发生的合同纠纷和其他财产权益纠纷，可以仲裁；但第3条列出了以下情况不能提交仲裁：婚姻、收养、监护、扶养、继承纠纷；依法应当由行政机关处理的行政争议。即当事人就婚姻、继承等有关人身关系和行政争议即使约定了明确具体的仲裁请求和唯一仲裁机构，也是无效的。

仲裁条款的效力范围还受当事人约定仲裁事项的限制，仲裁机构只能对仲裁条款中双方约定的仲裁事项进行仲裁，超出约定范围的部分无权处理。根据《最高人民法院关于适用〈中华人民共和国仲裁法〉若干问题的解释》第2条的规定，当事人概括约定仲裁事项为合同争议的，基于合同成立、效力、变更、转让、履行、违约责任、解释、解除等产生的纠纷都可以认定为仲裁事项。但如果合同中约定的仲裁事项仅为有关合同某一方面问题，如约定有关合同效力的纠纷提交广州仲裁委员会解决，则发生合同违约纠纷时，不能通过仲裁解决。

（三）选定的仲裁委员会

我国仲裁不实行级别管辖和地域管辖，仲裁委员会由当事人协议选定，是否选定了准确、唯一的仲裁机构，直接决定了仲裁条款的效力，该项要求也是实践中造成仲裁条款无效的最主要因素，因此，针对实践中该要素存在诸多问题，《最高人民法院关于适用〈中

华人民共和国仲裁法〉若干问题的解释》第3、4、5、6条对此作出了详细的规定:

第一,仲裁协议约定的仲裁机构名称不准确,但能够确定具体的仲裁机构的,应当认定选定了仲裁机构。如合同审查中经常出现的将"广州仲裁委员会"①,写成"广州市仲裁委员会",或者将"中国国际经济贸易仲裁委员会"写成"中国国际贸易促进委员会对外贸易仲裁委员会"等。这些仲裁协议虽然约定的仲裁机构名称不准确,但是能够确定具体的仲裁机构,应为有效。

第二,仲裁协议仅约定纠纷适用的仲裁规则的,视为未约定仲裁机构,但当事人达成补充协议或者按照约定的仲裁规则能够确定仲裁机构的除外。如仲裁条款约定"本合同争议按照《广州仲裁委员会仲裁规则》仲裁解决",虽然未约定仲裁机构,但是根据该仲裁规则,可以确定为广州仲裁委员会。

第三,仲裁协议约定两个以上仲裁机构的,当事人可以协议选择其中的一个仲裁机构申请仲裁;当事人不能就仲裁机构选择达成一致的,仲裁协议无效。在实践中,双方当事人在发生纠纷后很难再就仲裁条款达成新的协议,因此,实践中该类仲裁条款往往做无效处理。

第四,仲裁协议约定由某地的仲裁机构仲裁且该地仅有一个仲裁机构的,该仲裁机构视为约定的仲裁机构。该地有两个以上仲裁机构的,当事人可以协议选择其中的一个仲裁机构申请仲裁;当事人不能就仲裁机构选择达成一致的,仲裁协议无效。实践中,当事人发生争议之后很难再就仲裁条款达成新的协议,因此,如某地存在两个以上的仲裁机构,该类仲裁条款往往做无效处理。

此外,根据《仲裁法》第17条的规定,无民事行为能力人或者限制民事行为能力人订立的仲裁协议及一方采取胁迫手段,迫使对方订立的仲裁协议均属无效。

【案例 7-7】

仲裁条款的效力

【案例 7-7】点评

甲、乙公司签订了总价款为1000万元的煤炭分批买卖合同,同时在买卖合同中约定,如因合同发生争议提交广州市的仲裁机构按照该会的仲裁规则仲裁解决。在合同履行中,甲公司因延迟交付第二批煤炭,致使乙公司的合同目的无法实现,乙公司据此向甲公司主张解除合同。买卖合同解除后,乙公司一直没有付款,且根据买卖合同约定向广州仲裁委员会提起仲裁,甲方认为合同约定的机构不明确,仲裁条款无效,且合同已经解除,不能通过仲裁解决。最终,广州仲裁委员会受理了乙公司的仲裁申请。

---

① 2015年9月24日原"广州仲裁委员会"更名为"中国广州仲裁委员会"。

二、提出仲裁申请

仲裁申请，是指平等主体的公民、法人和其他组织就他们之间发生的合同纠纷和其他财产权益纠纷，根据仲裁协议，提请仲裁委员会进行裁决的行为。

（一）仲裁申请书的内容

1. 当事人的基本情况

如当事人的姓名、性别、年龄、职业、工作单位、住所、通信地址、联系电话等。如当事人是法人或其他组织的，应当写明法人或其他组织的名称、住所和法定代表人或者主要负责人的姓名、职务。这些基本情况按照申请人、被申请人的顺序列出。

2. 具体的仲裁请求和所根据的事实、理由

仲裁请求即仲裁申请人想通过仲裁所要达到的法律上的目的，仲裁请求需明确具体，具有可操作性。申请书应围绕仲裁请求，阐明事实，并结合法律法规的规定说明应当支持仲裁请求的理由。

3. 证据和证据来源、证人姓名和住所

仲裁法规定，仲裁申请人对自己的主张负有举证责任，申请人在提出仲裁请求的同时，应当提供有关的证据，并说明证据来源、证明内容等，如需要申请证人出庭作证的，应提供证人姓名、住所及联系方式等。

（二）提交仲裁申请

律师代理申请仲裁，应当向仲裁委员会递交如下材料：

（1）书面仲裁协议；（2）仲裁申请书及副本；（3）申请人、被申请人的身份证明；申请人、被申请人为自然人的，应提交身份证复印件或其他身份证明材料；申请人、被申请人是法人的，应提交营业执照复印件或者工商注册登记资料、申请人法定代表人证明书；申请人、被申请人是其他组织的，应提交有关部门关于该组织成立的批准文件或者能够证明其主体资格的材料；（4）委托代理人的授权委托书及律师事务所函；（5）其他的相关证据材料。

（三）选定或委托指定仲裁庭成员

仲裁委员会受理仲裁申请后，应当在仲裁规则规定的期限内将仲裁规则和仲裁员名册送达申请人，由当事人选定仲裁员。根据《仲裁法》第 31、32 条的规定，仲裁庭是由 3 名仲裁员组成，还是由 1 名仲裁员组成，可以由双方当事人约定（通常，仲裁规则规定适用简易程序的案件也可以由 1 名仲裁员独任）；当事人约定由 3 名仲裁员组成仲裁庭的，由各自选定或者各自委托仲裁委员会主任指定 1 名仲裁员，第 3 名仲裁员由当事人共同选定或者共同委托仲裁委员会主任指定。第 3 名仲裁员是首席仲裁员。当事人约定由 1 名仲裁员成立仲裁庭的，由当事人共同选定或者共同委托仲裁委员会主任指定仲裁员。只有当事人没有在规定的期限内约定仲裁庭组成方式或者选定仲裁员时，才由仲裁委员会主任依照职权指定。

三、申请撤销仲裁裁决

（一）申请撤销仲裁裁决的主体

由于仲裁当事人与仲裁裁决的结果有直接的利害关系，仲裁裁决决定着当事人的合法权益是否得到了保护或者受到了侵害。因此，法律规定提出申请撤销仲裁裁决的主体是当事人，包括仲裁申请人和被申请人。

（二）申请撤销仲裁裁决的管辖和时效

根据我国仲裁法的规定，当事人申请撤销仲裁裁决，必须向仲裁委员会所在地的中级人民法院提出，即管辖权法定，当事人无权向其他法院申请。当事人申请撤销仲裁裁决的时效为收到裁决书之日起 6 个月，逾期未申请的，双方当事人应履行裁决书中所规定的各自的义务，否则，权利方可以向管辖法院申请强制执行。

（三）申请撤销仲裁裁决的理由

根据《仲裁法》的规定，人民法院对当事人提出的撤销国内仲裁裁决的申请和相关证据，组成合议庭审查核实，认定有下列情形之一的，应裁定撤销裁决：

1. 没有仲裁协议

仲裁协议是当事人申请仲裁和仲裁机构受理当事人的仲裁申请的前提。仲裁以当事人自愿为原则，仲裁委员会不能违背该原则受理没有仲裁协议的申请，否则，其对案件作出仲裁裁决也当然违法，当事人有权向人民法院申请撤销此违法裁决。

2. 仲裁的事项不属于仲裁协议的范围或者仲裁委员会无权仲裁

实践中，当事人申请仲裁的事项，必须属于仲裁协议约定的事项范围，超出约定事项范围的仲裁申请，仲裁机构不应受理，否则，所作出的仲裁裁决可以申请撤销。根据《最高人民法院关于适用〈中华人民共和国仲裁法〉若干问题的解释》第 19 条的规定，如果我国仲裁机构裁决事项超越当事人仲裁协议约定的范围，或不属于当事人申请仲裁的事项，并且上述事项与仲裁机构作出裁决的其他事项是可分的，法院可以基于当事人的申请，在查清事实后裁定撤销超出仲裁范围的部分。对于不属于仲裁事项范围的婚姻、收养、监护、扶养、继承纠纷和依法应当由行政机关处理的行政争议仲裁机构无权仲裁。

3. 仲裁庭的组成或者仲裁的程序违反法定程序

仲裁庭的组成应充分体现当事人意思自治，仲裁庭组成程序违法，或者违背法定仲裁程序所作出的仲裁裁决，属于法定被撤销的理由。实践中仲裁庭的组成或者仲裁程序违反法定程序的主要表现形式为：仲裁庭组成未履行各自指定和共同（委托）指定程序，仲裁机构没有将仲裁庭的组成情况、开庭时间、地点等事项书面通知当事人，违反回避规定，裁决所依据的证据未经质证，仲裁开庭时当事人陈述、辩论受到不合理的限制等情形。

4. 仲裁裁决所依据的证据是伪造的

证据是仲裁庭查明案件事实情况的依据，只有在查明案件事实的情况下，才能确定双方当事人的责任界限，并据以作出仲裁裁决。如果当事人提供的证据是伪造的，仲裁庭却予以认定并作出裁决，那么该裁决也是违法的，当事人可以申请予以撤销。

5. 对方当事人隐瞒了足以影响公正裁决的证据

所谓"足以影响公正裁决的证据"，是指决定案件的事实或者与案件争议的焦点直接相关，直接关系到仲裁裁决结果的证据。

6. 仲裁员在仲裁该案时有索贿受贿、徇私舞弊、枉法裁决的行为

对于申请不予执行涉外仲裁裁决的理由，《民事诉讼法》第 274 条规定了 4 种情况：（1）当事人在合同中没有订有仲裁条款或者事后没有达成书面仲裁协议的；（2）申请人没有得到指定仲裁员或者进行仲裁程序的通知，或者由于其他不属于申请人负责的原因未能陈述意见的；（3）仲裁庭的组成或者仲裁程序与仲裁规则不符的；（4）裁决的事项不属于仲裁协议的范围或者仲裁机构无权仲裁的。

从上述涉外仲裁裁决的法定撤销情形看，涉外仲裁裁决的撤销理由只限于程序上的问题，而不涉及裁决的实体问题。但无论是国内仲裁还是涉外仲裁，如果裁决违背社会公共利益，人民法院都应当裁定予以撤销。

四、仲裁裁决的申请执行与申请不予执行

《中华人民共和国仲裁法》第 9 条规定仲裁实行一裁终局的制度，因此仲裁裁决一经作出即具有强制性，当事人应当予以执行。但仲裁庭本身不具有强制执行的权利，根据《民事诉讼法》的规定，对于生效的仲裁裁决，一方当事人不履行的，另一方当事人可以向被执行人住所地或者被执行的财产所在地人民法院申请强制执行。受申请的人民法院应当执行。

根据《民事诉讼法》第 237 条的规定，被申请人提出证据证明仲裁裁决有下列情形之一的，经人民法院组成合议庭审查核实，裁定不予执行：

（1）当事人在合同中没有订有仲裁条款或者事后没有达成书面仲裁协议的；

（2）裁决的事项不属于仲裁协议的范围或者仲裁机构无权仲裁的；

（3）仲裁庭的组成或者仲裁的程序违反法定程序的；

（4）裁决所根据的证据是伪造的；

（5）对方当事人向仲裁机构隐瞒了足以影响公正裁决的证据的；

（6）仲裁员在仲裁该案时有贪污受贿，徇私舞弊，枉法裁决行为的。

人民法院认定执行该裁决违背社会公共利益的，裁定不予执行。

仲裁裁决被人民法院裁定不予执行的，当事人可以根据双方达成的书面仲裁协议重新申请仲裁，也可以向人民法院起诉。

第三节　劳动纠纷仲裁代理

劳动争议又称劳动纠纷，在国外也称劳资纠纷或劳资争议。劳动争议是指劳动法律关系当事人之间关于劳动权利、劳动义务的争执。劳动争议仲裁是指劳动争议当事人将争议提交劳动争议仲裁委员会进行居中公断与裁决，从而解决双方争议的活动。在我国，劳动仲裁是劳动争议当事人向人民法院提起诉讼的前置程序。

一、劳动仲裁受案的范围

律师在接受委托前，应审查当事人委托事项是否属于可以仲裁的劳动争议。根据 2009 年 1 月 1 日实施的《劳动人事争议仲裁办案规则》第 2 条的规定，以下争议适用劳动仲裁：

（1）企业、个体经济组织、民办非企业单位等组织与劳动者之间，以及机关、事业单位、社会团体与其建立劳动关系的劳动者之间，因确认劳动关系，订立、履行、变更、解除和终止劳动合同，工作时间、休息休假、社会保险、福利、培训以及劳动保护，劳动报酬、工伤医疗费、经济补偿或者赔偿金等发生的争议；

（2）实施公务员法的机关与聘任制公务员之间、参照公务员法管理的机关（单位）与聘任工作人员之间因履行聘任合同发生的争议；

（3）事业单位与工作人员之间因除名、辞退、辞职、离职等解除人事关系以及履行聘用合同发生的争议；

（4）社会团体与工作人员之间因除名、辞退、辞职、离职等解除人事关系以及履行聘用合同发生的争议；

（5）军队文职人员聘用单位与文职人员之间因履行聘用合同发生的争议；

（6）法律、法规规定由仲裁委员会处理的其他争议。

国家机关与其公务员之间、事业组织和社会团体与其正式在编员工之间发生争议属人事争议，不属于劳动争议，因而不属劳动仲裁诉讼的受案范围。

【案例 7-8】

住房争议不属于劳动争议

【案例 7-8】点评

王某是 A 单位员工，一直租住 A 单位享有产权的房屋。后 A 单位给与员工房改福利分房。王某当时生病请长假，A 单位便未让其参与房改福利分房。王某与 A 单位协商不成，便向当地劳动仲裁机构申请仲裁，但劳动仲裁机构以其争议事项不属于劳动争议仲裁范围为由未予受理。

二、劳动仲裁管辖

劳动争议仲裁委员会不按行政区划层层设立。省、自治区人民政府可以决定在市、县设立；直辖市人民政府可以决定在区、县设立。直辖市、设区的市也可以设立一个或者若干个劳动争议仲裁委员会。

劳动争议实行地域管辖，劳动争议仲裁委员会负责管辖本区域内发生的劳动争议。劳动争议具体由劳动合同履行地或者用人单位所在地的劳动争议仲裁委员会管辖，双方当事人分别向劳动合同履行地和用人单位所在地的劳动争议仲裁委员会申请仲裁的，由劳动合同履行地的劳动争议仲裁委员会管辖。其中，劳动合同履行地为劳动者实际工作场所地，用人单位所在地为用人单位注册、登记地。用人单位未经注册、登记的，其出资人、开办单位或主管部门所在地为用人单位所在地。

【案例7-9】

【案例7-9】点评

劳动争议也存在管辖问题

丁某与 A 公司订立劳动合同，A 公司所在地为甲地，但丁某实际上被派往乙地工作，后丁某与 A 公司因解除劳动合同发生纠纷，丁某向乙地劳动仲裁委员会申请仲裁，受理后 A 公司提出管辖异议，认为本案应由甲地劳动仲裁委员会管辖。最终，乙地劳动仲裁委员会驳回了 A 公司的管辖异议。

三、劳动仲裁的时效

2008 年 5 月 1 日，《中华人民共和国劳动争议调解仲裁法》（以下简称《劳动争议调解仲裁法》）正式施行。根据该法第 27 条的规定，我国劳动争议申请仲裁的时效期间由以前的 60 天延长至 1 年。仲裁时效期间从当事人知道或者应当知道其权利被侵害之日起计算。

劳动争议仲裁时效适用中断与中止。在争议申请仲裁的时效期间内，一方当事人通过协商、申请调解等方式向对方当事人主张权利；一方当事人通过向有关部门投诉，向仲裁委员会申请仲裁，向人民法院起诉或者申请支付令等方式请求权利救济；或者对方当事人同意履行义务的，仲裁时效中断。从中断时起，仲裁时效期间重新计算。因不可抗力或者有其他正当理由，当事人不能在规定的仲裁时效期间申请仲裁的，仲裁时效中止。从中止时效的原因消除之日起，仲裁时效期间继续计算。

劳动关系存续期间因拖欠劳动报酬发生争议的，劳动者申请仲裁不受 1 年的仲裁时效期间的限制；但是，劳动关系终止的，应当自劳动关系终止之日起 1 年内提出。

【案例7-10】

【案例7-10】点评

加班工资争议仲裁

老家浙江的刘先生从 2005 年 5 月 23 日进入深圳某高速公路公司工作，在收费站担任后勤系列电工，与公司的劳动合同约定每天工作 8 小时，而实际每天工作 12 小时，公司也认可其有加班，并且统计了他每个月的加班时间，但是他没有领到过加班费。2015 年 7 月 9 日，张先生因为电工证过期被公司解雇。于是，2015

年 8 月，张先生向当地劳动争议仲裁委员会申请仲裁，要求公司支付加班工资。该申请被受理。

四、申请劳动仲裁应当提交的材料

（一）仲裁申请书

仲裁申请书应当载明下列事项：劳动者的姓名、性别、年龄、职业、工作单位、住所、通信地址和联系电话，用人单位的名称、住所、通信地址、联系电话和法定代表人或者主要负责人的姓名、职务；仲裁请求和所根据的事实、理由；证据和证据来源，证人姓名和住所。申请仲裁应当提交书面仲裁申请，并按照被申请人人数提交副本。

（二）能够证明与被诉人之间存在劳动关系及请求事项的证据材料

如劳动合同、领取劳动报酬的依据、社会保险缴费证明、解除或终止合同通知书、要求工伤待遇的，需提供工伤认定申请报告及医疗凭据或工伤及伤残等级结论书等材料复印件。

（三）身份证明

申诉人是劳动者的，提交本人身份证明的原件及复印件；申诉人是用人单位的，提交本单位营业执照副本及复印件、本单位法定代表人身份证明、委托代理人身份证明、授权委托书等。

（四）其他材料

申诉人在申请劳动仲裁时，仲裁委根据立案审查的需要，要求申诉人提交能够证明被诉人身份的有关材料的，申诉人应当提交。如被诉人是用人单位的，应当提交其营业执照或者工商注册登记基本情况证明；如被诉人是劳动者的，应当提交其本人户口所在地、现居住地地址、联系电话等。

五、劳动仲裁的审理和裁决

劳动仲裁过程中当事人有权进行质证和辩论。质证和辩论终结时，首席仲裁员或者独任仲裁员应当征询当事人的最后意见。仲裁庭在作出裁决前，应当先行调解，调解是劳动仲裁的必经程序，调解不成或者调解书送达前，一方当事人反悔的，仲裁庭应当及时作出裁决。仲裁庭裁决劳动争议案件，应当自劳动争议仲裁委员会受理仲裁申请之日起 45 日内结束。案情复杂需要延期的，经劳动争议仲裁委员会主任批准，可以延期并书面通知当事人，但是延长期限不得超过 15 日。裁决实行少数服从多数的原则。

根据《劳动争议调解仲裁法》第 47 条的规定，追索劳动报酬、工伤医疗费、经济补偿或者赔偿金，不超过当地月最低工资标准 12 个月金额的争议和因执行国家的劳动标准在工作时间、休息休假、社会保险等方面发生的争议，除该法另有规定的外，仲裁裁决为终局裁决，裁决书自作出之日起发生法律效力。但用人单位有证据证明上述仲裁裁决存在法定撤销事由的，可以自收到仲裁裁决书之日起 30 日内向劳动争议仲裁委员会所在地的中级人民法院申请撤销裁决。裁决被撤销后，用人单位可以与其他不服劳动争议仲裁裁决当事人一样，自收到裁决书之日起 15 日内向人民法院提起诉讼。

【练习题】

一、概念题

民事诉讼代理；财产保全；执行标的；仲裁条款。

二、思考题

1. 简述民事诉讼案件起诉需准备的材料。

2. 简述财产保全措施的期限。

3. 简述民事一审庭审程序的流程。

4. 简述执行申请受理的条件。

5. 简述仲裁庭组成的程序。

6. 简述劳动争议的受案范围。

三、论述题

1. 结合仲裁法和相关司法解释论述有效仲裁条款应具备的要素。

2. 论述民商事仲裁与劳动仲裁的区别。

四、案例分析题

1.（2006 年全国司法考试卷四第三题）老方创作的纪实小说《村支书的苦与乐》，以某县吴村村支部书记吴某为原型进行创作，其中描述了他与村霸林申（以林甲为原型）之间斗智斗勇的冲突场面。小说在《山南海北》杂志发表后，林甲认为小说将村支书作为正义的化身进行描述，将自己作为"村霸"进行刻画，侵犯其名誉权。林甲起诉老方，请求赔偿经济损失 2 万元并赔礼道歉。

法院受理本案后，追加杂志社为共同被告。由于林甲死亡，法院变更其子林乙为原告，其后又准许林乙将请求赔偿经济损失的数额变更为 3 万元。一审过程中，被告提出了当地镇党委处理林甲相关问题的决定（档案材料）作为证据，证明小说的描述有事实根据。一审判决认为，镇党委办公室虽然给老方提供了处理决定（档案材料），但并未明确同意可据此创作小说，故该材料不能作为证据；同时认为，杂志社编辑与作家老方、林甲虽不认识，难以核实有关事实，但也不能免除侵权责任，故认定老方和杂志社构成侵权，判决赔偿经济损失 3 万元，并在《山南海北》上刊登小说情节失实的声明以消除影响。判决未涉及赔礼道歉的问题。

林乙、老方和杂志社均提出了上诉，二审法院经过书面审查，未接触当事人，直接裁定撤销原判发回重审。一审法院经过重审，判决支持了原告的全部诉讼请求，双方当事人均未再提出上诉。老方和杂志社在判决确定的期限内履行了赔偿义务，但拒绝赔礼道歉。

问题：

（1）林甲起诉后能否申请法院责令杂志社停止本期的发行？依据何在？

（2）林乙在诉讼结束后能否另案起诉，请求老方赔偿精神损害？为什么？

（3）如何评价法院在一审程序中的做法？

（4）如何评价法院一审判决？为什么？

（5）本案二审当事人的诉讼地位应当如何确定？如何评价二审法院裁定发回重审的程序？

（6）若林乙对赔礼道歉的判决内容申请强制执行，法院对本案义务人可采取哪些措施？

2. （2004年全国司法考试卷四第四题）位于某市甲区的天南公司与位于乙区的海北公司签订合同，约定海北公司承建天南公司位于丙区的新办公楼，合同中未约定仲裁条款。新办公楼施工过程中，天南公司与海北公司因工程增加工作量、工程进度款等问题发生争议。双方在交涉过程中通过电子邮件约定将争议提交某仲裁委员会进行仲裁。其后天南公司考虑到多种因素，向人民法院提起诉讼，请求判决解除合同。

法院在不知道双方曾约定仲裁的情况下受理了本案，海北公司进行了答辩，表示不同意解除合同。在一审法院审理过程中，原告申请法院裁定被告停止施工，法院未予准许。开庭审理过程中，原告提交了双方在履行合同过程中的会谈录音带和会议纪要，主张原合同已经变更。被告质证时表示，对方在会谈时进行录音未征得本方同意，被告事先不知道原告进行了录音，而会议纪要则无被告方人员的签字，故均不予认可。一审法院经过审理，判决驳回原告的诉讼请求。原告不服，认为一审判决错误，提出上诉，并称双方当事人之间存在仲裁协议，法院对本案无诉讼管辖权。

二审法院对本案进行了审理。在二审过程中，海北公司见一审法院判决支持了本公司的主张，又向二审法院提出反诉，请求天南公司支付拖欠的工程款。天南公司考虑到二审可能败诉，故提请调解，为了达成协议，表示认可部分工程新增加的工作量。后因调解不成，天南公司又表示对已认可增加的工作量不予认可。二审法院经过审理，判决驳回上诉，维持原判。

问题：

（1）何地法院对本案具有诉讼管辖权？

（2）假设本案起诉前双方当事人对仲裁协议的效力有争议，可以通过何种途径加以解决？

（3）一审法院未依原告请求裁定被告停工是否正确？为什么？

（4）双方的会谈录音带和会议纪要可否作为法院认定案件事实的根据？为什么？

（5）原告关于管辖权的上诉理由是否成立？为什么？

（6）假设二审法院认为本案不应由人民法院受理，可以如何处理？

（7）对于海北公司提出的反诉，人民法院的正确处理方式是什么？

（8）天南公司已经认可增加的工作量，法院在判决中能否作为认定事实的根据？

【阅读资料】

第八章　律师的行政案件代理

【学习目的与要求】 系统掌握律师代理行政诉讼工作的特点和基本程序，重点掌握律师接受委托前对拟代理的行政案件的审查内容，课前对行政诉讼法及其司法解释的内容应回顾了解，课后复习相关章节的内容以及扩展知识面。

【重点问题】

- 律师代理行政诉讼的概念和特点
- 律师代理行政诉讼应注意的问题
- 行政赔偿的性质和特点

【知识结构简图】

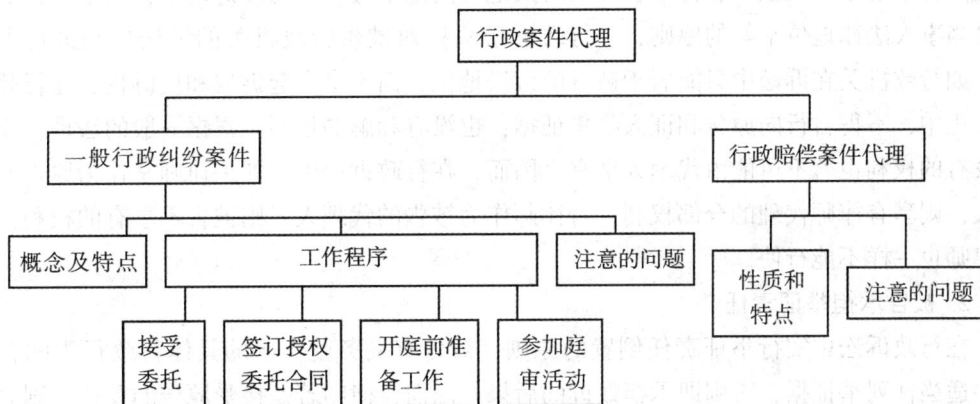

【引例】 张某开办了一个小饭馆，因违法经营被行政机关处以 300 元的罚款。张某不服，向该行政机关的上一级行政机关申请复议。复议机关经过审查后，作出了维持该具体行政行为的决定。张某接到决定书后，仍然不服，便到某律师所寻求帮助。律师所的孙律师详细询问了情况后，对相关问题作出了解答。律师在接受行政案件时应作出哪些方面的审查以及行政案件的代理与民事和刑事案件的代理有什么区别，这是本章需要学习的内容。

第一节　一般行政纠纷案件代理

一、行政纠纷案件律师代理的概念和特点

（一）行政纠纷案件律师代理的概念

行政纠纷案件中的律师代理，是指律师接受行政诉讼当事人、当事人的法定代理人的委托，担任当事人的代理人，以被代理人的名义参加行政诉讼的活动。

根据《行政诉讼法》第31条第1款的规定，当事人、法定代理人，可以委托一至二人代为诉讼。因此，行政争议的双方都有权聘请律师代理参加行政诉讼。当然，在实践中，大多数情况下是行政管理相对人对行政处理决定不服而聘请律师，以期获得法律帮助，弄清事实，请求改变或撤销相关行政主体的处理决定。相对于其他的诉讼业务来说，我国的行政诉讼起步较晚，有些实践经验尚待总结。因此律师代理行政诉讼案件，首先必须把握行政诉讼与其他诉讼的不同点，在此基础上，才能为当事人提供优质的法律服务。

（二）行政纠纷案件律师代理的特点

1. 委托人权限的不一致性

行政纠纷属于通称的"民与官"的纠纷，在行政法律关系中通常行政主体处于优势地位。正是基于行政主体和行政管理相对人地位的不平等，在行政诉讼中，为了真正实现诉讼当事人法律地位平等的原则，《行政诉讼法》对被告行政机关的诉讼权利进行了限制。如行政机关在诉讼中只能居于被告的诉讼地位，而不享有起诉权和反诉权；在行政诉讼过程中，不得自行向原告和证人收集证据；也没有和解的权利。根据一般的法理，委托人没有的权利也就不可能由代理人享有。因而，在行政诉讼中，如果律师是作为原告的代理人，则享有律师代理的全部权利；若律师作为被告的代理人，则被告不享有的权利，作为律师也一样不能行使。

2. 被告承担举证责任

在行政诉讼中实行举证责任倒置的原则，被告有义务就作出的具体行政行为的合法性、适当性列举证据，否则即承担败诉的后果。因而，律师若是接受原告的委托，则只需帮助原告举出受到具体行政行为侵害事实存在的证据即可。反之，如果是受被告的委托，就应当协助被告履行举证责任。

3. 涉及法律知识的广泛性

由行政主体的管理范围的广泛性所决定，行政行为种类多种多样，从依法行政的角度来说，行政行为所依据的除了少量是由全国人大及其常委会所制定之外，大多数是以国务院的行政法规、各部委的行政规章、地方性法规等形式表现出来，其涉及行业、部门系统的法规的广度和深度是其他律师业务中没法比拟的。因此，律师要做好行政诉讼代理工作，必须掌握丰富的行政法规、规章，才能有效地维护当事人的合法权益。

二、行政纠纷案件律师代理的工作程序

（一）接受委托

接受委托是律师进行代理工作的第一步，作为为社会提供法律服务的执业人员，律师在接受委托之前，必须对委托代理的行政案件进行全面认真的审查，以决定是否接受委托。一般而言，律师对拟代理的行政案件审查主要有以下几个方面：

1. 对行政争议是否属于人民法院的受案范围的审查

律师代理行政诉讼的案件范围，应是人民法院可以进行行政诉讼的案件范围。根据相关的法律规定，人民法院对行政争议案件的管辖是有一定限度的，因此，超出人民法院管辖范围的行政争议事项，律师只能告知当事人寻找其他救济途径，而不能接受当事人的委托。我国《行政诉讼法》第 12 条明确规定了人民法院可以接受的 12 种行政案件，其他有些法律和法规对能否提起行政诉讼也作了规定。律师经过审查属于这类案件的，就可以接受当事人的委托。反之，如果属于《行政诉讼法》第 13 条规定的行政案件以及 2015 年 5 月施行的《最高人民法院关于执行〈中华人民共和国行政诉讼法〉若干问题的解释》（以下简称《行政诉讼法解释》）规定不属于人民法院行政诉讼受案范围的案件，则律师对因这些行政行为发生的行政争议不能接受委托代理诉讼。

2. 对委托人诉讼主体资格的审查

（1）对原告资格的审查。原告必须是与本案有直接利害关系的公民、法人或其他组织。根据《行政诉讼法》第 25 条的规定，行政行为的相对人以及其他与行政行为有利害关系的公民、法人或者其他组织，有权提起诉讼。有权提起诉讼的公民死亡，其近亲属可以提起诉讼。有权提起诉讼的法人或者其他组织终止，承受权利的法人或者其他组织可以提起诉讼。当然在律师代理实践中，行政诉讼案件原告的确认是一个复杂的问题，需要根据法律和司法解释的精神进行判断。

【案例 8-1】

具体行政行为暗示的利益相关人可具有原告资格

【案例 8-1】点评

1991 年 3 月，某乡人民政府批准村民吴某某建房四间，占地面积 100 平方米的申请。当吴某某划线动工建房时，王某某发现吴某某占用了自己已合法使用多年的宅基地 3 平方米，遂问吴某某，吴某某说有乡政府的批准文件。对此，王某某向法院以乡政府为被告提起了行政诉讼。法院受理了这一案件。①

（2）对被告资格的审查。行政诉讼中的被告是指被原告指控其具体行政行为侵犯了其合法权益，而被人民法院通知应诉的行政机关。在实践中，由于直接面对行政管理相对

---

① 姜明安. 行政诉讼案例评析［M］. 北京：中国民主法制出版社，1993：52.

人的机关的复杂性，当事人未必清楚在诉讼中应该以谁作为被告。因此，作为律师应准确地确定在代理的行政案件中，哪个行政机关是被告。

根据《行政诉讼法》第 26 条的规定，被告的确定的方式有如下几种：①直接作出行政行为的行政机关。②经过复议的案件，复议机关决定维持原行政行为的，作出原行政行为的行政机关和复议机关是共同被告；复议机关改变原行政行为的，复议机关是被告。③复议机关在法定期限内未作出复议决定，公民、法人或者其他组织起诉原行政行为的，作出原行政行为的行政机关是被告。起诉复议机关不作为的，复议机关是被告。④两个以上行政机关作出同一行政行为的，共同作出行政行为的行政机关是共同被告；⑤行政机关委托的组织所作的行政行为，委托的行政机关是被告。⑥ 行政机关被撤销的或者职权变更的，继续行使其职权的行政机关是被告。

（3）对第三人资格的审查。行政诉讼中的第三人是指同起诉的具体行政行为有利害关系，为了维护自己的合法利益而参加诉讼的公民、法人或其他组织。由于第三人在行政诉讼中，享有当事人的诉讼权利和承担相应的诉讼义务。按《行政诉讼法》的规定，当事人和第三人都可以委托律师担任诉讼代理人。

3. 对诉讼时效的审查

诉讼时效是当事人请求人民法院通过法律强制程序维护其合法权益的期限，超过诉讼时效，意味着丧失请求人民法院保护其合法权益的权利。从我国《行政诉讼法》和司法解释的规定来看，行政诉讼中的时效可以分为两种类型。

（1）当事人直接提起诉讼的起诉期限。这种类型又可以分成以下两种情况：

第一，行政机关以作为的方式作出行政行为时的起诉期限。根据《行政诉讼法》第 46 条的规定，公民、法人或者其他组织直接向人民法院提起诉讼的，应当自知道或者应当知道作出行政行为之日起 6 个月内提出。法律另有规定除外。同时，该条第 2 款规定，因不动产提起诉讼的案件自行政行为作出之日起超过 20 年，其他案件自行政行为作出之日起超过 5 年提起诉讼的，人民法院不予受理。

第二，行政机关消极不作为时的起诉期限。按照《行政诉讼法司法解释》第 4 条的规定，公民、法人或者其他组织依照《行政诉讼法》第 47 条第 1 款的规定，对行政机关不履行法定职责提起诉讼的，应当在行政机关履行法定职责期限届满之日起 6 个月内提出。

（2）经过复议的案件。经过复议的案件的诉讼期限分为以下两种情形：

第一，复议机关作出复议决定。诉讼时效一般为 15 天，从收到复议决定书之日起计算。法律另有规定除外。

第二，复议机关在法定期限内不作出复议决定，按照《行政诉讼法》第 45 条的规定，复议机关逾期不作决定的，申请人可以在复议期满之日起 15 日内提起诉讼。法律另有规定的除外。

当然，行政诉讼中的诉讼时效规定得比较繁琐，除了《行政诉讼法》和《行政诉讼法司法解释》的规定外，一些具体的法律法规中还规定了特殊的期限。根据特别法优先于普通法的原则，应当优先适用特别法。因此，律师在对具体行政行为的诉讼时效进行审查时，还应当注意特别法的规定，如果超过了诉讼时效，则应当告知当事人寻找其他救济途径，而不应当接受当事人的委托。

4. 对是否需要行政复议前置程序的审查

行政复议和行政诉讼是处理行政争议的两种不同的手段，这两者之间有密切的联系。行政复议有时在行政诉讼中属于前置条件，有时是选择条件。在不同的行政法律规范中规定是不同的。因此，律师在接受委托代理诉讼时，对这一问题要先审查清楚。尤其是对于必须先申请复议才能提起诉讼的案件，在当事人未提出申请复议的情况下，应当先告知当事人先行提起行政复议，对复议决定不服，才能提起诉讼。

我国现行法律、法规规定必须先提起复议的行政争议案件主要有：被处罚人或被侵害人不服治安处罚的案件；外商投资企业或外国企业对税务机关处罚决定不服的案件；专利申请人对专利复审委员会驳回申请的决定不服的案件；对商标局初步审定，予以公告的商标提出异议作出裁定，当事人对此不服的案件。

（二）签订授权委托合同

按照律师收案的规则，律师个人不得私自接受委托。律师事务所应当与委托人签订书面委托合同，并指派律师为代理人。委托合同是确定当事人与律师事务所法律关系的正式文件。其内容主要包括：（1）委托人的姓名或名称、地址，律师事务所的名称、地址；（2）代理事项；（3）承办律师姓名、代理权限；（4）委托双方的权利义务；（5）代理关系的有效期限。

律师在接受案件时，还必须让当事人向其出具授权委托书。授权委托书是律师向其他主体证明其代理权限的法律文件。其内容一般包括：（1）授权委托人姓名；（2）代理事项；（3）代理律师姓名；（4）代理权限；（5）代理期限。

（三）开庭前的准备工作

律师接受当事人的委托后，应当从事类似于民事诉讼中律师代理的活动，如调查取证、阅卷、撰写行政起诉状、答辩状等的活动。当然，由于行政诉讼案件中当事人诉讼地位的不同，律师作为原告或者被告的代理人时的工作内容也会有所不同。

1. 调查取证和全面提供证据

原告在行政诉讼中尽管不负举证责任，但为了争取原告的胜诉，原告的代理律师在原告陈述案件事实并整理其提供的材料外，应尽量通过走访相关的行政机关或向第三人了解案情。对了解案情的人及时取证，同时对收集到的材料进行认真梳理，以期获取有利的证据为自己的立论打下坚实的基础。

作为被告的代理律师，由于在行政诉讼中被告负有举证的责任。因此，代理律师应当把协助被告履行责任当作律师代理工作的重点，律师应告知作为被告的行政机关除了向法院提供作出具体行政行为的证据外，还应当提交作出具体行政行为所依据的法律法规。同时，律师应全面复制行政机关向法院提交的作出具体行政行为的有关材料，以便研究行政机关作出的具体行政行为事实是否清楚，证据是否确实充分。

2. 审查案件所涉及的法律法规

由于行政事务的复杂性，任何一个国家都无法形成一个行政法典。行政机关在作出具体行政行为时，根据的是内容浩如烟海的法律、法规和行政规章等，这些法律的层级效力的差别很大，而且在实践中这些法律互相矛盾的情况并不少见，作为代理律师必须根据

《行政诉讼法》所确定的规则，寻找出那些可作为行政案件根据的法律文件。

3. 确定诉讼请求或者应诉的基本意见

诉讼请求或应诉意见是原被告双方在诉讼中所意欲达到的目标。作为代理人，律师当然不能违背委托人的意愿发表自己的意见。但律师作为专门的法律服务人员，应从法律的角度来对案件的结果进行基本预测，以帮助当事人确立或者调整在诉讼中的目标。

作为原告的代理律师，在诉讼中应根据法律的规定，帮助当事人确立诉讼请求，如请求撤销行政机关的具体行政行为、要求行政机关履行法定职责、要求变更显失公正的行政处罚行为等。而作为被告的代理律师，应在全面熟悉案件事实和认真研究处理本案应根据的法律、法规和行政规章之后，将自己代理诉讼的基本观点同行政机关负责人进行协商和讨论，并在协商和讨论的过程中，形成行政机关认可的应诉基本意见。

4. 确定受诉的人民法院

根据《行政诉讼法》的规定，人民法院的管辖主要分为级别管辖和地域管辖两种，在地域管辖中，一般实行"原告就被告"原则。即行政案件原则上由最初作出行政行为的行政机关所在地法院管辖。如果案件已经经过行政复议的，也可以由复议机关所在地人民法院管辖。对限制人身自由的行政强制措施不服提起的诉讼，由被告所在地或者原告所在地法院管辖。律师在代理原告起诉的过程中，应该帮助当事人确定受诉的人民法院，尤其是两个法院都有管辖权时，要根据当事人的意愿选择相应的人民法院。

5. 撰写起诉状、答辩状

律师在接受了当事人的委托后，在了解案情的基础上，就应当着手拟起诉状或者答辩状。

行政起诉状的内容主要有：（1）首部，主要包括文书名称和双方当事人的身份事项；（2）诉讼请求，主要有撤销之诉、变更之诉、确认违法之诉等；（3）事实和理由，主要内容是当时作出（或未作出）具体行政行为的基本情况、有无经过行政复议、起诉理由即认为具体行政行为违法性体现在哪里等；（4）尾部，包括致送人民法院的名称、证据和证据的来源等。

答辩状主要是针对起诉状列举的事实、依据的法律和提出的要求而进行的答复和驳斥。其内容主要要写清楚答辩人的身份事项；行政行为作出的基本情况；论证具体行政行为的合法性和合理性等。

（四）参加庭审活动

开庭审理，是审判人员在当事人及其他诉讼参与人的参加下，在法庭上对具体行政行为的合法性以及特定情况下的适当性进行全面审查，并作出裁判的活动。开庭审理是行政诉讼的中心环节，也是律师在代理行政诉讼中的重要阶段。在此阶段，律师的代理工作除不能以调解方式结案外，与民事诉讼无太多差异。主要的工作内容是参与法庭调查和法庭辩论。

在法庭调查阶段中，律师主要从事的工作包括：帮助委托人行使申请回避的权利；参与法庭的调查，认真听取对方意见并做好记录；并且积极、适时地申请审判长向对方当事人、证人、鉴定人等发问。由于事实是需要证据佐证的，因此这一阶段律师工作的重点是对展示的证据发表意见，对对方出示的证据提出疑问，要求重新鉴定或者调取新的证据，传唤新的证人到庭等。

在法庭辩论阶段，代理律师的主要任务是根据庭审查明的事实和确认的证据，就本案发表全面系统的意见，充分论证被代理方诉讼请求的合理性，反驳对方的论点，为法院查清事实，分清是非，正确裁判奠定基础。

至于律师在执行中的代理工作以及在上诉中的代理工作，与民事案件中的代理工作的相应部分并没有什么不同，这里不再重复。

三、行政纠纷案件中律师代理工作应注意的问题

（一）审查委托人请求代理的案件是否属于行政案件

（1）审查被告是不是行政主体。行政诉讼的目的是裁决行政主体作出的行政行为是否合法。因此，被告应当是行政主体，如果不是行政主体，而是企事业单位根据各自的规章制度作出的处罚决定等，均不能构成行政诉讼。

（2）审查委托人所不服的是否行政主体的终局行政决定。对于法律要求复议前置的，要先申请复议。

（3）审查委托人所不服的是行政行为还是行政机关对民事纠纷所作的处理决定。如果委托人是对行政机关就其民事纠纷作出的处理决定不服，只能就纠纷本身，以纠纷的对方当事人为被告提起民事诉讼，而不能以处理机关为被告提起行政诉讼。

（4）审查行政行为何时作出，是否超过了法定期间。对于超过法定期间的，要讲明具体的法律规定，不能接受委托。

（5）纠纷是否可以接受委托。

（二）确定具体的诉讼请求

由于行政诉讼主要是针对行政主体所作出的行政行为是否合法进行裁决，因此，诉讼请求一般是请求撤销或者部分撤销行政行为。具体来说，对于主要证据不足的，适用法律、法规错误的，违反法定程序的，超越职权、滥用职权的，可请求撤销并要求重新作出行政行为；对于附带民事诉讼的也要一并提出；对于被告不履行法定职责的，也可以请求履行法定职责；对于行政行为显失公平的，原告亦有权请求依法改判。

（三）确定管辖法院

第一，某一类行政诉讼案件由哪个人民法院管辖，要按照《行政诉讼法》第 14 条、第 15 条、第 16 条、第 17 条规定的内容，根据案件的性质和影响大小来予以确定。

第二，按照《行政诉讼法》第 18 条规定的精神，确定地域管辖应注意行政案件由最初作出行政行为的行政机关所在地法院管辖。经复议的案件，也可以由复议机关所在地人民法院管辖。值得注意的是，对于经过复议的案件，相对人可以选择管辖。对于不动产的诉讼，由不动产所在地人民法院管辖，这与民事诉讼的地域管辖是一致的。

第三，对于可选择管辖的案件，要建议委托人选择对其有利的人民法院管辖。

第二节　行政赔偿案件代理

一、行政赔偿诉讼的性质和特点

（一）行政赔偿及行政赔偿诉讼的概念

行政赔偿，是公民、法人或者其他组织的合法权益受到行政机关或行政机关工作人员

作出的具体行政行为的侵犯而造成损害，由行政机关承担赔偿责任的一种制度。

行政赔偿诉讼，是一种特殊的诉讼形式，它是人民法院根据赔偿请求人的诉讼请求，依照行政诉讼程序和国家赔偿的基本原则裁判赔偿争议的活动，在起诉条件、审查形式、证据规则及适用程序诸方面都有其自身的特点。作为代理律师，首先必须熟悉这些差异，并在此基础上为当事人提供优质的法律服务。①

（二）行政赔偿诉讼的特点

行政赔偿诉讼是一种特殊的诉讼形式，它是人民法院根据赔偿请求人的诉讼请求，依照行政诉讼程序和国家赔偿的基本原则和基本制度裁判赔偿争议的活动。在起诉条件、审理形式、证据规则及适用程序等方面都有其自身特点。

第一，从起诉条件看，在单独提起赔偿诉讼时，要以行政赔偿义务机关先行处理为前提条件。在一并提起赔偿请求时，通常以行政复议或行政诉讼确认行政行为违法为先决条件。

第二，从诉讼当事人看，行政赔偿诉讼以行政赔偿义务机关为诉讼被告，实行"国家责任，机关赔偿"制度。致害的公务员或行政机关的工作人员不作为诉讼被告。

第三，从审理形式看，赔偿诉讼可以适用调解作为结案方式。行政案件的审理不适用调解，这是行政诉讼的一项特殊规则，但行政赔偿诉讼可以调解。因为行政赔偿诉讼的核心是当事人的人身权、财产权等权利是否受到侵害，是否应予赔偿。权利具有可以自由处分的性质，当然也就存在着进行调解的基础。双方当事人之间因权利受损而发生赔偿争议，人民法院可以从中进行调解，以解决赔偿争议。

第四，从证据规则看，行政赔偿诉讼不完全采取"被告负举证责任"的原则，而是参照民事诉讼规则，实行举证责任合理分配。例如，证明损害事实的存在，自己所受损害与被告行为之间有相当因果关系，这应当由原告（赔偿请求人）负责举证；而证明被控行为合法或从未实施过该行为，则是被告（赔偿义务机关）的责任。

【案例 8-2】

行政赔偿诉讼的举证责任分配②

【案例 8-2】点评

2003 年 3 月 31 日，×市×区公安分局×派出所为解决孙×之妻与吕×打架扰乱治安一案，责令孙×暂给付吕×医疗费人民币 1400 元。因孙×拒付，×派出所便扣押了孙×门市部里存放的 7 袋冰糖，并责令孙×停止营业，等候处理。由于孙×置之不理，继续营业，×派出所又于 4 月 19 日查封了孙×的门市部。孙×便委托王律师

---

① 由于在行政赔偿案件中，作为被告的律师除了在赔偿问题上可以与申请人进行协商调解外，其所做工作与一般行政纠纷案件中的工作大同小异，因此在下面的内容中，如果没有特别注明，是指律师作为申请人的代理人时的工作。

② 方世荣．行政诉讼法案例教程［M］．北京：中国政法大学出版社，1999：366．

以派出所为被告，向×区人民法院提起行政诉讼，请求撤销被告作出的违法行政强制行为，同时要求被告赔偿其经济损失。

二、律师代理行政赔偿案件应注意的问题

律师代理当事人提出行政赔偿的请求，可以有两种方式：一是申请人在提起行政诉讼的同时，一并提起赔偿请求；二是申请人单独就赔偿请求提起诉讼。方式的不同，律师所作的代理工作也有所不同。

在第一种方式中，律师所做的工作是帮助申请人审查是否符合提出同步诉讼的要件：赔偿请求是否是针对同一违法侵权行为提出；损害必须是可提起诉讼的具体行政行为直接造成的。在申请人单独就赔偿请求提起诉讼时，律师所作的工作是审查是否符合行政赔偿诉讼的起诉条件：有具体的赔偿请求和受损害的事实根据；加害行为为具体行政行为的，该行为已被确认为违法；赔偿义务机关已先行处理或超过法定期限不予处理。

对单独提起行政赔偿的案件，律师应当告知当事人遵循"行政先行"的原则。也就是必须先向行政赔偿义务机关提出，只有在行政赔偿义务机关不予赔偿或对赔偿数额不能达成一致意见时，才能提起行政赔偿诉讼。

行政赔偿诉讼最大的特点是可以运用调解的方式解决纠纷。因此，在行政赔偿诉讼中，无论是原告的代理律师还是被告的代理律师，在有关赔偿请求中可以根据当事人的委托，在授权范围内代为承认、和解等实体权利的处分。当然，律师在作出上述行为时，必须注意应根据委托人的特别授权，并且应注意与行政机关或申请人的意见保持一致。

【练习题】

一、概念题

行政纠纷案件中的律师代理。

二、思考题

1. 律师代理行政纠纷案件的工作程序以及应该注意哪些问题？

2. 行政赔偿的性质和特点是什么？

3. 律师代理行政赔偿案件应注意哪些问题？

【阅读资料】

第九章 律师非诉讼法律服务

【学习目的与要求】通过学习本章，了解成长为非诉讼律师的客观规律和我国律师的非诉讼事务法律服务中服务类型，结合本章相关案例理解律师的非诉讼法律服务的艺术性。

【重点问题】

- 认识律师的诉讼与非诉讼服务辩证统一关系
- 了解律师各类非诉讼法律服务种类及特点
- 体会律师非诉讼法律服务的艺术性

【知识结构简图】

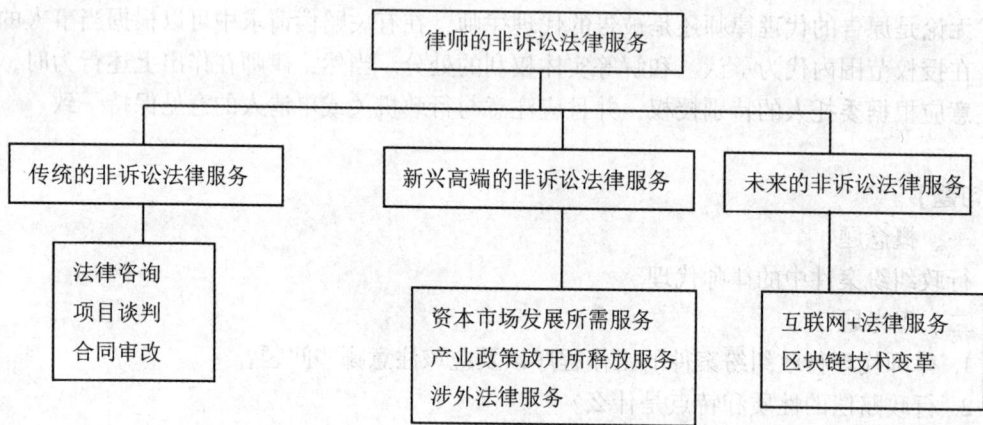

```
                    ┌─────────────────────┐
                    │  律师的非诉讼法律服务  │
                    └─────────────────────┘
          ┌──────────────────┼──────────────────┐
 ┌─────────────────┐ ┌─────────────────┐ ┌─────────────────┐
 │ 传统的非诉讼法律服务 │ │ 新兴高端的非诉讼法律服务 │ │ 未来的非诉讼法律服务 │
 └─────────────────┘ └─────────────────┘ └─────────────────┘
        │                    │                    │
 ┌─────────────┐   ┌──────────────────┐   ┌───────────────┐
 │ 法律咨询      │   │ 资本市场发展所需服务 │   │ 互联网+法律服务 │
 │ 项目谈判      │   │ 产业政策放开所释放服务│   │ 区块链技术变革  │
 │ 合同审改      │   │ 涉外法律服务       │   └───────────────┘
 └─────────────┘   └──────────────────┘
```

【引例】小王向往律师的非诉讼业务，认为高大上的非诉讼业务才能体现律师的价值，因此其从某著名大学法学专业毕业后即到一家合伙制律师事务所成为一名实习律师，跟随朱律师从学徒开始做起。但实习内容主要是为朱律师出庭做诉讼业务基础工作，这使小王有些动摇，认为目前工作内容与其非诉讼业务初心不符，甚为苦恼！

2015 年 10 月 1 日新的《中华人民共和国食品安全法》施行，朱律师在代理了一家上海食品销售公司在广州某法院被职业打假者诉 10 倍赔偿的侵权案件，代理案件过程中朱律师敏锐捕捉到了非诉讼法律机会，通过帮助商家在对外销售的法律文件中约定广州仲裁管辖条款，虽然增加的条款内容仅有十余字，却成功帮助这家上海食品销售公司在全国各地被诉的被动局面，小王突然明白非诉讼业务就在诉讼之中的道理。你认为呢？

第一节　律师非诉讼法律服务基本理论

一、非诉讼法律服务概念、范围及非诉讼与诉讼法律服务关系

（一）非诉讼法律服务概念、范围

1. 非诉讼法律服务概念

非诉讼法律服务，是诉讼法律服务的对称，通常是指无争议的法律事务的法律服务和虽然有争议但不通过诉讼方式办理的法律事务的法律服务。随着非诉讼法律服务的发展，以及以诉讼为手段合法实现委托人商业目的法律服务也逐渐纳入非诉讼法律服务中。在现实生活中，律师提供的非诉讼法律服务是律师业务的重要组成部分。

2. 非诉讼法律服务范围

随着经济的发展，非诉讼法律事务的范围随着时代的变化也日异月新。具体包括：法律咨询、项目合同谈判、起草、审查、修改以及律师见证等传统非诉法律服务；近期以私募股权投资基金为代表的资本市场法律服务、通用航空为代表的产业政策放开所释放的法律服务、"一带一路"国策激发的涉外法律服务等新型的非诉讼法律服务。

（二）非诉讼法律服务与诉讼法律服务辩证统一的关系

1. 诉讼法律服务是从事非诉讼法律服务的基础

在能熟练提供非诉讼法律服务时，律师往往发现这些高端非诉讼事务的复杂法律关系其实是由传统部门法规范整合而成，因而必然可以解构为各种传统法律规范来解读。这种必然，要求律师必须熟悉各个部门法在处理实际纠纷如何适用，而这种熟悉的最好方式就是通过处理大量的诉讼案件来熟悉各个部门法在每个具体案件中的适用，律师这种能力的获得通常是在实习律师时期。此时实习律师的主要工作是将每件复杂的诉讼案件首先拆分为简单、基本的法律关系而为接下来的庭审做准备。因此，通过诉讼熟练拆卸法律关系是律师提供非诉讼法律服务的基础。

2. 非诉讼法律服务是诉讼业务的升华

对于提供非诉讼法律服务的律师而言，熟练拆卸法律关系仅仅是其基本技能，因为对于非诉讼法律服务而言（如在为客户设计交易模式的时候），要做的是把各种简单的法律关系整合为一个复杂的交易方案，因而相对于熟练拆卸法律关系的诉讼业务，非诉讼律师的服务会更有艺术性、服务的价值更体现再创造性。简言之，拆卸重点在于熟练，而组装则有更多的机会体现律师的创新能力，就好比当你能熟练拆电视机后，还能用同样零件拼装出电脑，后者就是前者的升华。

第二节　律师的非诉讼法律服务

一、传统非诉讼法律服务内容

（一）律师咨询服务

1. 律师咨询的概念

律师咨询，是指律师受托口头解答委托人的法律问题，并收取咨询费的一种非诉讼法律服务。

2. 律师咨询的意义

律师咨询通常是律师提高自身法律专业水平的必经阶段，同时通过现场提供法律咨询服务以解答当事人各类法律问题，以保障当事人的合法权益。

3. 律师咨询需注意的问题

在律师咨询的过程，面对形形色色的当事人的五花八门的问题以及大量可能与案件无关的信息，如何快速地掌握整个案情以及当事人咨询的心理，是一个优秀律师应当具备的职业技能之一。在现实生活中，经常会有一些律师面对咨询而作出失败的解答，有的律师的法律知识存在某些盲点，在当事人的追问下张口结舌，支支吾吾，面红耳赤，满头大汗；此外，还有律师恰好对当事人咨询的法律业务十分熟悉，于是口若悬河，滔滔不绝，可说了半天，当事人却不知所云，律师对牛弹琴，白费口舌。这样的解答肯定会以失败而告终。

而一个优秀的律师在进行咨询的过程中要少说多听，迅速从当事人口述中提炼出基本的法律关系，然后通过补充提问方式引导当事人完整叙述相关法律事实以尽快明白当事人咨询的目的。

律师不可能面对当事人的任何问题都做到正确无误的解答，当遇到自己不熟悉的问题时，可以考虑采取相应的和缓措施解决。比如，可以考虑以下回答模式：

模式一：您现在带来的资料还不是很全，作为律师我必须给您一个负责任的解答，在没有看到相关的材料以前，我很难给您出具一个意见。可能的话，请您下次将全部的资料带过来给我看看，看完以后我再给您答复。您看这样好不好？

模式二：您今天带来的材料很多，我需要认真研究分析后再给您答复，现在我不能匆忙下结论。这样吧，等我看完这些材料，我们再另外约时间谈，好不好？

模式三：关于您所提出的这个问题，在当下法律界存在着比较大的争议。由于法律对这一块内容也不是很规范，所以有的法官和律师对此都有不同的理解，从而导致判决结果也大相径庭。这样吧，等我们律所这周开会的时候研究一下，我综合一下大家的观点，然后再跟您联系，您看如何？

（二）项目谈判

1. 项目谈判的概念

项目谈判又称为合同谈判，是指合同当事人双方为了订立合同、明确双方权利与义务内容而进行的商谈活动。合同谈判往往涉及一些较大的或是较为复杂的一些项目，比如房地产开发、国际贸易货物买卖等，所以又称为项目谈判。

2. 项目谈判的原则

（1）双赢原则

谈判双方在法律地位上都是平等的。虽然有单位大小、实力强弱之差别，但双方在实现项目的商业目的上是一致的，任何一方只享受权利而不承担义务或者是只尽义务却不享受权利，这样的项目谈判将注定失败。所以律师无论代表强势方或弱势方，在参与项目谈判时一定要坚持双赢原则，时刻注意不要成为"项目杀手"。

（2）协助原则

律师在参与项目谈判时应当时刻注意自己在项目谈判中的地位及身份，律师是利用自己的法律经验及专业知识来协助谈判，主要是对项目涉及的法律条款发表意见，并不是整个项目谈判的主导者。另外，律师要协助、相互配合项目谈判团队中其他成员，如会计师。

（3）及时原则

项目谈判通常不是一轮就能谈定，所以每一轮谈判下来，律师都应立即根据本轮谈判达成的共识及时制作《备忘录》或《会议记要》，并尽快督促各方代表签名确认。

3. 项目谈判需注意的事项

首先，律师在参与项目谈判前要了解项目谈判的商业目的，收集与项目有关的法律规定，做好谈判前资料收集、准备及与项目谈判团队成员沟通的工作。

其次，及时了解项目谈判对手基本情况以决定是否以律师身份出庭，实践中经验是对等原则，即除非在对方安排自己律师参与项目谈判的情况下，建议我方不要以律师身份出现，以免让对方有压力而无谓增加项目谈判难度。

最后，在项目谈判过程中语言举止得当，不要流露个人情绪。遇到法律障碍时，牢记律师服务价值是告诉项目双方怎样做才不违反法律的规定，以顺利实现项目双方谈判目的。

总之，水无常形，兵无常法，项目谈判是一种会话艺术，实践性很强，初期可在有经验的律师带领下逐渐独自开展项目谈判的非诉讼法律服务。

（三）商业合同起草、审查、修改

1. 商业合同起草、审查、修改的概念

商业合同起草、审查、修改是指律师接受当事人的委托，起草合同，或是对当事人所提供的合同草稿进行审查，修改并据以收取律师费的非讼诉法律服务活动。

2. 商业合同重要性

从经济学角度来看，市场经济的交易行为不同于小农社会熟人之间的交易行为，市场经济交易特点是完全的陌生人之间的交易，由于陌生人之间信任成本高，不利于交易的进行，所以需要一份书面合同将交易双方达成的共识描述出来，其目的是为了降低陌生人之间交易的不确定性。即一份好的合同能够减少交易成本、提高经济效率。

从法律角度来看，合同内容实际上就是双方权利义务的安排，不仅是双方交易的准则，更是将来双方发生纠纷时用于主张自己权利的最初证据，显然这种安排直接导致了确权的法律效力。"落袋为安"的常识在现实合同纠纷中并不适用，实践中常常因为合同约定的草率导致合同一方收了全额货款后，又被迫全额退款的窘境。

3. 商业合同的商业条款与法律条款

合同的商业条款是指由合同双方为了实现商业目的自行约定，无须律师主导并修改或显然不适合由律师决定的条款，如当事人的名称或者姓名和住所；标的；数量；质量；价款或者酬金；履行期限、地点和方式。

商业合同的法律条款是指必须由律师起草、审查、修改，需要律师向委托人解释合同履行障碍时影响其权利义务的法律性专业条款，如违约责任、解决争议的方法等，其特点是合同不能正常履行时才适用的合同条款。

4. 商业合同起草、审查、修改的注意事项

第一，坚持不要首先起草合同，切忌律师收到委托人电话后就被要求起草合同。一定要委托人书面简写一份合同内容事项，因为只有委托人自己最清楚合同交易方式，而律师帮助委托人将其脑中的合同交易方式书面展现的前提，一定是委托人要能清楚描述其交易模式，否则是缘木求鱼。

第二，能够让对方起草就让对方起草，这样可以知道对方意图，而有针对性地修改。

第三，审改合同首先要明确合同履行目的，并在合同开头的鉴于条款中简要说明，帮助有关方在合同纠纷发生后对约定不明条款的事后理解。

第四，对于商业条款，律师一般只做形式上审查，交易安排上有无逻辑障碍，至少做到语句通顺无歧义，商业条款前后无矛盾。

第五，合同的法律条款要细心起草并适时添加，特别是违约条款要公平、平等；约定仲裁机构管辖时一定要准确，避免诉讼中因约定无效或被撤销的可能。

第六，缺少审改合同经验时，可通过全国裁判文书网搜索、研究引发审改合同类型常见的纠纷条款。

【案例 9-1】

煮熟的鸭子也能飞

【案例 9-1】点评

2015 年 1 月，章某从德国引进了一项静脉显像的发明专利并在广州设厂批量生产静脉显像仪。由于国内无同类产品，利润高、市场前景大，故各省代理商为争抢代理权，争先恐后一次付清所有货款并签订 1 年期《省级代理协议》，以争得独家代理资格。但有一家 A 省代理商一次性付清 200 万元货款后，迟迟不通知章某发货，电话问其原因，A 省代理商口头答复新产品在当地市场不好销，货发过来无地存放，先不要发货。章某心想货款已落在自己口袋，也没什么可担心的，从此也不闻不问了。

2016 年 4 月《省级代理协议》1 年期满次日，这家 A 省代理商委托律师起诉章某，以协议到期为由，要求退还 200 万元货款。

双方律师在庭审中依据《省级代理协议》的第 10.4、10.5 条发货条款，围绕发货义务发表了完全相反的代理意见：章某代理律师依据第 10.5 条认为乙方须提前 1 周书面通知甲方发货，故乙方有通知发货先行义务；A 省代理商代理律师依据第 10.5 条认为甲方收到全部货款后应及时发出货物。

发货条款摘录如下：

"10.4 乙方须提前 1 周书面通知甲方备货数量并将货款汇入甲方指定账户，同时须将银行汇款凭证传真至甲方。

10.5 甲方收到全部货款后立刻组织生产并及时发出货物，到货地点为乙方注册地或书面指定且加盖红章的地点，特殊情况要求空运的，超出费用由乙方承担。"

二、传统非诉讼法律服务特点

(一) 门槛低

传统非诉法律服务对律师专业水平要求相对较低，通常律师都能够独自胜任，除律师见证业务必须由两个律师签名外，其他法律咨询、项目谈判、商业合同审改均可由律师独立完成。

另外，传统非诉讼法律服务并没有如诉讼法律服务严格规定只许可执行律师提供法律服务。因而很多刚入律师行业的律师助理、实习律师都能以传统非诉讼法律服务为将来律师生涯累积经验。

(二) 收费不高

传统非诉法律服务内容专业性不高，对服务提供者要求也不高，法律服务处于充分竞争的状况。如传统非诉讼法律服务中的代书自古就不是律师专项，古时就有请文人代写书信、状纸的传统；另外还有各种法律咨询服务公司，虽然不是律师事务所，也在提供法律咨询服务。

现在年轻人习惯通过互联网工具寻找法律问题的答案，这也使律师法律咨询服务很难收取费用，虽然近年来各地律协积极推广法律咨询按时间收费模式，但目前还处于有价无市的阶段。

(三) 客户不稳定

法律咨询本应是年轻律师获得诉讼业务的一个重要来源，但实践中很多当事人问完后很少委托律师继续提供后续的诉讼法律服务。面对客户的不稳定、回头客少的特点，年轻律师提供传统非诉讼法律服务时要有良好的心态及耐心。

(四) 受互联网技术冲击

传统非诉讼法律服务中的法律文书、合同都有固定格式，比较容易形成标准模式，比如现在很容易在网上搜索到能满足大多数人最低需求的不同的法律文件模板。各种具有法律咨询功能的问答手机运用软件也必将出现。区块链技术必将引发法律服务领域的变革，这也会让本来就很尴尬的律师见证服务雪上加霜。

三、传统非诉讼法律服务的意义

(一) 和谐社会的政治意义

传统非诉法律服务内容中的法律咨询服务对象很多是普通大众，主要涉及民生方面。例如婚姻家庭纠纷、遗产纠纷、交通事故纠纷、工伤纠纷、农民工追索劳动报酬纠纷、征地补偿款纠纷等，这些纠纷处理不当很容易引发社会矛盾。而律师在矛盾激化前通过及时提供法律咨询服务，让各方当事人了解法律规定、预判诉讼结果，这样就能起到提前化解社会矛盾的社会效果。从这个意义上讲，律师提供的非诉法律服务充分体现了法律稳定社会秩序的价值，为和谐社会贡献力量。

(二) 解决律师初成长的经济意义

由于律师职业的特殊性，诉讼律师首先要为自己寻找案源，而对于一个新入行的诉讼律师很快获得委托人的信任，接手诉讼业务通常是件不容易的事情。而传统非诉讼法律服务的优势是律师可随时有机会展现自己的专业能力，同委托人迅速建立彼此信任的关系。例如律师很容易通过法律咨询服务同委托人建立联系，继而有机会提供后续的合同审改、项目谈判等法律服务，最终通过提供以上传统非诉讼法律服务获得律师费，缓解初入律师行业的个人生存问题。从这个意义上说，传统非诉讼法律服务是律师的安身之本。

（三）向高端非诉讼法律服务发展的战略意义

传统非诉法律服务是高端非诉讼法律服务发展的必经阶段，律师在提供传统非诉法律服务时积累的经验也是为了将来有能力提供高端非诉讼法律服务。比如被称为含金量最高的上市公司并购服务，本质上还是离不开律师在法律咨询、项目谈判、合同审改方面的丰富经验。

所以从这个意义上讲，熟练掌握传统的非诉法律服务是为了将来从事更好的高端的非诉讼法律服务。

第三节　新兴非诉讼法律服务

新兴非诉法律服务通常产生于资本运作、产业政策开放、涉外法律服务三个不同高端法律服务领域，高端的原因不仅仅是收费高，更主要是三个领域的法律服务对律师服务能力都有不同于传统非诉讼法律服务的特殊要求。简而言之，从事资本运作高端非诉讼法律服务的律师需要具备完整的金融学知识、从事产业政策开放高端非诉讼法律服务的律师需要具备优秀的法律研究能力、从事涉外法律服务高端非诉讼法律服务的律师当然需具备语言能力，需要一门外语作为工作语言。

一、私募股权投资基金法律服务

自 2006 年修订《中华人民共和国合伙企业法》确定了有限合伙法律制度后，私募股权投资基金设立登记、发行备案相关规定密集出台，适宜提供法律服务，私募股权投资基金成为中国律师非诉业务成长较快、发展前景良好的一项业务领域。

（一）私募股权投资基金的概念

私募股权投资基金，是英文 Private Equity 其中一种译名，最早在美国兴起，是最近几年才引入中国的一种直接融资工具，之前也叫私募股权基金、产业投资基金，其法定概念确认首次出现在 2014 年 8 月 21 日《私募投资基金监督管理暂行办法》（以下简称《私募办法》）第 2 条规定："本办法所称私募投资基金（以下简称私募基金），是指在中华人民共和国境内，以非公开方式向投资者募集资金设立的投资基金。"

（二）私募股权投资基金法律主体形式

依据 2016 年 7 月 15 日生效的中国基金业协会《关于发布私募投资基金合同指引的通知》，根据组织形式不同，目前私募基金可以分为契约型基金、公司型基金、合伙型基金。

契约型基金本身不具备法律实体地位，其与基金管理人的关系为信托关系，因此契约型基金无法采用自我管理，且须由基金管理人代其行使相关民事权利。根据基金合同的规定，基金管理人可以承担有限责任也可以承担无限责任。基金管理人须先登记为私募基金管理人，再由已登记的私募基金管理人履行契约型基金备案手续。

公司型基金本身是一个独立的法人实体，公司股东/投资人以其出资额为限承担有限责任，并共同参与公司治理。因此，公司型基金多采用自我管理，由公司董事会自聘管理团队进行管理。公司型基金也可以委托专业基金管理机构作为受托人具体负责投资运作，采取受托管理的，其管理机构须先登记为私募基金管理人，再由已登记的私募基金管理人履行公司型基金备案手续。公司型基金由自聘管理团队进行管理，根据协会的《私募基金管理人登记和基金备案办法（试行）》的规定，公司型基金自聘管理团队管理基金资产的，该公司型基金在作为基金履行备案手续的同时，还需作为基金管理人履行登记手续。

合伙型基金本身也不是一个法人主体，其执行事务合伙人为普通合伙人（GP），GP负责合伙事务并对基金承担无限责任。从基金管理方式上，GP可以自任为私募基金管理人，也可以另行委托专业私募基金管理机构作为管理人具体负责投资管理运作。GP担任基金管理人的，由GP来进行私募基金管理人登记，再由已登记的管理人进行合伙型基金备案；另行委托专业基金管理机构作为受托人具体负责投资运作的，该专业基金管理机构应先登记为私募基金管理人，并由其履行私募基金备案手续。

（三）强制提交《私募基金管理人登记法律意见书》的原因

长期以来我国金融市场以银行信贷为代表的间接融资为主，对于民间直接融资一直处于严格管控的状态，其表现在民间直接融资行为很容易被定性为非法集资。随着我国经济的发展、金融市场的放开，金融政策转向扩大直接融资。因此政府近年对于一些以投资为目的的公司、合伙企业私下募集资金行为陆续出台了相关政策及行业规定，对私募股权投资基金政策是以事后监管为主，采取管理人登记、基金发行备案的放松监管方式。但放松监管政策在实践中反而成为私募股权投资基金机构增信的宣传工具，一段时间以来，私募基金行业存在的问题备受社会各界和监管机构关注。私募基金管理人数量众多、鱼龙混杂、良莠不齐，一些机构滥用登记备案信息非法自我增信，一些机构合规运作和信息报告意识淡薄，一些机构甚至从事公开募集、内幕交易、以私募基金为名的非法集资等违法违规活动。为了弥补事前监管不足的问题，2016年2月5日中国基金业协会在《关于进一步规范私募基金管理人登记若干事项的公告》中要求"自本公告发布之日起，新申请私募基金管理人登记、已登记的私募基金管理人发生部分重大事项变更，需通过私募基金登记备案系统提交中国律师事务所出具的法律意见书。法律意见书对申请机构的登记申请材料、工商登记情况、专业化经营情况、股权结构、实际控制人、关联方及分支机构情况、运营基本设施和条件、风险管理制度和内部控制制度、外包情况、合法合规情况、高管人员资质情况等逐项发表结论性意见"。自此，私募股权投资基金机构须提交《私募基金管理人登记法律意见书》成为强制性要求。

（四）《私募基金管理人登记法律意见书》适用的四种情形

第一，自2016年2月5日起，新申请私募基金管理人登记机构，需通过私募基金登记备案系统提交《私募基金管理人登记法律意见书》作为必备申请材料。

第二，已登记且尚未备案私募基金产品的私募基金管理人，应当在首次申请备案私募基金产品之前按照上述要求补提《私募基金管理人登记法律意见书》。

第三，已登记且备案私募基金产品的私募基金管理人，中国基金业协会将视具体情形要求其补提《私募基金管理人登记法律意见书》。

第四，已登记的私募基金管理人申请变更控股股东、变更实际控制人、变更法定代表人/执行事务合伙人等重大事项或中国基金业协会审慎认定的其他重大事项的，应提交《私募基金管理人重大事项变更专项法律意见书》。

（五）《私募基金管理人登记法律意见书》必备内容

依据中国基金业协会《关于发布私募投资基金合同指引的通知》给出的指引文件的规定，律师出具法律意见书应当对下列内容逐项发表法律意见：

第一，私募基金管理人（以下简称申请机构）是否依法在中国境内设立并有效存续，其工商登记文件所记载的经营范围是否符合国家相关法律法规的规定。申请机构的名称和经营范围中是否含有"基金管理"、"投资管理"、"资产管理"、"股权投资"、"创业投资"等与私募基金管理人业务属性密切相关字样；以及私募基金管理人名称中是否含有"私募"相关字样。

第二，申请机构是否符合《私募投资基金监督管理暂行办法》第22条规定的专业化经营原则，说明申请机构主营业务是否为私募基金管理业务；申请机构的工商经营范围或实际经营业务中，是否兼营可能与私募投资基金业务存在冲突的业务、是否兼营与"投资管理"的买方业务存在冲突的业务、是否兼营其他非金融业务。

第三，申请机构股东的股权结构情况。申请机构是否有直接或间接控股或参股的境外股东，若有，请说明其境外股东是否符合现行法律法规的要求和中国基金业协会的规定。

第四，申请机构是否具有实际控制人；若有，请说明实际控制人的身份或工商注册信息，以及实际控制人与申请机构的控制关系，并说明实际控制人能够对机构起到的实际支配作用。

第五，申请机构是否存在子公司（持股5%以上的金融企业、上市公司及持股20%以上的其他企业）、分支机构和其他关联方（受同一控股股东/实际控制人控制的金融企业、资产管理机构或相关服务机构）。若有，请说明情况及其子公司、关联方是否已登记为私募基金管理人。

第六，申请机构是否按规定具有开展私募基金管理业务所需的从业人员、营业场所、资本金等企业运营基本设施和条件。

第七，申请机构是否已制定风险管理和内部控制制度。是否已经根据其拟申请的私募基金管理业务类型建立了与之相适应的制度，包括（视具体业务类型而定）运营风险控制制度、信息披露制度、机构内部交易记录制度、防范内幕交易、利益冲突的投资交易制度、合格投资者风险揭示制度、合格投资者内部审核流程及相关制度、私募基金宣传推介、募集相关规范制度以及（适用于私募证券投资基金业务）的公平交易制度、从业人员买卖证券申报制度等配套管理制度。

第八，申请机构是否与其他机构签署基金外包服务协议，并说明其外包服务协议情况，是否存在潜在风险。

第九，申请机构的高管人员是否具备基金从业资格，高管岗位设置是否符合中国基金业协会的要求。高管人员包括法定代表人/执行事务合伙人委派代表、总经理、副总经理（如有）和合规或风控负责人等。

第十，申请机构是否受到刑事处罚、金融监管部门行政处罚或者被采取行政监管措施；申请机构及其高管人员是否受到行业协会的纪律处分；是否在资本市场诚信数据库中存在负面信息；是否被列入失信被执行人名单；是否被列入全国企业信用信息公示系统的经营异常名录或严重违法企业名录；是否在"信用中国"网站上存在不良信用记录等。

第十一，申请机构最近三年涉诉或仲裁的情况。

第十二，申请机构向中国基金业协会提交的登记申请材料是否真实、准确、完整。

第十三，经办执业律师及律师事务所认为需要说明的其他事项。

二、产业政策创造的新兴法律服务

（一）产业政策含义及特点

1. 产业政策含义

产业政策，是政府为了实现一定的经济和社会目标而对产业的形成和发展进行干预的各种政策的总和。由于研究的角度不同，在国际上尚没有统一的定义，主要有以下几种：其一将之理解为是各种指向产业的特定政策，即政府有关产业的一切政策的总和，如"产业政策是与产业有关的一切国家法令和政策"。其二将其理解为是弥补市场缺陷的政策，即当市场调节发生障碍时，由政府采取的一系列补救的政策。如日本学者认为"产业政策是政府为改变产业间的资源分配和各种产业中私营企业的某种经营活动而采取的政策"。其三是将之理解为产业赶超政策，即工业后发国家为赶超工业先进国家而采取的政策总和。如中国有些学者定义为"产业政策就是当一国产业处于比其他国家产业落后状态，或者可能落后于其他国家时，为加强本国产业所采取的各种政策"。

2. 产业政策的特点

产业政策具有前瞻性，一般先由政府出台指导性政策，然后再相继出台具体法律规定。

产业政策具有预测性，大部分产业政策通常意味着一个行业从计划转向市场，往往蓄含着一个巨大的新兴法律服务。

（二）产业政策对新兴法律服务的影响

产业政策对新兴法律服务的影响通常是积极、正面的，新的产业政策的出台往往意味着新的法律服务机会的来临，例如，1998年7月3日中华人民共和国国务院发布了《关于进一步深化城镇住房制度改革加快住房建设的通知》，该通知在其第1条就提出"稳步推进住房商品化、社会化，逐步建立适应社会主义市场经济体制和我国国情的城镇住房新制度；加快住房建设，促使住宅业成为新的经济增长点，不断满足城镇日益增长的住房需求"，明确表明"停止住房实物分配，逐步实行住房分配货币化"。这种明确支持房地产产业发展的政策出台不到20天，当年7月20日就发布了《城市房地产开发经营管理条例》，开启了房地产行业法律服务的黄金时代。

（三）从事产业政策创新的新兴法律服务程序

律师欲从事产业政策创新而引发的未来法律服务，一般先后经过行业政策判断、对行业法律体系搜索整理、法律研究、将成熟研究结果以适当方式对外推广。

1. 政策初判

对行业新政策判断是从事该非诉讼法律服务的首要步骤，因为新的行业政策出台时一般都是倡导性、模糊性，达不到法律明确具体的程度。一旦律师对行业新政策判断错误，将是灭顶之灾。例如20世纪末，在国退民进的政策宣传下，大量私人投资人涌向陕甘宁投资石油开采行业，结果之后国家政策并未对私人开放油气产业的开采，反而对违法的私人采油行为进行了大规模治理，结果私人投资者被迫低价转让新建井场，损失巨大。

2. 法律搜索

在对行业新政策判断后，接下来的工作就是对行业相关的法律规定依据时间顺序及效力进行法规搜索及整理，以最快了解新兴行业的法律规定，具体可参考本节案例。

3. 法律研究

法律研究是在法律搜索的基础上，分析整理行业潜在的非诉讼服务，并将非诉讼服务形成一个新的法律服务产品的过程，法律研究阶段是政策初判、法律搜索两个阶段的结果。法律研究，也是律师从事非诉讼法律服务的一个重要工具。

4. 服务推广

律师提供非诉讼法律服务的本质是一种委托人付费购买法律服务的商业行为，所以法律服务的推广是律师将行业法律研究的成果，用适当的方式让行业内客户知晓其法律研究成果的过程。法律服务推广的目的是借此创造委托人付费购买法律服务的欲望，最终实现法律研究成果转向商品服务的惊人一跃。

律师法律服务推广是件很有创意的工作，方式多种多样各有特点。实践中，经常用到的是积极组织或参加所研究行业的法律讲座。

(四) 我国通用航空产业非诉讼法律服务前景巨大

1. 通用航空的概念及范围

通用航空，是指使用民用航空器从事公共航空运输以外的民用航空活动，包括从事工业、农业、林业、渔业和建筑业的作业飞行以及医疗卫生、抢险救灾、气象探测、海洋监测、科学实验、教育训练、文化体育等方面的飞行活动。

通用航空产业范围包括通用航包机飞行、石油服务、直升机引航、医疗救护、商用驾驶员执照培训；空中游览、直升机机外载荷飞行、人工降水、航空探矿、航空摄影、海洋监测、渔业飞行、城市消防、空中巡查、电力作业、航空器代管，跳伞飞行服务；私用驾驶员执照培训、航空护林、航空喷洒（撒）、空中拍照、空中广告、科学实验、气象探测；使用具有标准适航证的载人自由气球、飞艇开展空中游览；使用具有特殊适航证的航空器开展航空表演飞行、个人娱乐飞行、运动驾驶员执照培训、航空喷洒（撒）、电力作业等经营项目。

2. 通用航空产业政策

虽然由于低空空域的严格管制，我国通用航空发展一直比较落后，但我国之前以房地产行业为增长点的经济增长模式不可持续，在地面可以开发的资源都将开发用尽时，唯有放开低空空域资源，所以未来空中资源的开发和利用将会形成一个很大的产业。

政府也充分认识到发展通用航空的重要性，制定了一系列鼓励通用航空发展的政策及法律。2004 年，民航局颁布了《非经营性通用航空登记管理规定》，给我国通用航空产业的发展带来一道曙光；2009 年，国家出台了《关于加快通用航空发展的措施》，使我国通用航空产业的发展前景骤然明朗；2010 年 11 月国务院和中央军委共同印发了《关于深化我国低空空域管理改革的意见》，对深化我国低空空域的管理改革作出了战略部署；2012 年 7 月，国务院正式发布《关于促进民航业发展的若干意见》，其中明确指出：加大低空空域管理改革的力度，大力发展通用航空；2012 年 7 月，民航局出台了《通用机场建设规范》，使得通用航空机场的建设有章可循，打破了之前通航机场建设的制度性障碍。2016 年 5 月 13 日《国务院办公厅关于促进通用航空业发展的指导意见》进一步推进了低空开放的政策。紧接着 2016 年 6 月 1 日出台的《通用航空经营许可管理规定》意味着通用航空产业正式拉开序幕。许多地方政府也纷纷出台相关办法以支持本省通用航空产业发展，市场上各路资本跃跃欲试，争先进入通用航空领域。这一切将为律师非诉讼法律服务创造难得的机遇。

我国已经建立了相对完善的航空产业法律体系。在法律层面，1996 年 3 月 1 日，全国人大通过了《中华人民共和国民用航空法》；2015 年 4 月 24 日，全国人大常委会出台关于修改《中华人民共和国民用航空法》的决定。在行政法规层面，2000 年 7 月 24 日，国务院、中央军事委员会通过《中华人民共和国飞行基本规则（2007 年修订）》；2003 年 5 月 1 日，国务院出台《通用航空飞行管制条例》；2010 年 8 月 19 日国务院、中央军委通过《关于深化我国低空空域管理改革的意见》；2010 年 9 月 1 日，国务院出台《通用航空民用机场收费标准》；2012 年 9 月 23 日，国务院通过了《关于第六批取消和调整行政审批项目的决定》；2016 年 5 月 13 日，国务院办公厅通过了《关于促进通用航空业发展的指导意见》。在部门规章层面，2007 年 2 月 14 日，中国民用航空总局局务会议审议通过《通用航空经营许可管理规定（2007）》；2012 年 6 月 1 日，中国民用航空局出台《通用机场建设规范》；2013 年 7 月 8 日，中国民用航空局空管行业管理办公室发布《通用航空机场空管运行保障管理办法》；中国人民解放军总参谋部、中国民用航空局关于印发《通用航空飞行任务审批与管理规定》的通知，从 2013 年 12 月 1 日起《通用航空飞行任务审批与管理规定》将实施；2014 年 6 月 16 日中国民用航空局局务会议通过《民用航空器驾驶员和地面教员合格审定规则（2014 年修订）》，2014 年 9 月 1 日起实施。

三、涉外法律服务

（一）涉外法律服务概念

涉外法律服务，是指律师提供的具有涉外因素内容的法律服务，这种涉外因素可以对应为法律关系中的三要素。即只要服务的主体、客体、内容其中一项具有涉外因素，就属涉外法律服务。

（二）涉外法律服务分类

为了便于律师由易到难选择从事不同涉外法律服务，根据涉外法律服务所适用的法律可将涉外法律服务分为中国境内的涉外法律服务、中国境外的涉外法律服务及综合涉外法律服务。

1. 中国境内的涉外法律服务

　　中国境内的涉外法律服务是指涉外法律服务所适用的法律全部适用中国的法律规定，包括虽然法律服务地点及对象在中国境外，但法律服务所适用的法律全部适用中国的法律规定的离岸型涉外法律服务。

　　中国境内的涉外法律服务的特点是提供涉外法律服务律师无须专业的法律英语知识，只要有很好的英文语言沟通能力，基本上都能胜任。因所处理的法律事务均适用中国境内的法律规定，一般处理的法律文件均为中文，对律师在专业能力上的要求同其他法律服务并无特别。

　　中国境内的涉外法律服务常见形式是外国商人来中国投资时需要中国律师提供与设立外资企业相关的服务以及外资企业运营过程中相关的法律服务。在实践中会遇到外国商人直接到律师事务所咨询或外国商人直接向我国的工商管理机构咨询。

　　2. 中国境外的涉外法律服务

　　中国境外的涉外法律服务是指涉外法律服务所适用的法律全部适用境外（含港澳台）的法律规定，包括虽然法律服务地点及对象在中国境内，但法律服务所适用的法律全部适用国外的法律规定的在岸型涉外法律服务。

　　中国境外的涉外法律服务的特点是提供涉外法律服务律师需要有很好的外文语言沟通能力，具有法律英语基础。由于所处理的法律事务均适用中国境外的法律规定，中国境内律师一般转境外律师处理，并不亲自处理。

　　中国境外的涉外法律服务的常见需求是中国企业在国外投资前，需要他的中国律师提供所在国相关法律环境的尽职调查服务。另外还有一些涉外司法程序上的互助，比如中国境内的生效仲裁裁决在境外执行的问题。

　　3. 综合涉外法律服务

　　综合涉外法律服务是指涉外法律服务所适用的法律适用到中国及境外（含港澳台）两国（地）的法律规定，同法律服务地点及对象无关。

　　综合的涉外法律服务的特点是涉外法律服务必须由中国律师同境外律师共同处理，《纽约公约》与《华盛顿公约》是中国律师同境外律师共同的法律语言。这必然要求提供综合涉外法律服务律师的工作语言为英文，精通法律英语。

　　实践中因"一带一路"国策扩大了综合的涉外法律服务需求，常见的境外上市、境外收购都需要中国律师同境外律师共同完成。

【案例 9-2】

将境外法律服务转为境内的涉外法律服务

【案例 9-2】点评

　　2015 年 3 月，我国公民吴某在澳门注册一家名为澳门××投资集团有限公司（以下简称澳门公司）并委托澳门当地××地产代理有限公司（以下简称地产中介）为澳门公司在澳门寻找房产作为其经营地址。同年 6 月在地产中介撮合下澳门公司同地产中介及澳门人曹某签订了三方协议约定了每月租金、中介费及交房时间。交房前，因澳门公司被决定撤销，吴某面临无法履行三方协议风险，向当地澳门律师咨询不履行后果。澳门律师意见认为纠纷双方法律主体均是澳门公司该纠纷只能受澳门管辖，并依澳门法律，吴某需支付双倍中介费以向地产中介承担违约损失。后吴某经朋友介绍向广州朱律师咨询，广州朱律师建议吴某同地产中介补充一个仲裁条款，约定纠纷交至深圳国际仲裁院仲裁并适用中国大陆法律。吴某听从建议返回澳门同地产中介补充了仲裁条款。

（三）我国涉外法律服务发展政策

近年来，全国律协通过建立涉外律师人才库、举办涉外律师领军人才培训班等途径，加快了涉外律师人才培养。2012 年，全国律协制定了《第八届全国律协涉外高素质律师领军人才培养规划》，建立了由 348 名涉外律师组成的律师人才库，并分步骤组织库内人员开展了涉外律师领军人才培训，其中，通过面试选拔出的 114 名律师还分赴境外继续参加培训。与此同时，全国律协积极推荐库内专家律师参与国际组织合作项目或到国际组织、区域组织担任职务；探索配合有关部门推荐优秀涉外律师进入国际经济、贸易组织的专家机构、评审机构、争端解决机构等，加大了我国律师在国际法律服务市场中的影响力和话语权。

在国家政府方面，2016 年，中央全面深化改革领导小组第 24 次会议近日审议通过《关于发展涉外法律服务业的意见》。会议指出，发展涉外法律服务业，要健全完善扶持保障政策、进一步建设涉外法律服务机构、发展壮大涉外法律服务队伍、健全涉外法律服务方式、提高涉外法律服务质量、稳步推进法律服务业开放，更好维护我国公民、法人在海外及外国公民、法人在我国的正当权益。律师界认为该意见着眼于适应构建对外开放型经济新体制要求以及服务我国外交工作大局和国家重大发展战略，提出发展涉外法律服务业的目标和任务，是新时期推动我国涉外法律服务业发展的纲领性文件，进一步明确了包括涉外律师业在内的涉外法律服务业的发展方向。

（四）律师开展涉外法律服务方法

1. 提高自身法律英语水平

自学中国国内相关法律规定的英文版是从事中国境内涉外法律服务的一条捷径，实务中有律师通过自学《中华人民共和国合同法》英文版而成功走上从事中国境内涉外法律服务的方向。

可学习剑桥法律英语国际证书（International Legal English Certificate）的考试课程，该证书是法律行业的人士或法律专业的大学生与研究生将来从事中国境外的涉外法律服务及综合涉外法律服务很好的途径。剑桥法律英语国际证书是由剑桥大学考试委员会 ESOL（English for Speakers of Other Languages）考试部与欧洲主要的律师语言学家协会（Translegal）共同研发的一种职业英语证书。于 2006 年 5 月全球推出。剑桥 ESOL 是世界知名的考试机构，"雅思"（IELTS）和剑桥商务英语（BEC）考试的研发者。该证书现已被欧洲公司律师公会、欧洲法律专业学生协会、国际青年律师公会及欧洲青年律师公会认可。

2. 确定涉外法律服务领域

有志从事中国境内涉外法律服务的律师可主动同各国驻中国的使领馆联系，外国公民在中国境内需要法律服务时，大部分会向其所属国驻中国境内的使领馆求助，各国驻中国的使领馆实际上也很需要中国律师的法律服务。

有志从事中国境外的涉外法律服务及综合涉外法律服务的律师尽量选择一家有国外分支机构的涉外律师事务所执业。因为这种法律服务只能通过境内外律师事务所合作才能完成。近年来随着国企海外并购业务开展，国内各大牌律所也纷纷同国外律所建立战略合作，甚至直接收购境外律所或开设境外分所。

第四节　未来非诉讼法律服务的变革

一、"法律服务 App" 的功能简述

本节所述的 "法律服务 App" 是对目前或将来各种通过手机运用程序提供法律服务软件或平台的总称。"法律服务 App" 的运行类似滴滴打车抢单模式、结合支付宝第三方支付及互评模式：首先由提问者通过手机端发布问题，点击支付律师咨询费（10 元）；其次平台自动推送到已注册律师手机端，由律师抢答；另外初期自建平台律师保证活跃交易量：1 分钟内无人应答，系统自动转由平台律师回答；最终形成类似全国法律服务信息交易所的平台，遵循地理位置优先、时间优先的原则，实现法律服务资源配置平台功能。新的法律咨询非诉讼法律服务模式最终可延伸并占领高端法律服务需求。

"法律服务 App" 平台仅定位提供法律咨询的解答，整个产品的设计围绕提问者提问及律师的回答的体验来制作，其关键是高效率解决双方匹配、回答。这也是法律咨询服务的特殊性决定的。因为提问者所处境遇大多是急需帮助之时，迅速解答需求就如医生街头急救，所以产品功能一定要围绕此核心点设计并实现。所以通过平台提问衍生的后续服务均由解答律师自行服务，平台完全公开双方信息不屏蔽。平台不做律师信息广告，不对律师业务分类贴业务标签，所有注册律师均平等对待，推送信息原则是 "距离优先、时间优先"，律师信誉通过自己的服务在平台累积（评价机制）。

二、"法律服务 App" 对传统非诉讼法律服务的变革

自互联网工具出现，律师群体及 IT 人一直在各自探索、理解使用网络工具来创新法律咨询服务的途径。从最初的百度个体推广到建立专业的网站平台、移动短信平台（App 思维前身）、微信公众号到 2016 年初以来爆发的法律问答服务类的各种 App。这种法律问答类 App 类似 Uber 的 App 技术，在技术上能将年轻律师 80% 闲置的工作时间同 80% 的普通大众潜在的法律服务需求打通。也许只有 App 技术，才能解决律师回答大众服务的时间成本问题，也就是说类似 Uber 的 App 的平台，可以实现无限的法律服务需求同无限的法律服务供给的匹配，其意义类似于建立一家全国法律咨询服务信息的交易所。

虽然各方都看到随着互联网技术演进对传统的法律咨询服务创新只是时间问题，但律师同 IT 人一直各自理解探索法律服务创新路径，没有虚心互相学习融为一体。其问题表现在，IT 技术团队带有天然的互联网免费思维，不懂法律服务行业的特殊性，具体表现

在给律师贴上专业分类的标签、试图诱惑律师以免费回答问题来寻找案源机会；而律师大多专注自己的专业服务，比如近年流行的一套手机平台运用的内部案件管理软件（类似 OA），深刻理解互联网思维的律师不多，即使有互联网思维的律师也大多是从自己律所案件来源、满足无所不包的诉讼与非诉讼法律服务的传统案源开拓思维来理解、运用互联网，其本质仍然停留在传统的个体户思维上，没有时代的宏观视野，注定格局不大。

但由于 App 技术局限性及法律服务市场的特殊性，该平台未来只能也只需定位在提问解答这一细分的法律服务市场。这就意味着适合律师法律咨询服务的有偿"法律服务 App"时代即将到来。

三、"法律服务 App"对法律咨询服务的变革

（一）我国传统法律服务现状及问题

1. 律师自身发展制约了传统的法律服务

我国律师组织为合伙制、律师个体的成长一直沿用传统的师傅带徒弟的学徒制。这种类似于个体户的组织形式加上一对一的学徒制，注定了律师职业是一个经过 4 年本科、2 年司法考试、2 年学徒期精英教育的职业，但同时又因为这种精英职业形成了律师个体彼此独立发展的特有职业现状，即律师形式上挂靠律师所而又独立于律所的职业特点，具体其中一点就是，律师自己找案源，自负社保等一切个人开支，并向律所提交管理费（座位费），而律所对每个律师办理的案件提 20% 左右的案件税费。

但经过 8 年精英教育的律师助理同其他行业一样面对市场的生存发展，从独立门户成为执业律师之时就为生存而独立寻找案源，其艰辛强于保险代理人（自我寻案、办案且终身自我学习提高）。从刚自立门户时空有一身本领，养在深闺无人识到通过各种途径破茧而出通常需要 3 ~5 年的发展。总而言之，刚出道的年轻律师 80% 的工作时间是闲置掉了。

2. 普通大众法律咨询服务需求难以满足

从传统非诉讼法律服务需求角度来分析，由于精英教育的壁垒（律师人数受到严格控制），整个法律服务市场相对于潜在的无限法律服务需求还不是一个完全充分竞争的市场，但现实情况是律师服务的时间价值决定了律师从一出生起就是直奔 20% 的高端客户、高端业务。导致 20% 的高端市场是一个典型的红海市场，80% 的大众蓝海市场（白领劳动纠纷、交通事故、婚姻家庭继承、小额民间借贷等老百姓常见法律服务需求）在传统的法律服务模式下又注定被供需双方放弃。显然，在传统的法律咨询服务中，普通大众不可能因一个问题就去律师楼咨询付费，律师也不会为回答这样一个问题而收到费用。所以，采取何种配置方式使年轻律师的时间以满足普通大众非诉讼法律服务是未来非诉讼法律服务发展的方向。

一个平台将年轻律师 80% 闲置的工作时间同 80% 的大众潜在的传统非诉讼法律服务需求打通的时代，随着类似 Uber 的 App 技术出现，最终将会来临。

（二）"法律服务 App"颠覆传统法律咨询服务必然性

1. 定位非诉讼法律服务的增量而不是存量

"法律服务 App"定位于满足潜在的法律服务需求，是传统法律服务无法满足到的大

众市场，且产品仅仅定位于提问回答模式，因提问而衍生的所有诉讼或非诉讼服务，平台均不涉入，转交由传统法律服务市场解决。即"法律服务 App"定位在法律服务市场的增量而不是存量。

2. 将法律纠纷提前消灭在萌芽状态，显著降低诉讼率、实现和谐社会目的

显然，第一时间向律师咨询问题时大多是纠纷萌芽时期，此阶段双方各自律师法律意见提前介入，会对诉讼结果有个提前预判（合理预期），纠纷双方很容易在各自律师意见指导下达成和解（因为大多民间小额对簿公堂的法律纠纷，实际上只是要个说法）。所以，通过平台的律师意见而对诉讼结果有个预判就很容易达成调解，另外律师意见的提前介入，也会避免事态持续恶化发展。法律这一社会稳定器的价值最终通过"法律服务 App"平台实现。这符合国家大的政治方向，具有积极的社会意义。

3. 帮助刚执行律师度过执业之初的困难期

刚独立执行律师都有面对寻找案源的艰辛及无助，而"法律服务 App"具有自动推送法律咨询服务功能，律师只需在手机上下载"法律服务 App"软件就能通过线上提供法律咨询服务来获取由此衍生出来的更多诉讼法律服务。

四、对"法律服务 App"未来的展望

各种"法律服务 App"相关法律咨询手机运行程序已陆续推出，其未来一定会颠覆传统的法律咨询服务，并汇集演变成律师群体交流学习的平台，如提供律师的办案工具包、分享办案经验、平台组织市场化的在线律师教育培训等。

【练习题】

一、概念题

非诉法律服务；律师咨询；项目谈判；私募股权投资基金；涉外法律服务；法律服务 App。

二、思考题

1. 举例说明日常生活中常见的非诉讼法律服务。

2. 我国今后的律师非诉讼法律服务发展有哪些趋势？

3. 如何正确地看待诉讼与非诉讼业务的关系？

【阅读资料】

第十章 律师法律顾问工作

【学习目的与要求】 要求掌握法律顾问的概念、法律顾问制度的发展历程；掌握律师从事法律顾问工作的特征、分类、工作原则和工作方法；了解党政机关、企业、个人等主体聘请律师担任法律顾问的含义、意义以及具体的业务类型。

【重点问题】

- 法律顾问的概念
- 律师担任法律顾问的特征
- 律师担任法律顾问的分类
- 律师担任法律顾问的工作原则
- 律师担任法律顾问的工作方法
- 律师担任法律顾问的具体业务类型

【知识结构简图】

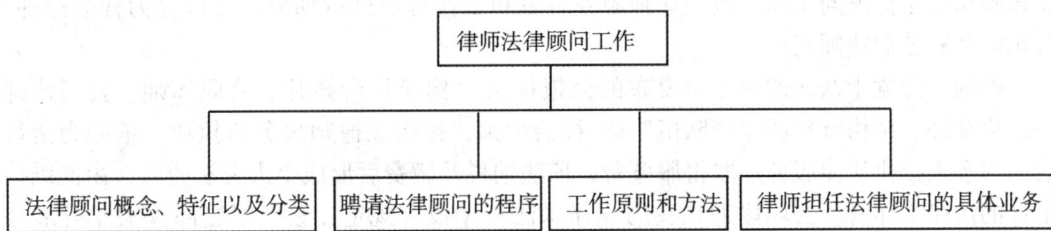

```
                         律师法律顾问工作
      ┌──────────────────┬──────────────┬──────────────────┐
法律顾问概念、特征以及分类   聘请法律顾问的程序   工作原则和方法   律师担任法律顾问的具体业务
```

【引例】 张律师在广州一家村办大型企业担任过专职法律顾问，在拿到律师资格证以后，受聘为广州天河区农村法律顾问，经过多年的农村工作，他积累了丰富的农村法律服务经验。他认为成为一名优秀的农村（社区）法律顾问，第一，要了解村（社区）的人事架构、组织架构和宗教文化，这是做好村（社区）法律顾问工作的前提。第二，要发挥专业优势，运用法律知识解决农村矛盾纠纷。农村纠纷比较特殊，比如："外嫁女"纠纷、村民经济分配纠纷、村民身份纠纷等，都与乡土民情结合得较为紧密。第三，把握机遇，开拓农村法律业务市场。农村法律业务的市场空间还是很大的，尤其是在城市化改造过程

中，土地拆迁纠纷不断涌现。他总结道：只有爱民之所爱、想民之所想，才能够和村民打成一片，才能够获得村民的信任，才能在农村市场这片广阔天地不断地拓展律师法律顾问业务。

引例说明： 其一，律师担任法律顾问应当积极开拓新的市场。其二，律师要成为一名优秀的法律顾问，应当在积极提升自己能力同时，也要根据顾问对象不同，转变自己的服务思维与服务理念。

第一节　法律顾问概述

一、法律顾问的概念

法律顾问，是由"legal adviser"或"counselor（counsellor）"翻译而来，但 counsel 或 counselor 显得更加正式，而 legal adviser 则较为通用。① 通常意义上，法律顾问泛指一切能够提供法律意见和服务的人。从法律职业的角度看，法律顾问工作是法律人从事法律工作的一个"饭碗"；从法律事业的角度看，它是值得法律人为其倾注一生所追求的事业目标。"顾问"一词，一方面很好地诠释了法律顾问工作的专业性、专门性和技巧性，另一方面也表达出作为法律顾问应有的责任担当，应当对自己所提出的法律意见或建议负责。法律顾问的含义有广义和狭义之分。广义上，法律顾问是指受自然人、法人或者其他组织的聘请为其提供法律专业服务的人员，包括专职律师、企业法律顾问和其他法律专业人员。而狭义上，法律顾问是指提供上述服务的执业律师。② 本章主要从狭义上来探讨执业律师从事法律顾问工作。按照律师服务对象和工作身份进行划分，可以分为社会律师、公司律师和公职律师三类。

中国共产党十八届四中全会发布的公报提出"构建社会律师、公职律师、公司律师等优势互补、结构合理的律师队伍"。③ 社会律师，是指在律师事务所执业，依靠为全社会的当事人提供法律服务并取得服务费，依法纳税及缴费后形成个人合法收入，由此维持生计的法律工作者。公职律师在我国《律师法》中没有规定，参考司法部《关于开展公职律师试点工作的意见》（司发通［2002］80号）文件的规定，公职律师是指具有中华人民共和国律师资格或司法部颁布的法律职业资格，并且供职于政府职能部门或行使公共职能的部门，或经招聘到上述专职从事法律事务，经过司法行政部门授予公职律师资格，专门为政府或者公共职能部门提供法律服务的律师。④ 简单地说，就是"吃国家财政

---

① 宋雷.法律英语同义·近义属于辨析和翻译指南［M］.北京：法律出版社，2004：223.
② 郑金都.六和律师理论与实务研究（第Ⅲ卷）［M］.杭州：浙江大学出版社，2014：270.
③ 十八届四中全会公报［EB/OL］.［2016-07-06］.新华网，http://www.js.xinhuanet.com/2014-10/24/c_1112969836.htm.
④ 许身健.法律职业伦理［M］.北京：北京大学出版社，2014：112.

饭"，相当于准公务员，为政府宏观决策提供法律意见，并且承担部分法律援助义务，一般不得参与社会有偿服务的律师。公司律师，是指具有律师职业资格或者法律职业资格，受雇于企业，专门为企业提供法律服务的执业律师。公司律师制度在英美发达国家已经发展非常成熟，世界知名的通用电气公司拥有公司律师达 400 多人，世界上最大的证券交易所——纽约证券交易所 4000 多名员工中就有 2000 多人是公司律师。① 为了与国际接轨，2002 年 10 月 22 日，司法部颁布了《关于开展公司律师试点工作的意见》，开始在全国推行公司律师制度。

　　律师与其提供法律顾问工作的聘请人之间是一种委托关系。《律师法》第 28 条第 1 款开宗明义地指明了这种委托关系，并将法律顾问工作列为律师的首项工作。随着改革开放的不断深化以及现代化建设的步伐加快，社会经济对法律的需求呈"井喷"式增长，法律顾问工作越来越具有广阔的市场前景。法律顾问工作缘起于当事人的法律咨询，之后才会有其他法律业务出现。从某种意义上来说，法律顾问工作的目标与律师诉讼业务具有一定的冲突性。法律顾问在受聘主体与潜在的法律风险之间树立了一道"防火墙"，通过专门的制度设计与安排来预防风险转化为纠纷，抑制纠纷转化为诉讼。诉讼作为纠纷解决的最后一道防线，是当事人迫不得已的最后选择。有"预防之父"美称的美国路易·M.布朗教授曾说，法律预防是法律服务的必然，较之法律治疗重要得多。② 中国传统社会就具有息诉止讼的观念，"无讼"是中国古代从皇帝到官员共同追求的司法终极目标。③ 而在当今社会，这一观念仍然可以作为法律顾问工作的目标，将风险与纠纷"扼杀在摇篮里"，为聘请人排忧解难，为社会经济的健康有序发展保驾护航。

二、企业法律顾问制度之发展

　　美国是世界上最早实行企业法律顾问制度的国家，在 1882 年，法律顾问首次在美国新泽西州的美孚石油公司出现。随着自由市场经济制度向国家干预经济制度的转变，设立法律部门的公司越来越多，到 20 世纪中后期，美国法律顾问制度逐步发展趋于成熟和完善。④ 全球企业法律顾问协会（Association of Corporate Counsel，ACC）于 1982 年成立，总部设在美国华盛顿，性质上是非营利性机构，成员是企业内部具有正式员工身份的企业法律顾问。

　　在我国，企业法律顾问制度起步较晚。在制度层面，1955 年国务院法制局起草了《国务院法制局关于法律室任务职责和组织办法的报告》，同年 4 月国务院下发了《中华人民共和国国务院批转〈关于法律室任务职责和组织办法的报告〉的通知》。1986 年《全民所有制工业企业厂长工作条例》以行政法规的形式确立了企业法律顾问的地位。2004 年 5 月 11 日，国务院国有资产监督管理委员会颁发了《国有企业法律顾问管理办

---

① 陈宜，王进喜. 律师公证制度与实务 ［M］. 北京：中国政法大学出版社，2014：23.

② 蔡世军. 企业合同审查法律实务 ［M］. 北京：中国法制出版社，2014：1.

③ 吕丽，潘宇，张姗姗. 中国传统法律制度与文化专论 ［M］. 武汉：华中科技大学出版社，2013：190.

④ 兰台律师事务所. 企业法律顾问实务操作全书 ［M］. 北京：中国法制出版社，2012：6.

法》。2008 年 4 月 29 日国务院国资委颁布了《国有企业法律顾问职业岗位等级资格评审管理暂行办法》。自 2008 年 6 月 1 日起实施的《中华人民共和国律师法》从法律层面将律师顾问业务作为律师主要业务之一。2009 年国资委颁发了《关于贯彻实施〈国有企业法律顾问职业岗位等级资格评审管理暂行办法〉有关事项的通知》，从而建立了企业法律顾问的岗位等级制度。2016 年 6 月，中共中央办公厅、国务院办公厅印发了《关于深化律师制度改革的意见》，指出要求吸纳律师担任各级党政机关、人民团体、企事业单位法律顾问。紧接着，中共中央办公厅、国务院办公厅又印发了《关于推行法律顾问制度和公职律师公司律师制度的意见》，使得我国企业法律顾问制度建设走上了新台阶。在实践层面，1979 年中国技术进出口公司设立法律处；1980 年武汉钢铁公司设立法律顾问处。2011 年 9 月，国资委召开中央企业法制工作会议，总结中央企业法制工作第二个三年目标完成情况。截至 2011 年 6 月底，在 120 户中央企业中，有 117 户建立了总法律顾问制度，占 98%。在 1155 户中央企业重要子企业中，有 1058 户建立了总法律顾问制度，占 92%，中央企业及其重要子企业全面建立了总法律顾问制度。① 截至 2014 年 9 月底，中央企业全系统建立总法律顾问制度的户数达到 2584 家，集团和重要子企业总法律顾问专职率接近 80%。中央企业集团及其重要子企业规章制度、经济合同、重要决策三项法律审核率分别达到 99.98%、99.68% 和 99.6%，企业因自身违法违规引发的重大法律纠纷案件明显减少。②

三、律师担任法律顾问的特征

（一）法律关系的平等性

受聘律师与招聘者之间是一种以合同为基础的委托关系，双方具有平等的法律地位，各自享有相应的权利和义务。顾问律师并非聘请者的内部成员，与聘请者没有行政隶属关系，而是受派遣律所的监督和领导。与聘请者之间，仅存在业务上的合作与指导关系。律师从事法律顾问工作的平等性是律师独立性的基础和前提，没有独立性，也就没有律师独立性的存在。

（二）法律地位的独立性

律师受聘担任法律顾问具有法律地位上的独立性。其独立性特征表现在：第一，法律事务执行上的独立性。不管是受聘的社会律师，还是公司律师和公职律师，都是以自己的法律知识依法独立地执行事务，其执业行为受国家法律保护，任何单位和个人不得非法干涉。第二，价值判断上的独立性。律师担任法律顾问并进行业务活动，应当以事实为依据，以法律为准绳，依法保护聘请者的合法权益，不受聘请方的意志所制约。③ 对于聘方的无理要求和违法行为，应予以说服、劝阻或者纠正，以维护法律的严肃性，从而维护国

① 郑佳宁，李成杰.全国企业法律顾问执业资格考试专题讲座［M］.北京：北京大学出版社，2014：356.

② 中国企业法务管理研究中心.《企业法律顾问制度与公司律师制度比较研究》研究课题报告［EB/OL］.［2016-07-13］.找法网，http://china.findlaw.cn/gongsifalv/qiyefalvguwen/1262581.html.

③ 胡志民.律师制度与实务［M］.上海：华东理工大学出版社，2013：161.

家与社会公共利益。

（三）身份的双重性

社会律师担任法律顾问身份具有双重性特征。一方面仍然扮演着律师事务所的执业律师的角色，另一方面又是聘请人处理法律事务的"贤内助"。一方面，基于律师与律所的行政隶属关系，律师要接受律师事务所的监督和管理，受律师行为规范、职业道德和执业纪律的约束；另一方面，基于律师与聘请者之间的委托关系，要依照与聘请人签订的相关合同规定，遵守合同约定的义务，积极履行自己的职责，为聘请人提供优质的法律服务。①

（四）服务内容的综合性

法律顾问工作的内容具有综合性，服务范围较为广泛，其职责范围是全方位的。从服务对象来看，不仅要为政府机关行政管理活动提供法律服务，还要为企事业单位、一般社会团体和公民提供法律服务，凡是有法律服务需求的单位和个人都可以聘请律师担任法律顾问。从服务的内容看，不仅包括代理聘请者参加诉讼、调解、仲裁等传统诉讼活动，更多是为聘请者提供法律咨询、文书起草，参与草拟、审查、修改合同等工作，涉及民事、商事、行政、刑事各个领域。可以说，除了诉讼的专门业务以外，几乎绝大部分与法律相关的事情都可以成为法律顾问的工作内容。②

四、律师担任法律顾问的分类

（一）根据聘请法律顾问的主体分类

按照聘请法律顾问的主体不同，可分为以下几种：

1. 党内法律顾问

《关于推行法律顾问制度和公职律师公司律师制度的意见》要求积极推行党政机关法律顾问制度，建立以中国共产党党内法规工作机构、政府法制机构人员为主体，吸收法学专家和律师参加的法律顾问队伍。该意见要求建构党内法律顾问机构与相关制度，体现了依法治国、依法执政的理念。作为党内法律顾问，必须要拥护党的领导，这是政治前提。另外，要具备较高的法律职业素养，具备法律职业资格或者律师资格，一般为从事法律研究的法学家或具备丰富实践经验的律师界"行业翘楚"。党内法律顾问的职责是为党的重大决策、党内法规草案和规范性文件送审稿的起草、论证，参与合作项目的洽谈，协助起草，修改重要的法律文书或者以党政机关为一方当事人的重大合同等事项出谋划策。

2. 政府法律顾问

政府法律顾问，是指为了正确运用法律手段加强行政管理，做到依法行政、科学决策，各级政府、行政管理部门聘请的法律顾问，用以提供专业法律服务的专家。③《关于推行法律顾问制度和公职律师公司律师制度的意见》要求政府要实施依法行政，积极转变政府职能，建立政府法律顾问和公职律师制度。法律顾问为重大行政行为提供法律意

① 李真，李祖军．律师实务［M］．北京：中国政法大学出版社，2014：250.

② 杨启敬，段红柳．律师实务［M］．长沙：湖南人民出版社，2006：188.

③ 石茂生．中国律师法学［M］．郑州：郑州大学出版社，2009：294.

见，参加法律法规规章草案、规范性文件送审稿的起草、论证，为处置涉法涉诉案件、信访案件和重大突发事件等提供法律服务，参与处理行政复议、诉讼、仲裁等法律事务。① 律师担任政府法律顾问的意义表现在：第一，律师担任政府法律顾问有利于促进政府机关依法行政，促使政府将各项工作纳入法制轨道。② 第二，有利于转变政府职能，加强宏观经济调控，实现建构宏观调控体系的目标。第三，律师担任政府法律顾问，可以帮助政府工作人员"知法、懂法、守法、用法"，增强其法律意识和法制观念，逐步养成依法行政的自觉性。可以说，在当今社会，政府法律顾问成为政府机构的"左膀右臂"，为政府更好地履行职能发挥了重要作用。

3. 事业单位和社会团体法律顾问

我国《民法通则》规定事业单位和社会团体皆为依法成立或登记成立的能够独立承担责任的法人组织，有自己的组织机构、场所和工作章程。③ 事业单位和社会团体无论是否具有营利性，只要其参与社会经济活动，就会有一定法律服务需求。医疗、卫生、文化、教育等事业单位以及妇联等社会团体聘请法律顾问有利于实现制度化管理，提高工作效率，防止非法侵害，是机构内部正常运转和防范外部法律风险的必要手段。

4. 企业单位法律顾问

在以经济生活为主题的现代社会，律师担任企业法律顾问是最常见、最主要的一种法律顾问形式。④ 企业作为自负盈亏的市场主体，就像在大海中航行的船舶，随时都可能面临惊涛骇浪的侵袭。为了减少和预防法律风险，企业聘请法律顾问就像为这艘即将远航的船舶聘请最优秀的船长和水手，他们都将利用自己丰富的经验，让自己的聘请者到达"最理想的彼岸"。法律顾问不仅代理企业处理各类法律纠纷，还帮助企业避免或减少损失，从而实现企业利益的最大化，为企业在市场经济活动中保驾护航。《关于推行法律顾问制度和公职律师公司律师制度的意见》特别要求建立健全国有企业法律顾问制度、公司律师制度。国有企业是国民经济的命脉，建立健全国有企业法律顾问制度是促进和引导国有企业依法经营，适应市场经济发展的重要举措。

5. 私人法律顾问

私人法律顾问，顾名思义，是指个人作为聘请者聘请为个人提供法律服务的法律顾问，包括个体工商户、有持续性法律需求的个人或有一定经济基础的知名人士。随着经济的发展，人们生活水平和法律意识提升，对法律服务的需求增加，聘请私人法律顾问已不再只是出现在电视剧情之中，而逐渐成为伴随我们生活的必需品。

（二）按照聘请期限划分

1. 常年法律顾问

---

① 参见中共中央办公厅国务院办公厅印发《关于推行法律顾问制度和公职律师公司律师制度的意见》第 2 条第（1）、（4）、（7）款。

② 石峰. 律师法学［M］. 上海：上海大学出版社，2007：211.

③《中华人民共和国民法通则》第 50 条第 2 款规定：具备法人条件的事业单位、社会团体，依法不需要办理法人登记的，从成立之日起，具有法人资格；依法需要办理法人登记的，经核准登记，取得法人资格。

④ 李真，李祖军. 律师实务［M］. 北京：中国政法大学出版社，2014：251.

应用型系列法学教材

律师担任常年法律顾问，是指律师事务所与自然人、法人或其他组织约定在一定年限内由律师事务所指派执业律师为该自然人、法人或者其他组织有偿提供法律服务的法律顾问。① 常年法律顾问的服务方式可分为综合性服务方式与专门性服务方式。综合性服务方式包括但不限于将解答法律咨询、出具法律意见书，参与协商谈判或重大事项的策划、起草与修改合同文书，代理诉讼或仲裁等综合性事项一并在顾问合同中确定下来。而专门性服务方式主要针对某些专门性事项而聘请法律顾问，一般聘请时间较长，如果是短期则不是常年法律顾问，比如：某公司将本公司劳动法律事务打包给劳动法方面的资深律师，由其专门负责。

2. 临时法律顾问

临时法律顾问，是指聘请者为了完成某一特定事项而聘请的法律顾问，其特点在于：工作明确，专业性更强，服务时间短，特定事项终止，合同关系即终止。②

（三）按是否代理参加诉讼划分

1. 包含代理诉讼的法律顾问

包含代理诉讼的法律顾问，又称"一揽子常年法律顾问"，是指律师与聘请者约定，一旦发生诉讼事项，律师作为聘方代理人有义务参加诉讼，并参加整个诉讼过程，聘方不再针对诉讼事项委托其他律师代理。

2. 不包含代理诉讼的法律顾问

不包含代理诉讼的法律顾问，是指在合同中明确约定，法律顾问的服务事项不包括代理聘请者参加诉讼，如需代理诉讼，需要另行签订委托合同，并额外支付代理费。

以上分类，是在结合理论与实践的基础上作出的分类，聘请者在选择何种形式与内容的合同来聘请法律顾问需要结合自身实际情况与需求来选择，根据自由协商的原则，还可以有另外一些标准的划分而确定的顾问类型。

【案例 10-1】

如何获得顾问单位青睐

【案例 10-1】点评

张律师已经成为十几家企业单位的法律顾问。在接受一次采访中，主持人问到，如何能够获得法律顾问单位青睐的问题时，张律师意味深长地说道：首先，要做好自己，要具备扎实的法律功底，具备服务意识，只有提升了自身的素质才能在机会来临之时把握住。其次，在具体开拓顾问业务方面：第一，靠亲戚朋友的介绍。这种方式是目前最普遍，最常用的，也是我们新入行的律师基本采用的方式。第二，就是通过代理案件获得当事人认可的同时再获得法律顾问单位的认可。第三，通过电视广播、

---

① 王荣利．揭开律师神秘的面纱：教你如何聘请合适的律师［M］．北京：中国政法大学出版社，2011：10.

② 宣善德．律师与公证实务［M］．北京：中国政法大学出版社，2014：1.

报纸杂志去宣传，来提高自己的知名度。只有做到上面几点，顾问单位和顾问业务才能慢慢地积累起来。

第二节　聘请律师担任法律顾问的规则

一、律师担任法律顾问的聘请程序

根据《律师法》第 25 条的规定，聘请律师担任法律顾问，只能由律师事务所统一接受委托，并与律师签订书面委托合同。实践中，聘请律师担任法律顾问的过程实际上也是一个"要约邀请——要约——承诺"的过程。律师事务所在自己的网站或者广告中积极宣传自己的优势业务和优秀团队，很多优秀律所都成立了自己的法律顾问部，这就像商店橱窗里的模特一样，向客户发出了要约邀请。聘请者通过与律所工作人员进行初步沟通，了解其服务范围、服务方式、服务期限及收费标准，然后根据自己的实际情况对不同律师事务所进行对比，综合各方面因素选择性价比高的律师事务所作为顾问律所，在确定顾问律所以后，聘请者向律所发出聘请法律顾问的要约。律所对聘方进行资信调查以后确认是否接受聘方委托，双方在达成意思一致的基础上，与律所签订书面的委托合同。律所指派律师在一定期限内作为聘请方的法律顾问。此时，双方委托关系正式建立，整个聘请程序结束。另外，党政机关聘请法律顾问与企业等民事主体聘请法律顾问程序和要求有一定的差异，下面将分别予以论述。

（一）党政机关聘请法律顾问

关于党政机关聘请法律顾问的程序规则，以上海市政府部门为例。为规范兼职政府法律顾问的选聘活动，上海市政府推出了《上海市人民政府关于推行政府法律顾问制度的指导意见》（沪府发〔2015〕19 号），市政府法制办又据此制定了《上海市兼职政府法律顾问选拔聘任程序规则（试行）》（以下简称《程序规则》）和《上海市兼职政府法律顾问聘任合同（示范文本）》。《程序规则》中指明了政府选拔法律顾问的原则、组织和条件。选拔程序包括：

1. 成立选聘组织

选聘单位根据《程序规则》第 2 条①的要求，成立相应选聘委员会或选聘小组的，人数原则上应为 5 名以上的奇数。成立选聘小组，一方面是因为选评小组由不同部门、不同领域的成员组成，既了解政府部门对法律服务的具体需求，也能够在选聘过程中提供专家意见，帮助党政机关选拔优秀的法律顾问。另一方面，通过选评小组来选拔，是实现程序正义的要求，是程序公正的体现。

---

① 《上海市兼职政府法律顾问选拔聘任程序规则（试行）》第 2 条规定：选聘单位可以成立法律顾问选聘委员会或选聘小组，具体负责选聘相关工作。选聘委员会、选聘小组由办公厅（室）、政府法制机构、司法行政部门、律师协会（律师工作委员会）等单位人员组成。

2. 发布选聘公告

选聘单位可以通过网站、报纸等途径向社会公开发布选聘公告，公布岗位、职责要求、报名条件、期限等相关事项和流程。其中，报名期限原则上不得少于公告后 30 日。足够的应聘者是实现政府选拔德才兼备的法律人才目标的基础。发布选聘公告有利于最大限度地扩散选聘信息，应聘者才能够充分知悉相关信息。

3. 报名与资格审查

选聘委员会和小组负责对报名人员的资格和条件进行审查，按照差额选拔的原则确定进入评审或面试的人员名单。选聘委员会在收到简历以后，根据相应的标准和条件筛选出进入面试的名单，这有利于提高选拔工作的效率。

4. 评审或面试

选聘委员会和小组对入围人员进行综合评定，择优提出法律顾问拟聘任人选。面试是应聘者表现自我的机会，也是选聘小组在结合之前对应聘者评价的基础上作出的综合评定。面试表现是选拔小组作出最后结论的依据，决定着党政机构是否能够选拔出优秀的法律顾问。可以说，面试是整个招聘程序最重要的环节。

5. 正式聘任

选聘单位对决定聘任的法律顾问，应当签订聘任合同并颁发聘书。

（二）企业等民事主体聘请法律顾问

1. 聘请者对律所的初步了解

聘请者作为法律服务的需求者，会根据自己的需求来挑选在某些领域比较优秀的律师事务所作为自己的法律顾问方，这个挑选过程需要聘请方前期做好信息收集工作。聘请者可以通过律所官方网站、宣传简报来了解，也可以与律师初步接触获得第一手的信息资料。聘请方在整合并分析所有资料以后，决定是否有意向与目标律所展开进一步洽谈与协商。

2. 律所对聘方的资信调查

律所受聘担任法律顾问前，也会对聘请人资信进行调查。对法人或者其他组织的调查内容主要包括：（1）法人或者其他组织设立与存续的合法性；律所主要对其工商和税务登记、营业执照、组织机构代码、特许经营许可证等相关资格证明进行审查。（2）法人或者其他组织目前的整体经营情况；主要调查企业法人的经营状况是否正常，是否持续营业，有无诉讼或者其他重大事项，组织机构是否完善，管理体制是否健全等。（3）了解聘请者对法律顾问的基本要求；了解聘请人聘请法律顾问的原因、工作安排以及对律师的性别、专业、资历，乃至年龄等方面的要求。对于自然人聘请者，要弄清楚其国籍及居住地、职业及其他信息，聘请法律顾问的基本条件和要求。

3. 双方洽谈协商

双方决定对聘请法律顾问事项进行洽谈说明聘请法律顾问的程序已经进行到实质性阶段。洽谈主要涉及对合同内容的讨价还价，比如：聘请时间、顾问费、服务事项等。律所应该多站在聘请者的角度为聘方考虑，使其能够感受到律所的真诚度。在某些专业问题上，律所应该耐心地为当事人作出解答，不得有任何欺瞒。聘请者也应该真诚地提出自己的条件和要求，不得出尔反尔。

4. 双方签订法律顾问委托合同

律所与聘请者协商一致后，应签订法律顾问委托合同。法律顾问合同是法律顾问关系成立的直接依据，只有签订了合同，律师才能担任法律顾问。合同内容大致包括：（1）顾问费。顾问费还可以细分为：常年法律顾问费，处理特定事项的代理服务费，其他事务性费用；顾问费的计算方法、具体数额、支付方式与期限在合同中应当确定下来。[1]（2）服务的具体事项。具体的服务事项应当在合同中明确规定。一般而言，代理聘请者参与诉讼或者仲裁活动的事项如果在合同中没有明确规定，则不属于法律顾问提供法律服务的范畴，如果需要委托代理诉讼或仲裁，需要另行签订授权委托书。（3）合同其他事项。包括：合同变更、解除，违约责任的承担，纠纷的解决方式等。

5. 指派律师担任法律顾问

按照《律师法》的规定，在签订法律顾问委托合同以后，律所应当为聘请人指派执业律师。一般情况下，律师事务所应当安排聘请人指明的律师。聘请人如果没有指明律师，律师事务所应根据合同指派合适的律师。律师事务所可以为聘请人颁发法律顾问单位证书，聘请人可以给顾问律师颁发聘书，也可以登报声明。

党政机构聘请法律顾问与企业等民事主体聘请法律顾问程序之所以会不同，原因在于聘方主体性质上的差异。党政机构作为行使国家公权力组织或机构，履行依法执政和依法行政的职责，其最终目的在于维护和促进人民群众最根本的利益，即社会公共利益。因而，党政机构具有公益性。企业等民事主体是私权主体，为私人利益或目的而聘请法律顾问，因而在性质上具有私益性。所以，具有公益性的党政机构聘请法律顾问的条件较为严格，必须严格符合法定程序，选拔出德才兼备的法律人才。而私权主体则只需要根据自己的实际需求，在综合其他因素的基础上决定法律顾问人选，聘请者与律所协商一致即可，没有特别的程序性要求。

二、法律顾问合同

（一）法律顾问合同的重要性

法律顾问合同是双方当事人意思表示的协调结果，经过签字生效的法律顾问合同对双方当事人均具有约束力。聘请者依据顾问合同来管理和监督律师的顾问工作情况，而律师事务所和顾问律师同样依据顾问合同对服务事项的约定来履行提供顾问法律服务的义务。另外，法律顾问合同也是证明聘请者与律所、律师之间存在顾问关系的凭证，一旦发生纠纷，可以作为证据使用，具有一定的证据价值。

（二）法律顾问合同的内容

法律顾问合同的内容主要包括：（1）签约主体：合同的名称；聘请双方的名称、地址；应聘方指派的律师的姓名、职务等个人情况。（2）合同正文：法律顾问的服务内容，工作时间和工作方式；聘任期限；工作条件；付酬方法，包括费用标准、结算方式、结算时间；合同变更或解除的条件；违约责任和争议解决办法等。（3）合同结尾：双方法定代表人或者有代表权限的代表人签字盖章；注明签字盖章的时间、地点等。

---

① 王森波. 法律维权全知道［M］. 北京：中国工人出版社，2013：205.

（三）签订法律顾问合同的注意事项

第一，聘请方应当注意法律顾问合同的签订是与律师事务所，而非律师本人，在签订合约时，应当查验律师事务所的执业许可证以及要求律所指派的律师个人的执业许可证。

第二，法律顾问的工作范围是确定合同双方权利义务的重要内容，应尽量把提供服务的项目写具体。聘请方作为法律的"门外汉"，可能会认为聘请了法律顾问，则所有的与法律相关的事务都应该由法律顾问来处理和解决，哪怕超出了合同约定的范围。一般而言，对于常年法律顾问，主要为聘请方的日常事务提供法律服务，而发生重大合同谈判、诉讼、仲裁等事项，一般是另行委托并收费的，所以在签订合同时，律师事务所应向聘请人说清楚，并在合同中写明。

第三，在合同中明确律师承担顾问工作的具体方式非常关键。一般来说，律师的工作方式有：定期走访；坐班制；临时业务联络；包干制等。针对不同类型的法律需求，会采用不同的工作方式。比如：企业诉讼业务比较多且比较集中，一般会选择包干制；临时业务联络的方式要求律师在每周或者是每月的固定时间为聘请人提供法律服务。企业业务量大，需要长期的业务指导，需要经常与律师沟通，可能会选择坐班制。不同的工作形式的顾问费用也会有所差异。所以，当事人在签订合同之前应该要有所了解，并在合同中明确约定。

第三节　律师担任法律顾问的工作原则和工作方法

一、律师担任法律顾问的工作原则

每一份职业都有其职业共同体成员必须遵守的原则和准则。律师作为法律的践行者，一方面要积极运用法律来为他人解决实际问题，另一方面自身的执业行为也要受到法律的约束，比如：律师执业必须遵守宪法和法律，恪守律师职业道德和基本纪律要求，接受当事人、社会、媒体以及社会公众的监督和批评。这是作为一名律师应该遵守的最基本原则。律师担任法律顾问同样也要受到上述原则约束，但因为法律顾问工作具有一定的特殊性，律师担任法律顾问也有自己的原则，这些原则是法律顾问工作的基本准绳，指导着律师作出事实判断与价值判断。具体来说，包括以下工作原则：

（一）合法和分别责任原则①

1. 合法原则

合法原则要求律师顾问的工作必须严格依法进行，自己提供法律服务的行为本身具有合法性是律师做好法律顾问工作的前提。另外，合法原则还要求律师对聘请者违反国家法律法规、政策的行为予以纠正和制止。聘请者拒不接受律师正确意见，可能会产生不良后果的，律师应当及时跟律所反映情况，由律所决定是否继续维持顾问合同。

2. 分别责任原则

分别责任原则，即要求律师要建立"防火墙"，将聘请方的责任与自己的责任严格区

---

① 付少军，冉赛光．律师法学教程［M］．北京：中国检察出版社，2011：113.

别开来。律师应该要对顾问工作过程中聘请方提供的材料归档保管，聘请者不应当对律师作出法律判断所需要的材料有所隐瞒，并对材料的真实性负责，而律师以及律所应该对在真实材料基础上作出的法律意见的合法性承担责任。

（二）保守秘密原则

律师担任国家机关、企事业单位、社会团体和自然人的法律顾问难免会接触到国家秘密、商业秘密和个人隐私。所以，我国《律师法》明确规定①，泄露商业秘密或者个人隐私的，根据情节严重程度，将受到不同程度的行政处罚；泄露国家秘密的，构成犯罪的，还要追究刑事责任。律师担任法律顾问工作最容易接触到聘请者的秘密，所以律师不得将自己在执业过程中获得的他人秘密或隐私披露，更不得利用他人秘密信息获取不当利益。当然，如果是知晓聘请者正在准备或者实施的危害国家安全、公共利益以及严重危害他人人身安全、财产安全的犯罪事实除外。

（三）指导为主原则

指导为主原则要求律师在开展顾问工作过程中，应当发挥"军师"（参谋）的作用，为聘请者出谋划策，而非扮演决策者（"拍板者"）的角色。法律事务的处理结果直接关系到聘请者的切身利益，他们享有最终的决定权，如果全部都由法律顾问一手包办，不仅律师自身的执业风险会增加，还可能因自己的决策失误而给聘请者造成严重损失。另外，法律顾问业务种类繁杂，法律顾问不可能面面俱到，任何事情都亲力亲为，只能选择一些相对比较重要的事情来由自己处理。所以律师应该传授给聘请者一些最基本的操作方法，对于最基本的法律事务交由聘请者自己处理，不仅提高了工作效率，减轻了律师的工作强度，也有利于提升聘请者自身的法律水平和管理水平。

（四）预防为主的原则

防患于未然是聘请者聘请法律顾问的根本目的，聘请者希望通过提前预防，将潜在风险扼杀在萌芽状态，一旦风险转化为纠纷，纠纷转化为诉讼，聘请者就需要付出更大的成本来解决。所以，预防为主理所应当成为法律顾问工作的基本原则。为了贯彻预防为主的原则，律师应该做好以下几个方面：（1）适时地提出法律意见，供聘请者参考；看准和把握住事态发展的时机对于问题的解决甚为关键，这需要律师工作的细致、耐心和必要的敏感度。（2）对于重大法律问题，要能提出切实有效的执行办法；聘请者一般不会关心原因，他们只会关心结果和是否有解决问题的办法。（3）提前设计和建立合规与风险防范制度，这是防范风险的关键所在。良好的制度设计本身就是一种风险防范机制，能够保障组织机构的正常运转。

---

① 《律师法》第48条规定："律师有下列行为之一的，由设区的市级或者直辖市的区人民政府司法行政部门给予警告，可以处1万元以下的罚款；有违法所得的，没收违法所得；情节严重的，给予停止执业3个月以上6个月以下的处罚……（四）泄露商业秘密或者个人隐私的。"第49条规定："律师有下列行为之一的，由设区的市级或者直辖市的区人民政府司法行政部门给予停止执业6个月以上1年以下的处罚，可以处5万元以下的罚款；有违法所得的，没收违法所得；情节严重的，由省、自治区、直辖市人民政府司法行政部门吊销其律师执业证书；构成犯罪的，依法追究刑事责任……（九）泄露国家秘密的。"

（五）平等原则

平等原则是指律师与聘请者之间是一种民事委托关系，双方基于合同产生权利义务，法律地位具有平等性。担任法律顾问的律师并非聘请方单位的成员，不受到劳动合同制度的约束，不存在领导与被领导的隶属关系。因而律师只有建议权，没有决策权，更没有指挥权。律师应当在法律顾问工作范围内，积极地为聘请者考虑，提前预判风险，并适当地作出预警。当然，律师并非不受到聘请者的任何约束和管理，律师应当遵守公司最基本的规章制度和工作规则，不得违反公司的管理规定。

二、律师担任法律顾问的工作方法和要求

（一）调查研究是前提

律师到达一个新的工作环境，熟悉身边的人和事是其开展工作的前提，只有在充分了解聘请单位的性质、业务范围、人事关系、规章制度等信息的基础上才能提出相应的法律意见。所以通过调查研究的方式对聘请者有一个初步了解是必要的。律师一般可以采用直接与聘请者沟通谈话、学习相关制度规定、通过查询企业信用信息系统获得其他相关信息等方式来尽快了解公司的发展、运行状况。每个部门的负责人对部门业务以及相关制度最为了解，与不同部门的负责人进行沟通是获取聘请者信息的最为直接有效的方式。沟通可以是面谈式的，也可以运用现代电子技术手段，如电话、QQ、微信等多渠道。[①] 学习相关制度规定是对公司既有的章程、财务、股权结构等制度规范进行研习，充分了解公司运营的基本模式，并从中发现问题。以上都是通过内部手段获取企业基本信息的方式，也是最主要的方式。律师还可以通过外部手段来了解公司，比如：通过相关网站系统查询企业信用信息、涉诉信息、行政处罚、知识产权、产权信息等。总之，初步了解公司的基本信息是律师从事法律顾问工作的开始，通过上述手段的结合使用，律师大致可以对聘请方有一个概括认知，为以后的工作开展打下基础。聘请人是自然人的，还应当了解其个人及家庭的基本情况、工作简况等。

（二）制度建构是基础

法律顾问工作的目标在于预防和防范法律风险，为了实现这一目标，需要从风险潜存的根基着手，设计科学合理的制度架构。就像一座摩天大厦需要固若磐石的根基一样，良好的制度安排是企业持续经营发展的依据和保障。律师应该在了解企业原有制度设计的基础上，针对存在的问题查漏补缺，或者重新建构新的制度运营模式。企业基本制度是企业的"宪法"，是最高行为准则，这些制度设计主要包括：科学的股权结构、企业章程、董事会制度、监事会制度、经理人制度、财务制度、合同管理制度、人事制度等方面的制度和规范。

在市场经济条件下，企业不应该再抱着"头痛医头脚痛医脚"的心态，应该在法律顾问的帮助下，建立健全各种规章制度，从而使得企业发展能够规范化、制度化，取得事半功倍的效果。

---

① 面谈的方式适合于部门负责人业务不是很忙的情形；而采用技术沟通手段，则是在部门负责人业务繁忙，而又能最快了解公司最基本情况的情形下的选择。

（三）重点突破是关键

律师法律顾问的工作并不能面面俱到，"重点突破"首先要求律师能够抓住重点，要求律师能够区分法律事务与非法律事务，经济事务与非经济事务。只有经济性事务中的法律问题才是律师应该着重关注和解决的问题。具体来说，要以合同为重点，围绕合同的谈判、签订、审查、履行以及管理等诸多方面展开工作。合同既是企业对外经济关系产生的依据，也是内部人事关系存在的证明，是维系企业正常运转的纽带。科学的合同设计与管理制度是预防法律风险的重要内容，律师法律顾问工作的重点自然应当集中在合同方面，这是企业经营发展的关键。

（四）文卷归档是保障

一般而言，公司会建构档案管理制度，律师法律顾问工作也不例外，规范健全的文卷归档制度是律师顾问工作顺利进行的保障。文卷归档需要律师按照一定的技术标准将同类型的文卷整理在一起，并通过档案盒加以保存，以便日后依据相关索引查找。文卷本身的价值也很重要，不得随意在原件上涂改，应该保证其真实性与完整性，这不仅可以对以后类似工作的开展提供参考，也是发生诉讼后作为证据使用的价值所在。同时，律师还应当整理自己每次的工作日志，一并归档，方便日后出现问题，按图索骥，找出问题的根源和解决办法。

第四节　几种常见的法律顾问业务

一、律师担任企业法律顾问

（一）律师担任企业法律顾问的概念

律师担任企业法律顾问是指律师事务所接受企业的聘请，指派律师按照协议约定的期限、方式和工作范围，运用律师拥有的法律知识和工作技巧，为聘请企业提供综合性的法律服务。[①] 在市场经济条件下，成千万个企业参与到市场竞争，由于资源的有限性与配置的不合理性，难免会产生经济纠纷，有先见的企业一般会聘请法律顾问做好企业法律风险的防范，将纠纷防范于未然。纵使纠纷已经发生，企业法律顾问也可以代理企业参加诉讼或者仲裁。所以，律师担任企业法律顾问是法律顾问行业最为普遍的现象。

（二）律师担任企业法律顾问的特征

律师担任企业法律顾问的特征表现在：（1）合法性。律师依据《律师法》的规定享有担任企业法律顾问的权利，在其业务范围内为顾问单位提供法律服务。（2）咨询性。基于律师与顾问单位之间稳定的法律服务关系，只要在业务范围之内，凡是涉及顾问单位的法律问题都可以向律师咨询，律师也有义务提供咨询服务。

（三）律师担任企业法律顾问的具体业务

1. 法律咨询业务

我国《律师法》第 2 条和第 25 条第 7 项规定了律师的法律咨询业务。所谓法律咨询，

---

① 陈光中，李春霖．公证与律师制度［M］．北京：北京大学出版社，2006：365.

是指律师根据公民、法人或其他组织提出的有关法律事务的询问，帮助解答、释疑、指导、解困或提出法律意见、建议方面的一项经常性业务。① 律师作为法律顾问所从事的法律咨询业务与一般的社会律师开展的法律咨询业务有很大不同，主要表现在：

（1）咨询对象的单一性

法律顾问从事的法律咨询业务具有单一性，受到顾问合同的约束，仅仅接受聘请单位的法律咨询。而一般社会律师开展的法律咨询业务面向全社会，只要是其擅长的业务领域，能够接受党政机关、企业等其他组织以及个人的咨询，在咨询开始之前没有合同关系的存在，而是即时签订法律咨询合同，即时咨询。咨询结束，如果没有其他需要服务的事项，付清咨询费用以后，合同关系终止。法律咨询服务具有基础性特征，是其他法律服务开展的前提，现实中很多律师为了能够接到其他业务，往往提供免费法律咨询，或者和其他业务一起签订委托代理合同。除了社会法律咨询以外，社会律师还会按照省政府信访办指定接待法律咨询以及省法律援助中心的热线电话咨询。可见，社会律师开展法律咨询业务的广泛性和多元性。

（2）咨询时间的连续性与经常性

由于律师与聘请方有长期或者短期顾问合同存在，法律咨询业务属于律师顾问工作的一部分，在合同期内经常性或连续性的法律咨询成为法律顾问工作的重要内容，双方不用针对每一次法律咨询服务签订咨询协议以及履行相关的手续。而社会律师开展法律咨询业务，往往是临时接受他人的咨询要求，具有偶然性与非连续性，咨询合同以某一件咨询事项是否完成为终止条件。

（3）收费标准的差异性

律师担任法律顾问从事的法律咨询服务属于整个法律顾问业务的一部分，服务费用包含在整个顾问合同约定的费用之中，一般不会单独收费。而社会律师从事法律咨询业务具有专门的收费标准。根据《律师业务收费管理办法》及《律师收费标准》的规定，律师收费应当根据律师承办业务的繁简程度、时间长短、标的大小，律师专业职务登记、委托人指定等因素，在收费标准范围内确定。同时，律师还有计件收费、计时收费、固定收费、按标的额收费、协商收费等收费方式。社会律师开展法律咨询业务收费标准和形式在法律框架下，可以由当事双方协商确定，具有很大的自治性。

（4）咨询事项的非选择性

律师担任法律顾问必须按照聘请方的指示和交代来从事咨询活动，只要没超出合同范围，律师有义务为其答疑解惑，不得拒绝。而社会律师开展法律咨询业务则有权根据自己的专业领域有权选择接受或者拒绝咨询事项，双方通过协商一致确定。

律师法律顾问开展的法律咨询业务，是律师为聘请方提供的法律服务中最基础性的服务。企业在经营过程中会不断出现法律问题，这些法律问题无论大小，都需要律师按照顾问合同约定为其作出专业解答。一般而言，将企业法律咨询事项分为一般法律咨询与经济法律咨询。一般法律咨询主要是企业内部法律咨询事项，而经济法律咨询主要是对外法律咨询事项。比较而言，经济法律咨询更多关系到企业的经营发展，涉及外部法律风险的防

---

① 刘玉林. 从警察到律师［M］. 北京：知识产权出版社，2013：108.

范，所以，经济法律咨询对法律顾问来说更为重要，比如：某一融资再担保有限公司对某一小额贷款公司授予授信额度，需要根据对该小额贷款公司的资质、股权结构、内部治理结构、风险管理制度、信用评估报告、资产负债表、利润表、现金流、关联关系等多种因素进行审查，这其中涉及很多法律咨询问题，需要律师法律顾问的全程参与。

2. 参与企业制度设计与管理

企业就像一个高速运转的"机器"，企业制度就是这部机器零部件之间相互连接处的"润滑剂"，没有润滑剂的润滑作用，每个零部件之间必然会相互摩擦碰撞，机器将不能正常运转。建构科学合理的企业制度是企业存在与发展的重要保障。具体来说，企业制度主要包括：

（1）企业治理机制

企业治理机制是一种对公司进行管理和控制的体系，是指由所有者、董事会和高级执行人员三者组成的一种组织结构。现代企业制度区别于传统企业的根本点在于所有权和经营权的分离，或称所有与控制的分离，从而需要在所有者和经营者之间形成一种相互制衡的机制，用以对企业进行管理和控制。现代企业中的公司治理机制正是这样一种协调股东和其他利益相关者关系的一种机制，它涉及激励与约束等多方面的内容。

公司治理机制本质上是一种契约关系。所有者之间签署出资协议或股东协议，对设立企业目标、形式、利润分配、损失分担等多方面作出约定。所有者与管理者之间实际上是一种委托关系，所有者将公司经营有关的项目委托给董事会以及高级经理层进行管理，而后者应当履行忠实义务和勤勉义务，一心为企业的经营发展服务。而监事会在整个治理机制中扮演的是一个监督者的角色，对公司经营过程中的问题提出质询和建议，是权力制约机制中的重要一环。所以，作为企业法律顾问的律师应当帮助企业建立科学的公司治理机制。按照权利义务相一致的原则对所有者出资协议进行审查，建构平衡合理的所有者关系。建构和完善公司章程，审查公司的出资制度、股东会议制度、董事会制度以及监事会制度、高级管理人员的管理制度，并对上述制度中存在的问题提出修改建议或意见。

（2）劳动人事管理制度

企业劳动人事制度是指以调动劳动者的积极性为价值取向，以劳动合同制度为基本内容，以劳动监察和劳动争议的有效处理为保障，以科学的人才测试评价体系为支撑的处理企业与职工劳动关系的基本规范。① 该定义从主客观层面，分别阐述了劳动人事制度对企业经营发展的重要意义。在主观层面，科学的劳动人事制度能够激发员工积极性，将员工团结在以公司为核心的价值共同体之下。这就要求我们应该摒弃"家长式"的管理模式，在员工之间、领导与领导之间以及员工与领导之间建构平等、积极互动、良性竞争的人事关系。在客观层面，劳动合同制度是人事管理制度的核心，劳动合同是涉及劳资双方，尤其是劳动者的切身利益，企业不应该利用自身的强势地位，不当地侵害劳动者基本权益。所以，平衡劳资双方的利益，将对劳动者的激励机制纳入到合同管理之中，建构科学的劳动合同制度，是企业劳动人事制度的重要内容。另外，劳动监察与劳动争议的处理也是确保劳动人事制度建构的一部分，劳动者作为为自己利益的个体，对企业来说难免会有负的

---

① 王粤. 企业经营管理［M］. 北京：清华大学出版社，2006：260.

外部性，企业为了自身的利益也可能弃劳动者利益、社会公共利益于不顾，因此，劳动监察也是对劳动者约束管理的重要一环。劳动争议对于任何企业而言都在所难免，企业应当建立如何处理劳动争议的应急预案，建立处理劳动争议的公平解决机制。

作为企业法律顾问的律师在劳动合同制度、监察制度、劳动争议解决机制等方面的建立和完善过程中扮演非常重要的角色。律师帮助企业进行劳动合同制度的建构，应当秉持合法、公平、自愿平等、协商一致、诚实信用的原则，对涉及劳动者利益的劳动期限、工作内容、工作地点、工作时间、信息休假、劳动报酬、社会保险、劳动保护等方面进行规范化管理，对试用期、保密义务、竞业限制以及合同的解除等方面都应该事前建立相应的规范。上述内容在与劳动者平等协商一致以后，应当纳入劳动合同约定之中。① 劳动监察制度，是指专门的享有劳动监察权的专门机构和人员，对用人单位和个人在劳动关系中贯彻实施劳动法律、法规的情况进行监督检查，并对违法行为予以纠正和处罚活动的总称。② 劳动监察主要是外部机构针对劳资双方是否有违法违规的行为进行监督检查，法律顾问在这一过程中应当积极配合，必要时可以提出法律意见。最后，在劳动争议解决方面，律师的作用更为重要，律师法律顾问应当在维护顾问单位合法利益的前提下，适当考虑劳动者的利益，在调解劳资矛盾过程中，应当积极稳定劳动者情绪，尽量使得双方利益都最大化。一旦发生仲裁、诉讼，法律顾问还可以代理顾问单位参加仲裁或诉讼。

（3）财务制度

企业财务制度涉及企业经营过程中一系列的经济问题，需要结合财务管理理论与企业经营的具体实践来建构和完善。首先，要考虑企业的生产经营特点、管理要求，这是企业财务制度设计的前提和基础；其次，明确企业的根本目的、财务管理目标，这是企业财务制度设计的出发点和归宿；最后，进行系统的调查研究，科学分析，这是财务制度设计的中心环节。③ 律师法律顾问可能不是财务方面的专家，但是财务制度设计与法律密不可分，财务制度的科学合理性会降低潜在的法律风险，法律顾问应该在熟悉有关财务知识的基础上，针对财务制度设计过程中涉及的法律问题与财务人员进行沟通与协作。

3. 合同管理法律服务

合同管理是企业防范法律风险的关键所在。有效的合同管理，可以将风险防范于未然，减少因合同管理缺失造成的损失。即使是法律风险发生后，企业也可以根据合同管理措施及时地发现和补救，把损失降到最低限度。一旦发生纠纷，也可以将合同管理过程中取得的材料作为证据材料，使得在诉讼中赢得先机。合同管理贯穿于合同关系的始终，包括：合同订立阶段、合同履行阶段、合同管理的后评估阶段。

（1）合同订立阶段

第一，合同订立前的调查。签订合同是企业参与市场经济活动的外在表现，其法律后果在于产生了对市场主体具有约束力的权利义务关系。因而，签订合同对于在市场中"摸爬滚打"的企业产生的影响非常大。所以，在签订合同前，应当做好法律风险的防范

---

①　李振华，方照明. 经济法通论［M］. 北京：中国政法大学出版社，2014：254.

②　张艳兵，白丽丽. 经济法案例教程［M］. 成都：四川大学出版社，2014：306.

③　张绪军. 公司高级财务［M］. 北京：中国财政经济出版社，2014：245.

工作。具体来说，应当对合同相对人主体资格、信用状况进行调查。对相对人主体资格审查包括：是否具有民事权利能力和民事行为能力，是否具有特定资质，是否享有代理权，是否无权处分等。① 对相对人信用状况调查主要对其资信状况进行调查，包括：企业或个人基本信用信息、涉诉信息、关联交易信息等。做好签订合同前的信息调查是合同签订后顺利履行的保障，作为法律顾问的律师，理应做好这些基本工作。

第二，合同洽谈。在收集主体资格信息、财务信息、技术产品信息、工商税务信息等的基础上，对签约对象应当作出一个初步判断。在对企业有一个初步了解之后，就到了合同正式洽谈阶段，这一阶段要求双方当事人本着自愿、公平的原则，对合同内容和条款进行磋商。作为法律顾问的律师应该尽量了解谈判对手的情况，做到知己知彼，在熟悉本领域相关法律法规的基础上，制定正确的谈判策略。对于合同的主要条款，包括：合同标的、数量、质量、价格等，应当给予特别关注。如果涉及专业性、技术性特别强的领域，必要时可以尝试聘请外部的技术专家与法律顾问相互配合，这有利于弥补律师在专业方面的不足，尽可能地利用己方在谈判过程中的有利条件。

第三，合同文本拟定。合同文本是对合同谈判成果的固定，是双方意思表示一致的结果。合同文本的拟定可以影响合同内容发生作用的效果，比如：合同形式的选择错误可能会导致那些对合同形式有固定要求的合同无效；合同条款不完善或存在重大疏漏则需要按照合同解释规则进行解释，这样合同的效力就可能处于不确定状态。作为企业的法律顾问，应当密切注意影响合同效力的因素，比如：主体资格、主要条款、质量瑕疵条款、违约条款、商业秘密保护条款、管辖条款、签章等，合同文本如需备案的，应当完成相关手续。

第四，合同签署。合同签署已经到了合同成立生效的最后阶段，但是，行百里者半九十，越是在这一阶段，越应该小心。合同签署是指企业经审核同意签订的合同，应当与对方当事人正式签署并加盖企业公章。② 作为企业法律顾问的律师应当核实合同签名是否为法定代理人或有代理权的其他人签名，并且与在公安机关备案的签章是否相符。对方是企业的，还应当审查盖章是否为企业公章或合同专用章，而不能是某业务部门的印章。对方是个人的，还应当按手印。

（2）合同履行阶段

第一，合同履行。合同成立生效以后，双方当事人应当秉持诚实信用的原则，根据合同的约定，既要按时按量地履行主合同义务，也要按照合同目的或交易习惯履行通知、保密等附随义务。作为法律顾问的律师应当适时地监督双方合同的履行状况，敦促相对人及时履行合同。发生不可抗力、意外事件时应当及时报告，并与相对人积极协商，按约定或者规定办理合同变更或者解除事宜。相对人出现违约情形时，应当积极建议聘请者采取有效的防范和制约措施，并在权限范围内参加诉讼事宜，力求将企业的损失和风险降到最低值。

第二，合同结算与登记。合同主要义务履行完毕，合同目的已经实现，企业财务部门

---

① 刘胜强. 企业内部控制 [M]. 北京：清华大学出版社，2014：3.
② 蔡世军. 企业合同审查法律实务 [M]. 北京：中国法制出版社，2014：13.

仍需要对相关履行状况、资金往来情况、是否有违约情况进行审查，这是企业财务结算的必经程序。律师法律顾问应当积极配合财务部门进行相关审查和统计，并按财务部门的要求提出相应的法律意见。在上述程序都完成以后，应当将合同进行登记归档，形成企业的文件资料库。

（3）企业管理的后评估阶段

合同管理的后评估阶段是指至少每年年末对合同履行的总体情况和重大合同履行状况进行分析评估，对分析评估中发现的问题和不足，应当积极采取有效措施加以改进。[1] 比如：对于工程项目的后评估，应当在搜集后评估项目资料的基础上，由专门的机构对项目进行过程中存在的问题、完成情况进行评价，最终制作工程项目后评估报告。[2] 由于律师法律顾问参与到了合同的调查、谈判、拟约、签订、履行等整个过程，在后评估阶段，应当要求如实地陈述相关情况，并积极地提出有益的建议或意见。

4. 其他常见业务

第一，知识产权业务。知识产权业务是以知识产权为专业知识与技能为手段向目标客户提供的一种中介服务。由于我国知识产权法律制度建立时间不长，在律师法律顾问业务中，知识产权业务还属于一门新兴业务。[3] 知识产权业务具体可以分为：专利业务，包括专利保护策略的咨询及制定，专利文献检索、调查，专利的申请和审查程序，专利复审程序和专利与无效宣告，专利权的维持、许可、转让以及与专利有关的其他业务；商标业务，包括商标保护的咨询以及策略制定，商标搜索、查询，商标注册、申请，商标续展、变更，商标的许可、转让以及与商标有关的其他业务；著作权业务，包括著作权保护的咨询服务，计算机软件注册服务，著作权的转让、许可等其他与著作权相关的业务；其他类知识产权业务，比如：集成电路布图设计登记业务，提供域名方面的法律咨询和注册服务，办理知识产权海关保护的咨询等。

第二，投资并购业务。投资是指将货币转化为资本的过程，包括实物投资、资本投资和证券投资。投资活动是一种具有风险性的复杂经济活动。投资活动并非单纯自由市场下的个人活动，受到国家经济政策的约束和门槛限制，是国家调控经济的手段，所以必然会涉及法律法规的理解与适用。律师作为法律顾问，需要在了解投资方面法律专业知识的基础上，懂得金融、财务方面的知识。法律顾问既可以作为投资主体的法律顾问，也可以作为经纪商的法律顾问，为他们在投资活动过程中如何避免法律风险以及如何走完必要法律程序提出法律意见。并购是企业在未来发展规划的基础上，确定目标市场，对目标市场上的有关企业进行调查研究，充分搜集目标企业的各种信息，了解目标企业的意向，从而确定谈判对象，并开始初始谈判，签署意向性协议，并完成后续并购的过程。[4] 并购业务的每一个过程都会存在法律风险。在并购的初级阶段，需要对目标企业进行尽职调查。进入到谈判阶段，需要与目标企业签订合作协议。律师无论是担任收购方还是被收购方的法律

---

① 刘胜强. 企业内部控制 [M]. 北京：清华大学出版社，2014：159.

② 参见王克强，王洪卫，刘红梅. 工程经济学 [M]. 上海：上海财经大学出版社，2014：276.

③ 乔路. 企业法律顾问实务全书 [M]. 北京：法律出版社，2014：281.

④ 张远堂. 公司并购实务操作 [M]. 北京：中国法制出版社，2012：312.

顾问,都需要在整个收购过程中为企业提出法律意见,尽量避免因收购产生的法律风险。

第三,税收风险管理业务。企业经营过程中,容易被忽视的是税收风险管理,企业工作人员税收风险管理意识淡薄,不了解税收法律法规。尤其在交易过程中,合同决定业务过程,业务过程产生税收,只有加强纳税管理,才能够避免纳税风险。① 作为企业法律顾问的律师,应当承担起企业税收风险管理的重担,建立企业税收风险防范和预警机制,在充分理解税收与合同关系的基础上,指导企业依法纳税,同时减少不必要的税收,为企业节约经营成本。然而,这只是企业经营过程中税收风险存在的冰山一角,法律顾问应当结合企业经营的实际,为企业量身打造税收风险管理制度。

二、律师担任党政机关法律顾问

(一) 律师担任党政机关法律顾问的概念

律师担任党政机关法律顾问,是律师事务所指派律师依法为党政机关提供法律服务的业务活动。律师担任党政机关法律顾问,保障党政机关在法律规定的权限内行使权力,促进党政机关工作的制度化、法律化。党政机关是指各级党委、国家各级政权机关,包括国家权力机关(立法机关)、国家司法机关、国家行政机关、国家军事机关等。人民团体(工会、妇联、共青团等)也可根据需要聘请法律顾问或公职律师。

(二) 律师担任政府法律顾问的具体业务

1. 为政府决策提供法律意见

政府决策是指政府或公权力机关在特定时空下为了所代表群体的利益最大化,通过一定的政治过程,针对公共问题,所选择的行为准则、措施和手段。②《关于推行法律顾问制度和公职律师公司律师制度的意见》第 7 条第 1 款规定了政府法律顾问的首要职责就是为重大决策、重大行政行为提供法律意见。政府的日常工作主要是围绕着公共政策制定与执行进行的,而在这一过程中,作为政府机构的法律顾问,可以提出法律意见和建议,避免政府机关决策失误,实现决策程序的科学化、民主化,保证决策的合法性与可行性。

2. 为政府制定和发布规范性文件提出修改意见

政府的社会管理和公共服务职能决定了政府需要通过制定大量规范性文件来约束行政机关与行政相对人的行为。因此,如何保证政府在制定规范性文件过程中的实体与程序公正是关键所在,政府法律顾问作为"法律专家",理应在制定过程中提出修改和补充意见,从而保证规范性文件的合法性与科学性。《关于推行法律顾问制度和公职律师公司律师制度的意见》第 7 条第 2 款规定政府法律顾问可以参与法律法规规章草案和规范性文件送审稿的起草、论证。为政府法律顾问开展上述业务,提供了合法性依据。

3. 参与信访、行政复议、仲裁、诉讼案件的处理

政府作为社会公共利益的代表,在行政管理过程中,由于各方面的原因,难免会与为自己利益的行政相对人发生利益冲突,进而产生纠纷。《关于推行法律顾问制度和公职律

---

① 杜剑. 企业财务中的税收风险管理 [M]. 北京:科学出版社,2012:31.
② 王彩波,王庆华. 政府经济学 [M]. 北京:首都经济贸易大学出版社,2009:193.

师公司律师制度的意见》第7条第4、5款分别规定了政府法律顾问参与处理涉法涉诉案件、信访案件和重大突发事件，参与处理行政复议、诉讼、仲裁等。一方面，律师可以充分利用自己的法律专业知识来处理纠纷，避免政府与行政相对人正面冲突，促使纠纷得到公正合理的解决；另一方面，律师参与纠纷的处理，可以使政府集中精力进行其他行政管理工作，提高政府工作的效率。

4. 协助党政机关参与民商事活动

党政机关虽然属于公权力机关，但作为市场主体参与民商事活动时，与其他民事主体一样具有平等性。比如：政府每年都会有一定预算来进行政府采购活动，这需要政府机关实施对外谈判、签订合同等外部市场行为。《关于推行法律顾问制度和公职律师公司律师制度的意见》第7条第3款规定，政府法律顾问可以参与合作项目的洽谈，协助起草、修改重要的法律文书或者以党政机关为一方当事人的重大合同。

三、律师担任私人法律顾问

由于多方面的原因，长期以来法治观念并未深入人心，人们纵使去找律师帮助也是在纠纷发生以后，更不用说具有法律风险防范意识。随着社会经济的发展，公民法律意识的提高，渐渐开始习惯运用法律的武器来维护自己的合法权益，并开始在纠纷发生之前就找律师咨询，或者聘请律师作为常年法律顾问，一旦发生法律问题即可与律师协商行动。聘请私人法律顾问最先出现在经济宽裕的富人阶层，包括各类明星、企业家以及专业人士。随着生活水平提高和社会经济交往的日益复杂，私人法律顾问提供法律服务逐渐走进了寻常百姓家。另外，个体工商户由于其经营的个体性，其聘请律师作为法律顾问，也属于律师担任私人法律顾问情形。

律师担任私人法律顾问的业务具体包括：（1）为个体经营管理活动提供法律意见；（2）为个体日常生活中的法律问题建议；（3）代写法律文书、代签合同，代书遗嘱等；（4）代理参加调解、仲裁和诉讼。法律问题与法律风险将会伴随人们经济活动的始终，聘请律师担任私人法律顾问将会成为人们应对上述问题的重要选择。

针对私人法律顾问工作的广泛开展，适应私人法律顾问工作的市场需求，律师事务所以及律师应当积极转变思想，更新观念，改变以前"等业务"的工作理念，积极"走出去"与法律服务需求群体打成一片，为了取得信任，甚至可以一开始免费为其提供法律顾问服务，在自己的能力获得认可以后，再建立顾问合同关系，具体做法如下：第一，加强代理工作，为进一步建立顾问关系培养感情。第二，抓住重点案件，打开突破口。第三，律师事务所可成立专项服务小组，有重点、有计划地拓展局面。第四，健全律师所的管理制度。第五，收费制度灵活，因地制宜。第六，建立法律援助制度，比如针对法律需求较大的农民工群体。第七，根据顾问公民的类别特点，可适当开展法制宣传教育活动。第八，要占领新闻媒介这个宣传阵地，尽可能地扩大律师影响面。[1]

---

① 周垂坤. 私人律师、私人法律顾问、家庭法律顾问的时代［EB/OL］.［2016-07-14］. http：//www. lawtime. cn/article/lll1071057881071108882oo305548.

【案例 10-2】

法律顾问 "飞入寻常百姓家"

【案例 10-2】点评

　　2016 年 3 月，烟台市牟平区推行法律顾问联系卡，将 "法律管家" 覆盖全区。向群众发放这个法律顾问联系卡是该社区在大窑街道试点推行 "法律管家" 服务的一项措施。"以前，有个矛盾纠纷不好解决，现在有了这个法律顾问联系卡，有啥事打电话向律师咨询一下，心里就清亮了"，家住牟平区大窑街道新福村的村民林纪永说。完善法律援助 "绿色通道"，降低门槛，扩大援助覆盖面。对弱势群体实行 "优先审查、优先办理、优先指派"，并大幅压缩受案时间，严格落实首问负责制，确保 "窗口当天受理、主任当天审批、业务当天指派、律师当天介入"，并在全区全面推行一站式、综合性、全方位 "法律管家" 服务，实现村级组织 "法律管家" 全覆盖。①

【练习题】

一、概念题

法律顾问；律师担任党政机关法律顾问；律师担任企业法律顾问；律师担任个人法律顾问。

二、思考题

1. 如何理解法律顾问制度？

2. 执业律师担任法律顾问的工作原则有哪些？

3. 执业律师担任法律顾问有哪些工作方法？

4. 职业律师担任法律顾问有哪些特征与分类？

5. 结合实际谈谈我国律师担任法律顾问行业的未来。

【阅读资料】

---

　　① 侯召溪. 烟台市牟平区推行法律顾问联系卡 将 "法律管家" 全覆盖全区 [EB/OL]. [2016-07-12]. 今日头条, http://www.toutiao.com/i6264307470777188865/.

下编　公证制度

第十一章 公证制度概述

【学习目的与要求】 了解公证制度的起源及其发展，掌握公证的作用和公证活动应遵循的原则。结合《公证法》的内容，课前对本章知识进行预习，课后可搜集与公证制度相关的材料以扩展知识面。

【重点问题】

- 公证与公证制度的概念
- 公证制度的起源及其发展
- 公证的作用
- 公证活动应遵循的原则

【知识结构简图】

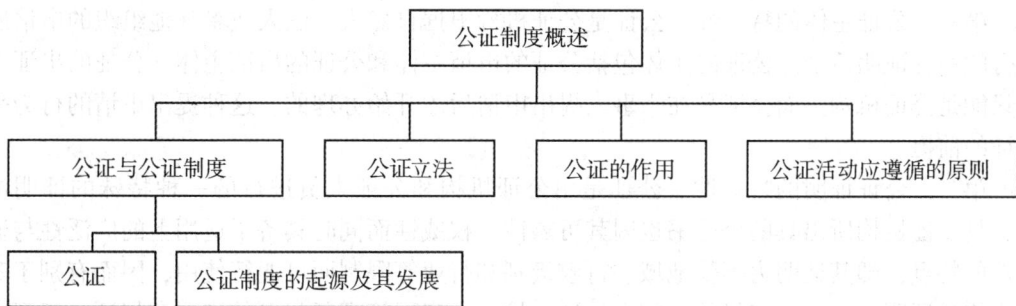

【引例】

　　"我通过二手房代理公司买房，说好 60 万元，合同都签了，房主却反悔。房主说最近房价涨了，之前的卖价低了，坚决不收我的房款。"王先生遭遇卖家反悔拒绝收款，而约定的付款时间快到了，这让王先生无所适从。在朋友指点下，王先生到公证处咨询。公证员告诉他，债权人无正当理由拒绝受领，可以将标的物提存。"你办理提存公证后，可视为已履行义务。"

　　王先生理了提存公证，将 60 万元购房款提存于该公证处。随后，公证员以书面形式，将领购房款的时间、地点、方法和期限，通知了二手房代理公司和售房者。日前，王先生说，他已搬进新房，还获得了 2 万元违约赔偿金。

　　在经济交往和日常生活中，人们经常会遇到因签订合同的当事人互不信任，而迟迟不能签约的问题；或者债务人按照协议、合同或约定，打算履行义务，但债权人却另有所谋，拒绝或迟延受领债之标的物。在双方缺乏互信的情况下，公证作为独立的"第三方"出现，起到了中间人作用，使当事双方的疑虑烟消云散。

鉴于此，我们必须系统了解公证及公证制度的相关知识，把握公证的作用和应遵循的原则，这也是本章学习的主要内容。

第一节　公证与公证制度

一、公证

（一）公证的概念和特征

公证，是公证机构根据自然人、法人或者其他组织的申请，依照法定程序对民事法律行为、有法律意义的事实和文书的真实性、合法性予以证明的活动。公证制度是国家司法制度的组成部分，是国家预防纠纷、维护法制、巩固法律秩序的一种司法手段。公证机构的证明活动与人民法院审理案件的诉讼活动不同。前者是在发生民事争议之前，对法律行为和有法律意义的文书、事实的真实性和合法性给予认可，借以防止纠纷，减少诉讼。它不能为当事人解决争议；而人民法院的诉讼活动，则是在发生民事权益纠纷并由当事人起诉之后进行的，其目的是作出裁决。

公证活动与其他活动相比而言，具有如下特征：

第一，公证主体的特定性。公证是公证机构根据自然人、法人或者其他组织的申请所进行的一种证明活动。公证的主体包括公证的申请主体和公证的出证主体。公证的出证主体只能是公证机构。而公证是在当事人提出申请后才开始办理的，这种提出申请的行为是公证的前提。

第二，公证证明的特殊性。公证是由公证机构和公证人员进行的一种特殊的证明活动，且公证机构所出具的公证书也因其可靠性、权威性而同时具备了适用上的广泛性与通用性的特点，即其证明力不受地域、行政级别和行业等限制而可通行使用，因而有别于其他机构的证明。如：公安机关发的身份证、护照；房屋管理部门发的房屋产权证；工商行政管理机关发的营业执照；税务机关出具的纳税证明等。

第三，公证证明具有特殊的法律效力。公证证明不同于一般证明，只要没有相反证据足以推翻其证明效力，就应当确定其证明力。根据法律的规定，公证机构出具的公证文书，人民法院在审理案件时应当作为认定事实的依据；债权公证文书具有强制执行力；《担保法》规定公证登记具有对抗第三人的效力。另外，法律法规规定必须办理公证的法律行为在办理公证后才具有法律效力。因此，公证机构出具的公证文书具有特殊的法律效力。

第四，公证证明的非商业性。公证活动关系到公共利益，是一种预防性的法律制度。通过公证活动，可预防、减少纠纷的发生，保护公民、法人和其他组织的合法权益，公证机构承担了一定的社会公益性职能。若公证活动是以营利为目的的商业活动，一切为了追求经济利益，这势必与公证机构的正义性的社会职能相背离，会失去公证的公益性和公信力。

（二）公证与其他相关活动的区别

为了准确理解公证的含义，我们必须了解公证与其他相关活动的区别。这些相关活动指的是在形式和作用上与公证有相似之处，但在本质上又有不同的活动。

1. 公证证明与一般证明

公证书具有特殊的证据效力，这是国家立法所肯定的。同时公证书被国际社会普遍接受和认可。而一般的证明文书，包括一般的私证和官方证明，则不具有公证书的特点，因而它的证据效力是具有多方面局限性的。目前，我国的公证文书已得到世界上100多个国家的承认和接受，而一般证明文书则不具有普遍适用的特征。

2. 公证与认证

认证，是指根据一国法律规定，由国家授权的机构，或者根据当事人的协商，确认某一行为或者事项为真实的活动。在我国，认证主要指的是外交使（领）馆的认证。公证与认证是两个不同的概念，但又有密切的联系：公证是认证的前提和基础，认证是对公证的证实和鉴别；没有公证，便没有认证；没有认证，公证则无法在国外发生证明效力。公证在本国可以直接发生证明效力，但如果是发往外国的公证，公证使用国要求认证的，就必须经过出证国的外事部门认证公证机构和公证员的签名和盖章属实，在经使用国的外事部门认证出证国的外事部门的签名和盖章属实后，方可在使用国生效。

3. 公证与鉴证

鉴证，是鉴定、辨别并予以证实的活动。在我国，鉴证是指国家行政管理机关对签订的经济、劳动合同等的合法性、真实性和可行性进行全面的审查、鉴别和核实，并予以证明，借以促进合同履行的一种活动。公证与鉴证虽然都可以证明合同的合法性、真实性和执行性，但二者是不同的：第一，出证主体不同。公证的出证主体是公证机构，其性质是公益性、非营利的事业法人；鉴证的出证主体是国家行政管理机关，其性质是行政机关。第二，作用不同。公证仅能证明合同的合法性和真实性，鉴定还有促进合同履行的作用。第三，证明的对象不同。公证适用于一切民事法律行为及有法律意义的事实和文书；鉴证的对象仅限于经济、劳动合同等。第四，法律依据不同。公证的法律依据是《公证法》和《公证程序规则》；鉴证的法律依据是行政管理法规。第五，法律效力不同。公证证明文书的法律效力要高于一般证明文书的效力，具有特殊的法律地位；而鉴证应属于一般的证明文书，不具有特殊的法律地位。

4. 公证与签证

签证是指一国国内或者驻国外的主管机关，在本国人或者外国人出入国境（包括过境）时，在其所持的证件上办理签注、盖印等手续，证明其所持证件合法、有效，表示准其出入境或者过境的一种活动。按照国际惯例，作为一个主权国家，对于本国人或外国人的证件不符合本国法律所规定的条件的，主管机关有权拒绝签证，不准其出境、入境或过境。公证与签证的区别主要是：第一，出证主体不同。公证的出证主体是公证机构，其性质是公益性、非营利的事业法人；签证的出证主体是一国的出入境管理机关，在我国是公安机关，其性质是行政机关。第二，适用的范围不同。公证适用于对民事法律行为及有法律意义的事实和文书的合法性、真实性予以证明的活动。签证适用于办理出入境或过境的签注、盖印等手续。

二、公证制度的起源及其发展

公证制度是国家司法制度的重要组成部分，是国家为保证法律的正确实施，稳定社会经济及民事流转秩序，预防纠纷，减少诉讼，保护公民、法人和其他组织而设立的一种预防性证明制度。公证制度是国家"为当事人双方提供不用武力解决争端的方法"。① 从世界范围看，公证制度主要分为大陆法系模式和英美法系模式两大类。前者是实体性公证，有专职的公证人员。后者则侧重于形式公证，基本上没有专职的公证人员。我国是成文法国家，在公证制度建立和发展过程中，受大陆法系影响较大，建立之初即奉行实体性公证。

（一）外国公证制度的历史发展

1. 公证制度在罗马奴隶制国家的发源

公证制度由来已久，远在古代奴隶制的罗马共和国时代，罗马人中已经有一种经奴隶主授权、专为办理其主人法律文书的奴隶，称为"诺达里"。"诺达里"有"书写人"的意思。罗马共和末期，在罗马法与罗马诉讼程序的形式主义统治下，罗马居民也认为需要一种从事拟定文书的法律行为的人为其服务，这样，在罗马就有了一种专门从事代书职业的人"达比伦"。他们给予当事人以法律上的帮助，不仅代拟各种法律文书，还签字作证明。他们具有法律知识，领取国家规定的报酬。这种代书人的制度被认为是现代公证制度的起源。在4世纪，罗马帝国广泛流行着宗教公证，教皇、大主教、主教均有自己的书记，他们的活动从教会组织逐渐伸展到世俗人的民事法律关系范围里来，与代书人互相竞争。罗马帝国的皇帝君士坦丁将基督教宣布为国教，在帝国内部普遍推行宗教公证，从此，公证制度正式诞生。

2. 欧洲封建制国家公证制度的产生与发展

公元476年，罗马帝国衰亡，西欧开始由奴隶社会向封建社会过渡。这时，已经巩固的宗教公证制度又得到了更大的发展。到7世纪末期，宗教公证已延伸到世俗民事关系范围之中。公元9世纪到15世纪期间，随着封建社会的发展，皇帝、王公的权势日益扩大，宗教公证制度，由被限制而逐步缩小，最后被取消了。从此，法国皇室、诸侯的公证人制度得到了很大发展，在国家机构中正式设立了公证处，公证人成为由国家最高权力机关或封建主任命的公职人员，国家法律确认了公证人员的社会地位，公证人员的职权和活动范围不断扩大。

3. 资本主义国家的公证制度

公元17、18世纪，随着商品经济的发展，欧美一些国家普遍建立了公证制度。19世纪初，法国首先颁布了《公证人法》。法国的启蒙思想家、法学家孟德斯鸠在《论法的精神》中探索了公证的雏形，他指出："当决斗裁判的习惯渐渐被废除的时候，人们就使用书面调查。但口头的证据，虽写成文字，究竟还不过是口头的证据……因此，建立公共登记处。既是确定大多数事实，如贵族身份、年龄、嫡生关系、婚姻，都可以得到证明。文

---

① 张文显. 当代西方法哲学 [M]. 长春：吉林大学出版社，1987：206.

字是不容易讹误毁失的证据。"① 从决斗裁判、调查人证亦即私证到建立公共登记处，的确是公证发展上的一大进步。

19 世纪，欧洲资产阶级革命胜利后，法国于 1802 年率先颁布了《公证人法》。此后，比利时、意大利、德国、英国、日本等国相继实行了公证制度。公证人由私人担任。他们自己设立公证事务所，在法院监督之下办理公证行为。意大利、日本、土耳其等国规定在没有公证人的地区，可由司法官员或其他地方官员实施公证行为，作为私人公证的一种补充。

到 20 世纪形成了多种多样的公证组织。法国、德国、英国的公证组织是欧洲公证组织的三种典型形式。

综合各国公证组织体制，不外三种类型：一是公证机关统一行使公证职能；二是公证机关与法院并行；三是公证机关与地方政府并行。这是基于各个国家的历史背景和不同国情形成的。

（二）我国公证制度的建立与发展

1. 古代私证制度的产生与发展

在我国，公证制度也是由私证逐步演变而来的。古代民间就曾出现"中人"见证的做法。人们买卖土地或房屋、收养子女、继承遗产、立具遗嘱，以及分家、借贷等，在达成协议之后，"空口无凭，立字为据"，往往邀请当地有名望的人士或族戚邻里等人到场见证，并让他们在字据（契约文书）上签字画押。这些见证人被称为"中人"，中人的见证活动就是私证。私证在奴隶社会已经萌芽，到封建社会即相当普及。近年出土的"居延简"中记载，西汉时期大到土地买卖的"券书"，小至布袍、鞋袜的买卖"券书"，都有证人的参加。古代人们进行买卖行为时，一般要订立"券书"（其性质相当于今天的合同）。"券书"的种类有很多，如田契、绝卖契、租约、典约、收养书等。其中很多"券书"的订立都需要有证人的参加。

2. 民国时期的公证制度

民国时期，公证是"证明特定法律行为或其他关于私权事宜之制度"，目的在于"保护私权，遏制讼蔓"。1920 年（民国九年），以澄清讼源为目的的公证制度，首先在东省（即东三省）特区法院推行。1927 年，国民政府拟定了《公证人法》（草案）。1935 年 7 月，经司法院拟定，由司法行政部公布《公证暂行规则》规定地方法院设立公证处，指定推事专办或兼办公证事务，并规定在必要时，得于管辖区域内适宜处所设立公证分处。1936 年 2 月 14 日，司法行政部颁发《公证暂行规则施行细则》、《公证费用规则》。1943 年 3 月 31 日，国民政府颁布了《公证法》，共四章五十二条；7 月，颁布了《公证费用法》。1943 年 12 月 6 日，行政院给一些省政府下达训令，饬令自民国三十三年（1944 年）1 月 1 日起施行《公证法》。

3. 新中国的公证制度

新中国成立后，我国的公证制度基本上随着司法行政机构的变迁和我国现代化法制追随大陆法系的步伐而相应发展演进的。

---

① ［法］孟德斯鸠. 论法的精神（下册）［M］. 上海：商务出版社，1963：283.

（1）公证制度的确立。中华人民共和国成立后，1951 年 9 月 3 日中央人民政府委员会第十二次会议颁布的《中华人民共和国法院暂行组织条例》中规定"公证及其他法令所定非讼事件"，由县级人民法院和中央及大行政区直辖市人民法院管辖。同时颁布了《北京市人民法院公证暂行办法》和《中南区公证试行办法》。从此，我国在大中城市和部分县城相继建立了公证组织，办理有关公证业务，维护了国家和公民的合法权益。

1956 年 1 月 31 日，司法部在《关于公证业务范围问题的通知》中指出，公证工作"应该大力加强并开展有关权利义务方面的公证业务"。于是，公证工作普遍加强了对遗嘱、继承、收养子女、房屋租赁和买卖、委托书、亲属关系、失踪、死亡等方面的证明业务。截至 1957 年底，全国已有 52 个市建立了公证处，有 500 多个市、县人民法院设立了公证室，专职公证干部已有 900 多人。① 1957 年，全国办理的公证事项就达 30 万件之多。这一时期的公证制度得到了初步发展，在法制建设中发挥了重要作用。

（2）公证制度的破坏。1957 年以后，随着整风反右派斗争的扩大化，"左"倾思潮泛滥，法律虚无主义思想严重地冲击着司法战线，公证制度随之遭到破坏。在"左"倾思想的影响下，1959 年，全国的司法行政机关被撤销，公证机关也随之被撤销。除了根据国际惯例，少数几个大城市的人民法院兼办一些必办的、发往国外应用的公证书以外，国内的公证业务都被停办了。

"文化大革命"期间，公证制度被斥为"修正主义制度"。把办理公民财产公证视为"扩大资产阶级法权"；办理涉外公证是"为里通外国开绿灯"，致使在国外求学、就业、继承遗产等的许多华侨、侨眷无法办理公证，合法权益无法得到保护，国家本可争取到的大量非贸易性外汇也无法调回，给国家、集体和个人造成了不应有的损失。

（3）公证制度的恢复与发展。1978 年 12 月 28 日，中国共产党召开了十一届三中全会，提出了发扬社会主义民主，加强社会主义法制的方针。1979 年 9 月 13 日，第五届全国人民代表大会常务委员会第十一次会议通过决议，恢复建立中华人民共和国司法部。接着，各省、地、县司法厅（局）相继成立，公证处也随之复建。根据北京、上海、天津、广东、福建、江苏等 22 个省、市、自治区的统计，仅 1979 年 1 年，办理涉外公证文书近15 万件。自 20 世纪 80 年代我国公证制度全面恢复以来，公证事业不仅得到迅速发展，而且公证的职能得到了正确、有效、充分的发挥。截至 1990 年年底，全国已建立公证处2921 个，公证人员发展到 15788 人。1990 年，全国办理公证事项 636 万件，相当于 1980年的 40 倍。这对促进改革开放政策的落实和发展，有效地保护公民、法人和其他组织的合法权益，预防纠纷，减少诉讼，都发挥了应有的作用。

（4）公证制度的现状。随着我国加入 WTO 和信息时代的到来，公证的范围不断扩大，公证业务也进一步体现出多角度、多层次、多方位全面发展的特点。海尔等国内知名品牌境外商标注册以及许多国内企业应对反倾销诉讼，公证工作都及时提供了法律支持。公证机构每年办理 10 万多件涉台公证文书，积极促进两岸交往交流、维护两岸同胞正当权益。公证工作还为三峡工程、中国载人航天工程等国家重点建设项目提供法律服务。在合同协议、证据保全、现场监督、遗嘱继承等方面的公证事项也得到较快增长，公证制度

---

① 宋朝武，张力. 律师与公证 [M]. 北京：高等教育出版社，2007：197.

正在逐步完备。

目前，以执业公证员为主体，公证员助理和辅助人员为补充的公证职业队伍群体正逐步走向成熟，公证员的学历层次和法律素养不断提高，其中，法律大专以上学历的占公证员总数的94%。我国公证员数量已达11000余名，年办证量超过1000万件。据《中国公证行业业务拓展创新与发展战略规划分析报告》显示，我国目前知识产权公证办证量总体尚小，未到公证业务总量的1%，但已呈现大幅增长趋势，整体发展潜力较大。报告指出，随着知识产权工作上升为国家战略，我国知识产权公证数量也在不断增加。从权利类型看，商标权公证办证量处于第一位，占比过半；专利权、著作权公证基本持平，三大权利类型公证总体呈现2：1：1的发展态势。从公证事项来看，知识产权公证业务主要包括以下公证事项：主体资格公证，如营业执照公证等；声明书、授权（委托书）公证，如商标转让声明，授权办理相关申请手续、登记手续等；合同、协议公证，如商标权转让协议；保全证据公证，如侵权证据的固定；保管业务，如文学作品保管；与知识产权保护相关的涉外涉港澳台公证。

报告分析，我国知识产权公证发展呈现以下新趋势：公证服务由线下逐步扩展至线下线上共同开展；由以往被动的保全证据公证变为主动保管证据，公证职能向前延伸，真正体现了公证预防性价值；由公证机构单一的执业方式扩展为通过公证信息化执业平台开展执业活动；由传统的公证机构独立执业，发展为公证机构与掌握信息技术的公司、科研院所合作，依托外脑支持开展知识产权公证。

第二节　公证立法

一、外国公证制度立法的类型

20世纪，在资本主义国家，出现了多种类型的公证制度。概括说来，大致可分为大陆法系国家的公证制度立法和英美法系国家的公证制度立法。

（一）大陆法系国家的公证制度立法

1. 法国的公证制度

法国公证制度对大陆法系国家公证制度产生过深远影响。法国的公证制度是将非争议事项与争议事项的管辖权分开，前者属于公证管辖，后者则属于法院管辖。公证处是在各方当事人意思表示一致的前提下作出证明，而法院则是通过审判来解决当事人之间的纠纷。凡有公证人参加制定的文书，与法院裁判文书具有同等意义。对于经过公证证明的金额或财产请求，无须法院判决即可交付执行。法国公证人由司法部长任命，实行终身制，在指定的公证业务辖区内执业，按国家规定领取薪金，但并不禁止当事人与公证人之间有关给付的协议。公证人的职业是双重属性。其既是公职人员，又是面向社会独立执业的法律工作者，具有混合身份。公证人为了维护其合法权益，成立了公证人理事会的社团组织。理事会有监督公证人活动的职责及惩戒公证人的权力。

在法国，凡是经过公证的书面凭证，在法律上占有特别重要的地位。一切法律文书，当事人都可以当着公证人的面签订。对于某些法律规定必须公证证明才能成立的特定的契约，只有经过公证后才能成立。一项符合法律规定的公证文件，就能依法形成一种法律上的证据。

到目前为止，法国共有公证人员大约 7600 人，另外在公证人事务所受雇的职员约有 41000 人。① 为了广纳贤士，法国的公证人录用有 3 种途径：一是通过大学深造，获得高级公证证书，凭证书向司法部申请，由司法部考察任命为公证人；二是通过职业培训，合格者可以向司法部申请被任命为公证人；三是在公证系统内部招聘。通过招聘录用的人员在正式任命之前，要由司法部对申请人的道德、经济状况进行严格的审查和调查，符合条件的才会被任命为公证人。

2. 德国的公证制度

德国的公证制度与审判机关是紧密相连的。公证人从属于审判机关，依附于法院，公证人与法官都可以办理公证事务。原则上法律规定是由公证人统一行使公证权，但在某些地方，公证事务则专门由法官办理，公证人无权参与公证。1970 年 1 月 1 日颁布实施的《德意志联邦共和国公证法》具体规定了公证人的组织、职责、权利和义务。该法规定，初级法院在不损害有关单位授权其他权限的情况下，也可以办理部分公证事务，各州还有权以法律授权其他人员或单位办理有特定适用目的的相当于公证的某些证明事务。②

与法国相比，德国公证人的业务范围较为狭窄。公证人除证明民事法律行为外，还有证明签字及办理票据拒绝证书的职责。公证人虽然是国家官吏，但是其不统一领取国家的薪金，而是直接向当事人索取报酬。

在德国，没有建立公证人社团组织，公证人的业务活动受公证人所在地的法院院长监督。

德国的公证人在法律群体中的地位高于其他人。德国公证人法规定，只要符合法官条件就可以选拔公证人。公证人具有相当经济地位，而且在职业上也很灵活。因此，目前德国更多的毕业生愿意选择公证人职业。

（二）大陆法系国家公证制度的特点

1. 公证是预防性的法律制度

公证的宗旨是从法律角度引导当事人正确实施民商法律行为，平衡契约双方的利益，消除纷争隐患，并做客观记录，为民商事活动提供安全保障，为司法机关和社会提供准确、可靠的法律文件，以达到维护法律秩序，预防纠纷，疏减诉源的目的。拉丁公证联盟的高级官员称：多设一个公证处，就可以少设一个法院。

2. 有比较完备的公证法律

大陆法系各国以公证法为基础，主要规定公证的原则、任务、效力、业务范围、组织机构、任职条件、公证程序、法律责任、监督管理等内容；另在民商实体法中规定了法定公证事项，在民事诉讼法、民事执行法中对公证效力及其实现的程序作出规定。

3. 公证属于国家公权力的范畴

大陆法系各国公证制度虽有差异，但共同的一点是，公证性质属公权力范畴，公证人

---

① 叶青，黄群 . 中国公证制度研究［M］. 上海：上海社会科学院出版社，2004：19-20.
② 卓萍 . 公证法学概论［M］. 北京：法律出版社，1998：18.

（公证机构）是接受公权力的委任，以国家名义行使公证职能。公证人由国家任免，为广义上的公务员（执行公共职务者，而非行政官员）；在国家指定的区域内执业，使用带有国徽或州徽的印章、徽记；公证书为公文书，执行国家统一制定的收费标准，接受国家的监督。

4. 公证人为独立的法律第三人

大陆法系各国一般实行公证人本位制度，公证人为独立的法律职业者，不隶属于任何机关、团体、企事业单位，采用自由职业者的方式执业，自主决定公证事务，并独立承担法律责任。拉丁公证人将其归纳为公证人的双重性，即自己创办事务所，履行公职，不隶属于任何组织，独立办证，自主管理，不拿国家工资，自负盈亏，自担责任，国家监督。

5. 公证人（公证机构）的设置实行总量控制、合理布局的原则

国家一般都根据经济社会发展需要核定公证人及公证人事务所的数量，确定公证业务辖区，公证人事务所要设在国家指定地点，不允许随意增加、减少、迁移或歇业，以保障当事人都能就近便利地获得公证服务。公证人必须在核定公证业务辖区内执行公证职务，不得跨区域办理公证事务，以减少、控制业务竞争。公证业务辖区通常与司法辖区相同，一个业务辖区内，根据人口、经济、交通状况以及公证需求，由国家核定设立公证机构和配备公证人的数量，并根据客观需求变化适时调整。

6. 公证人的任职条件严、社会地位高

公证人为独立的法律执业者，除要具备良好的道德品质和大学法学学历外，还要通过国家规定的司法考试或专门的公证人资格考试，完成规定的公证实习期限，并交纳执业保证金，履行职业宣誓。公证人多由国家元首或司法部部长任命，为终身职务，以保证其社会地位和公信力。

7. 公证业务以法定必须公证事项为主

大陆法系国家的公证业务十分广泛，证明法律行为、有法律意义的事实和文书，赋予其法定效力，是公证人的基本业务。法律规定必须公证的事项占公证业务总量的40%～60%，有的国家高达90%左右。法定公证事项主要集中于契约、不动产、公司、金融票据、抵押、继承和家庭法领域。此外，从公共服务的角度，公证人还提供如财产清算，遗产保管和分割，拍卖、招标、抽彩等涉及公众利益活动的法律监督，代征国税、代办登记等法律服务。

8. 公证书的效力与法院判决书相同

公证书具有证据效力，其证明力高于其他书证，公证书是审判、民事登记、处理公私事务的重要依据。公证书具有强制执行效力，凡是经公证的文书且具有可执行内容的，可不经法院判决而直接具有强制执行效力。

9. 公证管理实行两结合体制

大陆法系各国对公证的管理与对律师行业的管理有较大区别，一般都实行行政管理与行业管理相结合的管理体制。行政管理主要包括：制定公证法律、组织考试、任免公证人、确定公证人（公证机构）总量和公证业务辖区、公证质量监督、对公证人执业行为实行监督惩戒。其他管理任务均由公证行业协会负责，但要接受司法行政机关的监督，制定的行业规范须经司法部批准。

（三）英美法系国家的公证制度立法

1. 英国的公证制度

相对于大陆法系而言，由于发达的律师制度等方面的原因，英美法系国家不是十分重视公证制度，其对公证制度的吸纳时间也相对较晚。它们的公证，仅仅证明当事人在民事法律文书上签字的真实性，至于文书内容是否属实，一律不加过问。与其他英美法系国家相比，英国公证制度的历史相对悠久。

在英国，公证人在性质上属于国家公职人员，其职权是办理公证。但根据契约和文书性质的不同，审判机关和行政机关也有办理公证的职权。公证人的活动范围包括拟定各种民事文书、保存文书的原本、证明具有法律意义的日期与事实、制作票据拒绝证书等，为在英国领土以外进行诉讼的需要，公证人可以保全证据。

根据英国《1998 年公证人（资格）规则》，要取得公证人资格须满足以下条件：年满 21 周岁，并符合该规则规定的条件；进行了忠诚宣誓及根据《1843 年公证人法》第 7 条的宣誓；除非是教会公证人或欧洲经济区公证人，申请人必须或是高等法院的诉状律师、出庭律师，或是异区的法律学位的人。

与大陆法系国家不同的是英国公证书的证据效力是模糊不清的，在法庭上，公证书有时并不能作为充分的证据使用。

2. 美国的公证制度

美国的公证制度属于州立法权范围内的事项，各州一般通过各自的立法对本州的公证事务加以规范。除路易斯安那州采取大陆法系的公证制度外，其他州都采取了英美法系的公证制度。在美国，政府对公证事务不加干涉，公证人不属于国家公职人员，而是个体私人营业者。而公证人的任职资格也规定得比较简单，他们不需要通过特殊的训练，只要通过简单的测试，证明该申请人具有某种正常的识别能力，获得保证人或交付一笔现金以确证他们的诚实就可以了。

美国的公证制度不像大陆法系国家那样，他们没有法律规定必须公证的事项，都是当事人的自愿行为。公证证明仅仅意味着当事人亲自出现在一个身为自然人的公证人面前，由公证人确认该当事人在某法律文书上的签名、盖章属实，但公证人对该法律文书本身在内容上的真实性不予负责，公证文书也没有强制执行力。

（四）大陆法系与英美法系国家公证制度立法的主要区别

基于不同的法律传统和经济、社会管理机制，形成了世界两大公证体系——英美法系国家的公证体系和以大陆法系国家为主的拉丁公证体系。

大陆法系各国，设置和完善公证制度的根本目的，在于保障在民法"私权自治"原则的基础上，通过设置公证制度，赋予公证机构（公证人）代表国家行使公证证明职能，要求公证须对申办事项的真实性、合法性负责，并且赋予了公证书较高的证据效力，以实现国家对经济社会生活实行"适度干预"和预防纠纷的目的。大陆法系国家一般都将公证制度定位为一种"准司法制度"或"辅助性司法活动"。

英美法系国家的公证制度的功能侧重于"形式证明"，即证明当事人在公证人面前签署文件或宣誓、作证的行为属实。由于法律规定的公证收费标准较低，公证人难以此为谋生的职业，因此，通常是由社会信誉良好的律师兼职担任公证人，或由品德良好、德高望重但毫无法律背景的公民担任，还可以由法律规定某些官员，如治安法官、领事、军官和各级法院的官员执行公证人职务。英美法系国家大多实行"自愿公证"原则，法律很少规定"必须公证"的内容；公证没有强制执行力；由于公证人不对公证事项具体内容的真实性负责，加之法庭审判中当事人和证人通常必须当庭作证、质证，因而文书的证据效力不如大陆法系国家公证书的证据效力强。公证人主持宣誓仪式，由当事人对公证事项的具体内容"宣誓"保证其真实性，作虚假"宣誓"的当事人自行承担法律责任。可见，在英美法系国家不要求公证对经济活动与社会生活发挥"适度干预"和预防纠纷的功能，而对实际发生的纠纷则寄托于"事后救济"，即通过诉讼程序解决。

二、我国公证制度的立法

《中华人民共和国公证法》是为规范公证活动，保障公证机构和公证员依法履行职责，预防纠纷，保障自然人、法人或者其他组织的合法权益而制定的法律。我国公证法有狭义与广义之分。狭义的公证法是指国家最高权力机关制定的公证法典，即 2006 年 3 月 1 日起开始施行的《中华人民共和国公证法》（以下简称《公证法》），当前版本是 2015 年 4 月 24 日经第十二届全国人民代表大会常务委员会第十四次会议修正的。

广义的公证法是指国家法律文件中有关公证规范的总和，目前包括规定我国公证制度的条例，还包括民事程序法、民事实体法、经济法中的公证规范。根据宪法等有关法律规定，国务院及其部门、地方各级人民代表大会，各级人民政府及其工作部门在其职权范围内制定的规范性法律文件在其管辖范围内均具有法律约束力。因此，国家行政规章、地方规范性法律文件中有关公证的规定，主要是规定重要法律行为必须或应当办理公证及申办公证的具体程序的规定，都是公证法的组成部分。

自 1951 年 5 月新中国首部地方性公证法规——《北京市人民法院公证暂行办法》颁布后，在漫长的近 30 年中，由于种种原因，我国的公证事业始终未能得到有序健康的发展。直至 1979 年，党的十一届三中全会的召开，才给我国公证事业的发展带来了新的生机。1982 年 4 月 13 日，国务院正式颁布了《中华人民共和国公证暂行条例》（以下简称《公证暂行条例》），共 6 章 30 条，并自发布之日起实施。《公证暂行条例》明确规定了我国公证的性质和宗旨，对公证的业务范围、组织领导及管辖、程序等方面，做了系统而又完整的规定，这是我国第一部全国性的公证法规。

为了有利于《公证暂行条例》的贯彻实施，司法部于 1982 年 3 月 13 日发布了《关于办理几项主要公证行为的试行办法》，对办理继承、遗嘱、收养子女、委托书、经济合同等公证事项的法律依据和程序，做了统一规定。

经过几年的公证实践，在总结经验的基础上，司法部于 1986 年 12 月 4 日颁发了《办理公证程序细则》。经过一段时间的试行后，司法部又将该细则修订为《公证程序规则（试行）》，该规则共 12 章 63 条，于 1991 年 4 月 1 日起施行，原细则同时废止。

2002 年 6 月 8 日，司法部又重新颁发了《公证程序规则》，同时颁布了《公证书格式》、《公证处内部使用文书格式》和《公证费收费标准与管理办法》等一系列配套的文件，使公证工作走上了健康发展的道路，在改革开放中发挥了应有的作用，为制定公证法典奠定了基础。

《公证暂行条列》颁布实施以来，一些社会团体、专家学者都提出适时制定公证法典的建议。司法部也多次组织制定公证法的研讨活动，听取专家学者建议，并受国务院委托拟定《公证法》草案。2005年8月28日，十届全国人大第十七次常委会审议通过了《公证法》，并定于2006年3月1日起施行。《公证法》分为总则、公证机构、公证员、公证程序、公证效力、法律责任和附则，共7章47条。

《公证法》是公证工作的基本法，它明确了我国公证制度的法律地位和公证执业活动的基本原则，对公证机构、公证员、公证程序、公证效力和公证法律责任等都作出了明确的规定；它充分肯定了新中国成立以来我国公证事业发展所取得的成绩，总结吸纳了公证制度恢复重建以来，特别是《公证暂行条例》颁布后公证改革发展建设所积累的经验。同时，也借鉴了国外有益的做法，为我国公证工作和司法行政工作提供了有力的法制保障。

《公证法》的颁布实施，进一步完善了我国公证制度的法律体系，确立了具有中国特色公证制度的基本原则、程序和框架，增强了我国公证的效力和公信力，对公证事业的健康发展具有深远的历史意义和现实意义。

2006年，司法部又制定和修订了《公证机构执业管理办法》、《公证员执业管理办法》、《公证程序规则》，作为《公证法》的三个支柱性配套规章。

2006年2月21日，司法部部务会议审议通过《公证机构执业管理办法》，并于2006年3月1日起施行。该管理办法分为总则、公证机构设立审批、公证机构名称和执业证书管理、公证机构执业监督检查、法律责任和附则，共6章47条。该办法对公证机构设置；调整公证执业区域；规范公证机构的名称；各级司法行政机关实施监督检查的职责分工、具体内容、行政处罚的实施主体；法律责任等，均作了明确规定，较好地体现了公证机构在公证执业管理中的主体地位，强化了基层司法行政机关的监管职责。

《公证机构执业管理办法》的颁布，填补了公证机构管理制度上的空白，对构建科学、有效的公证管理体制和机制，进一步规范公证机构执业行为，保障公证业的依法有序发展具有重要的作用。

2006年3月8日司法部颁布实施了《公证员执业管理办法》。该办法分为总则、公证员任职条件、公证员任职程序、公证员执业证书管理、公证员执业监督检查、法律责任和附则，共7章41条。该办法是为了加强对公证员的任职管理和执业监督，根据《公证法》和有关法律、法规的规定而制定的，主要针对公证员的任职条件、任职程序等方面作出相关规定。

2006年5月18日，司法部发布新修订的《公证程序规则》，对公证程序和办证规则进行了全面的规范和调整。修订后的《公证程序规则》具体分为总则、公证当事人、公证执业区域、申请与受理、审查、出具公证书、不予办理公证和终止公证、特别规定、公证登记和立卷归档、公证争议处理和附则，共11章74条。该规则在充分贯彻公证法相关规定和广泛吸收公证业务实践成熟经验的基础上，就公证执业主体、公证执业区域、公证受理条件、公证审查中的方法和程序、公证书的出具和生效、不予办理和终止公证的条件和程序、公证机构复查、行业协会投诉、公证赔偿争议的解决、诉讼救济等内容进行了具体、详细的规定。

2015 年 4 月 24 日第十二届全国人民代表大会常务委员会第十四次会议通过对《中华人民共和国公证法》的修正案，将第 46 条修改为："公证费的收费标准由省、自治区、直辖市人民政府价格主管部门会同同级司法行政部门制定。"

第三节　公证的作用

一、保障自然人、法人或其他组织的合法权益

公证通过对当事人申请的民事法律行为、有法律意义的事实和文书（如法人资格、经济合同、继承权、婚姻关系等）的真实性、合法性予以证明，并出具公证证明书，赋予其法律上的证明效力，使其受国家法律的保护，从而有效地保护自然人、法人或其他组织的合法权益，是提早介入民事活动和经济活动的一种法律手段。

【案例 11-1】

夫妻双方离婚后财产未分割，一方死亡后遗产如何继承

【案例 11-1】点评

夫妻二人育有一女，二人婚后购买了一处房产，后又离婚，但双方在离婚时未对房产进行分割，现男方因意外死亡，其女儿向公证处申请办理继承房产公证。公证处在受理此事项后，对房产的所有权问题内部产生了不同看法。一种观点认为，该房产应属于原夫妻二人共同共有；另一种观点认为，该房产是属于按份共有关系。虽然上述两种观点殊途同归，结果都是将遗产视为双方未分割房产的一半，但公证处到底是依据按份共有还是共同共有出具公证书，对于公证书是否错误或者有瑕疵起到关键作用，因此有必要区分该种共有的法律性质。

最后，公证处经过集体讨论，多数人认为对于未分割的夫妻共同财产，应当视为按份共有。原因一，没有任何法律规定，在共同共有关系消失后，共同共有财产可以直接转化为按份共有。只有当事人双方就房产达成分割协议或经法院判决后，则可以转化为按份共有关系，即共同共有财产只有通过共有人协商或经法律程序才能转化为按份共有。原因二，夫妻之间的共同共有关系因共同关系的丧失即双方离婚而解体，随之产生的法律后果是如何分割该共同共有物，而分割该财产也应是按原财产的共有性质来分割，而不能改变原财产的共有性质再分割。最终，公证处依据此认识为当事人办理了继承权公证。

二、预防纠纷

对于公民、法人或者其他组织申请公证的事项，经公证机关审查，确认其真实、合法。对某些不够真实、合法的事项，公证人员要事先向当事人宣传法律，讲明道理，指导

当事人加以修正，然后再予以公证。这样做，便排除了隐患，使当事人之间的民事法律行为从一开始就置于公证制度的保护与监督之下，这对于稳定当事人之间的民事、经济法律关系，监督民事、经济活动依法进行，预防纠纷具有重要作用。

由于公证书具有特定的证据效力，即使事后当事人之间发生了纠纷，也有利于人民法院迅速、及时地查清案件事实，正确合法地解决民事纠纷和经济纠纷。

【案例 11-2】

公证巧解恶意拒收租金难题

【案例 11-2】点评

房东田先生在××街××小区有一居室的住房一套，房屋质量好并且装修精良，欲将其出租。在房屋中介看房的张小姐看中了田先生的这套住房，而田先生对张小姐欲将交纳的租金也很满意，于是双方立即签下了一份《承租协议》，并且约定租期为两年，承租方应当于每一季度交纳一次租金，如果无正当原因逾期不交纳租金，出租方有权解除该协议。然而，在张小姐刚刚承租房屋快到一个季度时，一位得知情况的薛先生也反复向田先生要求承租该房，并且承诺交纳租金会高于张小姐的近 1 倍。田先生听到数额后万般心动，十分后悔把自己这么抢手的房屋过早地租了出去，于是急于想解除与张小姐的《承租协议》，但是又苦于没有合适的理由。

过了几天，张小姐依约到田先生处交纳租金，可是却不见了田先生的踪影，给他打了几次电话，田先生都说自己在外地有事，一时回不来，收取租金的事也含含糊糊没讲清。刚开始，心地善良的张小姐并没有太在意，心想等田先生回来以后再将租金交纳给他。可是在一次偶然的机会，张小姐听邻居说有个人也想租她现在租的这间房，田先生也答应了，也不知道他们是怎么商量的。张小姐感到又蹊跷又担心，就把这件事跟一个在公证处工作的朋友说了。朋友听后和她说，田先生不受领租金的行为到底是善意还是恶意还搞不清楚，为了预防起见，张小姐最好把租金提存到公证处。于是她听从了朋友的意见。

过了一个月田先生回来了，果不其然地提出了要求解除《承租协议》的要求，理由是张小姐没有交纳租金，并且语气强硬地说如果她不答应，可以去法院解决。此时，早有准备的张小姐拿出了提存公证书，弄得田先生瞠目结舌，一时说不出话来。

三、审查作用

公证机构在受理公证申请后，制作公证书前，在收集、调查有关证据的基础上，对当事人申请公证的事项及提供的证明材料进行核实的活动。公证机构受理公证申请后要依法对当事人的身份、行为能力、提供的证明材料和所申办的公证事项的真实性、合法性进行审核、调查，以防止不法经济活动和无效合同的出现。根据《公证法》及有关法律规定，对于公证审查应重点审查以下几个方面：当事人的身份，申请办理该项公证的资格以及相应的权力；提交的文书内容是否完备，含义是否清晰、签名印鉴是否齐全；提供的证明材料是否真实、合法、充分；申请公证的事项是否真实合法。因此，公证是经济生活和民事活动中的"安全阀"与"过滤器"。

四、监督作用

公证的监督作用表现在两个方面：一是公证机构依法对摇奖、评奖、开奖、招标、拍卖、彩票发行等活动实施法律监督。如果公证员在审查监督过程中发现活动违反国家法律法规的规定，或者违反既定的规则，或者活动规则违反公开、公平、公正的原则，那么公证处将拒绝公证，甚至直接宣布活动结果无效，从而确保该活动公平、公正、合法地进行。二是依法监督合同履行。经过公证的合同由于被赋予了法律约束力，因此，当事人一般都能够主动履行，即使发生纠纷，一般也能在公证机关的调解下解决。同时，公证机构可以依法对债权文书赋予强制执行效力，如果债务人不履行或不完全履行到期债务，债权人可以依法申请人民法院强制执行。

第四节　公证活动应当遵循的原则

一、公证基本原则概述

（一）公证基本原则的概念

公证基本原则，是指公证机关办理公证时必须遵循的基本原则，是公证机关实施公证行为的基础和法律准绳，作为公证机关处理一切公证事务的总依据，也是实现公证任务的重要保障，它贯穿于公证工作的始终。为了切实维护公民、法人以及其他组织的合法权益，为了正确确认各项民事法律关系，预防纠纷，减少诉讼，稳定经济秩序，促进对外开放，公证机关在公证活动中必须严格遵守各项基本原则。公证基本原则的效力贯穿于公证法，是公证法所调整对象的本质和规律的集中反映，是克服法律局限性的工具，具有立法准则的功能和行为准则的功能，对立法机构和公证活动中的各类主体均有约束力。

（二）公证基本原则的特点

1. 根本性

即公证的基本原则是制定各项具体公证程序制度的基础，各项具体程序制度体现着基本原则的要求，不得与基本原则向抵触。

2. 稳定性

即公证的基本原则相对于具体程序规范而言，更具有稳定性，在一定时期内，具体公证程序制度可能有所变化，但公证基本原则是公证理论和实践经验的结晶，包含着对公证制度内在规律性的认识，除非公证制度的基础环境发生重大变化，公证的基本原则不会发生变化。

3. 抽象性

即公证的基本原则是高度概括性的规范，而非操作性规范。

4. 宏观指导性

即公证的基本原则能够在宏观上对公证的全过程或某个公证阶段起指导作用，为公证机构和公证参与人的公证活动指明方向。

二、公证的基本原则

《中华人民共和国公证法》第 3 条规定："公证机构办理公证，应当遵守法律，坚持客观、公正的原则。"据此，我国公证机构在办理公证业务时，应遵循以下基本原则：

（一）合法原则

1. 合法原则的含义

公证机关办理公证与法院办理案件一样，必须以事实为依据，以法律为准绳。真实性与合法性是相互联系、密不可分的。所谓合法性，是指公证机关办理公证的内容、形式和程序都必须符合国家法律的规定。也就是说，公证机关及其公证人员的全部活动都必须遵照法律形式。从这个意义上讲，办理公证的一切活动，都是执行法律的过程。也只有按照国家法律的规定办理公证文书，才能具有法律效力，否则，就是非法和无效的。

2. 合法原则的内容

（1）实体合法。即公证书所证明的内容必须符合法律、法规或者政策的规定。公证机构的全部活动过程，都是贯彻执行法律、法规的过程，公证处所出具的公证书，无论在内容或形式上，均应完全符合法律、法规的要求。因此对于申请公证事项的合法性，必须进行认真审查把关。如对处理财产继承问题的遗嘱公证，在遗嘱中，就不允许有剥夺缺乏劳动能力又无生活来源的人合法财产继承权的内容。建设工程承包和公证，一方面，凡属需要批准的建设项目，建设单位的建筑资金、建筑面积必须经过批准；设计图纸必须与批准的建筑拨款和建筑面积相符。对建筑合同中的造价、面积远远超过批准范围的"钓鱼"项目，则应拒绝公证。另一方面，对承包单位是否构成企业法人，是否具有建筑企业资质，其权利能力如何，均在审查之列，而且应在合同中反映出来。对任何违背国家法律、法规和政策的事项，绝不能给予出具公证书。

（2）程序合法。即办理公证事项，必须按照《公证法》、《公证程序规则》等有关的法律法规所规定的程序办事。除了办理每一公证行为，要按照申请与受理、审查、出证三个阶段循序渐进外，其他如公证处办理证据保全，必须是在民事诉讼发生之前；办理涉外公证文书，按照规定，一般应当办理领事认证手续等，也属于程序规定的范围，同样不能违反。而且，公证人员在工作中，若发现有诈骗、伪造公文或证件等犯罪行为时，还负有检举揭发的责任。

当然，有时公证证明的事项是不取决于人的主观意志的事实，这样的事项不存在合法性的问题。例如自然人的出生公证、死亡公证与经历公证等。因此，对于这类事项的公证，只要是真实的，公证机构就可以遵循法定程序进行办理，这属于合法原则的例外。

（二）真实原则

1. 客观原则的含义

《公证法》第 2 条规定，公证是"公证机构根据自然人、法人或者其他组织的申请，依照法定程序对民事法律行为、有法律意义的事实和文书的真实性、合法性予以证明的活动"。《公证程序规则》第 3 条规定，公证机构对"不真实、不合法或者违背社会公共利益的"事项，不予公证。

真实原则，亦称客观原则或真实性原则，是指公证书所证明的法律行为或者具有法律意义的事实和文书及其各项内容都是真实的，或曾经发生过的事实，确属客观存在，而非伪造或虚构的准则性要求。

真实原则不仅要求公证证明的事项必须真实可靠，要有充分的事实依据；公证机构及其公证人员在办理公证事务时要遵循公正的程序，保护当事人的合法权益。而且当事人及其有关个人或组织不得提供虚假证明材料、骗取公证书，否则将要承担相应的民事责任、行政责任和刑事责任。

公证机构的证明活动，按其性质来说是一种非诉讼活动，它一般都是在发生民事纠纷以前，通过对一定的法律关系、法律事实予以证明，赋予其无可置疑的证据效力，来预防纠纷、减少诉讼的。因此，公证机构对申请办理公证的事项，只有经过调查、审查之后，确认无误时，才能出具公证证明书。如果申请办理公证的事项是假的，尽管从表面来看，它似乎符合"合法"原则，也不能予以公证。例如，有的人以收养子女为名，既不准备建立实际的收养关系，也不准备履行收养的权利义务，而只是为了办理户口农转非，申请办理公证的。尽管其符合收养、送养条件，但仍然不能予以公证。在涉外公证中，某些人为了达到出国定居、求职等目的，而采取虚报年龄、伪造学历等弄虚作假的做法。对此不得予以办理公证。总之，对于申请公证的事项，不可轻信当事人的陈述，在审查中，切忌疏忽大意，更不能徇私舞弊，弄虚作假。如果公证证明的事项失实，哪怕是个别问题失实，也会影响公证书的效力和严肃性，损害公证机构的威信。而且，在涉外公证中，出具不真实的公证书，某些国家还可能会追究提供假证明的法律责任。

2. 真实原则的要求

真实客观是公证的核心。真实原则是公证机构进行公证活动的前提和基础，要做到真实客观，公证机构在办理公证活动中需要做到以下几点：

（1）公证人员要认真审查当事人申请公证的事实和文书及有关材料是否真实可靠。在办理公证的过程中，有些是审查形式真实性的公证，如证明签字属实；有些是需要证明内容真实的公证，如对共同财产分割公证时，公正人员既要查清双方的意思表示真实，又要查明共同财产是否存在；有些事项是属于法律事实方面的，如亲属关系公证、婚姻关系公证、年龄公证等，这些公证需要当事人自己提供证据来证明事实的客观真实性。因此，公证人员对当事人提供的证据材料要进行全面、系统的审查分析，查清提供材料有无伪造等虚假现象，如果发现可能有虚假事实的，就要追查清楚，以确保公证的客观真实性。

（2）公证人员要认真审查当事人是否基于自己的真实意思表示而提出公证申请。《中华人民共和国民法通则》规定，以欺诈、胁迫手段或因显失公平使对方为民事法律行为的，受欺诈、受胁迫、受损害方有权请求撤销。《德国民法典》第 123 条第 1 款也规定："因被诈欺或被不法胁迫而为意思表示者，表意人得撤销其意思表示。"《瑞士债法》第 29 条规定："契约订立者，使相对人或第三人发生不法恐怖之结果，订立契约时，其契约不拘束被胁迫人。"由此可见，世界各国对被胁迫、欺诈或乘人之危所为的意思表示，都不予认可。

（三）公正原则

1. 公正原则的含义

公正原则，是指公证人员在履行职责时要平等对待当事人，不偏私，不歧视，出具的公证文书要体现出公平、正义的准则性要求。

公正是公证最本质的要求，公证工作被法律赋予了特定的公信力，公证制度的基本价值就在于公正性。公证作为公证制度的基本原则，是由公证制度作为国家的一项重要信用法律保障制度所决定的，公证的效力可以直接成为法院判决的依据，直接影响司法结果。如果把公证当做"生财之道"，把经济效益置于公证之上，则会使不正当的利益合法化，严重损害当事人的合法权益。

2. 公正原则的内容

（1）实体公正。实体公正是指公证的法律行为或公证申请人提请公证的法律文书和事实的公证结果是公正的。人类社会不存在所谓永恒的公正，公正是一个相对的、有条件的概念。但是不管人们对公正如何理解，都不可否认公正的客观性，都能感觉到它在社会生活中的影响，并以其作为评判是非善恶的标准。就公证与法律的关系而言，法律必然要受到公正观念的支配，公正是公证法律产生的基础和基本前提。不仅如此，作为一种法的价值，公正更是社会的一种首要价值。在公正的视角下，公正就是公平和正义。公证员作为维护当事人合法权益的独立群体，其社会角色是为公正的诉求而设置的。公证员的活动应当具有社会公正性。公证员必须"坚持信念、精通法律、维护公正、恪守诚信"，充当法律、道德和公正的代言人。

（2）程序公正。程序公正是指公证活动的过程是公正的。公证活动只有按法定程序形成法律效力，公正才能实现，公证的效力与程序公正密不可分。程序公正观念经历了从自然公正观到正当程序观的演变过程。自然公正要求未违反法律者不应被判有罪，双方当事人应当获得机会陈述己见，一个法律制度必然为保护权利和补偿损失提供公正的法庭，并且任何人都不应在自己的案件中充当法官。[1] 英国大法官丹宁勋爵第一个扩大了自然公正的适用范围，他以判例方法否定了公正原则只适用于司法程序的传统规定，认为自然公正可以适用于非司法程序尤其是行政程序。[2] 美国宪法修正案首次以法律正当程序取代自然公正观，该修正案规定："任何人不能未经法律正当程序即被剥夺生命、自由与财产。"[3] 在诉讼程序领域，学者们对程序公正已做了广泛的探讨，而对其在公证领域的运用研究仍相当欠缺。正当、理性的程序导引出的应当是理性的结果，而理性的结果应当获得理性的认可和肯定，不允许随意撤销或变更，这也是公证领域程序公正的基本内涵。

（四）公证机构依法独立公证原则

公证机构依法独立公正原则，是指公证机构及其公证员，根据事实与法律，独立履行

---

[1] [美] E.博登海默.法理学：法律哲学和法律方法 [M].邓正来，译，北京：中国政法大学出版社，1999：276.
[2] [美] 丹宁勋爵.法律的训诫 [M].杨百等，译，北京：法律出版社，1999：100-108.
[3] 张千帆.自由的魂魄所在——美国宪法与政府体制 [M].北京：中国社会科学院出版社，2000：82-83.

公证职责，办理公证事务，不受其他单位、个人的非法干涉的准则性要求。

《公证法》第6条明确规定，公证机构依法独立行使公证职能。这表明公证机构是国家专门设立的法律证明机构，独立行使司法证明权，依法履行公证机构的职、责、权。这要求公证机构及其公证人员在进行公证活动时，要排除外界的非法干涉。

公证机构独立行使公证权是维护社会主义法制统一的需要。依据国家法律、法规、规章来认定法律行为、法律事实和具有法律意义的文书是否具备真实性、合法性关系到当事人的切身利益。这种权力只有交由专门机构来行使，才能在全国实现社会主义法制的统一，使法律具有不可侵犯的权威。依法独立公证也是公证机构正常工作的前提，如果任何单位和个人都可以干预公证机构正常的公证工作，必然会使公证人员无所适从。

（五）法定与自愿相结合原则

1. 法定与自愿相结合原则的含义

法定与自愿相结合原则，是指法律、法规规定对一些重要的民事法律行为必须公证，否则不发生法律效力，但公证机关办理公证事务，必须根据当事人的自愿申请。公证的功能之一是参与国家对宏观或微观民事、经济活动的综合调控，使公民、法人的行为建立在真实、合法的基础之上，保证国家法律、政策的正确实施。要把民事活动纳入法制轨道，保障民事流转、经济流转秩序的正常运行，仅靠当事人自愿是不够的，国家必须加强引导。国家从维护社会稳定、经济秩序的稳定出发，必然要将公证机制引入民事经济活动领域，在实体法中规定重大复杂的、关系国计民生的重要法律行为，必须办理公证。这是完善国家管理体系，充分发挥公证职能，对公民、法人的行为进行法律引导，预防差错和纠纷，使之纳入法制轨道的重要措施。目前，如房屋拆迁协议、招标投标、公证遗嘱的变更等重要的法律行为必须采用公证形式，经公证机关公证后方具有法律效力。法律、法规、规章规定必须或应当公证的，当事人必须严格遵守，否则，所进行的民事行为就不发生法律效力。

应当指出，法定与自愿公证是相辅相成的，两者互为补充，片面强调其一都是有害的，不利于法制的完善和公证职能作用的发挥。

2. 法定与自愿相结合原则的适用

（1）自愿公证。自愿公证是指法律、法规、规章没有规定必须公证的事项，由当事人自行决定是否申办公证。根据《公证法》第11条第1款的规定，根据自然人、法人或者其他组织的申请，公证机构办理下列公证事项：合同；继承；委托、声明、赠与、遗嘱；财产分割；招标投标、拍卖；婚姻状况、亲属关系、收养关系；出生、生存、死亡、身份、经历、学历、学位、职务、职称、有无违法犯罪记录；公司章程；保全证据；文书上的签名、印鉴、日期；文书的副本、影印本与原本相符；自然人、法人或者其他组织自愿申请办理的其他公证事项。根据《公证法》第12条第1款的规定，根据自然人、法人或者其他组织的申请，公证机构可以办理下列事务：法律、行政法规规定由公证机构登记的事务；提存；保管遗嘱、遗产或者其他与公证事项有关的财产、物品、文书；代写与公证事项有关的法律事务文书；提供公证法律咨询。

（2）法定公证。法定公证，是指法律、法规、规章规定必须采用公证形式设立、变更的法律行为，或者是确认有法律意义的文书和事实，公民、法人必须申请办理公证。为此，《公证法》第 11 条第 2 款规定："法律、行政法规规定应当公证的事项，有关自然人、法人或者其他组织应当向公证机构申请办理公证。"第 38 条规定："法律、行政法规规定未经公证的事项不具有法律效力的，依照其规定。"这是法定原则的体现。例如我国《收养法》、《继承法》、《关于出国留学人员工作的若干暂行规定》等法律法规，就规定了收养、出国留学协议，以及变更公证遗嘱等法律行为，必须办理公证，否则，就不发生法律效力。

（六）保密原则

1. 保密原则的含义

保密原则，是指公证机构及其工作人员，以及其他受公证机构委托、邀请或因职务需要接触公证事务的人，对他们在公证工作中接触到的国家机密、商业秘密和当事人个人的秘密负有保守秘密义务的准则性要求。

保密原则是由公证机关的工作性质和特点所决定的。在公证实践中，对于某些公证事项，例如遗赠、赠与、保全证据、继承，以及某些收养关系等，都需要保密。一旦泄密，就可能引起纠纷，或者导致诉讼，或者招致财产的隐匿、分散和挥霍，使当事人的正当权利和合法利益遭受损失，也会损害公证机关的信誉。

2. 保密原则的适用范围

（1）主体范围。即承担公证保密义务的主体。它包括公证当事人之外的一切与公证事务有接触的人员，主要是公证员，同时也包括公证机关的其他工作人员和受公证机关委托、邀请参加公证工作的鉴定人、翻译人员、见证人及其他有关人员。

（2）事项范围。即公证保密的对象范围，包括当事人秘密和国家秘密。实践中最常见的是当事人秘密，即当事人申请公证的内容、目的、用途、处理结果和公证文书及公证档案。

保密原则还要求，公证机构在接受当事人的申请后办理公证前，要严格限制在场人员，除当事人或代理人、承办公证员和必要的协助人员外，其他任何人均不得参与办证事项。

（七）回避原则

1. 回避原则的含义

回避原则，是指公证员不能办理与自己或自己的近亲属有利害关系的公证事务。实行回避原则，既是为了防止办证人员因沾亲带故，对公证事项先入为主，利用职权徇私舞弊，枉法公证，作出不公正的偏袒性证明；也是为了避免他人对公证事项产生怀疑和非议，以利于公正合理、正确顺利地开展公证业务。

《公证法》第 23 条第 3 项和司法部发布的《公证员执业管理办法》第 23 条第 3 项，都对公证员办理公证业务应当回避的事项做了具体规定。实施回避，既可以防止公证人员对公证事项先入为主，利用职权徇私舞弊，枉法公证；也可以加强公证程序的正义性，避免他人与社会对公证程序的公证性提出质疑，保证公证工作的顺利进行。回避是保证公证机构正确行使国家公证职权，公正、客观、无私地办理公证事务，防止公证人员徇私舞弊、贪赃枉法而设立的一项重要的原则。

2. 回避的形式

回避的具体形式可分为自行回避和申请回避。

（1）自行回避。自行回避，是指办理公证的公证人员遇有法律规定应当回避的事项时，自觉主动地退出对该项公证事务的办理。

（2）申请回避。申请回避，是指当事人或者公证事项的利害关系人，发现公证人员有回避情形时，有权依据法律规定申请该公证人员不参加承办该公证事项，公证人员应当依法退出该事项的办理。申请回避是当事人享有的重要权利，而且贯穿于公证的全过程。当事人既可以书面形式申请回避，也可以口头形式申请回避。但无论用何种形式申请回避，都必须依据事实，说明理由。对公证员是否回避的问题，应由公证处主任决定；对公证处主任是否回避的问题，应由同级司法行政机关决定。

3. 公证员回避的情形

（1）本人及其近亲属的公证事项。如果公证人员在所办理的公证事项中处于当事人地位，公证结果与其有利害关系，因而有可能影响公证的正确审查与出证。公证人员虽非当事人，但如果是当事人的近亲属，也可能出现偏袒一方当事人的情形，因此也应回避。这里的近亲属主要指夫妻、父母、子女、同胞兄弟姐妹等。

（2）和本人及其近亲属有利害关系的公证事项。如果公证人员本人及其近亲属与公证事项有直接或间接的利害关系，势必会影响其公正办理本项公证，当事人也会对此产生怀疑，怀疑公证人员能否公正办理，进而影响公证机构的信任度。因此，这种情形出现后，公证员应予以回避。

根据《公证员职业道德基本准则》第29条的规定和《公证行业自律公约》第7条的规定，上述公证人员不仅限于公证员，还包括在公证处内协助从事公证业务的助理公证员、公证辅助人员如书记员、勘验人员、翻译人员。

（八）使用我国通用语言文字和民族语言文字的原则

语言文字是一个国家和民族的象征之一，任何一个主权国家都有权使用自己规定的语言文字处理其主权范围内的各种事务。我国是一个独立的主权国家，有权按自己的意志管理自己的国家，处理自己的对内对外事务，不受其他国家的控制和干涉。我国公证机关在公证活动中使用本国的语言和文字，正是维护我国独立主权尊严的具体表现。同时，我国是一个多民族国家，各民族人民在政治上一律平等。在少数民族聚居或者多民族共同居住的地方，公证机关必须使用当地通用的民族语言文字进行公证活动。这是我国各民族人民平等的宪法原则在公证机关的具体表现。

《公证法》第32条第2款对此做了明确规定。《公证程序规则》第43条进一步明确规定："制作公证书应当使用全国通用文字。在民族自治地方，根据当事人的要求，可以同时制作当地通用的民族文字文本。两种文字的文本，具有同等效力。发往香港、澳门、台湾地区使用的公证书应当使用全国通用文字。发往国外使用的公证书应当使用全国通用的文字。根据需要和当事人的要求，公证书可以附外文译文。"

此外，在公证程序中，公证人员应当使用中文。对不懂中文的外国当事人要求提供翻译的，应当提供，但翻译费应由该外国当事人承担。

225

【练习题】

一、概念题

公证；公证制度；公证的基本原则；合法原则；真实原则；公正原则；自愿公证；法定公证；保密原则；回避原则。

二、思考题

1. 简述我国的公证制度的发展历程。

2. 公证活动中应遵循哪些基本原则？

三、案例分析题

市民陈女士想卖一套老房子，并在网络上发布信息。李先生看房后很满意，双方约定以 25 万元的价格成交。陈女士要求李先生先付 5 万元，完成过户后再一手交余款一手交钥匙。李先生担心自己预交房款后，陈女士拒绝或拖延房屋过户和交钥匙，自己会很被动。经推荐，陈女士和李先生前往公证处申请了提存公证。李先生将 25 万元购房款提存于公证处，双方在公证员帮助下办理房屋过户。等一切手续办妥，再由公证员作见证，陈女士交钥匙，同时提取提存于公证处的房款。提存公证消除了买卖双方的顾虑，使房屋买卖交易得以顺利进行。

问题：结合案例，请分析公证在我们的现实生活中所起到的作用。

【阅读资料】

第十二章　公　证　机　构

【学习目的与要求】系统了解我国公证机构的相关知识，重点掌握公证机构设立的法律规定。课前对相应的法律规定以及规章制度中有关公证机构的知识要有所了解，课后搜集与本章内容相关的资料以扩充知识面。

【重点问题】
- 公证机构的概念及特征
- 公证机构设置的条件和程序
- 中国公证机构的改革

【知识结构简图】

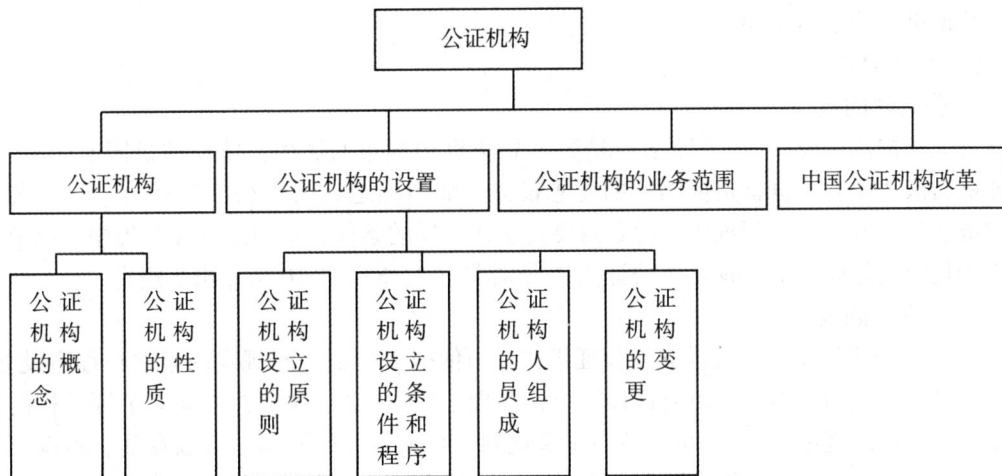

第一节　公证机构的定性

一、公证机构的概念

公证机构是由国家专门设立的、依法行使国家公证职权、代表国家办理公证事务、进行公证证明活动的司法证明机构。公证处由国家设立，具有独立的主体地位，办理公证业务及相关的法律事务。在世界范围内，公证法有机构本位和公证人本位两种立法模式。机构本位是指公证书的公信力由公证机构予以保障，公证人在公证机构执业，公证机构承担第一责任。公证人本位是指公证书的公证力由公证人予以保障，公证人独立执业，公证人承担第一责任。现代西方国家的公证机构在组织模式上，不论是大陆法系国家还是英美法系国家，大多采用公证人事务所形式。公证人事务所又有几种形式，有由公证人个人单独执业成立的单一型公证人事务所；或者由几个公证人自愿合伙组成的合伙型事务所，他们都是公证人的执业机构。大陆法系和英美法系国家施行的是以公证人为本位的公证制度，即国家将证明权直接授予公证人，由公证人独立代表国家行使公证权并承担责任。因此强调公证人的资格和公证人的地位。公证人事务所仅仅是公证人的执业机构而已，是附属于公证人而设立的。而各国由于历史背景、法律传统、政治体制的不同，公证人的性质和立法体例也各不相同。我国公证法采取了机构本位的立法模式。现阶段，公证机构经过长期的发展，在社会中已经积累了较大的公信力，继续由公证机构来向社会提供证明服务，是符合整个社会的一般法律预期的。机构本位的制度设计并不排除公证人本位的理念，在机构本位下完全可以借鉴、容纳公证人本位的优点。如主办公证员制度，就是借鉴了公证人本位的理念，在一定条件下充分肯定和发挥了公证员的个性和才能。

二、公证机构的性质

《公证法》第6条规定："公证机构是依法设立，不以营利为目的，依法独立行使公证职能、承担民事责任的证明机构。"这一规定层次分明、内容丰富，道出了公证机构区别于其他机构的根本属性：

（一）公立性

1. 公立性的概念

公证机构依法设立。《公证法》是我国立法机构颁布的法律，体现的是国家的意志。公证机构依法设立，也就是依国家的意志设立，那当然地就为"公立"机构。关于公证机构依法怎样设立、公证机构的设立需要具备什么样的条件，应当遵循什么程序，以及公证机构负责人怎样产生，我国《公证法》分别在第7、8、9、10条作出了规定。

2. 公立性的表现

（1）公证机构必须依法设立。公证机构必须依据《公证法》规定的条件和程序设立。未依法设立的机构，不得行使公证证明权，办理公证。《公证法》第7条对公证机构的设立作出了这样的规定："公证机构按照统筹规划、合理布局的原则，可以在县、不设区的市、设区的市、直辖市或者市辖区设立，在设区的市、直辖市可以设立一个或者若干个公证机构。公证机构不按行政区划层层设立。"法律这样规定，明确了在一个城区不能出现不同层级的公证处。在一个城区若有多家公证机构，这多家公证机构必须处在同一层级平台上，有利于形成平等的竞争。公证机构设立的审批权依法属于省、自治区、直辖市人民政府司法行政部门，其他任何部门都无权批准公证机构的设立。

（2）公证机构的职能是法律赋予的专门证明职能。即公证机构是"依法独立行使公证职能、承担民事责任的证明机构"。我国《公证法》第10条规定："公证机构的负责人应当在有三年以上执业经历的公证员中推选产生，由所在地的司法行政部门核准，报省、自治区、直辖市人民政府司法行政部门备案。"

（3）公证机构的业务法定，效力法定。即公证机构的业务范围及其出具的证明文书的法律效力是由法律规定的。公证执业证书，是公证机构享有公证证明权的标志，没有公证机构执业证书，不得以公证机构的名义从事公证证明活动。公证机构应当按照公证机构执业证书载明的权限办理公证事项，不得逾越执业证书载明的执业范围。据此，公证机构的法律责任和地位是有别于一般"中介"机构的。

（二）非营利性

公证机构的非营利性是指公证机构的设立不是以营利为目的，具有公益性。这是国际公证制度普遍的特性。公证机构行使司法证明权，公证机构的公证员担负着重要的社会责任。公证机构及公证员通过司法证明手段，保证法律的正确实施、稳定社会经济、民事流转秩序、预防纠纷、减少诉讼，保护自然人、法人和非法人组织的合法权益。公证制度带有很强的非营利性和公益性。一项公益性事业以营利为目的则势必与其履行的社会公益性职能相背离。在我国，公证是国家为保证法律的正确实施，稳定社会经济、民事流转秩序，预防纠纷，减少诉讼，保护公民、法人和非法人组织的合法权益而设立的一种预防性的司法证明制度。因此，公证行为关注的公共利益主要是在司法证明领域内的特殊公共利益，带有很强的非营利性和公益性。如果一项公益性事业以营利为目的，则势必与其履行的社会职能相背离。

"不以营利为目的"并不排斥公证机构按照规定收取公证费。因为公证机构的公证员通过自己的劳动，来满足当事人的需要，必然要消耗一定的精力和成本，收取公证费一是补充公证机构办理公证的成本消耗，二是减少不必要的公证。

在实践中贯彻"不以营利为目的"，我们应掌握的原则包括：（1）遵循便民利民原则，提供标准的公证服务，最大限度地满足当事人的公证需求。（2）在公证机构的内部分配上，应坚持不以营利为目的，不能搞效益工资，不能按办证件数、收费搞提成。（3）在公证收费上实行政府指导价，而不能实行市场调节价。公证机构依据国家价格管理部门规定的标准收费，既不能高收又不能低收。对符合法律援助条件的当事人，按照规定减免公证费。国家价格管理部门和司法行政机关加强对公证机构收费的管理和监督。（4）国家在税收上给予公证机构优惠的税收政策。

（三）独立性

公证机构的独立性，是指公证机构是独立地行使公证职能，独立地承担民事责任的证明机构。

公证的独立性是公证法律服务活动的本质需要。公证法律服务活动，建立在公证与当事人之间双方信任的基础上，当事人请求公证最本质的目的，是通过公证人所掌握的法律知识、技能和能力，使双方合意的契约、文书合法化，从而取得证明效力。

1. 依法独立行使公证职能

公证机构的公证员在履行职责时，要站在第三方的位置，不偏不倚，对自己的一切行为负责。公证员不是政府的官员，公证员在执行职责时不受任何政府机构的影响，他在作出公证决策时没有任何上级单位或个人给他发出指示或施加任何影响，法律法规是公证员的唯一行动规则。公证职能由公证机构独立行使，其他任何机构都无权行使公证职能。为了保证公证机构独立行使公证职能，《公证法》取消了过去司法行政机构的撤证权、复议权和公证处主任的任免权。

公证机构依法独立行使公证职能并不是不受司法行政机构的监督和指导。我国《公证法》第 5 条规定："司法行政部门依照本法对公证机构、公证员和公证协会进行监督、指导。"为了保证公证机构依法独立行使公证职能，我国《公证法》对公证的争议的处置作出了明确的规定。《公证法》第 39 条规定："当事人、公证事项的利害关系人认为公证书有错误的，可以向出具该公证书的公证机构提出复查。公证书的内容违法或者与事实不符的，公证机构应当撤销该公证书并予以公告，该公证书自始无效；公证书有其他错误的，公证机构应当予以更正。"第 40 条规定："当事人、公证事项的利害关系人对公证书的内容有争议的，可以就该争议向人民法院提起民事诉讼。"

公证的职能统一由公证机构行使，公证机构在行使公证职能时不得随意扩大公证业务范围。公证机构办理的公证事项是我国《公证法》第 11 条的规定。公证机构办理的公证事务是《公证法》第 12 条的规定。前者是主业，后者是辅业。公证机构统一行使公证职能，它要求公证员不得从事其他有报酬的工作，避免受利益的影响。公证业务是公证员的职业领地，公证员既要捍卫自己的领地，又不能超越自己的领地。

2. 依法独立地承担民事责任

《公证法》第 41 条和第 42 条规定了公证机构在什么样的情形下承担行政责任。第 43 条规定了公证机构在什么情形下应承担民事责任："公证机构及其公证员因过错给当事人、公证事项的利害关系人造成损失的，由公证机构承担相应的赔偿责任；公证机构赔偿后，可以向有故意或者重大过失的公证员追偿。当事人、公证事项的利害关系人与公证机构因赔偿发生争议的，可以向人民法院提起民事诉讼。"本条规定：第一，明确了对外承担民事责任的主体是公证机构，而不是公证员，更不是司法行政机关和国家。公证员、司法行政机关和国家不是对外承担民事责任主体，也不对外承担连带民事责任。第二，明确了公证机构承担民事责任。公证机构及公证员要有过错。没有过错不承担法律责任。过错有两种形式：故意和过失。过失是公证机构及公证员违反了特殊行业应负有的特殊的"注意"义务。判断公证员是否有过错，应当根据不同公证事项的办证规则所确定的标准来衡量。第三，明确了公证机构承担民事责任要有损失。没有损失，不予赔偿。第四，明确了公证机构承担的民事责任为相应的民事法律责任。相应的民事法律责任即直接的损失。过错与损失之间必须有因果关系。赔偿方式是，首先由公证责任保险方式支付，保险金不足时用公证机构的财产支付。第五，明确了公证机构对过错公证员的追偿权。

3. 公证机构是证明机构

其含义：一是，公证机构是我国法律明确的唯一的证明机构；二是，我国的证明权统一由公证机构行使；三是，公证证明是特定的主体通过特定的程序对特定的事项进行证明并产生特定效力的证明活动。公证证明不同于普通证明，它与合同鉴证、认证、律师见证有本质的区别。

《公证法》第 6 条的完整含义揭示了我国公证机构的性质，《公证法》所有条文都是围绕第 6 条的内容进行阐述。准确把握公证机构性质，须对《公证法》的全部条款进行认真仔细的理解学习。

（四）中立性

中立性，是指公证机构在办理公证的过程中，应当遵守法律，坚持客观、公正的原则，依照法定程序对民事法律行为、有法律意义的事实和文书的真实性、合法性予以证明。作为公证机构，其中立性就要求公证人摆正自己的位置，站在国家法律和社会公众的立场，以第三者居中的身份，寻求社会正义价值，做到不偏不倚，公证是公正的外化表现，公证人职业虽然与其他法律职业一样都是以公正、正义作为价值理念，但在追求同样的价值理念中，所扮演的角色不同。律师站在被代理人的一方寻求法律的公正，而检察官则是作为国家公诉人去寻求法律的公正。公证机构的中立性是公证取信于公证申请人的重要原因。在一些重要的民商事行为中，各方申请人在互相缺乏信任的前提下，选择了中立地位的公证机构对其签署协议或其他民事行为进行公证，比如提存公证。例如，在社区，每天发生着大量的二手房屋买卖。由于二手房买卖本身存在着较大的交易风险，很多购买人会选择将购房款提存至公证机构，待交易成功后，才由公证机构将购买人提存之钱款交付卖房人。由于公证机构的中立地位，在整个交易中不偏不倚，此种担保类提存公证受到群众的欢迎。

（五）服务性

公证机构的服务性，是指公证机构依据服务对象的申请，运用自己所拥有的法律知识，为公民、法人或其他组织提供公证产品的特性。公证活动属于法律服务型活动，其证明活动的依据是服务对象的申请，工作结果是使当事人正确行使其权利、履行义务，属于较为专业的法律服务范畴，因而，公证机构具有服务性。这种服务性就对公证人员的专业知识水平要求很高，以便向社会提供专业的公证服务。公证机构的责任，就是尽可能提供丰富优质的公证产品，通过公证书对婚姻家庭财产关系进行调节，最终化解家庭矛盾、增强相互理解，为营造和谐家庭提供应尽之力。通过对劳动合同、拆迁补偿安置协议、下岗职工再就业借款合同等事项的公证，保护社会弱势群体的利益，这对社会的稳定、和谐至关重要。绝大多数须经公证的事项都要求具有系统的专业法律知识，因此，公证工作不仅是为当事人提供了一种合法有效的证据证明手段，还包含了至关重要的法律服务因素，所以，公证机构是法律服务体系的重要组成部分。公证制度是预防性的法律制度，它的宗旨是从法律的角度引导当事人正确实施民商法律行为，平衡契约双方的利益，消除纷争隐患，并做客观记录，为民商事活动提供安全保障，为司法机关和社会提供准确、可靠的法律文件，以达到维护法律秩序，预防纠纷，减少诉讼的目的。公证制度是一项有着悠久历史又在现实中发挥着巨大作用的准司法制度。公证机构在西方国家，特别是拉丁公证制度国家，经过几百年的规范与发展，已形成了与其政治制度、经济制度、法律体系和社会历史传统等各个方面相适应且较为稳固的体制模式。其主体是合伙或个人性质，但也有机关或其他性质，而且在这些国家之间甚至同一国家不同的地区之间，由于历史传统或法律制度等原因，公证机构的性质和公证人的身份也不尽相同，但并不存在争议，且无论公证机构性质如何，运转得都非常好。我国《公证法》在总结我国公证事业多年的发展经验的基础上，本着规范公证行为，准确公证定位，提升公证形象给公证机构的性质作出了明确的规定，它的意义是深远的。我国公证制度建立较晚，而且主要借鉴外国经验，公证机构的性质始终处于变革状态，多种形式的组织体制并存的客观现状，决定了我国《公证法》

对公证机构性质的规定，既要着眼于现实，又要立足于长远；既要有前瞻性，又要有现实性，这是一种合理的选择。对于其中不完善、不明确的地方，必须在今后公证事业的发展中进一步探索研究并加以解决。

第二节　公证机构的设置

一、公证机构设置的历史状况

（一）四级公证处体制

1982年4月13日，国务院发布了《中华人民共和国公证暂行条例》（以下简称《公证暂行条例》），这是我国第一部国家性质的公证法规。该条例第5条对公证机构的设置进行了规定："直辖市、县（自治县，下同）、市设立公证处。经省、自治区、直辖市司法行政机关批准，市辖区也可设立公证处。"《公证暂行条例》实施后，为适应改革开放和经济发展的需要，司法部规定省、自治区可设立公证处。由此，我国建立起了四级公证处体制，即国家公证处、省级公证处、市级公证处、县（市辖区）公证处。这种四级公证处体制，是特定历史条件下的产物。这种体制在一定程度上促进了公证处之间的竞争，体现了便民的思想。

尽管如此，四级公证体制也存在着极大的弊端。首先，四级公证体制下公证机构的竞争在很大程度上是无序的、非正当的、违背市场经济规律的。公证行业从某种程度上来讲，是一个不完全竞争的市场，虽然公证机构在法律上是平等的，但事实上是不平等的。四级公证体制导致了竞争走向两个极端：垄断和完全竞争，这是违背公证行业发展规律的。垄断导致公证产品的较少产出和公证书的质量较低，而完全竞争则使公证机构处于优胜劣汰的局面，而这不是公证机构能够承担的后果。其次，公证机构是为区域经济服务的，而四级公证体制使得公证机构条块分割，相互制约，不能很好地发挥为区域经济服务的目的。

（二）一元化公证体制

2006年3月1日起施行的《公证法》是新中国第一部公证法典，它的实施，对于建立和完善中国特色的公证制度，推进公证事业发展，充分发挥公证工作在构建和谐社会中的职能作用，具有重要的现实意义。

《公证法》第7条对公证机构的设置作了规定："公证机构按照统筹规划、合理布局的原则，可以在县、不设区的市、设区的市，直辖市或者市辖区设立；在设区的市、直辖市可以设立一个或者若干个公证机构。公证机构不按行政区划层层设立。"据此，我国建立起了一元化的公证体制。该体制体现了平等竞争、便民、为区域经济服务的思想，具备了科学、合理、经济的品性，是制度性的创新。

二、公证机构设置的条件和程序

（一）公证机构的设置应遵循以下原则：

1. 促进公证机构的规范有序、平等竞争

公证机构的设置要统筹规划、合理布局，这意味着公证机构的设置要实行总量控制，要规范有序。公证机构不按行政区划层层设立，则意味着公证机构可以整体设置在一个平台上，这有利于促进公证机构的平等竞争。在四级公证体制下，公证机构虽然在法律上是平等的，然而事实上是不平等的。公证机构设置在一个平台上，可以使公证机构实现事实上的平等。

2. 为区域经济服务

经济是以一个个区域市场表现出来的。行政区域并不必然代表着一个经济区域。县、不设区的市、设区的市、直辖市既是行政区域又是经济区域。允许在上述地区设立公证机构，是为区域经济服务的体现。

3. 便民

经济学认为，当事人在进行交易时，要具备关于该交易的充分信息（如：消费者必须知道有哪些商品，它们以什么价格出售以及在哪里出售），搜寻这些信息是有成本的。在市场竞争中，价格分散性和质量差异性越大，当事人的搜寻成本越高。同样，当事人在进行公证时，也要具备关于该公证的充分信息（如，当事人须知道有哪些公证机构，这些公证机构有哪些权利，以及它们设置在哪里，服务如何），要搜寻这些信息同样是有成本的。公证机构设置在一个平台上，可以减少公证机构的分散性，从而减少当事人的搜寻成本，便利群众办理公证。

（二）设立公证机构的条件

公证机构作为证明机构，其成立必须具备一定的条件。根据《公证法》第8条的规定，设立公证机构，应当具备下列条件：

1. 有自己的名称

"公证"是专有名词，是公证机构区别于其他单位的显著标志，只能由公证机构专门使用。公证机构成立后，对自己的名称享有专用权，其他任何单位和个人不得侵犯。根据规定，公证机构统称公证处，根据公证机构设置的不同情况，分别采用下列方式冠名：

（1）在县、不设区的市设立公证机构的，冠名方式为：省（自治区、直辖市）名称+本县、市名称+公证处。如山东省广饶县公证处。

（2）在设区的市或其市辖区设立公证机构的，冠名方式为：省（自治区）名称+本市名称+字号+公证处。如山东省东营市渤海公证处。

（3）在直辖市或其市辖区设立公证机构的，冠名方式为：直辖市名称+字号+公证处。如北京市国信公证处。

公证机构的名称，应当使用全国通用的文字，并符合国家有关规定。民族自治地方的公证机构的名称，可以同时使用当地通用的民族文字。公证机构名称中的字号，应当由两个以上文字组成，并不得与所在省、自治区、直辖市内设立的其他公证机构的名称中的字号相同或者近似。

公证机构的名称，由省、自治区、直辖市司法行政机关在办理该公证机构设立或者变更审批时予以核定。公证机构对经核定的名称享有专用权。

2. 有固定的场所

拥有固定的办公场所，是公证机构能独立承担民事责任的前提和基础。固定场所是指在一定时期内具有相对稳定性的办公场所，包括自有的场所和租赁的场所。拥有固定的场所既可以方便当事人办理公证事项，又可以给社会大众提供一个稳定的预期，提高公证的公信力。

3. 有两名以上公证员

公证员是公证机构的主体，其应当具有比较扎实的法学基础、丰富的法律实践经验和良好的道德水准。公证机构必须拥有一定数量的公证员，才能对外开展业务。拥有两名公证员是设立一个公证机构的最低标准，这一方面是为了保障公证行为的公信力，另一方面也是为了开展业务的需要。

4. 有开展公证业务所必需的资金

公证机构有必需的资金是公证机构独立承担民事责任的基础和前提。公证机构开展公证业务必须有自己的办公场所和办公设备，因此需要具备必要的资金。另外，公证机构独立承担民事责任的规定，要求公证机构有自己的资金作为基础。《公证机构执业管理办法》第 13 条规定："公证机构的开办资金数额，由省、自治区、直辖市司法行政机关确定。"

（三）设立公证机构的程序

设立公证机构应当履行法定程序。我国《公证法》第 9 条规定："设立公证机构，由所在地的司法行政部门报省、自治区、直辖市人民政府司法行政部门按照规定程序批准后，颁发公证机构执业证书。"可见，我国对公证机构的设立采取了许可设立主义，即设立公证机构除应具备法定条件外，还要经过行政主管机关的批准。公证机构设立的程序如下：

1. 提出申请

根据《公证机构执业管理办法》第 14 条的规定，申请设立公证机构，应当提交下列材料：（1）设立公证机构的申请和组建报告；（2）拟采用的公证机构名称；（3）拟任公证员名单、简历、居民身份证复印件和符合担任公务员条件的证明材料；（4）拟推选的公证机构负责人的情况说明；（5）开办资金证明；（6）办公场所证明；（7）其他需要提交的材料。

2. 审批与备案

《公证机构执业管理办法》第 15 条规定："省、自治区、直辖市司法行政机关应当自收到申请材料之日起 30 日内，完成审核，作出批准设立或者不予批准设立的决定。对准予设立的，颁发公证机构执业证书；对不准予设立的，应当在决定中告知不予批准的理由。"

省、自治区、直辖市司法行政机关在审批时，应当依法审查如下内容：（1）该公证机构的设立是否符合统筹规划、合理布局的原则。（2）该公证机构的设立是否符合公证机构设立的规则，即《公证法》第 7 条的规定。（3）该公证机构是否已具备《公证法》第 8 条规定的条件。（4）报送的主体是否合格。即是否由所在地的司法行政部门报送。批准设立公证机构的决定，应当报司法部备案。

公证机构执业证书是公证机构获准设立和执业的凭证。《公证机构执业管理办法》第 21 条规定："公证机构执业证书应当载明下列内容：公证机构名称、负责人、办公场所、执业区域、证书编号、颁证日期、审批机关等。公证机构执业证书分为正本和副本。正本用于在办公场所悬挂，副本用于接受查验。正本和副本具有同等法律效力。"第 22 条规定："公证机构执业证书不得涂改、出借、抵押或者转让。公证机构执业证书损毁或者遗失的，由该公证机构报经所在地司法行政机关，逐级向省、自治区、直辖市司法行政机关申请换发或者补发。"

（四）公证机构的变更

公证机构设立后，可以依法变更。公证机构变更名称、办公场所，或根据当地公证机构设置调整方案予以分立、合并或变更执业区域的，应当由所在地司法行政机关审核后，逐级报省、自治区、直辖市司法行政机关办理变更核准手续。核准变更的，应当报司法部备案。

公证机构变更负责人的，经所在地司法行政机关核准后，逐级报省、自治区、直辖市司法行政机关备案。

《公证机构执业管理办法》第 23 条规定："公证机构变更名称、办公场所、负责人、执业区域或者分立、合并的，应当在报请核准的同时，申请换发公证机构执业证书。"

省、自治区、直辖市司法行政机关对经批准设立的公证机构以及公证机构重要的变更事项，应当在作出批准决定后 20 日内，在省级报刊上予以公告。

三、公证机构的人员组成及负责人

在国外，凡取得公证资格者都可以根据国家法律的规定建立事务所，因此公证人事务所的规模一般较小，人员结构简单，通常由一名公证人带一至两名辅助人员，有的仅为一名公证人。但为了开展业务，提高效率，适应客观需要，也有少数事务所规模较大，有两名以上的公证人组成，如日本的公证人联合事务所。

我国原《公证暂行条例》确立了一个"以处为本"的公证制度。国家将证明权赋予公证处，公证的一切活动都是由公证处来进行的。在这一思想指导下，公证机构的设置完全按照国家行政机关的组织模式、运行规则建立。

我国《公证法》规定，设立公证机构必须有两名以上的公证员。即我国不允许成立只有一名公证员的公证机构。公证员的数量根据公证业务需要确定。省、自治区、直辖市人民政府司法行政部门应当根据公证机构设置情况和公证业务的需要核定公证员配备方案，报国务院司法行政部门备案。公证机构不按行政区划层层设立，公证机构负责人从有3 年以上执业经历的公证员中推选产生，由所在地的司法行政部门核准，报省、自治区、直辖市人民政府司法行政部门备案。

具体而言，公证机构的人员包括主任、副主任、公证员和助理公证员四种。公证机构主任、副主任是公证机构的负责人，他们负责公证机构的各项行政事务及公证业务。副主任对主任的工作起辅助作用，分管一项或几项专门工作，主任不在或空编时，可根据授权代行主任职责。公证员是公证机构的主要工作人员。《公证法》对公证机构负责人的任职条件进行了必要的限制，该法规定，公证机构负责人必须具有公证员资格且在公证机构执业达到3 年以上。公证机构负责人在有3 年以上执业经历的公证员中推选产生，并报司法行政机关备案。公证员是公证机构的主要工作人员，负责办理公证事务，草拟、出具公证文书，并在公证文书上署名。助理公证员负责协助公证员办理公证，负责完成出证前的调查取证工作，做好与当事人的谈话笔录以及回访、立卷等辅助性工作。助理公证员在公证员的指导下可以办理公证业务，但不能在公证文书上署名，在特殊情况下，必须由助理公证员出具公证文书时，必须署名"助理公证员"。此外，公证机构还可以根据自身业务发展的需要，配备一些公证辅助人员，如翻译人员、办公室管理人员等。他们不能办理公证事务，只能负责与公证业务有关的保障工作或辅助工作。

我国《公证法》第 10 条规定："公证机构的负责人应当在有 3 年以上执业经历的公证员中推选产生，由所在地的司法行政部门核准，报省、自治区、直辖市人民政府司法行政部门备案。"《公证机构执业管理办法》第 12 条规定："公证机构的负责人应当在有 3 年以上执业经历的公证员中推选产生，由所在地司法行政机关核准，并逐级报省、自治区、直辖市司法行政机关备案。"在现代社会，公证机构是法律服务机构的重要组成部分。公证机构的竞争核心不仅仅是法律方面的竞争，更多的是管理能力的竞争。从某种意义上来讲，管理能力的高低，将从根本上决定公证机构的运行效率及服务质量，决定公证行业的生存与发展。作为公证机构管理的重要一环，公证主要管理者的素质高低已经成为公证兴衰成败的关键因素。公证机构负责人的选任关系到公证机构工作人员潜能的发挥，关系到公证机构的可持续性发展，更关系到整个公证行业的健康和稳定。

四、公证机构的职责

公证机构领取执业证书后，即可依法开展公证活动。为确保公证活动合法进行，公证机构还负有一定的管理职责和义务。根据规定，公证机构的职责是办理各类公证事务和相关的法律事务，为社会提供法律服务和法律保障，引导公民、法人正确设立、变更或终止法律行为，维护经济秩序和社会主义法制，预防纠纷，减少诉讼，制止不法行为，保护国家利益和公民、法人的合法权益，促进社会安定团结和现代化建设事业顺利进行。公证机构的职责概括起来有以下几方面：

（1）办理公证事务，出具公证证明。如公证合同、收养、遗嘱等法律行为，公证学历、出生、亲属关系等有法律意义的事实和文书，赋予债权文书具有强制执行效力，办理保全证据和提存公证等。

（2）向社会提供法律服务。除办理公证事务外，公证法律服务的内容还包括：解答法律咨询，代写法律文书，代当事人保管遗嘱、文件和其他贵重物品，清点、封存遗产，调解公证事项的纠纷，应邀参与当事人之间的谈判和其他经济活动，进行回访监督，提出公证建议，担任法律顾问，代办与公证有关的法律手续等。

（3）对社会性活动实施法律监督。如对招标投标、拍卖、面向社会的各类有奖活动、社会性评选活动、社会性竞赛活动、商品的抽样检测、股份公司创立大会、公司股东大会等与公众或社会经济生活有密切关系的社会活动进行公证监督，以维护正常的经济秩序。

（4）普及法律知识，宣传社会主义法制，教育公民、法人和其他组织遵守法律，维护社会秩序。

除此之外，公证机构应当依法开展公证执业活动，不得有下列行为：（1）为不真实、不合法的事项出具公证书；（2）毁损、篡改公证文书或者公证档案；（3）以诋毁其他公证机构、公证员或者支付回扣、佣金等不正当手段争揽公证业务；（4）泄露在执业活动中知悉的国家秘密、商业秘密或者个人隐私；（5）违反规定的收费标准收取公证费；（6）法律、法规和司法部规定禁止的其他行为。

第三节 公证机构的业务范围

公证机构的业务范围是指公证机构根据法律规定和职责权限所能够办理的公证事务和其他法律事务。随着我国市场经济的进一步发展和对外开放的逐步扩大，我国公证机构的业务范围也在不断的拓展。归纳起来，我国公证机构的业务范围可分为以下几个部分：

一、证明法律行为

法律行为是公民、法人或其他组织之间设立、变更、终止法律上的权利和义务关系的行为。证明法律行为是公证机构最主要的一项业务，主要有以下几种：

（1）证明各种经济合同。例如（房屋）买卖合同、租赁合同、承包合同、贷款合同、抵押合同、股权（设备、技术）转让合同、土地使用权出让（转让）合同、劳动合同、企业兼并合同等。

（2）证明各种民事合同、协议。例如赠与合同、（遗赠）扶养协议、赡养协议、财产分割协议、婚前财产约定协议、夫妻财产约定协议、赔偿协议、民间借款（还款）协议、拆迁协议、宅基地使用协议等。

（3）证明收养和认领亲子。包括公证收养协议、解除收养协议、事实收养、认领亲子协议（文件）等。

（4）继承公证。

（5）证明各种单方法律行为。例如办理遗嘱公证、委托公证、赠与公证、声明公证、承诺公证、单方出具的担保书和保证书公证、制作票据拒绝证书等。

（6）对现场活动进行法律监督和证明。例如招标投标、拍卖、抽签、摇奖、公司创立大会等特定和不特定多数人参加的现场活动。

二、证明有法律意义的事实

有法律意义的事实是指除法律行为之外，对当事人设立、变更、终止法律关系有一定影响的客观事实。公证机构所证明的有法律意义的事实主要有：

（1）法律事件。如出生、死亡、不可抗力、自然灾害、意外事件等。

（2）其他法律事实。如亲属关系、婚姻状况、学历、经历、职称、身份、健康状况、未受刑事处分、民族、国籍、法人的资信情况等。

三、证明有法律意义的文书

有法律意义的文书是指在法律上具有特殊意义或作用的文件、证书、各种文字材料的总称。公证机构所证明的法律文书主要有：法人营业执照、董事会决议、专利注册证书、商标注册证书、公司章程、各种表格、记录、纪要等。公证的范围包括：证明文书的内容属实、证明文书上的签名（印签）属实、证明文书的签署地点和日期、证明文书的副本（影印本、复印本、节本、译本等）与原本相符、证明译文与原文相符。

四、赋予债权文书以强制执行效力

按照有关规定，公证机构对于追偿债款、物品的文书，认为无疑义的，可以在文书上证明有强制执行的效力。当债务人不履行债务文书中所规定的义务时，债权人可以根据我国《民事诉讼法》第 218 条的规定，直接向有管辖权的人民法院申请强制执行。

五、保全证据

保全证据是指司法机关根据当事人的申请，对可能灭失或以后难以取得的证据，依法采取措施，对证据先行收集和固定，以保持其客观真实性和证明力的一种活动。公证机构办理保全证据可以起到预防纠纷的作用。我国《城市房屋拆迁管理条例》规定，房屋拆迁管理部门拆迁代管的房屋，或实施强制拆迁的，或拆迁产权不明确的房屋，拆迁人应向公证机关办理证据保全。当事人的申请，在诉讼发生之前对可能灭失、毁损或以后难以收集到的证据，采取一定的措施，先行予以收集、固定并保管的活动。

六、提存

提存是债的履行的一种方式，是指债务已到清偿期限，如果由于债权人方面的原因而使债务人无法履行其给付义务时，债务人将给付标的物提交于公证机构，而后由公证机构转交于债权人的行为。

七、与公证有关的法律事务

根据有关法律法规规定，除以上公证业务外，公证机构还可以办理以下法律业务：
（1）办理抵押登记；
（2）代当事人起草与公证有关的法律文书；
（3）保管遗嘱和其他法律文件；
（4）解答与公证有关的法律咨询，提出法律意见或司法建议；
（5）清点财产（遗产）、资金监管；
（6）公证调解，担任公证顾问，提供常年非诉讼法律服务，开展证前证后服务。

第四节　公证机构的改革

一、公证机构的管理体制

【案例 12-1】

*监督不力，惩罚难免*①

【案例 12-1】点评

2014 年 3 月，A 市体彩中心向东城区公证处申请对当月 20～25 日在该区东街即将进行的即开型体育彩票销售及幸运抽奖活动进行现场公证，并实行二次抽奖，即从

---

① 李勇．公证价值与实务研究［M］．北京：法律出版社，2016：5.

一、二、三、四等奖中二次摇奖产生一个特等奖。在彩票发行期间，由于东城区公证处及主办公证员董某在履行职责过程中，对公证现场监督的重要性认识不够，没有按规定监督审查二次抽奖时彩民在中奖登记表上填写的奖票号码和对中奖奖票进行背书的情况（在奖票背面注明中奖彩民的姓名、身份证号码）；在对二次抽奖彩民申请公证过程中，又未收集应当由公证申请人提供的证明材料，再次丧失了对中奖登记表、中奖奖票背书情况进行监督审查的机会，同时对参加幸运抽奖者的主体资格审查不严，没有将抽奖活动完全置于公证监控之中，被不法分子钻了空子，发生了严重损害彩民利益、损害政府声誉、损害公证工作社会公信力的彩票欺诈案件，构成对公证工作的严重失职。A市司法局经请市上级司法行政机关同意，对东城区公证处公证员董某予以吊销公证员执业证的惩戒处分。

公证机构的设置是公证改革的基础性和本源性问题，关乎公证行业改革的成败。因此，公证机构必须要遵循科学、理性、经济的精神来构建，以公证机构的发展作为公证机构设置的终极价值和目的。原《公证暂行条例》中规定，我国的公证处受司法行政机关领导，司法行政机关代表各级人民政府，对其所属公证处的业务、机构设置、人员配备、任免和聘用、经费管理、思想教育等一系列组织建设和行政工作进行领导和管理。这样的公证管理体制是适应当时的经济社会发展建立起来的，对当时公证事业的发展起到了积极的作用。但是，随着市场经济的发展，这种管理体制的弊端日益暴露，长期困扰和阻碍公证事业的发展，如，司法行政机关管理的范围过细、方法过死，这割裂了公证制度与市场经济的必然联系，致使公证机关的自主权受到牵制而无法有效地发挥出来。在实践中，有的地方司法行政机关规定，公证处每办理一件公证事项均须报请司法行政机关分管公证工作的局长或副局长审批。其结果只能是打击了公证人员的积极性，削弱了公证员本身应承担的责任，同时又因负责审批的领导缺乏相应的专业知识，难以起到把关的作用，公证质量难以保证。

在当前形势下，我国经济社会飞速发展，这也为我国的公证工作带来了新的发展机遇和挑战。随着社会发展和公证改革的深入，公证管理的理念、内容、方式都发生了深刻的变化。《公证法》颁布以后，司法行政机关的职能定位于监督、指导，这就使司法行政机关对公证机构不能再沿用传统的行政体制下对公证处的管理模式进行管理，要由上下级之间的行政直接管理模式转变为管理者与社会组织之间的社会化间接管理模式。但这并不意味着公证管理工作的削弱或可有可无，而是要采用新的思路、新的理念、新的方式方法进行管理。原有的管理内容、方法有些不适用了，有些要变更适用，同时增加了新的管理内容，公证管理的内涵更丰富了。在这样的大背景下，公证工作从业人员一定要真正认识到现阶段我国的发展形势和工作任务，求真务实，更好地把握工作的主动权，保证公证工作取得更好的效果。进行关于当前形势下我国公证工作发展面临的问题及其改进策略的探索，对促进我国公证工作健康发展，具备非常重要的理论意义和现实意义。

二、公证机构的现存问题

公证制度的预防性措施和对民商事活动的适度干预，对于保障交易安全，化解交易风险，降低司法成本，减轻当事人诉累，强化社会信用建设无疑有着不可替代的推动作用。但从公证的现状来看，执业环境持续恶化，证源逐步减少，公证行业特别是县级公证处的处境越来越艰难，生存空间越来越小。根据调查分析发现，在最近的几年来，我国的公证工作质量在一定程度上得到了提高，然而，当前形势下我国公证工作发展面临的问题也需要引起我们的高度重视。具体来说，主要体现在以下几个方面：公证工作从业人员短缺；公证工作从业人员服务理念不够强；公证工作从业人员综合素质亟待提升；公证工作方式亟待创新，等等。当前形势下我国公证工作发展面临的这些问题都会从不同的角度来制约我国公证工作的效果。为了保证公证工作从业人员更加有效地做好我国公证工作，应该有针对性地探索我国公证工作发展的改进策略。归纳起来，主要存在以下问题：

（一）体制不统一

《公证法》第6条规定："公证机构是依法设立，不以营利为目的，依法独立行使公证职能、承担民事责任的证明机构。"从这条规定可以看出我国公证机构不以营利为目的，是公益性组织，而且是承担民事责任的证明机构。作为一个证明机构，理应在全国范围内具有统一的体制，才能体现一个行业的规范性。虽然《公证法》作出了明确的规定，但《公证法》已颁布实施十来年，全国各地的公证处体制仍未统一，既有行政处、也有事业处、还有合伙处等。从事公证业务的人员有公务员、事业人员，也有聘用制人员。体制的不统一，这与公证的发展极不相符，很大程度上影响了人们对公证的信赖。

（二）人员进入不畅

公证员作为公证行业的专职人员，公证员素质的高低、队伍结构构成，直接影响到公证业务拓展、公证质量的高低。但由于各种原因，导致人才引进渠道不畅，公证人才短缺，严重制约了公证行业的发展。一方面，现任公证员中年龄普遍偏大，行政事业人员较多，逐步面临退休，不愿承担风险，导致工作积极性不高；另一方面，通过国家司法考试的人员又不愿从事公证工作，新鲜血液难以补充。究其原因，一是公证员的进入门槛高，从《公证法》、《律师法》的规定来看，担任公证员，申请律师执业均应通过国家统一司法考试，但公证员应在公证机构实习2年以上或者具有3年以上其他法律职业经历并在公证机构实习1年以上，经考核合格。申请律师执业只需在律师事务所实习满1年。因此很大一部分通过司法考试的人员不愿从事公证。二是责任大，律师代理案件，一般情况下都是案结事了，不会承担太大的责任。而公证员所承办的公证事项，应长时间保存，一旦出错作为证据使用时，很容易承担责任，办证风险较大。

（三）材料提供、核实难

申请人办理公证，应提供相应的材料，承办公证员应对相关材料进行核实。但在办证过程中，申请人去相关部门出具证明材料时，相关部门相互推诿或以上面有规定为由拒不出具证明的情况时有发生。申请人无法提供材料，公证处也无法收集相关证明材料时就不能为当事人出具公证书，导致有些申请人不理解，认为是公证处在故意刁难，将矛盾转移至公证员身上。如民政部于2015年8月27日下发《关于进一步规范（无）婚姻登记记录证明相关工作的通知》后，除办理到部份国家使用的公证可以出具（无）婚姻登记记录证明外，民政部门不再向任何部门或个人出具（无）婚姻登记记录证明。2015年8月22日，公安部在官方微博"公安部打四黑除四害"上列出了18项不该由公安机关出具的证明。这些规定出台后，申请人到相关部门无法出具相关证明，试问涉及婚姻登记、身份等证明相关部门不再出具，当事人又无法提供，公证处在没有相关材料的情况下又怎能出证呢？

（四）缺乏实体法的支撑

由于公证活动缺乏实体法的支撑，无法定公证事项，导致证源出现逐步萎缩的现象。虽然个别部委或地方通过联合发文、部门发文的形式规定了一些必须公证的事项，但其法律效力具有局限性和不确定性。如果申请人起诉，相关部门就可能败诉；一旦对相关文件进行清理，相关文件就可能废止，一项公证业务就此消失。如房屋购买申请公积金贷款办理的赋予强制执行效力公证，据统计最近几年占贵州省遵义市余庆县公证业务量的1/4到1/3，从2014年7月11日住房城乡建设部出台《关于开展加强和改进住房公积金服务专项督查工作的通知》后，现已停止办理。又如国家税务总局于2015年6月29日发布《关于简化个人无偿赠与不动产土地使用权免征营业税手续的公告》（国家税务总局公告2015年第50号），导致公证的又一大证源——赠与合同公证业务基本消失。

（五）缺乏理解和沟通

公证机构作为一个证明机构，在依法构建经济社会关系、维护当事人合法权益、实现社会公平正义中发挥了独特的职能作用。目前全国只有公证员1万多名，但每年却要办理公证1000多万件，偶尔出现错证在所难免，这与办理公证无对抗性、工作量大、当事人故意提供虚假材料骗取公证书、核实难等多种原因有很大的关系。但一旦出现错证，公证就成了过街老鼠——人人喊打。"活人证死、死人证活"，媒体口诛笔伐，"证明我妈是我妈"也成为公证申请人的口头禅，大有欲将公证置之死地而后快之势。

三、公证机构改革的建议

（一）不断开拓新证源

社会在不断向前发展，对公证事项的需求也在不断发生变化，虽然公证活动无实体法支撑，一些传统证源逐步减少，但一些新的证源也在逐步产生，我们应改变思路，积极开拓新的证源。如修改后的《中华人民共和国民事诉讼法》自2013年1月1日起施行后，电子数据作为证据使用，对人们日常生活中使用的微信、短信、网页等电子数据办理证据保全公证，就是公证业务的又一新证源。

（二）提升服务意识

加强服务，不仅是联络公证工作从业人员和广大人民群众之间感情的关键，而且是维护公证工作从业人员形象和声誉的关键，也是诚实守信原则的具体体现。在当前形势下，公证工作从业人员必须以科学发展观为指导思想，坚持以人为本，通过做好公证工作来为我国的经济社会发展贡献力量。公证工作从业人员必须将"服务大局，服务群众"作为根本出发点，为广大人民群众提供更加优质高效的公证服务。因此，公证工作从业人员应该从以下几个方面提升服务意识：第一，"多想一点"，公证工作从业人员应该多为广大的人民群众着想和考虑，能够站在服务对象的位置上来真正理解服务对象所处的困境以及他们面临的难题；第二，"多做一些"，公证工作从业人员应该多做一些事前的准备工作，多做一些受理后的调查核实工作，只有这样，才能够赢得服务对象的支持和认可；第三，

"多说一句"，公证工作从业人员应该更加耐心地向服务对象解释相关的法律条文规定，更加耐心地向服务对象说明具体的公证程序，从而最大限度地提高公证工作效率，节约服务对象的时间，让服务对象能够看到公证工作的改进。

（三）提升行业责任感

质量是公证工作的生命线，如果公证工作没有质量，那么，就不能够真正取得良好的效果，公证行业也不会得到健康的发展。所以，公证工作从业人员应该提升责任意识，重视公证质量。这就要求公证工作从业人员一定要提升责任意识，提升执业纪律观念。与此同时，公证工作从业人员必须树立强烈的诚信意识，必须做到"明礼诚信"，做到公正、正义、理性，不偏不倚，忠于事实，忠于法律。另外，勤收集、勤整理是公证工作从业人员应该具备良好习惯，公证工作从业人员平时应该多收集关于公证工作方面的相关素材，整理重要文档，进行各类信息的统计，这样才能随时做好公证工作。

（四）加大培训力度

面对公证人员进入不畅，现有公证员知识结构老化等问题，应有针对性地加大办证业务培训，特别是新型公证事项的培训，以全面提高公证员的业务素质，适应新形势对公证工作的需求。一名优秀的公证工作从业人员一定要具备较高的学历显然仅仅是基本条件，更多的则是必须具备较为扎实的法律理论功底，也必须具备较为广泛渊博的人文社会知识。"学精于勤而荒于嬉"，一名优秀的公证工作从业人员更需要有时不我待的学习精神。公证工作从业人员应该不断加强政治理论学习和业务学习，不断提高自身的政治素质，认真学习党的基本知识，时刻保持清醒头脑，坚持党的宗旨，努力学习和实践中国特色社会主义理论体系。积极向书本学习、向实践学习、向同事学习，优化知识结构，提高综合素质，增强创新能力，为进一步提高服务能力和水平提供思想保证，真正适应公证职业化的需要。

（五）建立健全考评体系

为了激发公证工作从业人员的工作积极性，更好地做好公证工作，一定要建立健全公证工作从业人员的考评体系，合理制定内部奖惩制度，建立以人为本、着力提高公证工作从业人员工作积极性的科学考核依据，细化、量化考核标准和细则，提升对公证工作从业人员进行考核的可操作性和实用性。实行分类分级考评，建立科学的考评体系，贴近实际，环环相扣，形成队伍管理横到边、纵到底的责任网络，形成"人人有压力、个个有动力"的局面，实现由过程管理向目标管理，由数量评价向质量评价的转变。在规章制度中制定明确的质量标准，定期对公证工作从业人员进行考核、评比，对质量方面做得好的给予一定的奖励，对有质量问题的则给予一定的惩处（如扣发奖金、停止办证等），并将评比结果与年底的测评、考核挂钩，这样可以对公证工作从业人员起到很好的激励作用。同时还应实行优胜劣汰的制度，测评、考核不合格者待岗，出现公证质量达不到要求等情形的公证工作从业人员暂停办证。对公证工作从业人员要实行责任追究制度，尤其是对于质量达不到要求而造成质量问题的或出具假证的要进行严格追究。要根据公证队伍的实际状况和公证工作的需要，建立健全考核评价体系，逐步建立符合公证工作规律和公证职业特点的科学考评机制。

（六）权力下放

倘若将公证处的公证工作从业人员比做媳妇，那么，司法行政机关就可以被比做婆婆。在很长一段时间以来，各级司法局的众多管理层人员已经习惯于当这个婆婆，一方面他们帮助公证工作从业人员管人、管财；另一方面，他们也帮助公证工作从业人员批证，他们还没有做好放权给公证机构的思想准备。然而，公证工作改革的大趋势是不以各级司法局的众多管理层人员的意志为转移的，各级司法局的众多管理层人员的眼前利益、局部利益必须严格服从公证事业发展的新趋势，公证机构必须是法人机构，必须根据法人机构的运作方式来进行管理。可以说，长痛不如短痛，治病打针吃药还难受呢，只有经过阵痛，病才会好，所有新政出台都有适应期，如：电气检测、火灾保险等，但最终都会被社会接受，而公证工作的改革是对利益的进一步调整，是对不合时宜的观念、做法和体制的变革。为了真正做好公证工作，实现公证体制的改革，就一定要解放思想、与时俱进，充分考虑到公证工作的长远发展。

（七）加大宣传力度

社会、媒体、当事人对公证的不理解，与社会、媒体、当事人对公证业务不了解或了解不多密切相关，因此应多形式、多渠道、全方位加大公证的宣传力度，使人们清楚公证的职能、作用、办理流程，从而赢得社会的认可、媒体的支持，以及当事人的理解。相信在全面倡导依法治国的大环境下，公证工作的发展必将会越来越好。

【练习题】

一、概念题

公证机构；公证机构的非营利性；公证机构的独立性；公证机构的中立性。

二、思考题

1. 公证机构有哪些特征？

2. 简述公证机构设立的条件和程序。

3. 你认为我国公证机构存在哪些问题？应如何解决？

【阅读资料】

第十三章 公 证 员

【学习目的与要求】 系统地了解我国《公证法》规定的公证员制度，重点掌握公证员的资格、执业等规定。要求学生在课前预习相关的法律规定和行业性规章制度，课后复习基本概念、基本制度，并参阅相关的文献资料和相关案例、事例，加深对相关知识点的理解和掌握。

【重点问题】

- 公证员资格的积极条件
- 公证员资格的消极条件
- 公证员执业证书的取得
- 公证员在执业过程中的义务与权利
- 公证员执业过程中的禁止行为

【知识结构简图】

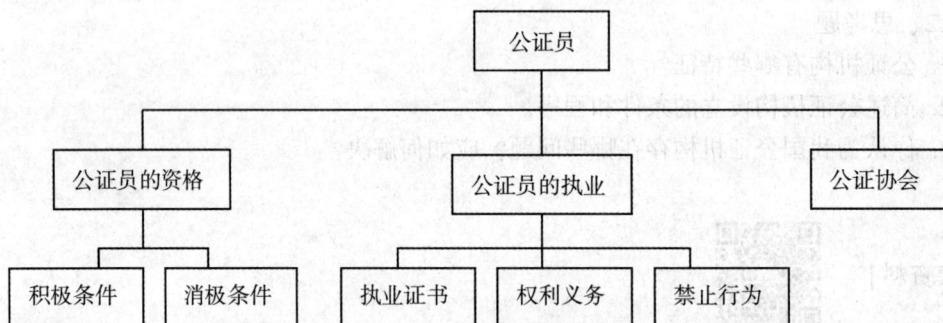

【引例】 小王是一名法学专业应届毕业生，通过了司法考试，在毕业求职的过程中了解到公证员这一职业，非常感兴趣，但对于这一职业的具体情况却知之甚少。与此同时，周围亲戚朋友对于公证员这一职业也向小王提出了疑问，说"公证系统闲得很，办事效率低、收费高，还不承担任何责任，公证员的业务水平存疑"，等等。于是，小王查阅了《公证法》的相关规定，并来到某公证处，咨询一些问题，如公证员需要哪些任职资格？需要参加哪些考试？公证员在实际执业的过程中的权利和义务有哪些？这一系列的问题，不仅是希望从事这一职业的求职人员必须了解的，也是我们在本章中需要学习的主要内容。

第一节　公证员的资格

一、公证员的概念

（一）公证员的概念

公证员，是指符合《公证法》第 16 条规定的条件，经法定任职程序取得公证员执业证书，在公证处专门行使国家证明权，独立办理公证事务的从业人员。国际上一般将公证员称为公证人。现代公证人制度起源自古代奴隶制罗马共和国时期的"达比伦"即代书人制度。"达比伦"具有法律知识，给予当事人以法律上的帮助，不仅代拟各种法律文书，还签字作证明，领取国家规定的报酬。他们书写和拟定的契约构成确保一些文书书证完成形式要求的先决必要条件（比如在法庭上公开宣读的契约或特别登记簿上登记的企业必须由"达比伦"书写和拟定）。从那时起，公证活动和证据问题的关系就已经开始显现了。可见"达比伦"自其出现的那时起，就包含有对涉及民事权利义务的事务的参与及干预作用。到了 15 世纪，公证有了自己的机构——公证处，公证处成为国家机构，公证人代替了代书人，公证人对市民社会中的民事关系的证明活动取得了立法的确认。19 世纪初叶，法国首先颁布了公证人法。随后，比利时、意大利、德国、日本、土耳其等资本主义国家也都相继实行公证制度。这些国家的公证人由私人担任，他们自己设立公证事务所，办理公证事务，向要求公证的当事人收取费用。公证事务所受法院监督。发展至今，资本主义国家的公证组织形式呈现多样化现状。究其渊源，公证人是提供法律安全的人员。公证人依据程序法和实体法的规定对法律行为、有法律意义的事实和文书的真实性、合法性予以确认才能体现公证固有的职能作用。①

（二）公证员的资格

公证员必须符合一定的条件和具备相应的资格。我国公证机构赋予公证员的任务是代表公证机构依法证明法律行为、具有法律意义的事实和文书的真实性与合法性，保护国家的公共财产，保护公民、法人、其他组织身份上和（或）财产上的权利与合法利益，教育当事人自觉遵守法律，维护社会主义法制。我国公证员在向社会提供法律服务、维护社会主义法制和民事经济流转秩序、促进社会主义市场经济的发展、增进我国与国际交流和合作等方面所起的作用有目共睹。

对于公证员的资格要求，是从事公证员这一职业的先决条件。这些先决条件可分为公证员资格的积极条件和公证员资格的消极条件。

二、公证员资格的积极条件

公证员资格的积极条件，是指能够被任命为公证员所应具备的条件。

（一）一般的积极条件

根据我国《公证法》的规定，担任公证员，应当具备下列条件：具有中华人民共和

---

① 李勇. 公证价值与实务研究 [M]. 北京：法律出版社，2016：5.

国国籍；年龄在25周岁以上65周岁以下；公道正派，遵纪守法，品行良好；通过国家司法考试；在公证机构实习2年以上或者具有3年以上其他法律职业经历并在公证机构实习1年以上，经考核合格。据此，担任公证员必须符合以下条件：

1. 国籍条件

公证员必须是依据《中华人民共和国国籍法》，享有中国国籍的人，不能是外国人或无国籍人。由于我国不承认双重国籍，公证员也不能在拥有中国国籍的同时取得他国国籍。公证员在任职期间不得退出中国国籍。

2. 年龄条件

公证员任职年龄的限制在25周岁以上65周岁以下。年满25周岁，这是担任公证员所必须达到的最低年龄条件。从客观角度上看，如同法官、检察官和律师等其他法律职业一样，公证员的职业特点要求公证员应当具有较为丰富的法律知识、社会阅历、人生经验，以及处理各种复杂问题的能力。因此，如果公证员过于年轻，胜任公证员这种职责要求较高的工作可能有困难。从另一个角度分析，参加国家司法考试必须取得大学本科学历，而通常情况下，大学本科毕业生的年龄不低于22周岁。通过国家司法考试后，还必须在公证机构实习2年以上。基于上述考虑，任职公证员的最低年龄规定为25周岁。

对于公证员执业最高任职年龄的规定是65周岁以下，即年龄达到65周岁者，不得再担任执业公证员。规定公证员执业最高任职年龄，一是为了实现公证员的新老交替，避免公证员的工作能力因年老体衰而下降，从而保证整个公证行业的服务水平；二是考虑到公证员职业主要是知识和经验的运用，对于体力的要求不高，所以公证员的最高任职年龄比普通公务员的退休年龄适当延长，规定为65周岁。

3. 品行条件

公道正派，遵纪守法，品行良好，这是对公证员道德品行的要求。公证执业行为是经国家授权的行为，公证员是代表国家对法律事务进行证明的执业人员，由公证员出具的公证文书所证明的法律行为、有法律意义的事实和文书，除了有相反证据足以推翻的以外，能够作为人民法院认定事实的根据，这决定了公证员职业的公务性和权威性。只有具备良好的道德与品行才能承担如此重大的责任，才能依法履行职责，维护当事人各方的利益和公共利益。同时公证人作为法律服务的提供者，只有具备良好的道德与品行才能取得当事人和全社会的认可。公道就是公正、公平、公开从而得到公认，正派就是无私、无畏、无偏袒从而能够出以公心；遵纪守法就是遵守国家宪法、法律、法规和执业纪律；品行良好是指公证员应当具有良好的品德和言行，自觉维护社会公德、遵守职业道德、举止文明等。

4. 考核条件

《国家司法考试实施办法》于2008年8月8日由最高人民法院、最高人民检察院、司法部联合颁布。根据该办法，国家司法考试是国家统一组织的从事特定法律职业的资格考试，初任法官、初任检察官和取得律师资格必须通过国家司法考试。为提高公证员队伍的法律素质，自《国家司法考试实施办法》颁布后，司法部已经停止举办每两年一次的全国公证员资格考试，公证员只能从通过国家司法考试的人员中录用。

《公证法》实施后，只有通过国家司法考试，并取得由司法部颁发的法律职业资格证书，才有资格担任公证员。从工作性质和要求看，公证员与法官、检察官和律师同属法律职业，所以同样必须具备相应的法律专业知识和从事法律职业的能力。

任职公证员必须通过国家司法考试的规定，不仅为公证员的业务素质提供了基本保障，而且从制度上，将公证员纳入了中国的法律职业共同体，为公证员的职业化发展奠定了重要基础。

5. 实习条件

在公证机构实习 2 年以上或者具有 3 年以上其他法律职业经历并在公证机构实习 1 年以上，经考核合格。这是对于公证员实习期的规定。公证员职业具有极强的实务性和操作性，除了扎实的法学知识功底外，娴熟的业务技能和丰富的经验是一名合格公证员必备的条件。《公证法》规定担任公证员必须有在公证机构的实习经历，其目的是为了保证公证员在任职前掌握从事公证职业所必备的法律技巧，也避免一些缺乏实际经验的公证员给当事人的合法权益造成损害。所谓其他法律职业，根据《国家司法考试实施办法》的精神，主要是指法官、检察官或律师。从业 3 年以上的法官、检察官或律师，已经积累了一定的法律执业经验，所以他们在公证机构实习的时间可以适当缩短。在公证机构实习主要是指担任公证员助理，协助执业公证员完成公证执业活动中的各项辅助性工作，不包括在公证机构从事与公证业务无关的工作。实习期满，由司法行政机关对实习人员的实习情况进行考核，考核合格才能正式担任执业公证员。

需要特别指出的是，虽然《公证法》没有规定担任公证员的学历要求，但是根据《国家司法考试实施办法》和其他相关规定，除少数地区外，参加国家司法考试必须具有本科以上学历，所以公证员的实际学历要求为本科以上。但本科所学习专业不限于法学。

（二）特殊的积极条件

根据《公证法》的规定，从事法学教学、研究工作，具有高级职称的人员，或者具有本科以上学历，从事审判、检察、法制工作、法律服务满 10 年的公务员、律师，已经离开原工作岗位，经考核合格的，可以担任公证员。因此，有两类人即使没有通过国家司法考试，但经过考核合格，也可以担任公证员。这实质上是公证员任职资格取得的特殊许可。

第一类：从事法学教学、研究工作，具有高级职称的人员。

所谓从事法学教学、研究工作的人员，是指在高等院校从事法学教学工作的教师或在法学研究部门从事法学研究工作的研究人员。除工作单位和工作领域有特殊要求外，上述人员还必须具有高级职称，即取得国家人事部门经法定程序授予的副教授、教授、副研究员、研究员等相应等级职称。对职称的要求是为了保证公证人员的专业水平。

第二类：具有本科以上学历，从事审判、检察、法制工作满 10 年的公务员和从事法律服务工作满 10 年的律师。

根据《中华人民共和国公务员法》的规定，公务员是指依法履行公职、纳入国家行政编制、由国家财政负担工资福利的工作人员。这里所说的公务员包括法官、检察官以及在立法和行政机关从事法制工作的公务员。由于公务员不实行职称管理，为确保上述人员的业务素质，上述公务员必须有从事审判、检察和法制工作满 10 年的工作经历，才能经考核任命为公证员。

根据《中华人民共和国律师法》的规定，律师是指依法取得律师执业证书，为社会提供法律服务的执业人员。在律师事务所从事辅助性法律服务工作，但没有取得律师执业证书，或虽取得律师执业证书但执业不满10年，均不符合经考核任命为公证员的条件。

上述从事法学教学、研究的人员，从事审判、检察、法制工作的公务员和从事法律服务的律师经考核担任公证员，还必须符合以下规定：（1）离开原来工作岗位。由于公证员不得从事有报酬的其他职业，所以上述两类人员担任公证员之前必须离开原来的工作岗位，离开的方式可以是辞职和退休。（2）符合《公证法》关于国籍、年龄、道德品行、实习经历的规定。（3）没有出现《公证法》关于担任公证员的禁止性条件的情形。（4）司法行政部门规定的其他条件。

需要指出的是，《公证法》第18条是任命公证员的主要形式，第19条所规定的特殊许可只是任命公证员的补充形式。只有当某一地区公证员人数不足，不能完全满足公证业务实际需求，国务院司法行政部门又无法以第18条所规定的条件任命公证员时，才可以根据第19条的规定以考核方式任命公证员。

【案例 13-1】

公证员资格的积极条件

【案例 13-1】点评

张某于1991年10月1日生于广东省某市，2013年以优异的成绩通过了司法部举办的国家司法考试，并于2014年5月1日取得了法律职业资格证书。随后便进入当地的一家公证处实习，实习期间遵纪守法，品行良好。2016年6月1日实习期满后，由所在的公证机构推荐，张某向当地的司法行政部门提出了执业申请。但是，张某在申请执业时不满25周岁，不符合公证员任职资格中的年龄条件，因此张某的申请不能得到批准。

三、公证员资格的消极条件

公证员资格的消极条件，是指不得担任公证员的情形。《公证法》规定，有下列情形之一的，不得担任公证员：

（一）无民事行为能力或者限制民事行为能力

公证员的工作直接关系当事人的权益和社会公共利益，其所肩负的责任重大，因此，公证员必须是一个具有完民事行为能力的人。无民事行为能力人和限制民事行为能力人一般年龄太小或有严重智力精神障碍，他们如果担任公证员，必然不能完全履行执业义务，并且很可能会损害有关当事人的权益。根据立法精神，还有一部分患有严重疾病、丧失工作能力或者生活不能自理的人也不能担任公证员。至于一些有轻微残疾的人，只要不影响工作，特别是不影响正常的感知能力，可以根据情况，允许其担任公证员。

【案例 13-2】

【案例 13-2】点评

什么样的残疾人不能担任公证员

　　王某是某市公证处的一名公证员助理，担任助理期间，于 2014 年通过国家司法考试。2016 年经所在公证处推荐，何某向当地司法行政部门提出了执业申请。当地司法行政部门在初审时得知，何某在 2015 年曾因交通事故住院，经过一段时间的治疗，身体虽然已经恢复了健康，但左手被截肢。术后医院为何某安装了义肢，经过半年多的适应何某已经能够熟练使用该义肢。虽然存在上述的身体残疾状况，何某的申请依然最终获得了批准，如愿以偿地成为了一名公证员。

（二）因故意犯罪或者职务过失犯罪受过刑事处罚

　　公证员从事的是为全社会提供法律服务的公共职务行为，遵纪守法和品行良好是公证员履行职务所必须具备的条件。犯罪行为是一种严重危害社会的行为，故意犯罪说明行为人主观上有危害社会的意图，职务过失犯罪说明行为人不能按规定履行职务，故意犯罪和职务过失犯罪与公证员职务的基本特征是完全矛盾的，所以因故意犯罪和职务过失犯罪受过刑事处罚的人，不能担任公证员。需要指出的，因非职务过失犯罪受到刑事处罚的人员仍然有可能担任公证员。

（三）被开除公职

　　开除公职，是行政处分的一种方式。行政处分是国家机关、国有公司、企事业单位、人民团体和群众团体根据行政管理法规对隶属于它的、犯有轻微违法和违纪行为的公职人员所给予的行政法律制裁。公职是指在国家机关、国有公司、企事业单位、人民团体和群众团体中担任职务。根据《公务员法》和《企业职工奖惩条例》的有关规定，我国对公职人员的行政处分主要有警告、记过、记大过、降职、撤职、开除。开除是指有关单位认为受处分人实施了与其公职身份不相称的违法或违纪行为，不适合继续担任公职，取消受处分人任职资格的处分形式。从行政处分的后果看，开除是最严重的一种行政处分形式。公证员是经法律授权，依法从事证明法律事务的公职人员，曾经被开除公职的人员显然是不允许担任公证员的。这里被开除公职的原因可能多种多样，但是无论什么原因，只要是被开除公职，就一律不得担任公证员。

（四）被吊销公证执业证书的

　　被吊销执业证书，说明相关人员实施了与其专业人员身份极不相称的行为，并且这些行为的实施存在主观上的过错。

　　吊销执业证书是专业人员所受到的最严重的职业处分，吊销执业证书的处罚对于受处罚人终生有效，也就是说，专业人员受到吊销执业证书的处罚，就意味其终生不能从事该项职业。受过吊销执业证书的处罚的专业人员，也终生不具备担任公证员的条件。

　　《公证法》规定，公证员有下列情形，情节严重的，省、自治区、直辖市人民政府司法行政部门可以吊销其公证员执业证书：私自出具公证书的；为不真实、不合法的事项出具公证书的；侵占、挪用公证费或者侵占、盗窃公证专用物品的；毁损、篡改公证文书或者公证档案的；泄露在执业活动中知悉的国家秘密、商业秘密或者个人隐私的；依照法律、行政法规的规定，应当给予处罚的其他行为。另外，因故意犯罪或者职务过失犯罪受刑事处罚的，也应当吊销公证员执业证书。

第二节 公证员的执业

一、公证员执业证书的取得

《公证法》规定，担任公证员，应当由符合公证员条件的人员提出申请；经公证机构推荐，由所在地的司法行政部门报省、自治区、直辖市人民政府司法行政部门审核，省、自治区、直辖市司法行政机关应当自收到报审材料之日起 20 日内完成审核。对符合规定条件和公证员配备方案的，作出同意申请人担任公证员的审核意见，填制公证员任职报审表，报请司法部任命，并根据司法部下达的任命决定向申请人颁发公证员执业证书，同时书面通知其所在地司法行政机关；对不符合规定条件或者公证员配备方案的，作出不同意申请人担任公证员的决定，并书面通知申请人和所在地司法行政机关。因此，具备了担任公证员的条件，并不意味着即可进行公证执业，进行公证执业的前提条件是符合公证员条件的人提出申请，经有关部门审核同意并颁发公证员执业证书，才可开展公证员的执业活动。

根据《公证法》的相关规定，公证员执业证书的取得应当完成下列程序：

（一）提出申请

由符合条件的人提出申请。符合条件是指：（1）符合积极的条件；（2）不存在禁止情形（消极条件）；（3）身体健康能够履行公证员职务。这三点必须同时具备，缺一不可。

（二）经公证机构推荐

个人提出申请之后，必须经由公证机构推荐，其申请才能呈交司法行政机关。推荐是公证机构的职责，但它并非是公证机构凭借自身意志可以任意实施的，它具有以下的一些限制：（1）被推荐人必须符合《公证法》规定担任公证员的条件。（2）必须符合本地区的公证员配备方案。公证员的配备，又称为公证员的数量控制，在拉丁公证国家称为定额条款，是指一定公证管辖区域内的公证员的数量应该与该区域内的公证业务需求相适应。实行公证员数量控制是拉丁公证制度核心原则之一。我国现行《公证法》参考多数拉丁国家的立法经验，根据我国的实际情况，制定了对公证员数量进行控制的规定。《公证法》第 17 条明确规定："公证员的数量根据公证业务需要确定。省、自治区、直辖市人民政府司法行政部门应当根据公证机构的设置情况和公证业务的需要核定公证员配备方案，报国务院司法行政部门备案。"（3）必须经过竞争性的选贤任能的遴选机制。

（三）由所在地的司法行政部门报省级人民政府司法行政部门审核同意

1. 由公证机构所在地的司法行政部门初审

公证机构由所在地司法行政部门设立，司法行政部门对其设立的公证机构负有监督、指导的责任，对公证机构推荐的人选进行审核是监督权的正当行使，而非对公责任，也非对公证机构用人自主权的侵害和否定。公证机构所在地司法行政部门主要审核以下事项：（1）申请、推荐材料是否真实；（2）申请人是否符合公证法规定的任职条件；（3）申请人和推荐人的意思是否真实；（4）公证机构是否经过了必要的选拔程序；（5）是否符合本地区的公证员配备方案。

2. 省级人民政府司法行政部门审核

省、自治区、直辖市（以下简称省级）人民政府司法行政部门对本行政区划内的公证机构、公证员负责监督、指导，核定本区划内的公证员配备方案，故对于其管辖范围内的公证员的情况应当掌握、了解。鉴于下级司法行政部门已经先行做过必要的审核，所以省级人民政府司法行政部门的审核不必要像初审那样面面俱到，以节省资源、提高效率。省级人民政府司法行政部门主要负责审核以下事项：（1）申请、推荐、初审材料的真实性；（2）是否符合本区划内公证员核定方案。如通过审核，则应当呈报国务院司法行政部门。

（四）由国务院司法行政部门任命

国务院司法行政部门对全国的公证机构、公证员负责监督、指导，统筹全国的公证员数量配备，因此对于增加的公证员情况必须掌握。公证员大部分将从通过国家司法考试的人中选择，国务院司法行政部门是司法考试的主管机关，推行法律职业资格证书制度，由其任命公证员与其职权和法律职业的资格准入制度相吻合。由于公证机构和下级司法行政部门已经数度审核，所以国务院司法行政部门在确认申请资料齐备、法律职业资格证书真实、符合该区划公证员配备方案后，即可任命申请人为公证员。

（五）由省级人民政府司法行政部门颁发执业证书

国务院司法行政部门任命之后，省级人民政府司法行政部门即应根据公证员执业登记的规定向申请人颁发执业证书。申请人获得省级人民政府司法行政部门颁发的执业证书后即可开展公证执业。

之所以由省级人民政府的司法行政机关颁发执业证书而不是由国务院司法行政部门颁发，是因为：（1）公证员由国务院司法行政部门任命，执业资格证书由国务院司法行政部门统一印制，这已经保证了公证员职业的权威性；（2）我国地域广阔，公证员数量相对于其他国家较多，由省级司法行政部门颁发执业证书更为便利、更有效率；（3）我国公证处、公证员的登记、年检是由省级司法行政部门负责的，执业证书的颁发应当与之统一。

如公证员变更执业机构，则应经所在公证机构同意和拟任用该公证员的公证机构推荐，报所在地司法行政机关同意后，报省、自治区、直辖市司法行政机关办理变更核准手续。公证员跨省、自治区、直辖市变更执业机构的，经所在的省、自治区、直辖市司法行政机关核准后，由拟任用该公证员的公证机构所在的省、自治区、直辖市司法行政机关办理变更核准手续。

二、公证员的免职

公证员在执业过程中如果不再具备担任公证员的条件或者因违反相关规定，就应当被免除公证员的职务。由所在地司法行政机关自确定该情形发生之日起 30 日内，报告省、自治区、直辖市司法行政机关，由其提请司法部予以免职；如系被吊销公证员执业证书的，由省、自治区、直辖市司法行政机关直接提请司法部予以免职；如系提请免职的，则应当提交公证员免职报审表和符合法定免职事由的相关证明材料。司法部应当自收到提请免职材料之日起 20 日内，制作并下达公证员免职决定。根据《公证法》的规定，免去公证员职务的情形主要有：

（一）丧失中华人民共和国国籍的

根据《公证法》的规定，在我国担任公证员的首要条件就是要具有中华人民共和国国籍，这是国家司法主权的体现。因此，如果其丧失了中华人民共和国国籍，即不具备担任中国公证员的条件。根据我国《国籍法》的规定，这里所指的"丧失中华人民共和国国籍"，包括了自动丧失中国国籍（即定居外国自愿加入或者取得外国国籍），或当事人向我国有关部门申请退出中国国籍并获得批准。

（二）年满 65 周岁或者因健康原因不能继续履行职务的

如果公证员已经年满 65 周岁就自然失去了继续担任公证员的资格，此时不管其身体状况如何均应当予以免职。

虽然年龄未满 65 周岁，但是因患有疾病或因其他健康原因不能继续履行职务的，也应免除其公证员职务。同理，如果公证员因故成为无民事行为能力或限制民事行为能力人，那么经过法院宣告之后，也应免去其公证员职务。

（三）自愿辞去公证员职务的

公证员享有自主择业的权利，其既然自愿辞去公证员职务，应予尊重，不能强留。公证员资格只授予依据《公证法》从事公证业务的执业人员，故此时应当依据法定程序免去其公证员职务。《公证法》没有规定辞去公证员职务的程序，应根据司法部规定或者参照公证员管理的相关规定办理。

（四）被吊销公证员执业证书的

吊销执业证书是对公证员最严厉的行政处罚措施。《公证法》规定了吊销公证员执业资格证书的 7 种情形，现行的《公证员注册管理办法》和《公证员惩戒规则（试行）》也有相关规定。从这些规定来看，被吊销公证员执业证书者，均违反了《公证法》的规定、情节严重，被处罚人此时已经失去了其作为公证员的道德基础，失去了能够担任公证员的公众信任和法律评价基础。另外，根据《公证法》的规定，担任公证员，必须取得公证员执业资格证书。在公证执业的实质要件和形式要件均不存在的情况下，吊销被处罚人的公证员资格乃是自然之理。

此外，不论是任命、免职或经核准变更执业机构之何种情形，省、自治区、直辖市司法行政机关在收到司法部任免决定或者作出准予变更决定后 20 日内，均应当在省级报刊上予以公告。司法部对于决定予以任命或者免职的公证员，也应当定期在全国性报刊上予以公告，并定期编制全国公证员名录。

三、公证员执业证书的管理

公证员执业证书，是公证员履行法定任职程序后在公证机构从事公证执业活动的有效证件。因此，国家有必要依法对公证员的执业证书进行管理。根据 2006 年司法部发布的《公证员执业管理办法》的相关规定，国家对公证员执业证书的管理主要表现为以下几个方面：

（一）证书的制作及编号

公证员执业证书由司法部统一制作和编号。

（二）证书的使用

公证员执业证书只能由公证员本人持有和使用，不得涂改、抵押、出借或者转让。

公证员执业证书损毁或者遗失的，应由本人提出申请，所在公证机构予以证明，提请所在地司法行政机关报省、自治区、直辖市司法行政机关申请换发或者补发。执业证书遗失的，由所在公证机构在省级报刊上声明作废。

（三）证书的换发以及缴存

公证员变更执业机构的，经省级人民政府司法行政机关核准、换发执业证书。

公证员受到停止执业处罚的，停止执业期间，应当将其公证员执业证书缴存所在地司法行政机关。

（四）证书的注销

公证员受到吊销公证员执业证书处罚或者因其他法定事由予以免职的，应当收缴其公证员执业证书，由省级人民政府司法行政机关予以注销。

四、公证员在执业过程中的权利和义务

由于公证员这一职业的特殊性，《公证法》对公证员义务与权利的规定是采取了先义务后权利的体系，这与我国《法官法》、《检察官法》、《公务员法》等是一致的。公证员与法官、检察官、公务员都享有特定的职权，承担着执行律令、维护稳定和保障权利的责任，其行为对当事人和利害关系人影响甚巨，故法律对其应尽之义务予以特别提醒、强调，这基于公证员特殊的职业身份而发生，与自然人个人以权利为本位的原则并无冲突。《公证法》规定，公证员应当遵纪守法，恪守职业道德，依法履行公证职责，保守执业秘密。公证员有权获得劳动报酬，享受保险和福利待遇；有权提出申诉或者控告；非因法定事由和非经法定程序，不被免职或者处罚。

（一）公证员在执业过程中的权利

1. 劳动报酬获得权，保险和福利待遇享受权

劳动权和获得报酬权是宪法规定的公民的基本权利。公证员作为劳动者，同样有权获得劳动报酬。这里的"报酬"既包括公证员的薪金收入，也包括其他的合法收入。公证员的劳动是公证机构运行、公证行为实施、公证目的实现的必要条件，因此公证员应当享有与其地位和作用相适应的经济权利，同时获得劳动报酬、享受保险和福利待遇也是调动公证员积极性的一种激励措施。

2. 提出辞职、申诉或者控告权

除法律特别限制的人员和情况，公民具有择业的自由。辞职，是公证员的自由，是其应有的基本权利。辞职应当是自愿的，应当由本人提出申请，任何人不得强迫或者以其他非法手段迫使公证员辞职。公证员辞职后，依照法律规定的程序免除其职务。

申诉权和控告权是公证员对于自身权利受到侵害或者对处理不服时的一种救济权利。公证员对于国家机关及其工作人员侵犯本人权利的，有权提出控告。对于本人的处分或者处理不服的，当事人有权向原处分、处理机关申请复议，并有权向原处分、处理机关的上级机关提出申诉。

3. 非因法定事由和非经法定程序，不被免职或处罚

为了保障公证员能够依法独立执业、排除其他组织和个人的非法干预，非因法定事由和非经法定程序，公证员不被免职或处罚。公证员是经过严格的遴选程序最终由司法部任命的，公证的性质和宗旨也决定了公证员只服从于法律。只有公证员违反了法律才应受到制裁，任何组织和个人不得在法律规定的事由和程序之外，凭自身意志对公证员进行处罚。"法定事由"和"法定程序"是指法律明确规定在哪些情况下公证员才被免职、处罚。所以，公证员的免职、处罚必须经过法定程序由法定机关作出。

需要说明的是，"法定事由"和"法定程序"中的"法"并非仅限于法律和行政法规，国务院司法行政部门作为行政主管机关，中国公证协会作为行业自律组织，在不违背公证法规定的前提下制定的部门规章和行业规范，也属于公证员应当遵循之"法"，国务院司法行政部门和中国公证协会可依之给予违反者行政处罚或行业惩戒。

（二）公证员在执业过程中的义务

1. 遵纪守法

遵纪包括遵守党纪、政纪和公证执业纪律。守法包括遵守宪法和法律、遵守政策。由于我国法律还不健全，政策在法律缺位的情况下就成为指导社会行为的准则，所以公证员还必须遵守政策。

【实例 13-3】

中国公证协会：加强行风监督和违规违纪处分①

【案例 13-3】点评

2014 年，中国公证协会把行风监督和违规违纪处分作为公证行风建设的重要环节，以提高公证工作的公信力，努力使行风专项检查有行动、见成效。

为加强公证行风建设，中国公证协会近日专门下发了《关于进一步加强以公信力建设为重点的公证行风建设的意见》，这份意见明确指出，为加强对全国公证行风建设工作的指导监督，中国公证协会决定成立全国公证行风监督指导委员会，及时通报监督情况。意见要求各地方公证协会广泛听取人民群众、有关部门的意见建议；对损害公证公信力的重点环节、重点领域进行专项检查，集中解决一批突出问题。同时要进一步加强中国公协和各地方公协惩戒委员会建设。

进一步加强以公信力建设为重点的公证行风建设，必须着力解决这方面存在的问

---

① 中国公证协会：加强行风监督和违规违纪处分［EB/OL］.［2016-07-15］.中国公证网，http：//www.chinanotary.org/content/2014-05/21/content_6300634.htm？node=78378.

题。意见介绍，当前公证行业在公证公信方面的问题主要有：一是执业理念有偏差，要解决执行行业规范不严和不恰当的问题，要解决少数公证员过分追求经济利益，采取不正当竞争手段争揽证源等损害公证行业社会形象的问题。二是执业不规范。要解决行业规范缺失问题，健全完善公证新领域业务规则和行业维权惩戒规则，尤其要解决极少数公证人员规范意识和责任意识薄弱，违反公证程序办证，履行调查核实义务不尽责的问题。三是服务能力不足。要着力解决少数公证员能力素质不适应公证业务发展要求，对社会上有需求、当事人有要求的公证事项不熟悉，无故推诿甚至拒绝受理的问题。四是公证机构内部管理运行不规范。要着力解决少数公证处内部管理制度不健全，管理运行不规范以及公款高消费、收入分配畸高等问题。

对此，意见除明确要加强行风监督和违规违纪处分外，还强调加强公证行业的管理规范化建设。意见指出要出台执业规范体系建设规划，加快现有业务规则废改立工作进度；制定会员维权、会员惩戒、公证机构复查工作等方面的行业管理规范；要着力推进公证事项审查核实标准化、办证程序标准化等标准化设计；搭建公证执业诚信信息化平台等。

2. 恪守职业道德

在现代社会，道德包括社会公德和职业道德等方面。社会公德是要求一般人共同遵守的公共道德准则，如讲究礼貌、讲究卫生等；职业道德的提出和建立是社会化大生产分工细化、民众权利扩张和伦理学发展的结果，是指某一特定领域的从业人员应当普遍遵守的行业道德准则。职业道德和社会公德之间、不同行业之间的职业道德并非泾渭分明，彼此多有交叉，但总有各自特别之处。公证员不仅应当模范地遵守社会公德，还要恪守作为法律工作者的最起码的职业道德。中国公证员协会于 2002 年制定了《公证员职业道德基本准则》，要求公证员主要具有以下职业道德：忠于事实、忠于法律；爱岗敬业、规范服务；加强修养、提高素质；清正廉洁、同业互助。这四个方面是公证职业道德的核心内容，也是所有公证员的道德指引。

【案例 13-4】

违反公证职业道德造成严重后果①

【案例 13-4】 点评

内蒙古自治区旗原司法局副局长兼公证处主任葛某某，擅自将大量空白的公证书交给两名个体工商户。后者用这些空白公证书办理赊销农用车合同公证 495 份。这些内容失实、不规范甚至收取高利、利滚利的公证书，侵害了农民群众的利益。葛某某因此被判处有期徒刑 1 年，缓刑 2 年。

---

① 沈红卫，谢财良等．公证法实例说［M］．长沙：湖南人民出版社，2014：85．

3. 依法履行公证职责

（1）按照权限履行职责。公证员的权限受法律明文规定的限制。公证员只能在法律规定的范围内行使职权，不得超越法律的规定活动，否则就属于滥用职权。

（2）依照规定的程序履行职责。程序正义是实体正义的保障。公开、公正的程序能够使得实体的权利、义务得到公平的体现，有利于更好地维护公众的合法权益。所以，公证员应当按照规定的程序办理公证业务。

（3）正确适用实体法。实体法是以确认权利义务关系和法律责任为主要内容的法律，是判断公证对象是否合法的依据。公证员在办理公证过程中，必须正确适用公证事项所涉及的实体法，以保障该事项主体适格、当事人意思表示真实、标的物确定（或可能）、不违反社会公益，真正做到预防纠纷。

（4）认真履行职责。一是公证员应当亲自履行职责，不得委托他人履行；二是应当坚守工作岗位，不得擅离职守；三是应当努力提高工作效率和工作质量，反对官僚作风。

【案例 13-5】

滥用职权伪造公证书，罪有应得①

【案例 13-5】点评

2015 年年底，某市某区公证处公证员王某某接受当事人的请求，在缺乏赠与合同的情况下，违反赠与公证的正常办证程序，仅凭当事人提供的房产证和身份证就办理了〔2015〕某某证民字第 128 号《赠与合同公证书》，并偷盖了该公证处的公章及公证处主任的个人签名章。后来，有关人员持此公证书办理了房产过户手续。此"公证书"给房屋的真正所有者郑某造成了极大的损害。检察机关接受举报后经过查证，认为王某某故意逾越职权伪造公证书，其行为已构成滥用职权罪，因此提起了公诉。

4. 保守执业秘密

根据《中华人民共和国保守国家秘密法》的规定："一切国家机关、武装力量、政党、社会团体、企业事业单位和公民都有保守国家秘密的义务。"公证员在工作中可能会遇到涉及国家秘密的案件。严格保守国家秘密是一名公证员必须具备的素质，对于涉及国家秘密的案件，应当严格按照法律规定的程序办理。其他公证事项，涉及当事人的商业秘密和个人隐私的，公证员也不得泄露。如遗嘱公证，应作为密卷进行保存；再如招标投标公证，评标过程应严格保密，公证员对此必须守口如瓶。另外，公证员还应当保守公证工作的秘密，对于办证过程中形成的内部意见、内部材料和不应当透露的其他与公证工作有关的信息，一律不得泄露。

---

① 沈红卫，谢财良等. 公证法实例说［M］. 长沙：湖南人民出版社，2014：86.

五、公证员执业过程中的禁止行为

由于公证员这一职业的特殊性，为了保障公证员能够正当履行职务，真正体现公证的真实性、合法性，各国都规定了公证员的执业禁止制度。根据我国《公证法》的规定，公证员在执业过程中的禁止行为有：

（一）同时在两个以上的公证机构执业

公证员只能在一个公证处执业。如果允许公证员同时在两个以上的公证机构执业，会导致公证员致力于扩大"地盘"，追求个人利益的最大化，这与公证的价值背道而驰，也将导致公证机构和司法行政部门的管理、监督工作目标指向不明，陷入混乱、无序的状态中。

（二）从事有报酬的其他职业

公证的价值和功效要求公证员必须持一种中立性的态度，对各方当事人所追求的利益进行平衡。如允许公证员从事有报酬的其他职业，公证员与某些当事人之间将不可避免地先行产生利益交错，在办理有利害关系的公证事项时容易徇私枉法、滋生腐败，此时公证将失去其中立性和平衡作用。所以，公证员从事有报酬的其他职业，违反公证职责，有损公证职业的纯洁和尊严，应予禁止。

所谓"从事有报酬的其他职业"，是指与其他组织或个人形成可为公务员法、劳动法等调整的身份关系、占据一定工作岗位、承担相关岗位职责、领取货币等具有金钱价值的报酬的行为。包括：（1）兼任党政机关、立法机关和政协组织中领取报酬的职务；（2）兼任法官、检察官、律师；（3）兼任企业、事业单位的职务；（4）个人投资开办公司、个人独资企业、合伙企业、个体工商户；（5）从事有偿的其他中介活动等。对于已经从事上述有关职业的人员，如果要任命其为公证员，则该人员必须退出现有的职业；如果一名公证员要从事上述有关职业，则应当依照《公证法》的有关规定提出辞职或者依照法律规定的程序免除其职务。

从事有报酬的其他职业与从事有报酬的其他行为并非同一概念，公证员作为客座教授、客座研究员、仲裁员、陪审员也会领取一定的报酬，但客座教授、客座研究员、仲裁员、陪审员并不构成一种职业，公证员就此领取相应的报酬并不违反公证法的规定。另外，利用自有资金进行投资运作并非就完全等同于从事其他有报酬的职业，公证员以个人名义将自有资金投入证券市场并无不妥，只要其不成为控股股东、不参与公司日常经营，其行为就不属于公证员执业过程中的禁止行为。

（三）办理有利害关系的公证事务

这属于公证员的回避范围，也是公证员应当遵守的回避原则。回避制度是现代诉讼和非诉讼法律活动中的一项重要程序制度。在公证活动中，公证员对于与自己或自己的近亲属有某种利害关系的公证事项不享有公证权力，这是由公证的性质和任务决定的。公证员在公证活动中必须秉公办证、公正无私、清正廉洁，一旦允许公证员在其中追求私益，则公正将无法实现。

（四）私自出具公证书

公证书代表了国家的公信力，公证机构必须对公证员出具的公证书进行严格把关。我国公证实行机构本位主义，公证机构对公证员的执业行为需要承担民事责任。根据权利义务相一致的原则，公证员出具公证书应当经由所在公证机构同意，公证员不得私自出具公证书。

（五）为不真实、不合法的事项出具公证书

真实、合法是公证活动的基本原则，是公证树立和保持公信力的核心所在。各国立法均明确禁止对不真实、不合法的事项进行公证。《公证法》第 2 条以及第 42 条第（2）项也体现了这一原则。一个事项只有同时符合真实、合法两个条件，才能予以公证。

【案例 13-6】

公证员为不真实、不合法的事项出具公证书为公证法所禁止

【案例 13-6】点评

李某有一儿子李甲和一女李乙。2015 年，李某为了防止自己百年之后儿女争夺遗产便立下自书遗嘱，所有财产由李甲和李乙共同继承。李甲得知后便伪造了一份所有财产由自己继承的遗嘱，并找到了在公证处工作的老同学张某。公证员张某违反公证程序，在明知存在不真实、不合法的情况下，为李甲出具了公证书。

（六）侵占、挪用公证费或者侵占、盗窃公证专用物品

我国宪法规定，公共财产神圣不可侵犯。我国公证实行机构本位，公证费、公证专用物品是公证机构正常开展业务的经济保障，是公证机构的公共财产，侵占、挪用公证费或者侵占、盗窃公证专用物品均属于侵犯公证机构公共财产的行为。

（七）毁损、篡改公证文书或者公证档案

公证文书是指公证机构就其办理的公证事项出具的法律文书。公证文书如有错误，应当依照法定程序收回、修正或撤销，不能擅自毁损、篡改。毁损、篡改生效的公证文书，不仅规避了公证的程序控制，而且也使得公证文书的效力处于不稳定甚至互相冲突的状态之中，破坏了公证的严肃性和权威性。

公证档案是公证机构进行公证证明活动和当事人从事民事活动的真实记录，体现了公证机构的基本职能，同时也是公证机构出具公证文书的证据依托，反映了一个时期社会生活的特点和不同时期的社会变迁。所以，绝不容许对公证档案有毁损、篡改的行为。

（八）泄露在执业活动中知悉的国家秘密、商业秘密或者个人隐私

《公证法》规定，公证员应当保守执业秘密，执业秘密包括国家秘密、当事人的商业秘密或者个人隐私以及公证机构的内部秘密。

（九）法律、法规、国务院司法行政部门禁止的其他行为

本项中"其他行为"主要是指以上八项行为之外的其他不应有的行为。法律规定的禁止性行为，主要体现在公证员履行职务方面，具有较强的针对性，但并不是说其禁止性行为就仅此八项。

公证员首先是作为一个公民存在的，国家法律所作的对于一般公民的禁止性规定对公

证员同样适用。

《公证法》虽然没有对公证员的身份属性作出明确定位，但公证员行使的是公权力这一点却毋庸置疑，所以公证员还应当遵循国家针对公职人员的特别规定。

公证员是法律职业者，法律职业者所应普遍遵守的规则公证员也必须遵守。诸多的法律和纪律规定涉及各个方面，不可能在《公证法》的规定中一一列举。

第三节 公 证 协 会

一、公证协会概述

（一）公证协会的概念

公证协会，是公证业的自律性组织，是以公证机构和公证员为主要会员，依法成立的具有公证业自律职能的社会团体法人，依据章程开展活动，对公证机构，公证员的执业活动进行监督。

中国公证协会成立于 1990 年 3 月 27 日，是依照《中华人民共和国公证法》设立的，由公证机构、公证员、公证管理人员及其他与公证事业有关的专业人员、机构组成的全国性公证行业自律组织。中国公证协会住所设在北京市。目前，全国各省、自治区、直辖市均已成立公证协会，一些大中城市的公证协会也陆续成立。

（二）公证协会的性质

从公证协会的概念可知，公证协会的性质是社会团体法人，是公证业的行业性自律组织，有自己的组织章程，负责在全行业监督公证机构、公证员的职业活动。《中国公证协会章程》规定了协会的性质：中国公证协会是依照《中华人民共和国公证法》设立的，由公证机构、公证员、地方公证协会以及其他与公证事业有关的专业人员、机构组成的全国性公证行业自律组织，是非营利性的社会团体法人。

目前，全国设立中国公证协会，各省、自治区、直辖市设立地方性公证协会。各地的公证机构应当分别加入地方和全国的公证协会，公证员也应当分别加入地方和全国的公证协会。协会宗旨是，带领全体会员坚持以邓小平理论和"三个代表"重要思想为指导，全面贯彻落实科学发展观，贯彻党的基本路线、方针、政策，执行国家法律、法规；恪守职业道德和执业纪律，提高会员素质；监督会员认真履行职责，规范行业活动；维护会员的合法权益，加强行业自律，促进公证事业改革和发展，为全面建设小康社会和构建社会主义和谐社会提供法律服务和保障。

二、公证协会的职责

《公证法》规定，公证协会的职责是对公证机构、公证员的执业活动进行监督。根据《中国公证协会章程》的规定，中国公证协会的职责主要有以下 14 项：

（1）依照本章程对公证机构和公证员的执业活动进行监督；

（2）协助政府主管部门管理、指导全国的公证工作，指导地方公证协会工作；

（3）制定行业规范；

（4）维护会员的合法权益，保障会员依法履行职责；

（5）举办会员福利事业；

（6）对会员进行职业道德、执业纪律教育，协助司法行政机关查处会员的违纪行为；

（7）负责会员的培训，组织会员开展学术研讨和工作经验交流；

（8）负责全国公证赔偿基金的使用管理工作，对地方公证协会管理使用的公证赔偿基金进行指导和监督；

（9）负责公证宣传工作，主办公证刊物；

（10）负责与国外和港、澳、台地区开展有关公证事宜的研讨、交流与合作活动；

（11）负责海峡两岸公证书的查证和公证书副本的寄送工作；

（12）负责公证专用水印纸的联系生产、调配，协助行政主管部门做好管理工作；

（13）对外提供公证法律咨询等服务；

（14）履行法律法规规定的其他职责，完成司法部委托的事务。

【案例 13-7】

中国公证协会惩戒工作预备会议纪要①

【案例 13-7】点评

2014 年 11 月 18 日，中国公证协会惩戒工作预备会议在天津召开，中国公证协会副会长王福家，中国公证协会常务理事、惩戒工作委员会主任委员杜丽萍，中国公证协会常务理事、惩戒工作委员会副主任委员安建刚，北京市公证协会法律事务部主任、惩戒工作委员会委员张靓出席会议。

会议简要回顾了近年来中国公证协会惩戒工作委员会工作开展情况，就本届惩戒工作委员会主要工作进行了安排部署，并重点对惩戒规章制定工作进行了探讨。经深入研究讨论，会议达成以下共识：

一、鉴于"惩戒"一词并不能从外延和内涵上与委员会开展工作的具体内容完全契合，因此建议将制定中的《中国公证协会会员惩戒规则》名称更改为《中国公证协会会员执业纪律处分规则》。

二、中国公证协会惩戒工作委员会作为行业性自律组织专业工作委员会，其工作范围应与行政机关有严格区分，《中国公证协会会员执业纪律处分规则》所规定的处分范畴应遵循"行政处罚排除规则"，即凡是属于司法部《公证机构和公证员违法行为处罚办法》规定处罚的违法行为，《中国公证协会会员执业纪律处分规则》就不再进行重复处理。对于惩戒工作委员会已经受理的案件，经调查发现应当给予行政处罚的，应转交行政机关处理。

三、为充分保护被处分人的权利救济途径，《中国公证协会会员执业纪律处分规则》应规定被处分人享有申请听证的权利，具体听证程序规定要在《中国公证协会会员执业纪律处分规则》中明确列出。

---

① 中国公证协会惩戒工作预备会议纪要［EB/OL］.［2016-07-15］.中国公证网，http：//www.chinanotary.org/content/2014-12-29/content_6299677.htm? node＝78378.

四、中国公证协会惩戒工作委员会作为负责惩戒工作的最高专门机构，其主要职能是行业纪律处分规则的制定和对地方公证协会的行业纪律处分工作进行监督指导，具体案件的调查与决定工作原则上由地方公证协会惩戒委员会负责实施。

五、地方惩戒工作委员会承办具体案件，应成立案件评审小组，并由评审小组作出相关处分决定。评审小组的人员组成应为 3 人以上，具体组成办法由地方惩戒工作委员会自行规定。

六、建议将会员执业行为的纪律处分追诉期限设定为行为实施终了之日起 1 年以内，针对会员执业行为实施终了超过 1 年的申请，惩戒工作委员会不予受理。

七、决定于近期下发通知，收集整理全国各地已制定完成或者正在制定的执业纪律处分相关工作规则，对近年来各地实施的行业纪律处分情况进行摸底调查，以期推动《中国公证协会会员执业纪律处分规则》、《中国公证协会惩戒工作委员会工作规则》的尽快出台和全国公证行业惩戒工作的顺利开展。

此外，会议决定于 2015 年 1 月份召开中国公证协会惩戒工作委员会委员全体会议。

【练习题】

一、概念题

公证员；公证员的资格；公证员资格的积极条件；公证员资格的消极条件；公证员的身份；公证员执业证书；公证协会。

二、思考题

1. 担任公证员的积极条件和消极条件有哪些？
2. 公证员享有哪些权利？应当履行哪些义务？
3. 公证员执业过程中的禁止行为有哪些？
4. 在什么情况下公证员会被免职？

三、案例分析题

2014 年 2 月 2 日 0 点 30 分左右，某市二马路机电市场内，负责经营机电市场的某商贸有限公司被人占领了。实施该占领行动的是该市某房地产公司。据该商贸有限公司负责人的介绍，由于商贸有限公司与这家房地产公司存在租赁纠纷，当时房地产公司的数十人将市场的 4 个大门的门锁剪断，并将市场保安人员关进宿舍控制起来。房地产公司的这些人用撬杠将商贸有限公司的 7 间办公室撬开，把公章、账本、票据等物品装上几辆大卡车拉走。一间没有被撬开的办公室的门和一些没被卸走的空调，都被贴上了封条。封条的落款不是司法机关，而是房地产公司。在房地产公司实施整个行为的时候，该市某公证处的两名公证员进行了全程公证并出具了公证书。

问题：本案中公证员出具的公证书是否有效？为什么？

【阅读资料】

第十四章　公证业务与公证效力

【学习目的与要求】本章主要介绍公证业务范围、公证程序及公证效力的基本理论知识。通过本章的学习要理解公证的业务范围，了解公证执业区域概念及划分，理解公证的程序，了解公证期限及公证档案的保管和公证的效力。

【重点问题】

- 公证的业务范围
- 公证执业区域概念及划分
- 公证机构在核定的执业区域内受理公证业务的基本准则
- 公证的程序
- 公证期限、不予办理与终止公证
- 公证档案及其保管
- 公证的效力

【知识结构简图】

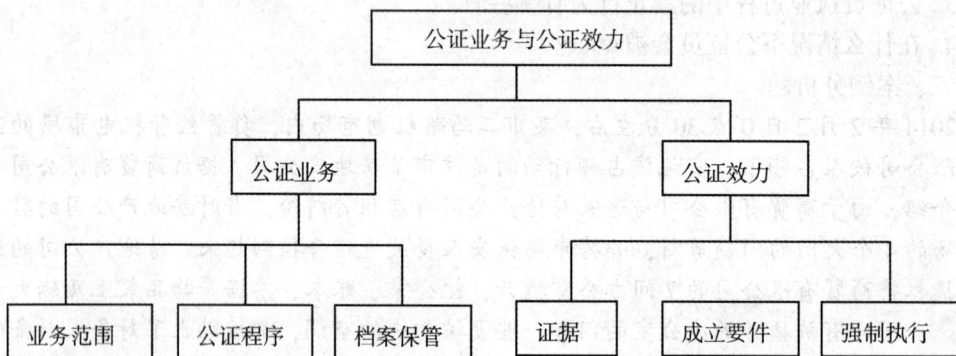

```
                    公证业务与公证效力
                   ┌──────────┴──────────┐
               公证业务                    公证效力
          ┌──────┼──────┐           ┌──────┼──────┐
      业务范围  公证程序  档案保管    证据    成立要件  强制执行
```

【引例】

"一物两卖"合同公证

某日，甲乙签订书面买卖合同由甲将其所有的一辆摩托车卖给乙，但尚未交付，也未对交付前该摩托车的所有权归属作出约定。次日，甲因为丙的出价高又打算将该摩托车卖给丙，遂签订了书面合同并且到公证机关申请办理公证。公证人员受理了该项申请，在审查过程中发现了上述"一物两卖"的情形，于是作出了不予公证的决定，理由是甲违约在先，再办理第二个买卖合同公证易产生矛盾。

在类似的情形下，公证机关是否应该受理当事人的申请并作出公证呢？公证有着严格的程序性规定，但是此情形中值得注意的有两点：第一，甲与乙签订的书面合同并未经过公证。因为经过公证了的合同是可以对抗其他同类证据的。第二，摩托车的所有权并未转移。表现在甲与乙在合同中并未约定所有权的转移问题，同时，摩托车也并未交付给乙。

《公证法》第2条规定："公证是公证机构根据自然人、法人或者其他组织的申请，依照法定程序对民事法律行为、有法律意义的事实和文书的真实性、合法性予以证明的活动。"可见，在业务范围内，真实、合法、可行的事项公证机关不应当拒绝公证。

第一节　公证业务的范围

一、公证业务范围的概述

公证业务的范围十分广泛，涉及社会生活的方方面面。公证业务的范围，是指公证机构根据法律规定和职责权限所能够办理的公证事务和其他相关法律事务。《公证法》第11条、第12条对公证机构的业务范围分别作出了11项专门性规定和5项授权性规定。如《公证法》第11条规定："根据自然人、法人或者其他组织的申请，公证机构办理下列公证事项：（1）合同；（2）继承；（3）委托、声明、赠与、遗嘱；（4）财产分割；（5）招标投标、拍卖；（6）婚姻状况、亲属关系、收养关系；（7）出生、生存、死亡、身份、经历、学历、学位、职务、职称、有无违法犯罪记录；（8）公司章程；（9）保全证据；（10）文书上的签名、印鉴、日期，文书的副本、影印本与原本相符；（11）自然人、法人或者其他组织自愿申请办理的其他公证事项。法律、行政法规规定应当公证的事项，有关自然人、法人或者其他组织应当向公证机构申请办理公证。"第12条规定："根据自然人、法人或者其他组织的申请，公证机构可以办理下列事务：（一）法律、行政法规规定由公证机构登记的事务；（二）提存；（三）保管遗嘱、遗产或者其他与公证事项有关的财产、物品、文书；（四）代写与公证事项有关的法律事务文书；（五）提供公证法律咨询。"

公证具有重要的作用，概括起来有以下几个方面：

第一，出具公证证明，办理公证事务。如公证经济合同、收养、遗嘱等法律行为，公证学历、出生、亲属关系等有法律意义的事实和文书，赋予债权文书强制执行效力，办理证据保全和提存公证等。

第二，提供法律服务。除办理公证事务外，公证法律服务的内容还包括：解答法律咨询，代写法律文书，代当事人保管遗嘱、文件和其他贵重物品，清点、封存遗产，调解公证事项的纠纷，应邀参与当事人之间的谈判和其他经济活动，进行回访监督，提出公证建议，担任法律顾问，代办与公证有关的法律手续等。

第三，对社会性活动实施法律监督。如对招标投标、拍卖、面向社会的各类有奖活动、社会性评选活动、社会性竞赛活动、商品的抽样检测、股份公司创立大会、公司股东大会等与公众或社会经济生活有密切关系的社会活动进行公证监督，以维护正常的经济秩序。

二、公证业务的范围

公证机构的主要业务即是出具公证书，根据公证证明对象的不同可将其划分为法律行为公证、有法律意义的事实的公证、具有法律意义的文书的证明、提存公证、赋予无疑义债权文书具有强制执行效力的公证。

（一）法律行为公证

公证制度中所讲的法律行为与《民法通则》中的法律行为具有一致性，法律行为公证，是指公证机构依法证明当事人有关设立、变更或终止民事权利义务关系的行为的真实性与合法性的活动。它们应具备以下要件：首先，行为人具有相应的行为能力；其次，意思表示要真实；再次，不以损害他人利益为目的，不违反法律和社会公共利益。对法律行为的公证，是公证机构办理得最多、最常见的一项公证业务，主要是对合同（协议）、委托、声明、遗嘱、继承、遗赠、赠与、财产分割、招标投标、拍卖、收养等方面的公证。其中，合同公证是法律行为公证中最常见的一种。例如合同往往是双方甚至多方当事人意思表示一致的结果，即使申请公证，也要有所有当事人的一致意思表示。单方法律行为的公证也经常见到，例如委托、遗嘱、声明等法律行为。法律行为的复杂性决定了公证机构进行公证的复杂程度，要审查清楚法律行为的真实性、合法性。

【案例 14-1】

房屋赠与合同公证

【案例 14-1】点评

张某（男）与王某（女）系夫妻关系，两人于 2011 年登记结婚，婚前张某于 2008 年以自己的名义，购买了房屋一套。张某（男）与王某（女）婚后生育一儿子，现年 4 周岁。张某、王某与儿子一家三口现居住在上述房子中，2015 年 11 月，张某与王某共同来到公证处要求办理房屋赠与合同公证，将上述男方所有的房屋赠与给女方，作为女方的个人财产。

公证员根据《婚姻法》第 19 条的规定，向申请人讲明赠与的意义和法律后果，申请人还是坚持要办理。公证员对女方单独进行询问，女方陈述：两人现在并没有离婚的打算，女方担心婚期状况不牢固，将房屋赠与自己，一旦离婚，自己和孩子还有保障，而且男方也同意；公证员又对男方进行询问，男方也表示愿意赠与，而且也知道赠与以后，该房屋就是女方的个人财产，一旦离婚，该房产男方一点也分不到。两人为家庭和睦、婚姻稳定，经协商一致，要求办理赠与合同公证，两人均是完全民事行为能力人，意思表示清楚，该房屋是男方自己的个人财产，没有其他共有人，也没有被查封、抵押、扣押等权利受限制的情形，基于上述情况，公证员受理了该申请，按照公证程序进行审查，并出具了公证书。

（二）有法律意义事实的公证

有法律意义事实的公证，是指公证机构根据当事人的申请，依照法定程序，对各种与公证当事人有法律上利害关系的客观事实和情况的真实性和合法性进行证明的活动。此类业务有两种情况：一是法律事件，如人的出生、死亡、自然现象（山体滑坡、塌方、泥石流等）；二是其他在法律上有一定影响的事实状态，如人的姓名、年龄、学历、经历、健康状况等。这些状态虽不直接引起民事法律关系的产生、变更、消灭，但对当事人的学习、生活、工作意义重大，公证机构应予以公证。①

有法律意义的事实主要包括婚姻状况、亲属关系、出生、生存、死亡、身份、经历、学历、学位、职务、职称、有无犯罪记录等。此类公证应当由当事人的住所地公证机构管辖。

（三）具有法律意义的文书的证明

具有法律意义的文书，是指由公证当事人之外的自然人、法人或其他组织（也包括公证机构本身）所提供的但对于公证当事人具有特定法律意义的各种文字材料的总称。

具有法律意义的文书公证，是指公证机构根据当事人的申请，通过证明文件上的签名、印鉴属实，或者证明文件的副本、节本、译本、影印本、复印本与原件相符，确认该文书是客观存在的物品，又具有用文字、符号、图案等所表示的符合法律要求的思想内容，来证明该文书确实存在，真实无误，内容合法的活动。

具有法律意义的文书公证具体包括公司章程公证、中外文本相符公证，文件的副本、影印本、复印本、节本、译本等与原本相符公证、译文与原文相符公证、文件签名、印鉴、日期公证等。公证机构对具有法律意义的文书的证明，是一种程序上的证明。其主要任务是通过审查、确认有关文书在形式上是否真实，在内容上是否合法，而对文书内容的真实可靠程度并不进行审查。

公证机构通常采用两种方法来证明它们。

1. 证明文件上的签名、印鉴属实

签名、印鉴属实是反映文件真实性的最主要的指征。对于国家机关颁发的各类文件、证书、证明上的签名、印鉴，公证机构要证明其真实性，往往会要求有关部门予以核查。如果属于当事人自己的签名或印鉴，公证机构常要求当事人当着公证员的面签字、盖章；如果是在签字、盖章之后要求公证，当事人需要为签名、盖章的真实性负举证责任。

2. 证明文件的副本、节本、译本、影印本与原本相符

副本是指原本以外的其他复本，它与原本的内容、形式完全相同。节本是指经过删节的文本，是原本的一部分。译本是翻译成另外一种文字的文本。影印本是指经过洗印或复

---

① 王建国. 司法制度原理［M］. 郑州：郑州大学出版社，2014：301.

印的文本。

一般情况下，副本、节本、译本、影印本是不能发挥与原本一样的效力的，但在日常生活、工作、学习中，许多时候是不能直接或不方便直接使用文件原本的。遇到类似问题，即可通过公证的方式，使副本、节本、译本、影印本获得与原本相同的法律效力。

【案例 14-2】

文本相符公证应同时提供原件与复制件

【案例 14-2】点评

杨某从王某手中借走现金 10 万元，约定借款期限 1 年，并立借据 1 张。当时王某没有听从朋友的建议去办理公证手续。借款到期后，杨某没有主动归还，经王某多次催要，仍没有还款的表示。后为防借据遗失，王某特意将借据复印后与原件分开存放。几年后，王某家失火，存于家中的借据原件也被烧毁。王某不知道凭借据复印件能否收回欠款，才想起当时朋友的建议，当他到公证处要求办理公证时却遭到了拒绝。

（四）提存公证

提存，是当事人清偿债务的一种重要方式，传统的提存是由于债权人方面的原因使债务人无法履行其给付义务时，债务人将给付标的物提交于公证机构，而后由公证机构转交债权人的行为。随着市场经济的发展，目前的提存已经突破了传统的提存概念。当事人交易可以约定，预先将给付标的物的全部或一部分提存到公证机构，待条件具备时，再由公证机构将给付标的物交付债权人。

公证机构在办理此类业务时，应当重点审查以下内容：（1）当事人的身份；（2）提存之债是否真实合法；（3）提存标的物与提存之债是否一致；（4）债务人是否无法直接履行债务，等等。《公证法》第 12 条关于公证业务的授权性规定中第 2 项即规定了公证机构具有办理提存业务的权利，为今后公证机构开展此类业务提供了法律依据。

（五）赋予无疑义债权文书具有强制执行效力的公证

赋予无疑义债权文书具有强制执行效力公证，是指公证机构根据当事人的申请按照法定程序的规定对于无疑义的追偿债权、物品的债权文书，赋予其具有强制执行效力的一种证明活动。《公证法》第 37 条规定："对经公证的以给付为内容并载明债务人愿意接受强制执行承诺的债权文书，债务人不履行或者履行不适当的，债权人可以依法向有管辖权的人民法院申请执行。"《民事诉讼法》也有规定，对公证机关依法赋予强制执行效力的债权文书，一方当事人不履行的，对方当事人可以向有管辖权的人民法院申请执行，受申请的人民法院应当执行。公证书具有与法院判决书一样的强制执行效力，其理论基础在于公证减少纠纷、预防诉讼的具体功能，债权人完全可以凭借已被赋予强制执行效力的公证书来避免陷入冗长的诉讼程序中去。因此，该公证书出具后，即具有强制执行的效力，当债务人拒不履行义务时，债权人可以不经审判程序，直接申请人民法院强制执行。所以，赋予债权文书具有强制执行效力也属于公证机构专门性的业务。

【案例 14-3】

具有强制执行效力的公证债权文书可提高
银行的工作效率

【案例 14-3】点评

　　中外合作经营企业 A 公司、B 公司、C 公司及 D 公司分别向中国建设银行某支行申请贷款，合计人民币 1000 万元；期限：从 2010 年 5 月 20 日至 2014 年 5 月 19 日；用途：用于本公司的发展。上述贷款的担保方式均是质押，分别以上述四家合作公司，即 A 公司、B 公司、C 公司及 D 公司所拥有的公路收费权作质押担保。后来上述借款合同的当事人向公证处提出公证请求，对其签订的借款合同和质押合同进行赋予强制执行效力的公证。

（六）其他授权性公证业务

　　《公证法》第 12 条关于公证业务的授权性规定："根据自然人、法人或者其他组织的申请，公证机构可以办理下列事务：（一）法律、行政法规规定由公证登记的事务；（二）提存；（三）保管遗嘱、遗产或者其他与公证事项有关的财产、物品、文书；（四）代写与公证事项有关的法律事务文书；（五）提供公证法律咨询。"

三、公证执业区域

　　公证执业区域又称之为公证管辖或者公证机构辖区，是司法行政机关对公证机构之间受理公证业务的地域范围所进行的横向划分。根据《公证法》的规定，由于各公证机构之间无隶属关系，地位平等，因此公证机构受理公证事项不存在上下级之间的纵向分工。划定公证执业区域的意义在于：一方面可以明确公证机构执业的范围或者说受理公证事项的基本准则；另一方面可以明确当事人申请办理公证时向哪个地方的公证机构申请。①

（一）公证执业区域的概念

　　《公证程序规则》第 13 条第 1 款规定："公证执业区域是指由省、自治区、直辖市司法行政机关，根据《公证法》第 25 条和《公证机构执业管理办法》第 10 条的规定以及当地公证机构设置方案，划定的公证机构受理公证业务的地域范围。"公证执业区域，是指各公证机构之间受理公证业务的地域范围。公证机构应当在核定的执业区域内受理公证业务。

（二）公证执业区域的划分

　　公证执业区域是司法行政机关对公证机构之间受理公证业务的地域范围所进行的平面、横向划分。明确规定公证人的执业区域也是国外一些国家的普遍做法。如《德意志

---

　① 陈宜，王进喜．律师公证制度与实务［M］．北京：中国政法大学出版社，2014：319.

联邦公证人法》第 11 条规定，公证人的职务区域是其职务地所在的州高等法院的辖区。只有在紧急情况下，或者取得监督机关的许可以后，公证人才可以在职务区域以外执业职务。《意大利公证法》第 3 条明确规定，初审法院的管辖区即为公证辖区。《西班牙公证人职业法》第 3 条规定，各审判区为公证业务的管辖区。《日本公证人法》第 17 条规定，公证人执行职务的区域为其所属的法务局或地方法务局的管辖区域。《韩国公证人法》第 16 条规定，公证人执行职务的区域为其所隶属的地方检察厅的管辖区域。《俄罗斯联邦公证立法纲要》第 13 条规定，公证区（公证人的活动地域）依照俄罗斯联邦的行政区划确定。在拥有地区划分或其他行政区划的城市，则相应的整个城市的地域为公证区。公证人应当在其被任命的公证区的范围内实施公证行为。《美国模范公证法》规定，如被任命为公证人，则可在本州任何地方从事为期 4 年的公证行为。①

我国有权确定公证机构执业区域的主体是省、自治区、直辖市司法行政机关，划定公证机构执业区域的依据有三：一是《公证法》第 25 条的规定："自然人、法人或者其他组织申请办理公证，可以向住所地、经常居住地、行为地或者事实发生地的公证机构提出。申请办理涉及不动产的公证，应当向不动产所在地的公证机构提出；申请办理涉及不动产的委托、声明、赠与、遗嘱的公证，可以适用前款规定。"二是《公证机构执业管理办法》第 10 条的规定："公证执业区域可以下列区域为单位划分：（一）县、不设区的市、市辖区的辖区；（二）设区的市、直辖市的辖区或者所辖城区的全部市辖区。公证机构的执业区域，由省、自治区、直辖市司法行政机关在办理该公证机构设立或者变更审批时予以核定。"三是当地公证机构设置的实际情况。

划定公证机构执业区域，可以使公证机构在同一个平台上开展业务，体现了公开公平的原则；同时有效制止公证行业内的不正当竞争行为，有利于规范公证执业行为，提升公证行业的公信力。在划定公证机构执业区域时，司法行政机关应当遵循依法和公平的原则，同一层级的公证机构，其执业区域应当平等。

《公证程序规则》第 13 条第 2 款规定了公证机构的执业区域，由省、自治区、直辖市司法行政机关在办理该公证机构设立或者变更审批时予以核定。对于新设的公证机构，有权的司法行政机关应当在批准其设立的同时，划定其执业区域；对于已设立的公证机构，其执业区域的确定应在其变更审批时由省、自治区、直辖市司法行政机关确定。

（三）公证机构在核定的执业区域内受理公证业务的基本准则

《公证法》第 25 条及《公证程序规则》第 14 条都规定了公证机构受理当事人申请的基本准则。《公证法》第 25 条规定："自然人、法人或者其他组织申请办理公证，可以向住所地、经常居住地、行为地或者事实发生地的公证机构提出。申请办理涉及不动产的公证，应当向不动产所在地的公证机构提出；申请办理涉及不动产的委托、声明、赠与、遗嘱的公证，可以适用前款规定。"公证机构在核定的执业区域内受理公证业务的基本准则如下：

1. 当事人住所地的公证机构受理

通常所说的住所地，是指自然人的户籍所在地，法人或者其他组织的主要办事机构所

---

① 赵程.公证程序规则释义 [M].北京：法律出版社，2006：41-42.

在地。据此，只要申请人的户籍地或者主要办事机构所在地在该公证机构的执业区域内，该公证机构就有权受理当事人的公证申请。自然人的户籍所在地一般以其户口簿或者居民身份证上登记的地址为准。法人或者其他组织的主要办事机构所在地一般以《法人营业执照》或者《营业执照》上登记的地址为依据。在审查当事人提交的有关证件时，应当注意身份证件是否在有效期限内、户口簿登记的住址是否变动、法人或其他组织的营业执照是否通过了主管机关的年检。

2. 当事人经常居住地的公证机构受理

根据《最高人民法院关于贯彻执行〈中华人民共和国民法通则〉若干问题的意见（试行）》的规定，公民离开住所地最后连续居住1年以上的地方，为经常居住地，但住院治病的除外。通常情况下，公民的住所地与经常居住地是一致的；公民的住所地与经常居住地不一致的，经常居住地视为住所地。之所以既规定当事人住所地又规定其经常居住地为公证机构受理公证申请的区域范围，主要是考虑到实践中有很多人的住所地与经常居住地不一致，例如，内地公民应聘到沿海开放城市工作，但不迁移户口；还有些人根本没有户口或暂时无户口，例如，现役军人、超生子女、某些出国人员以及已经毕业但尚未迁移户口的大学毕业生。若一律要求上述人员回户籍所在地的公证机构申办公证，既不方便当事人，同时也给其户籍所在地的公证机构核实有关情况造成困难。因此，规定当事人经常居住地的公证机构有权受理公证申请是合理的，充分体现了便民原则。

3. 行为地的公证机构受理

公证事项为法律行为时，法律行为发生地的公证机构有权受理。法律行为发生地是指当事人实施法律行为的地点。法律行为也称民事法律行为，是指自然人、法人或其他组织设立、变更、终止民事权利和民事义务的合法行为。法律行为是法律事实的一种，法律行为是以意思表示为要素的法律事实。这是法律行为的最根本特征，也是它区别于其他法律事实的基本特征。法律行为从主体上可分为单方法律行为、双方法律行为和共同法律行为。单方法律行为是由当事人一方的意思表示而成立的民事法律行为。对单方法律行为，如委托、声明、遗嘱、赠与，就由该行为发生地的公证机构受理。双方法律行为也称合同行为、契约行为，是基于双方意思表示一致才能产生法律后果的民事法律行为。共同法律行为是由两个以上多方共同意思表示一致而成立的民事法律行为，如合伙、联营、决议。对双方法律行为申请公证时，该公证事项由合同签订地的公证机构受理。共同法律行为与双方法律行为的不同点在于：合同双方当事人的权利和义务是相反而又相成的，甲方的权利就是乙方的义务；而共同法律行为中，所有当事人的权利和义务都是相同的，标的是同一的。在双方或共同法律行为中，若当事人的行为地不在同一个地点，申请公证时则根据《公证程序规则》第15条确定的原则处理①。例如，甲公司在天津登记注册，乙公司在广州登记注册，两公司在北京订立合同，则这两家公司既可以向天津的公证机构提出申请，也可以向广州的公证机构提出申请，还可以向北京（行为地）的公证机构提出申请。

4. 事实发生地的公证机构受理

① 《公证程序规则》第15条规定："二个以上当事人共同申办同一公证事项的，可以共同到行为地、事实发生地或者其中一名当事人住所地、经常居住地的公证机构申办。"

法律事实系指能够引起法律关系产生、变更和消灭的事实。法律事实可分为两类：一是行为，即以人的意志为转移的法律事实，如设立遗嘱、赠与财产、签订合同；二是事件，即不以人的意志为转移的法律事件，如出生、死亡、失踪、灾害等事件。法律事实一般通过具有法律意义的文书来表示。公证实践中主要是对有法律意义的文书进行证明。根据《公证法》的规定，证明对象主要包括出生、生存、死亡、身份、经历、学历、学位、职务、职称、有无违法犯罪记录；婚姻状况、亲属关系、收养关系；文书上的签名、印鉴、日期，文书的副本、节本、译本、影印本与原本相符等；为方便当事人办证，同时也便于公证职能的行使，上述法律事实公证事项既可由当事人住所地，也可由法律事实发生地的公证机构受理。

在公证申请中，前述四种准则是并行的关系，当事人可以根据实际情况，任意选择一个有管辖权的公证机构提出申请，公证机构均不得予以拒绝或者推诿。采取这种并行受理原则主要是考虑当事人申办公证事项的种类有很多：既有国内事项，也有涉外事项；既有经济事项，也有民事事项。如果简单地规定某种公证事项只能向某一公证机构申请，会极大地限制当事人申办公证事项的权利，也不便公证机构办理公证事项。例如，何某户籍地在北京（住所地），在广州某大学毕业（事实发生地），聘用在上海某公司工作（经常居住地），该当事人要申办学历公证就可以选择向北京、广州或上海的公证机构提出申请。

5. 凡申请办理涉及不动产的公证事项，由不动产所在地的公证机构受理

不动产主要是指土地、地上建筑物及其附属物。涉及不动产的公证事项主要是指不动产的转让，包括不动产所有权和使用权的转让，如房屋买卖、赠与、继承。《公证法》第25条第2款规定："申请办理涉及不动产的公证，应当向不动产所在地的公证机构提出；申请办理涉及不动产的委托、声明、赠与、遗嘱的公证，可以适用前款规定。"因此，涉及不动产的公证事项一律由不动产所在地的公证机构受理。这一规定排除了非不动产所在地（诸如当事人住所地、经常居住地、行为地或事实发生地）的公证机构受理涉及不动产公证事项的权利，而只能由该公证事项中的不动产所在地的公证机构受理。但是当事人申请办理涉及不动产的委托、声明、赠与、遗嘱的公证，既可以由不动产所在地的公证机构受理，也可以由其住所地、经常居住地、行为地或者事实发生地的公证机构受理。

【案例 14-4】

委托书公证可由不动产所在地、当事人住所地等
公证机构受理

【案例 14-4】点评

王某户籍在上海，但其被公司常派北京工作，2 年前曾继承了其父母在深圳的房产一套，现他想委托居住在深圳的妹妹将该房产卖掉，需要申办委托书公证。因此，他向深圳（不动产所在地）的公证机构申请办理不动产的委托书公证，该机构也受理了王某的申请。

6. 当事人共同申办同一公证事项由其协商选定的公证机构受理

当两个以上当事人共同申办同一公证事项时，会存在当事人之间决定由谁申办公证事项或者向谁申办公证事项的问题。当事人之间协商选择向公证机构申办公证事项即以往所说的协商管辖。申办同一公证事项的若干个当事人因住所地、经常居住地、行为地或者事实发生地不在同一个公证机构执业区域时，则会出现多个公证机构均可以受理的情形。《公证程序规则》第 15 条规定："二个以上当事人共同申办同一公证事项的，可以共同到行为地、事实发生地或者其中一名当事人住所地、经常居住地的公证机构申办。"在这种情况下，可由当事人之间进行协商，共同向其中一个公证机构提出申请。需要注意的是，如果当事人协商不成，则公证机构不能受理，也不能由公证机构之间通过协商确定由哪一个公证机构受理，因为《公证法》并没有赋予公证机构之间协商确定受理公证事项的权力，所以，协商选择向哪一个公证机构申办公证的权利只能由当事人来行使。

7. 管辖争议以及处理

《公证程序规则》第 16 条规定："当事人向二个以上可以受理该公证事项的公证机构提出申请的，由最先受理申请的公证机构办理。"对于当事人分别向两个以上公证机构提出公证申请如何确定最先受理问题，适用由最先受理申请的公证机构办理准则。

现实中可能有两种情形：一是二个以上当事人分别向二个以上可以受理该公证事项的公证机构提出申请，如多个继承人分别向各自住所地公证机构提出公证申请；二是一个当事人分别向二个以上可以受理该公证事项的公证机构提出申请。针对上述情况，法律规定采用最先受理准则。由于《公证法》没有规定类似指定管辖的原则，因此《公证程序规则》第一次明确了这一准则，通过确立最先受理准则，以确定哪一个公证机构的受理为有效，可以解决实践中公证机构的受理冲突问题。

第二节 公证的程序

公证程序，是指当事人向公证机构申请办理公证，公证机构受理公证，行使公证证明职能时必须遵守的操作规范。

公证程序是公证制度中最重要的部分，所有的公证行为都必须在公证程序的约束下进行，否则整个公证活动将陷入混乱无序的状态，公证效力也将失去制度性的支持。同时，公证程序也是明确公证机构与公证当事人之间的法律关系，保证公证机构正确执行国家法律法规，提高工作效率，确保公证质量，提高公证效能的必要法律措施。

公证程序包括公证的申请与受理、公证审查、出具公证书三个基本的程序阶段。此外还包括公证的其他程序规则，如公证期限、终止与不予办理公证等内容。

一、公证的申请与受理

（一）申请

公证申请，是指自然人、法人或其他组织向公证机构申请办理公证请求的公证程序。自然人、法人或其他组织向公证机构提出公证申请，是启动公证程序的第一道环节，公证活动一律由公证当事人的申请而启动。

1. 申请人

向公证机构提出办理公证请求的人，称为申请人。申请人可以是公民、法人或其他组织，在公证活动中成为公证法律关系主体之一。公民申办公证应由本人亲自提出；法人申办公证，应当由其法定代表人代表；其他组织申办公证，应当由其负责人负责办理。法律另有规定的除外，当事人、当事人法定代理人或者法定代表人，可以委托代理人代为申办公证。

根据法律规定，申请人必须具有以下条件：

（1）申请人必须是具备民事权利能力和行为能力的公民、法人或其他组织。限制民事行为能力的人申办公证，应当征得其法定代理人同意或由其法定代理人代理；无民事行为能力人申办公证，应当由其法定代理人代理；法人或其他组织申办公证，应由其法定代表人或主要负责人或其委托代理人办理。

（2）申请人与申请公证事项存在法律上的利害关系。这里的利害关系是指申请人与申请公证事项具有法律上的利益和损害关系，并对申请人的身份关系或财产关系产生法律上的影响，否则，与该申请事项无法律上的利益和损害关系的人，当然就不能申请该项公证。例如，对于甲的学历证书，只有甲可以向公证机构申请公证，无法律利害关系的乙就不能直接申请该项公证。

2. 公证申请表

公证申请表，就是自然人、法人或者其他组织为了向公证机构申请办理公证，而填写申请人基本情况、申请事项、用途、要求以及有关证据材料等的专门表格。这种表格化的公证申请书既是公证申请行为的书面形式，也是对公证申请的表格化处理。对公证申请进行统一的表格化处理，有利于规范公证申请行为，提高公证工作的效率，更好地方便申请人。《公证程序规则》第17条第1款规定："自然人、法人或者其他组织向公证机构申请办理公证，应当填写公证申请表……"因此，我国公证申请方式只有书面申请，不能口头申请。

（1）公证申请表的形式和内容。公证申请表的形式可由公证机构自行设计。但《公证程序规则》第17条对公证申请表的内容做了统一规定，各公证机构在设计公证申请表时应当遵照执行。根据本条规定，公证申请表应当载明下列内容：

第一，申请人及其代理人的基本情况。具体来说，申请人及其代理人为自然人的，一般包括其姓名、性别、出生日期、身份证号码、工作单位或住址以及联系方式等。申请人及其代理人为法人或其他组织的，一般包括其名称、地址、法定代表人或负责人以及联系方式等。

第二，申请公证的事项及公证书的用途。

第三，申请公证的文书的名称。

第四，提交证明材料的名称、份数及有关证人的姓名、住址、联系方式。

第五，申请的日期。

第六，其他需要说明的情况。

（2）公证申请表的填写。自然人在申请办理公证时，原则上应当亲自填写公证申请表，并签名或者盖章；但如果该申请人因不识字或者由于身体原因等亲自填写公证申请表有困难，公证人员也可以代为填写。公证人员代填写完毕后，应当将公证申请表的内容向申请人进行宣读，或者交申请人核对，最后再由其签名或者盖章；如申请人不能签名、盖章的，由其本人在公证申请表上捺指印。

3. 申请公证应该提交的材料

《公证法》规定，公证是公证机构依法对民事法律行为、有法律意义的事实和文书的真实性、合法性予以证明的活动，公证活动应当遵守法律，坚持客观、公正的原则。而要实现这些要求，公证机构在办理公证时必须依照本条的规定向申请人索取材料，以证实申请事项的真实性、合法性。对此，申请人应当积极给予配合。根据《公证程序规则》第18条的规定，自然人、法人或者其他组织申请办理公证，应当向公证机构提交下列材料。

（1）自然人的身份证明、法人的资格证明及其法定代表人的身份证明、其他组织的资格证明及其负责人的身份证明。如居民身份证、军官证、户口簿等。申请人是法人的，应提供法人资格证明及其法定代表人的身份证明。

（2）委托书。《公证法》第26条规定："自然人、法人或者其他组织可以委托他人办理公证，但遗嘱、生存、收养关系等应当由本人办理公证的除外。"委托他人代为申请的，委托代理人须提交当事人的授权委托书；法定代理人和其他代理人须提交有代理权的证明；以上代理人均应提交其身份证。

（3）申请公证的文书。如合同书、书面形式的遗嘱、营业执照、毕业证、存款证明书等。作为法律文书，申请人应提交原件，法定机关制作的文书，应当提交正本或经公证人员审核无误的副本或复印本。

（4）申请公证的事项的证明材料。涉及财产关系的须提交有关财产权利证明。如办理房产转让或者抵押公证的，必须提交房产证。

（5）与公证事项有关的其他材料。如继承权公证中，申请人与被继承人之间关系的证明等。此类材料可由公证员根据办理特定公证的事项的实际情况，酌情要求当事人提供。

同时，我国《公证法》第27条第1款规定："申请办理公证的当事人应当向公证机构如实说明申请公证的事项的有关情况，提供真实、合法、充分的证明材料；提供的证明材料不充分的，公证机构可以要求补充。"因此，当事人在提交材料时应提交真实、合法、充分的材料。

（二）受理

公证的受理是指公证机构接受申请公证事项的当事人的申请，并同意给予办理公证的行为。受理是公证机构公证行为的开始，同时表明其法律关系的产生。自然人、法人或者其他组织需要办理公证的，必须向公证机构提出申请；公证机构在收到申请后，再根据《公证法》等有关规定的条件，决定是否受理。公证机构受理自然人、法人或者其他组织的申请后，才能实施其后的一系列具体公证活动。

公证受理，是指公证机构接受自然人、法人或者其他组织的申请，同意给予办理公证的行为。

符合下列条件的申请，公证机构可以受理：

1. 申请人与申请公证的事项有利害关系

要求申请人与申请公证的事项有利害关系，是指申请人对申请公证的事项有法律上的利益或者损害关系。

2. 申请人之间对申请公证的事项无争议

对某一申请事项，申请人之间如有争议，公证机构不能受理，应当告知申请人协商处理；等协商后消除争议了，再申请公证。这是因为公证与诉讼、仲裁等救济途径不同，它是一种非诉活动，其目的不是解决争议或者纠纷，因此，对于有争议事项的公证申请，公证机构不予受理。

3. 申请公证的事项符合公证机构的业务范围

对于超出公证机构业务范围的申请事项，公证机构不予受理，公证机构应当告知申请人到有关部门请求解决。

4. 申请公证的事项符合公证机构受理公证事项的基本准则

法律、行政法规规定应当公证的事项，符合上述规定的条件的，公证机构应当受理；对不符合规定条件的公证申请，公证机构不予受理，并通知申请人。

公证机构受理公证申请后，在向申请人发送受理通知单时，应当要求申请人或其代理人在回执上签名或者盖章。公证机构应当在受理通知单中明确告知申请人出具公证书的期限。同时，公证机构还应当通过受理通知单明确告知申请人承办该项公证的公证员的姓名，以方便其决定是否根据《公证程序规则》第 23 条的规定要求承办公证员回避。发送申请通知单使申请人明确公证机构受理公证申请的时间、出具公证书的时间、承办公证员等，以便于申请人对公证活动的监督。

二、公证审查

公证的审查是指公证机构在受理公证申请后，制作公证书以前，在收集有关证据的基础上，对当事人申请公证的事项及提供的证明材料进行核实的活动。审查是公证程序中最重要、最基本的阶段。它上连受理，下接出证，是公证活动的中心环节，它关系到公证机构能否按照当事人的请求作出公证决定，是保证公证行为有效性和出具的证明文书真实合法的关键。《公证法》第 28、29 条及《公证程序规则》第 24~34 条分别规定了审查的内容和审查方法等。

（一）审查的内容

公证机构应对当事人的身份、行为能力、申请公证的事项和有关事实的真实性、合法性进行全面的调查核实。审查的内容关键在于申请公证的事项是否具备公证条件，而公证以真实、合法为其根本的原则，因此审查的核心即是申请公证的事项是否真实、合法。《公证程序规则》第 24 条对公证审查事项作了规定："公证机构受理公证申请后，应当根据不同公证事项的办证规则，分别审查下列事项：（一）当事人的人数、身份、申请办理该项公证的资格及相应的权利；（二）当事人的意思表示是否真实；（三）申请公证的文书的内容是否完备，含义是否清晰，签名、印鉴是否齐全；（四）提供的证明材料是否真实、合法、充分；（五）申请公证的事项是否真实、合法。"

因此，公证审查的重点内容如下：

1. 当事人的人数、身份、资格和民事行为能力在审查当事人的人数时，要避免遗漏当事人，但同时也要避免出现无权利义务关系的第三人。例如，在办理房屋买卖公证中，如果房屋系夫妻共同财产，需审查夫妻双方的情况，如果遗漏一方的话，将会构成公证书的瑕疵。而如果系婚前取得的房屋，却由无权利关系的配偶一起办理公证，也将会构成公证书的瑕疵；当事人是否提交了足以证明其身份的证明材料；代理人的身份，以及是否享有合法的代理权；当事人是否具有相应的民事行为能力，都是公证审查的重点。

2. 当事人的意思表示和相应权利

意思表示真实的民事法律行为，能够发生其预期的法律后果。公证审查当事人的意思表示主要是审查当事人的意思表示是否真实，有无受胁迫、欺诈或乘人之危、重大误解等情况存在。有以上情况存在，都不应予以公证。审查当事人是否享有与公证事项相关的权利。例如：在房屋交易过程中，为了逃避税收，当事人将房屋买卖合同公证做成房屋赠与合同公证或在房屋交易合同中将交易价格报低，这些行为虽然形式合法，但却是用合法形式掩盖了非法的目的，公证员凭着自己的法律知识和实践经验对上述变相交易可以不予公证。

3. 需要公证的文书内容是否完善，含义是否准确，签名、印鉴是否齐全

文书内容是否完备，是指需公证的文书基本内容和辅助内容是否已经符合法律和当事人的要求，是否具有合法性、合理性和可行性。文书的基本条款是保证文书生效的重要要件，公证员作为专业的法律人士，负有保证公证书效力的义务，因此对文书基本条款的审查是对文书审查的基本责任。文书的辅助内容不构成文书生效的重要要件，但文书辅助内容的不完善也容易导致纠纷，因此，公证员也应对文书辅助内容予以适当的关注。同时公证员应当帮助当事人检查需印鉴、盖章的文书上有关人员是否都已签名、盖章、有无遗漏和差错。以保证文书形式符合法律的要求。

4. 当事人提供的证明材料是否真实、充分

公证机构对当事人提供的各种证明材料都要审查其是否真实、合法、充分。如出生公证的办理需提供出生证、户籍材料等；继承权公证的办理需要提供遗产证明、死亡证明、婚姻情况证明、亲属关系证明及放弃继承权声明等。如果当事人提供的材料有疑问和不充分时，公证机构应要求当事人作必要的补充和说明。

5. 公证事项的真实性、合法性

对需要公证的行为、事实或文书的内容审查是否真实、合法，是公证审查的重中之重。需要公证的事情必须是真实、客观存在的、符合法律规定的而不是虚构、伪造、违法的。

（二）审查方法

根据《公证程序规则》第 27 条的规定，公证人员承办公证业务时，一般按以下方法进行审查：

1. 询问当事人、公证事项的利害关系人和有关证人

采用询问方式向当事人、公证事项的利害关系人或者有关证人了解、核实公证事项的有关情况以及证明材料的，应当告知被询问人享有的权利、承担的义务及其法律责任。公证人员询问当事人和证人，应制作询问笔录或者制作谈话记录，笔录或记录应交被询问人

核对并签名、盖章或捺手印。

2. 调取书证、物证和视听资料

书证是指用文字、图形、符号证明公证对象真实情况的书面材料；物证是指以物质外形、质量、特征、痕迹等品质来证明公证对象真实情况的物品；视听资料是指以音像、电脑储存等信息手段来证明公证事项真实情况的证据。公证员向有关单位或个人了解相关情况或核实、收集书证、物证和视听资料等证明材料，以上证据要认真审查，判断真伪。

3. 现场勘验

对与公证事项有关的现场，公证人员应当进行勘查、检验，并对有证明意义的事实制作笔录。根据需要，公证人员可以采用绘图、照相、录像或者录音等方式对勘验情况或者实物证据予以记载，这是固定、保全证据的重要方法。

4. 鉴定、检验检测、翻译

鉴定是指专门部门和具有专门知识的人员对与公证事项有关的某些专门性问题进行的鉴别和评定的活动。如医学鉴定、笔迹鉴定等。检验检测是指委托专业机构或者专业人员对公证事项涉及的物证材料进行检查核验、测试测量等，并作出客观记录的活动，即由专业机构或专业人员进行的"勘验"。公证活动中的翻译，通常是指外文翻译，有时也涉及少数民族语言的翻译和聋哑人语言、盲文的翻译。要委托专业机构或者专业人员对申请公证的文书或者公证事项的证明材料进行鉴定、检验检测、翻译的，应当告知当事人由其委托办理，或者征得当事人的同意代为办理。鉴定意见、检验检测结论、翻译材料，应当由相关专业机构及承办鉴定、检验检测、翻译的人员盖章和签名。

以上四种方法是公证实质审查时常用的方法。《公证程序规则》第33条规定："公证机构委托异地公证机构核实公证事项及其有关证明材料的，应当出具委托核实函，对需要核实的事项及内容提出明确的要求。受委托的公证机构收到委托函后，应当在1个月内完成核实。因故不能完成或者无法核实的，应当在上述期限内函告委托核实的公证机构。"《公证程序规则》第28条规定："公证机构进行核实，应当遵守有关法律、法规和有关办证规则的规定。公证机构派员外出核实的，应当由二人进行，但核实、收集书证的除外。特殊情况下只有一人外出核实的，应当有一名见证人在场。"

三、出具公证书

出具公证书，即出证，是指公证机构根据对公证事项的审查结果，对符合条件的公证事项，依法在规定的期限内，按照规定的程序审批、制作、发送公证书的活动。出具公证书是公证机构受理、审查等公证程序工作的结果，是公证程序中的重要环节之一，也是公证机构进行公证证明的最后一道工序。

根据有关规定，出证包括决定出具公证书的出证条件、审批、制作公证书和领取、发送公证书四个环节。

（一）出证条件

出证的条件，即出具公证书的条件，是指公证机构依法对公证事项进行证明并出具公证书应当达到的标准。对于符合出证条件的公证事项，公证机构应当决定出具公证书。根据《公证法》第30条的规定，公证机构出具公证的条件包括：（1）申请公证的事项真

　　实、合法；（2）申请人提供的证明材料真实、合法、充分。根据公证事项的不同，公证机构对各类公证事项的出证条件都有法律的明确规定。

　　《公证程序规则》第 36 条规定："民事法律行为的公证，应当符合下列条件：（一）当事人具有从事该行为的资格和相应的民事行为能力；（二）当事人的意思表示真实；（三）该行为的内容和形式合法，不违背社会公德；（四）《公证法》规定的其他条件。不同的民事法律行为公证的办证规则有特殊要求的，从其规定。"

　　《公证程序规则》第 37 条规定："有法律意义的事实或者文书的公证，应当符合下列条件：（一）该事实或者文书与当事人有利害关系；（二）事实或者文书真实无误；（三）事实或者文书的内容和形式合法，不违背社会公德；（四）《公证法》规定的其他条件。不同的有法律意义的事实或者文书公证的办证规则有特殊要求的，从其规定。"

　　3. 文书上的签名、印鉴公证和文书文本公证的出证条件

　　根据《公证程序规则》第 38 条的规定，（1）文书上的签名、印鉴应当准确、属实。实践中，常在核对当事人的真实身份后，由当事人在公证员面前亲自签名或盖章，或由当事人在公证员面前确认文书上的签名、印鉴属自己所为。（2）文书文本公证，要求文本的副本、影印本、复印本、译文、节本等与原本在内容上一致。这两类公证也被称为认证类公证。

　　4. 赋予债权文书具有强制执行效力的公证的出证条件

　　《公证程序规则》第 39 条规定："具有强制执行效力的债权文书的公证，应当符合下列条件：（一）债权文书以给付货币、物品或者有价证券为内容；（二）债权债务关系明确，债权人和债务人对债权文书有关给付内容无疑义；（三）债权文书中载明债务人不履行义务或者不适当履行义务时，债务人愿意接受强制执行的承诺。（四）《公证法》规定的其他条件。"

　　赋予强制执行效力的债权文书公证是公证机构的一项重要业务，也是公证书执行效力的体现。《公证法》第 37 条规定："对经公证的以给付为内容并载明债务人愿意接受强制执行承诺的债权文书，债务人不履行或者履行不适当的，债权人可以依法向有管辖权的人民法院申请执行。"

　　《民事诉讼法（试行）》《民事诉讼法》《公证法》等法律先后确认了公证机构赋予强制执行效力的职能。《关于公证机关赋予强制执行效力的债权文书执行有关问题的联合通知》有力地推动了具有强制执行效力的债权文书公证工作的开展，使公证在预防纠纷、减少纠纷、维护债权人合法权益、保证债权合同的顺利履行等方面发挥越来越大的作用。

　　我国《民事诉讼法》中执行程序的启动需要具备的条件有：以生效的法律文书为执行依据；生效的法律文书必须具有给付内容；以一方当事人无故不履行义务为前提。可见，公证机构赋予债权文书强制执行效力的条件，与《民事诉讼法》的规定既有联系又有区别。

　　（二）审批

　　这里的审批是指审查批准出证的过程。根据《公证程序规则》第 40 条的规定，公证

员在完成公证证明对象的真实性与合法性审查之后，对于符合出证条件的公证事项，承办公证员应及时草拟公证书，除主办公证员所承办的不需要审批的公证事项之外，其他公证员应当将公证书连同报批申请表和公证卷宗一并报送公证机构的有关审批人员及时进行审批，而在审批之后，所有案卷材料将交由有关制证人员制作公证书，最后再由公证机构指定的公证人员向当事人送达公证书。因此，公证审批也是公证出证程序的重要内容。实践中出现先向当事人送达公证书而后履行公证书审批的情况，简称"先上车，后买票"现象，是违反公证程序的。

另外，公证机构负责人或被指定负责审批的公证员不得审批自己承办的公证事项。

（三）制作公证书

公证书是具有特殊法律效力的证明文书，公证书应按司法部规定或批准的格式制作。《公证法》第 32 条规定："公证书应当按照国务院司法行政部门规定的格式制作，由公证员签名或者加盖签名章并加盖公证机构印章。公证书自出具之日起生效。公证书应当使用全国通用的文字；在民族自治地方，根据当事人的要求，可以制作当地通用的民族文字文本。"

一般情况下，公证书中应包括以下基本内容：

（1）公证书编号。公证文书编号采用按年度、公证机构代码、公证书类别、公证书编码的方式。如"（2006）沪证房字第 1068 号"。

（2）当事人基本情况。当事人为公民的，应写明其姓名、性别、出生日期、住址等。当事人为法人的，应写明法人名称、法定代表人、住所等。有代理人的，应写明代理人的基本情况。

（3）公证证词。公证证词是公证书的核心内容。应写明：公证证明事项、范围和内容及所依据的法律、法规等。

（4）承办公证员的签名（签名章）、公证机构印章。

（5）出证日期。公证书自出具之日起生效。需要审批的公证事项，审批人的批准日期为公证书的出具日期；不需要审批的公证事项，承办公证员的签发日期为公证书的出具日期；现场监督类公证需要现场宣读公证证词的，宣读日期为公证书的出具日期。

公证文书一经做成要保证其整洁，原则上不能涂改、挖补。作出的公证书确有错误的，应按照《公证程序规则》第 63 条的相关规定进行更正，以确保公证文书的严肃性。对公证书格式有特殊要求的，应按要求制作公证文书。例如，具有强制执行效力的公证书应在公证证词中注明。

（四）领取、发送公证书

公证书制作后，公证机构应将制作好的公证书正本及当事人要求的若干份副本发给当事人。公证机构留存公证书原本（签发稿）和一份正本附卷。公证书做成之后，可以由当事人自己到公证机构领取，也可以委托其代理人到公证机构领取，还可以要求公证机构代为发送。公证机构应当将其及时发给当事人。从规定上看，当事人领取公证书的方式较为灵活。当事人领取公证书应出示领取凭证（一般为受理通知单、缴费凭证等）和身份证件。如果当事人不能自己领取而委托他人代领的，原则上应出示委托书和领取凭证、身份证件。如果要求公证机构代为发送的，当事人应当交付寄送费用、明确寄送地址等，公证机构应保留寄送的凭据，以备查询。当事人或其代理人在收到公证书并核对无误后，应在公证书送达回执上签名或盖章，并注明收到的日期、份数和公证书的编号。

对发往域外使用的需要认证的公证书，由公证机构代办认证，应在办完领事认证后再行送达。

四、公证期限、不予办理与终止公证

（一）公证期限

出具公证书的期限，是指公证机构从受理公证事项之日到出具公证书之日所经过的期间。公证书应当在法定期限内出具，这一方面是对公证机构公证活动的约束，使其在保证办证质量的前提下提高办证效率；另一方面也是对当事人及公证事项的利害关系人的保护，有利于及时领取公证书，依法行使民事权利。

《公证法》第30条和《公证程序规则》第35条规定了出具公证书的法定期限是15个工作日，不包括法定节假日和公休日；同时还规定了特殊情况下，即因不可抗力、补充证明材料或者需要核实有关情况所耗费的时间，不计入15个工作日的法定期限。例如：因自然灾害等原因公证机构无法正常办公、公证机构需要委托外地的公证机构对当事人提交的材料进行核实等。另外，对于排除在法定期限之外出具公证书的情形，公证机构还应当及时告知当事人。

（二）不予办理公证

不予办理公证，是指公证机构在受理公证申请之后，在办理公证的过程中，一旦出现公证当事人、公证证明对象等不具有真实合法性以及公证当事人不承担法定义务的情况下，公证机构将依法作出不予办理公证的活动。就权利角度而言，对于符合特定情形的公证事项不予办理公证，是公证机构的法定职权。不予办理公证是公证机构依法履行公证职责，保障公证职能实现的重要保障，是规范公证行为，维护和谐、正常的社会秩序，保护国家利益和自然人、法人以及其他组织合法权益的一项重要措施。

1. 不予办理公证的具体情形

《公证程序规则》第48条规定："公证事项有下列情形之一的，公证机构应当不予办理公证：

（一）无民事行为能力人或者限制民事行为能力人没有监护人代理申请办理公证的；

（二）当事人与申请公证的事项没有利害关系的；

（三）申请公证的事项属专业技术鉴定、评估事项的；

（四）当事人之间对申请公证的事项有争议的；

（五）当事人虚构、隐瞒事实，或者提供虚假证明材料的；

（六）当事人提供的证明材料不充分又无法补充，或者拒绝补充证明材料的；

（七）申请公证的事项不真实、不合法的；

（八）申请公证的事项违背社会公德的；

（九）当事人拒绝按照规定支付公证费的。"

2. 不予办理公证的程序

《公证程序规则》第 49 条规定："不予办理公证的，由承办公证员写出书面报告，报公证机构负责人审批。不予办理公证的决定应当书面通知当事人或其代理人。不予办理公证的，公证机构应当根据不予办理的原因及责任，酌情退还部分或者全部收取的公证费。"根据该条可知，不予办理公证的，首先应由承办公证员写出书面报告，报公证机构负责人审批。报告的主要内容应当包括：（1）当事人的基本情况；（2）所受理公证事项的基本情况；（3）不予办理公证的原因；（4）导致不予办理公证的结果在公证机构和当事人之间的责任分析及其根据等。

承办公证员应当在书面报告上签名。公证机构负责人在收到承办公证员的不予办理公证的报告后，应当及时、认真地进行审查，必要时，可组织公证机构进行集体讨论。不予办理公证的理由切实、充分的，应当批准，并正式作出不予办理公证的决定。

3. 不予办理公证决定书的主要内容

（1）该公证事项的基本情况；

（2）不予办理公证的原因；

（3）当事人应当承担的责任及预交公证费的处理；

（4）权利告知。

不予办理公证决定书应当加盖公证机构公章，发送当事人或其代理人。同时，公证机构应当根据不予办理的原因和责任，酌情退还部分或全部收取的公证费。

现行的不予办理公证制度是在对原规则所设定的拒绝公证制度进行改造的基础上，根据《公证法》的相关规定新设立的公证程序的终结制度。《公证程序规则》对原规则中已存在的终止公证制度适用的情形及程序做了补充和细化。

（三）终止公证

终止公证，是指公证机构办理公证过程中，由于出现法定事由致使公证事项无法继续办理或继续办理已无意义时而决定停止办理公证。

终止公证是结束公证程序的一种特殊方式。根据《公证程序规则》第 50 条的规定，出现下列情况之一时，公证机构应当终止公证：

1. 超过了法定的办证期限

因当事人的原因致使公证机构在 6 个月内无法办结该公证事项。公证机构根据当事人的申请，依据当事人所提供的证明材料，在对相关材料进行查证核实，切实认定证据充分、事实清楚的前提下，出具公证文书。当事人有义务积极主动地按照公证机构和承办公证员的要求，如实陈述与所申请公证事项有关的事实，提供足以证明所申请公证事项真实合法的相应材料。无论当事人是由于什么原因，只要是因当事人的责任致使公证机构在规定的自受理之日起 6 个月的期限届满时，仍不能办结公证并出具公证书的，公证机构应当自行决定终止公证程序。

2. 公证书出具前当事人撤回申请的

当事人的公证申请是公证程序启动的前提。寻求以公证方式保护自身权利，是自然人、法人或者其他组织的民事权利，而这种民事权利与其他民事权利一样，依其意愿可以不予行使，甚至是可以放弃的。这种选择行使或是放弃行使的权利，既可以在公证程序启动之前行使，也可以在公证程序启动之后、完成之前行使。在公证事项的办理过程中，只要公证书尚未出具，即公证书尚未生效，当事人无论因何原因自动撤回其公证申请，公证机构都应当终止公证，使公证程序归于终结。

3. 因当事人死亡（法人终止），不能继续办理或继续办理已无意义的

公证书是发给当事人使用的，当事人申请办理公证的目的也是为了保护其权利或权益的完整性或不受他人侵害。如果申请办理公证的当事人已经不存在，则或是无从获知当事人的真实意思表示，或是无法自申请人处获取办理公证所需要的最直接证据及证据线索，使得公证程序无法正常继续进行。即使公证程序已进入出具公证书的最后阶段，享受公证利益的当事人也无法领取和使用。也就是说，该公证程序的继续对于该当事人来说已经毫无意义，因此应当终止公证。但是，在某些情况下，即使申请公证的自然人死亡、法人或者其他组织终止，但办理公证的结果对当事人、当事人的继承人或其他当事人仍有意义，只要死亡或终止的当事人的权利、义务有人继续承担，公证程序存在继续下去的条件，公证机构仍可继续办理。

4. 当事人阻挠、妨碍公证机构及承办公证员按规定的程序、期限办理公证的

只要当事人虚构、隐瞒事实，或者提供虚假证明材料的情形出现，公证机构即有权启动不予办理公证程序。而当事人阻挠、妨碍公证机构及承办公证员按规定的程序、期限办理公证的情形多发生在公证机构、承办公证员就有关事实进行查证、核实的情况中。例如以胁迫、欺骗等不正当手段促使有关知情人拒绝提供真实证言，或以其他不正当手段导致公证机构无法在规定期限内完成公证程序等。

5. 其他应当终止的情形

本条属于概括性条款，如果公证机构在受理公证申请后因某一情形出现而导致该公证事项不具备出具公证书的法定条件，发现其既不构成不予办理公证的条件，亦不属于《公证程序规则》第50条第1~4项规定的情形，同时该情形的出现又与《公证程序规则》第50条的前4项类似时，即可归结于当事人一方原因导致公证程序无法继续，则可考虑适用本项，终止公证程序。

在公证过程中出现上述法定情形，公证机构终止公证，必须按照规定的程序进行，由承办该公证事项的公证员写出书面报告，说明终止公证的原因、理由，报公证机构负责人（主任或副主任）批准，并作出最终终止公证的决定，方可终止公证。终止公证的，公证机构应当根据终止的原因，酌情退还部分收取的公证费。

在一般情形下，公证活动需要经过"申请与受理——审查——出具公证书"三个程序阶段，从而完成整个公证活动。不予办理公证和终止公证则属于公证活动的非正常终结，可以使现实的或可能危害社会信任机制和社会秩序的行为，在其初始阶段即得到一定程度的（在法定公证的情形下更是有效的）抑制，[1] 因此，不予办理公证制度和终止公证制度二者的有机结合使公证程序的终结制度更趋完善。

不予办理公证制度和终止公证制度既有联系，又有区别。其联系主要在于，二者同为公证活动非正常终结，通常都不具备出具公证书的法定条件。其区别主要在于，不予办理公证程序，一般为公证机构通过审查、核实，发现了某法定不予办理的情形后，而主动地

---

① 王俊民. 律师与公证制度教程 [M]. 北京：北京大学出版社，2013：317.

启动该程序；而终止公证情形的出现，原因可归结于当事人一方主观行为或者出自其自身的某种法律事实，就公证机构而言，实属被动启动该程序。

五、公证档案及其保管

公证档案是指公证机构在公证活动中收集和做成的，具有保存、查找、利用价值的，经整理、立卷、归档的各种文书、物质材料的总称。公证档案是专业性很强的司法业务档案，属于专门档案，是国家档案的重要组成部分。公证档案是规范公证机构依法进行公证活动和保护当事人从事民事、经济活动的真实、完整的记录，是公证法律效力存在的重要基础，是公证制度建设和我国社会主义法制建设的宝贵资料。因此，公证档案制度的建立对于公证机构来说，属于一项重要的法定义务，而对于自然人、法人或者其他组织来说，则属于公证制度对其权益进行具体保护的最为根本的依据。

（一）公证卷宗归档的时间和要求

公证卷宗归档是指公证事项办结后，公证机构应当将办证过程中收集、做成的，具有保存、查考、利用价值的各种文书、物质材料整理、装订成公证卷宗，移交档案管理人员保管的活动。

《公证文书立卷归档办法》和《公证档案管理办法》规定，公证事项办结、终止或拒绝后，应当在3个月内将全部卷宗整理归档。公证卷宗分为国内民事、国内经济、涉外民事、涉外经济四类，按年度和一卷一证、一卷一号的原则进行归档，同一当事人为同一目的而办理的数项公证，可以合并为一卷归档；跨年度的公证事项，在结案年归档。

（二）公证档案的保管期限

公证档案的保管期限分为永久、长期和短期三种。

凡是属于长远查考、利用的公证卷宗列为永久保管，如永久保管的档案包括：收养证明；解除收养证明；出生证明、死亡证明；结婚证明、离婚证明；亲属关系证明；继承权证明；相关财产转移方面的声明书证明；赠与证明；房屋买卖证明；析产证明、产权证明；遗嘱证明；学历证明；提存证明；宅基地使用权证明；商标注册证明；公司章程证明；涉及不动产的证据保全证明。

凡在相当长时间内需要查考、利用的公证卷宗列为长期保管，保管期限为60年。如受过或未受刑事处分证明；职称证明；国籍证明；营业证书证明；抵押、担保证明；招标投标证明；联营协议证明；中外合资、外资企业的合同证明；申请专利的有关证明；劳务合同证明；清点遗产证明；证据保全证明；房屋搬迁协议证明；房屋租赁证明；涉及不动产的副本、节本、译本、影印本与原本相符证明；履行期在16年以上的农林牧副渔各业承包合同证明；履行期在16年以上的其他合同证明；用于诉讼的有关证明。

在较短时间内需要查考、利用的公证卷宗，列为短期保管，保管期是20年。如生存证明、健康证明；定居证明；未婚证明、无配偶证明；委托书、委任书证明；援外人员劳动保险证明；副本、节本、译本、影印本与原本相符证明；现场监督证明；商品成分证明；技术标准证明；企业承包、租赁证明；生产经营责任制证明；执行许可证明；保管遗嘱或其他文件证明等。

（三）归档及保管中应注意的事项

归档及保管中应注意的事项有：

（1）对公证事项的讨论意见和有关请示批复等不宜对外公开的材料，应装订成副卷，与正卷一起保存。

（2）公证档案属于司法业务档案，其中不少的档案均涉及国家秘密和当事人隐私，这样的档案则应当列为密卷保存，必须注意保密，要按照规定的程序入档、查阅、保管、检查、修整、移交、销毁。

（3）对音像资料、计算机软件等特殊的档案材料，要单独保管，定期复制。

（4）销毁公证档案，应经过鉴定和批准。销毁时，应当制作档案销毁清册，并将公证书留下一份，按年度、类别整理立卷，同批准销毁文件和销毁清册装订在一起，永久保存。

（5）特别保密的业务卷宗必须列为密卷单独保存，如遗嘱，立遗嘱人死亡后才可以列为普通卷保存。这是因为，遗嘱公开后也就失去了其本来的意义，而在立遗嘱人死亡后只有公开遗嘱，遗嘱才能得以执行。

第三节　公证的效力

公证效力是指公证证明在法律上的效能和约束力，又称为"公证书的效力"。根据我国法律的规定，公证具有三个基本法律效力，即证据效力、法律行为成立要件效力和强制执行效力。其中证据效力是公证书的最基本的效力，任何公证书都具有证据效力。公证的强制执行效力和法律行为成立要件效力则不是普遍的，只有特定的公证文书或在特定的条件下才能产生。公证制度对一国法律所及领域内的所有人具有约束力，任何人都不得对抗。正是这种效力使得公证制度起到了预防纠纷，保护自然人、法人和其他社会组织合法权益的作用，并进一步对良好的社会秩序、经济秩序的形成发挥积极的作用。[①] 同时公证书不仅在国内具有法律效力，而且还具有域外法律效力。因为，公证书是证明法律行为、有法律意义的事实和文书的真实性、合法性的可靠的司法证明文书，被广泛地运用在国际交往中。在国际上，公证书也得到广泛的承认，在域外也具有法律证明力，是进行国际间民事、经济交往不可缺少的法律文书，这是公证证据效力在空间上的延伸。

一、证据效力

证据效力，是指公证书是一种可靠的证据，具有证明公证对象真实、合法的证明力，可直接作为认定事实的根据。

《公证法》第 36 条规定："经公证的民事法律行为、有法律意义的事实和文书，应当作为认定事实的根据，但有相反证据足以推翻该项公证的除外。"公证机构是国家的司法证明机关，公证过程中，公证机构要对公证对象进行认真全面的调查、核实，只有公证机构确认需公证的法律行为、有法律意义的事实和文书真实、合法的才给予公证。因此，公

---

① 杨荣元. 公证制度基本原理［M］. 厦门：厦门大学出版社，2007：40.

证证明是国家司法机关对其真实性、合法性已经审查、确认的证明，故具有无可争议的法律证明力，可以直接作为认定事实的根据，供机关、团体、企事业单位和公民直接使用，为及时调整经济、民事法律关系提供可靠的法律凭据。这是其他书证所不具备的。

公证的证据效力非常广泛，不仅适用于诉讼活动中，也适用于仲裁及日常民事、经济交往和行政管理活动中，公民法人或其他组织对委托、声明、遗嘱等单方法律行为进行公证，能起到保存证据的作用。例如银行可以办理抵押贷款合同公证、邮寄催款函以阻断诉讼时效行为的公证以及上门送达催款函过程保全证据等公证。在国际上，公证书也得到广泛承认，并具有在域外直接使用的法律证明效力，按照国际惯例和国际条约，国际间涉及民事关系中所需的证明文件，大多需要公证，才能获得使用国的承认。

二、法律行为成立要件效力

公证的法律行为成立要件效力，即公证书的法律要件效力，是指依照法律、法规、规章的规定或国际惯例或当事人的约定，特定的法律行为只有经过公证证明才能成立，并产生法律效力；不履行公证程序，则该项法律行为就不能成立，不具有法律效力。

《中华人民共和国民法通则》规定了民事法律行为可以采用书面形式、口头形式或其他形式。只有在法律规定用特定形式的，应当依照法律规定。一般的行为并不以公证为其生效的必要前提，只作为某些法律行为成立的特定形式。国务院发布的《城市房屋拆迁管理条例》规定，拆除依法代管的房屋，代管人是房屋拆迁主管部门的，补偿、安置协议必须经公证机关公证，并办理证据保全。我国法律、行政法规、行政规章和地方法规、规章中，有关应当公证的规定主要涉及以下内容：（1）抵押、担保、借款合同。（2）土地使用权的出让、转让、赠与、抵押、交换、继承。（3）房产、股权、产权和票据的转让。（4）招标投标、拍卖、提存。（5）收养、继承、遗嘱、赠与、委托、房屋拆迁、出国留学协议等重要民事行为。（6）重要经济合同、技术合同和劳动合同。（7）重要的涉外、涉港澳台事务。

除法律规定外，根据国际惯例或当事人约定必须采用公证形式的，当事人要使其行为受到法律保护，也必须办理公证。如韩国法律规定，韩国公民或法人与中国签订的在中国投资的法律文件，须经中国公证机构公证，该投资协议不经公证就不具有法律效力。又如当事人约定经济合同经公证后生效，则该合同不经公证就不具有法律效力。

三、强制执行效力

强制执行效力是指公证机构依法赋予强制执行效力的债权文书，债务人不履行时，债权人可以直接向有管辖权的人民法院申请强制执行，而不再经过诉讼程序。《公证法》第37条第1款规定："对经公证的以给付为内容并载明债务人愿意接受强制执行承诺的债权文书，债务人不履行或者履行不适当的，债权人可以依法向有管辖权的人民法院申请执行。"《民事诉讼法》第238条规定："对公证机关依法赋予强制执行效力的债权文书，一方当事人不履行的，对方当事人可以向有管辖权的人民法院申请执行，受申请的人民法院应当执行。公证债权文书有错误的，人民法院裁定不予执行，并将裁定书送达双方当事人和公证机关。"公证的强制执行效力不仅有利于迅速解决债务人不履行义务的问题，及时保护债权人的合法权益，维护法律的严肃性，促进经济的正常流转；而且可以避免因诉讼、仲裁带来的时间上的浪费和人力、物力的损耗。这是规范和及时调整社会经济行为的有利措施。

【练习题】

一、概念题

公证的业务范围；公证执业区域；公证程序；公证申请；公证受理；公证的审查；出具公证书；不予办理公证；终止公证；公证档案；公证效力；证据效力；强制执行效力。

二、思考题

1. 简述公证机构的业务范围。

2. 简述公证机构在核定的执业区域内受理公证业务的基本准则。

3. 公证书有哪些效力？

【阅读资料】

第十五章　公证责任与公证监督管理

【学习目的与要求】系统地掌握我国《公证法》规定的公证法律责任和赔偿制度，重点掌握公证法律责任的构成、种类和公证赔偿的构成要件等规定，了解公证监督和管理的有关知识。

【重点问题】

- 公证法律责任
- 公证法律责任的构成
- 公证法律责任的种类
- 公证赔偿责任
- 公证赔偿的构成要件
- 公证监督的内容

【知识结构简图】

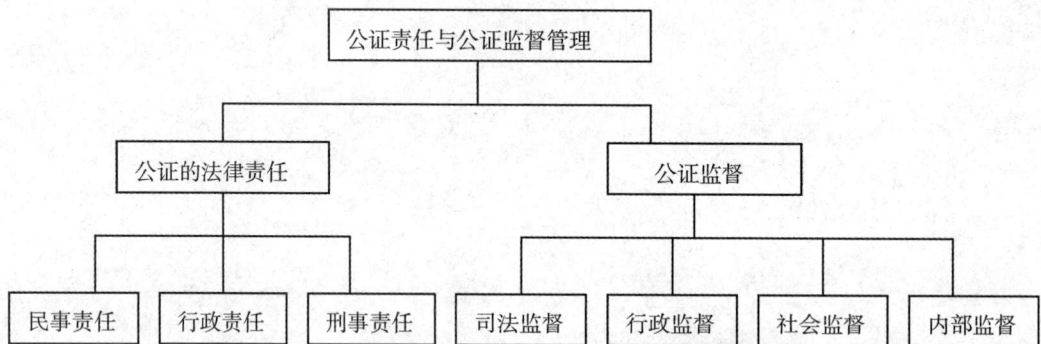

```
              公证责任与公证监督管理
          ┌──────────────┴──────────────┐
    公证的法律责任                      公证监督
  ┌──────┼──────┐          ┌──────┬──────┬──────┐
民事责任  行政责任  刑事责任    司法监督  行政监督  社会监督  内部监督
```

【引例】

"西安宝马彩票案"

2004 年 3 月 19 日，西安市体育彩票管理中心就 2004 年 3 月 20 日至 25 日在本市新城区某某街发行的 6000 万元即开型体育彩票，向该市新城区公证处申请"二次"开奖公证，并提供了相关文件材料。公证承办人、国家三级公证员、被告人董某未认真审查该材料，亦未查阅索取有关文件规定，未按规定监督审查"二次"抽奖彩民在中奖登记表上填写奖票号码和对中奖奖票进行背书情况（指在奖票背面填注中奖彩民的姓名、身份证号码）。在"二次"抽奖彩民申请公证过程中，又未收集应当由公证申请人提供的证明材料，再次丧失了对中奖登记表、中奖奖票背书情况进行监督审查的机会，导致部分已中奖奖票被彩票发行承包人杨某某和其雇员孙某某抽走，交给他们叫来的"托儿"岳某、刘某某、王某某再次使用，"抽得"三个特 A 奖（宝马轿车+12 万元人民币），导致杨某某等在彩票发行中诈骗得逞，造成恶劣的社会影响。该事件经过社会传媒的报道方式的监督，最后引起了社会各界的关注。经过司法程序，董某最后以玩忽职守的罪名受到了法律的制裁，被判处有期徒刑。

本案中，法院判决董某承担相关的现实责任，以玩忽职守罪定罪量刑是符合相关法律规定的。同时，根据《公证法》第 43 条的规定，公证机构及其公证员因过错给当事人、公证事项的利害关系人造成损失的，由公证机构承担相应的赔偿责任；公证机构赔偿后，可以向有故意或者重大过失的公证员追偿。所以，在本案中，如果利害关系人提出请求，董某所属的公证机构应该对在这次事件中利益受害人所受的直接损失负民事上的赔偿责任；同时，由于董某在工作中有重大过失，所以，公证处在承担了赔偿责任后，可以向董某追偿。①

第一节　公证的法律责任

一、公证法律责任的概念

公证的法律责任有广义和狭义之分，广义的公证的法律责任，又称违法公证的法律责任，是指公证机构、公证人、公证当事人和参与公证活动的其他人员对其违反与公证有关的法律、法规、规章的行为所造成的危害结果所应承担的法律责任。而狭义的公证的法律责任，是指公证机构或公证人员因行使公证职权行为不当，给当事人或相关人员的合法权益造成损害所应承担的否定性法律后果。就广义的概念而言，公证法律责任的承责主体除了公证机构和公证员之外，也包括公证事项的当事人和参与公证活动的其他人员；而狭义的公证法律责任承担主体仅指公证机构和公证员。

由此可见，两者的区别在于：第一，承担责任的主体不同，狭义的公证法律责任的主体只是公证机构和公证人员，而广义的公证法律责任主体除此之外还包括公证当事人和参与公证活动的其他人员。第二，狭义的公证法律责任发生的原因只局限于公证机构行使公证职权行为不当，广义的公证法律责任的产生还包括其他人员对正常公证活动的干扰或破坏活动等原因。第三，承担责任的内容不同。比如伪造公证印章的刑事责任是广义的公证法律责任的内容，而对公证员的惩戒制度只是狭义的公证法律责任所涉及的内容。第四，广义的公证法律责任比狭义的公证法律责任的法律依据要宽泛得多。

目前我国公证法律责任的主体主要是公证机构、公证员，从广义上讲还包括公证当事

---

① 马宏俊．公证法学［M］．北京：北京大学出版社，2013：197.

人和相关人等，本章侧重从狭义的角度来论述公证法律责任的相关问题。

二、公证法律责任的特点

公证法律责任主要有以下特征：

（一）因违反公证法规所规定的义务而产生的法律责任

这是公证法律责任的本质特征。公证法是调整公证关系的法律规范之总称。公证的法律义务是指公证法律规范所规定的义务，包括作为或不作为。公证法律责任是以存在上述法律义务为前提的，如果没有上述法律义务，也就没有法律公证责任。如果行为人违反的不是公证法律义务，而是其他法律义务，也不产生公证法律责任。

（二）公证法律责任的追究以维护公证秩序为目的

追究违法公证责任，根本的目的在于维护良好的公证秩序，而非简单地保护公证机构、公证人员或公证参与人的权益。公证机构、公证员只有在因不当行使公证职权侵犯有关公民、法人或其他组织的合法权益造成直接经济损失时才构成公证法律责任，与办证无关的行为，即使出现侵权损害后果，也不构成公证法律责任如个人财产在公证场所被盗，并不构成公证法律责任，而伪造公证文书的行为则构成公证法律责任。

（三）公证法律责任主体具有广泛性和不特定性

公证法律责任的主体既可以是公证机构、公证人员、公证参与人，也可以是其他侵害公证活动秩序的人；既包括自然人，也包括法人或非法人组织；既可以是中国人，也可以是外国人或无国籍人。

（四）公证法律责任具有法律制裁性

任何法律责任，总是同一定的制裁相联系。作为公证法律责任，必然也要以国家强制形式的法律责任表现出来。法律的强制性集中表现在法律制裁上，根据我国现今与公证相关的法律、法规、规章的规定，我国公证法律责任以行政制裁、民事制裁和刑事制裁的形式体现出来并以国家强制力保障实现。

（五）基于公证机构、公证员的双重身份，公证机构或公证员的同一行为可能要产生承担不同法律责任的后果

公证机构或公证员违法办证给公证当事人造成损失的，既应承担赔偿当事人损失的法律责任，也将可能受到司法行政机关的行政处罚，可能受到来自行业协会的纪律处分，是公证机构和公证员既行使证明权这一公职权，又独立于国家机构具有中立性色彩的法律人格这一特征决定的。

三、公证法律责任的构成

公证法律责任的构成，是指公民、法人或非法人组织承担公证法律责任必须具备的条件。本章中所讲的公证法律责任的构成，指的是公证人员或公证机构为责任主体的情况。公证机构有中立性、公益性、非营利性的属性，公证人员是经过法定程序取得执业资格并经过国家授权从事公证法律服务的法律专业人员，其执业行为具有证明、服务、监督的社会职能。公证行为所追求的目标是证明对象的真实性和合法性。因此，公证人员承担公证法律责任，有别于一般的侵权行为，有自己特有的原则。一般来讲，承担公证法律责任应

具备以下要素：

（一）公证行为违法

公证行为违法，即公证人员的执业行为违反了公证法律的规定。这是认定公证法律责任的首要条件。如果其行为不违法或者违反的不是有关公证法律就不能构成公证责任。这种违法行为可以是作为，也可以是不作为。前者如，公证员与公证当事人恶意串通对有瑕疵的合同进行公证，致使另一方当事人蒙受经济损失；后者如，对符合公证条件的当事人的公证申请不予受理，对当事人提供的虚假证明材料没有履行调查取证的义务等。公证人员的这种违法行为如果给当事人或其他人造成了损失的，就应该承担相应的民事法律责任，没有造成损失的也要视其情节轻重，权衡是否追究其行政法律责任。

（二）违法公证是由公证人员的职务行为引起的

由于公证人员的违法行为，导致了违法公证的结果，因此公证法律责任追究的是公证人员或公证机构的职务法律行为。公证处和公证员只有在执行证明权的公职行为中，才可能构成公证法律责任，而非职务行为不能构成公证法律责任。

（三）行为人在主观上必须有过错

过错责任原则是公证法律责任的基本原则，即行为人必须有过错才承担法律责任，没有过错就不承担法律责任。法律责任的有无取决于有无过错。过错包括故意和过失，行为人故意违反公证法律法规，必然要承担公证法律责任。过失是指行为人应当预见自己的行为可能造成某种损害结果的发生，由于自己的疏忽大意没有预见，或已经预见而轻信能够避免以致发生了损害结果。所以，过失的心理状态分为两种，即疏忽大意的过失和过于自信的过失。因此，故意违反公证法律法规的行为，以及因疏忽大意或过于自信导致违反公证法律的行为都要承担相应的公证法律责任。《公证法》第43条规定："公证机构及其公证员因过错给当事人、公证事项的利害关系人造成损失的，由公证机构承担相应的赔偿责任；公证机构赔偿后，可以向有故意或者重大过失的公证员追偿。"可见，从实质而言，公证员承担责任的主观过错条件要严格于公证机构，须"故意"或"重大过失"。这其实是国家立法为维护和促使公证员高效、正确地办理公证业务而设定的法律保护手段。①

（四）违法行为侵害了公证活动秩序，造成了危害结果，且行为和结果存在因果关系

这是构成公证法律责任的必要条件，即公证机构或公证员的过错是造成当事人或公证事项的利害关系损害后果的原因，这一原因与后果之间有直接的必然的联系。没有损害事实，一般不承担公证法律责任。而违法行为与损害后果之间必须存在内在的合乎规律的客观联系，否则，就不构成公证法律责任。

（五）损害结果是由公证人员的违法行为直接造成的

公证人员的职务侵权行为必须给当事人造成直接经济损失。这种损失是直接的和已经发生的，间接经济损失或者可能发生的损失不在赔偿范围之列。在罚则责任的追究方面，遵循直接损失原则。公证机构或公证人员在履行职务的过程中，由于自身的过错而给当事人或利害关系人造成了直接的损失，包括精神损失和物质损失，应当承担赔偿的责任。但是，不能随意地扩大公证人员及公证处承担责任的范围，必须是直接的损失。因为毕竟公

---

① 马宏俊. 公证法学［M］. 北京：北京大学出版社，2013：179.

证行为是一种中介活动，是公证处以第三人的身份，秉着公证的立场所提供的公证证明，公证机构在当事人的民事法律关系中并不是权利和义务的承受者，而对方当事人或利害关系人往往充当侵权行为的施动者或受益人的角色，受害人应该向侵权人或受益人提出赔偿的请求，公证机构和公证员应该只就自己的过错承担相应的法律责任。

【案例 15-1】

大活人的死亡公证的责任承担①

【案例 15-1】点评

某区的公证处出具了一份公证书，证明一对老夫妇于先后死亡。然而这对老夫妇仍尚在人间，两老拿着身份证和户口簿找到该公证处，公证处的主任称，作出公证的依据是老人已病故的儿子单位出具的一份证明，上面清楚地写明两位老人已经去世。经查证，这份证明是老人的儿媳为了独霸老人儿子留下的遗产而伪造的。

（六）公证法律责任是有限责任

司法部发布的《关于深化公证工作改革的方案》第 13 条规定："建立完善公证赔偿制度。公证赔偿实行有限责任，以公证处的资产为限，赔偿范围为公证机构及其工作人员在履行公证职务中，因过错给当事人造成的直接经济损失。公证机构赔偿后，可责令有故意或重大过失的公证人员承担部分或全部赔偿费用。自本《方案》实施之日起，公证机构应从每年业务收入中提取 3% 的份额作为赔偿基金，用于理赔。"这个规定明确了在我国公证赔偿实行有限责任原则，赔偿的范围仅限于公证职务行为中因过错给当事人造成的直接经济损失。

四、公证法律责任的种类

在公证法律责任的分类上，一般按照责任的性质进行分类，国外及国内均主要分为刑事责任、民事责任和行政责任。我国的《公证法》认为，公证活动的法律责任包括刑事责任、民事责任和行政责任三类，其中，公证机构的法律责任主要有民事责任和行政责任，而公证人员的法律责任主要有刑事责任、民事责任和行政责任。

（一）公证刑事法律责任

1. 公证刑事法律责任的概念

公证刑事法律责任，是指公证机构或公证人员因其犯罪行为所必须承受的，由司法机关代表国家所确定的否定性法律后果。公证人员的刑事责任是指公证人员触犯了刑法，构成犯罪，将受到刑事制裁。

2. 公证刑事法律责任的构成

公证刑事法律责任是指公证机构、公证员、公证当事人，其他公民、法人或组织在与

---

① 郭毅，毕晓帆. 给活人做死亡公证引发诉讼，公证处被推上被告席［EB/OL］.［2016-07-18］. http：//www. hicourt. gov. cn/news/news_detail. asp? newsid＝2002-7-9-9-35-31.

公证有关的事宜中破坏公证法律秩序，触犯刑法而应承担的法律后果。《公证法》第42、44条，《公证员执业管理办法》第43条对公证刑事责任作出了相关规定。根据《刑法》第397条和司法部、最高人民检察院《关于认真办理公证人员玩忽职守案件的通知》第2条的规定，公证人员在执业活动中严重不负责任，不履行或不正确履行法定职务的行为是玩忽职守行为，应当承担法律责任。按照该通知规定对于公证人员玩忽职守，致使公共财产，国家和人民利益遭受重大损失的，处3年以下有期徒刑或拘役，情节特别严重的，处3年以上7年以下有期徒刑；公证人员徇私舞弊犯玩忽职守罪的，处5年以下有期徒刑或拘役，情节特别严重的处5年以上10年以下有期徒刑。司法部《关于公证人员清廉服务的若干规定》第9条规定："公证人员在办证过程中，有下列行为之一的，已触犯刑律的，移交司法机关依法惩处；尚未构成犯罪的，视情节轻重，由司法行政机关或人事、监察机关按有关规定给予政纪处分：（1）贪污，索贿，受贿的；（2）利用职权谋取私利的；（3）为谋取私利出具假证的；（4）为谋取私利给违法或规避法律的行为出错证的；（5）为谋取私利泄露国家机密和个人隐私的；（6）偷盖公章私自出证的；（7）直接或间接经商办企业的；（8）其他损害国家，集体利益和非法侵害当事人合法权益的行为。"根据《刑法》第229条的规定，承担资产评估、验资、验证、会计、审计、法律服务等职责的中介组织的人员故意提供虚假证明文件，情节严重的，处5年以下有期徒刑或者拘役，并处罚金。上述规定的人员，严重不负责任，出具的证明文件有重大失实，造成严重后果的，处3年以下有期徒刑或者拘役，并处或者单处罚金。因此，公证员承担刑事法律责任，主观上必须有过错，即有犯罪的故意或过失；客观上必须实施了玩忽职守、徇私舞弊、滥用职权的犯罪行为或者出具错证；在行为后果上必须是情节严重；同时还必须触犯《刑法》中的有关规定，依法必须处以刑罚，否则，不能对公证员追究刑事责任。刑事法律责任是苛责最重的处罚措施，必须坚持罪刑法定原则，"法无明文规定，不为罪；法无明文规定，不处罚"。

3. 承担公证刑事法律责任的情形

如公证机构或公证员私自出具公证文书的；毁损、篡改公证文书或公证档案；侵占、挪用公证费或侵占、盗取公证专用物品的；为不真实、不合法的事项出具公证书或出具虚假公证书的；严重不负责任出具重大失实的公证书的；应当给予处罚的其他严重违反法律的行为，构成犯罪的，依法追究刑事责任。另外，如偷税漏税，伪造公证书出具假证，盗卖印纸，诈骗诽谤以及强拉证源中出现的回扣、暗股或变相受贿现象，数额较大或情节严重构成犯罪的，可依照《刑法》的规定移送司法机关追究责任人的刑事责任；同时，剥夺其从业资格。公证处的犯罪行为，应依照法人犯罪的规定处理。

【案例15-2】

"糊涂公证"以刑律处置

【案例15-2】点评

2013年8月至9月，裴某（因犯诈骗罪已被判处有期徒刑13年）以能办理免费暖气为名，先后将大连市金州区 4 户居民的住房产权证、户口本、身份证（或复印件）骗出，以居民本人的名义委托大连市金州区"三国"房产中介有限公司（以下简称三国中介）卖房，并在劳务市场雇人冒充居民本人在大连市金州区公证处由被告人苏某办理委托"三国"中介工作人员卖房的公证。苏某在办理的过程中，不认真审查委托人的身份，违反《公证程序规则》的要求，对上述委托协议出具了公证书，后大连市金州区房产管理处以该公证书为依据受理了该 4 处房产产权转移的申请，致使该 4 处房产被骗卖，买主共损失人民币 39.5 万元。苏某身为国家三级公证员，在办理公证的过程中，不认真审查当事人的身份，造成直接经济损失人民币39.5 万元，其行为已构成玩忽职守罪。①

（二）公证民事法律责任

1. 公证民事法律责任的概念

《公证法》第 43、44 条，《公证程序规则》第 69 条，《公证机构执业管理办法》第42 条，《公证员执业管理办法》第 33 条中都对公证民事责任作出了相关规定。公证机构及其公证员给当事人及公证事项的利害关系人造成损失的，公证机构应当承担民事赔偿责任；公证机构承担赔偿责任后，可以向有故意或重大过失的公证员追偿或者部分追偿。因公证赔偿发生争议协商不成的，可以向人民法院提起民事诉讼。公证的民事法律责任是指因公证机构的过错致使公证文书发生错误，公证机构依据过错的程度，承担向当事人赔偿公证费及相应经济损失的民事责任。

公证的民事法律责任是由错证引发的责任。因为错证通常是由于公证人员工作过程中的疏忽大意等原因造成的，其过错在于公证人员本身，或者在于公证人员与当事人双方。公证人员应承担的民事责任主要是停止侵害委托人或其他利害关系人的经济利益，并赔偿所造成的损失。履行民事赔偿责任的义务主体是事实侵权公证行为的公证员所隶属的公证处，在公证法律关系中，公证处是一方主体，理当承担起民事赔偿的责任，公证处在赔偿后，有权向有过错的公证员追索部分或者全部赔偿费用。公证处承担民事法律责任的形式有：退还公证费、赔礼道歉、恢复名誉、赔偿损失以及其他依法应当承担的民事责任。判断公证机构是否承担民事责任的机关是人民法院和司法行政机关，如果公证机构认为自己确已侵犯了他人的民事权利，也可主动承担民事责任，但要征得已投保的保险公司的同意。②

2. 公证民事法律责任的构成

公证员承担民事法律责任必须具备以下条件：第一，必须是公证员办理公证的行为。即公证员承担民事赔偿责任以其办理公证的职务行为为前提条件，公证职务行为以外的行为，不是本章讨论的范围；第二，公证员的职务行为必须侵犯了公民、法人或者其他组织的合法权益。公证员办理公证的职务行为如果没有对他人构成侵权，则不承担民事赔偿责

---

① 案例改编自：刘为波. 刑事案例诉辩审评：渎职罪［M］. 北京：中国检察出版社，2014：77-81.

② 参见本章第二节中的公证赔偿的保障机制。

任；第三，公证员的职务侵权行为必须给相对人造成直接经济损失。这种损失是直接的和已经发生的，间接经济损失或者可能发生的损失不在赔偿范围之列。第四，存在因果关系。公证机构承担民事法律责任必须以公证人员的过错是造成当事人损害后果的原因为前提，并且原因与后果之间有直接的和必然的联系，而非间接的联系，下面这个案例说明这种因果关系的重要性：

【案例 15-3】

某银行诉倪某、杨某、上海市普陀公证处财产损害赔偿案

【案例 15-3】点评

原告上海银行某支行称被告倪某与案外人徐某共同作假在上海普陀公证处骗取委托倪某出售徐某父亲名下房产的《委托公证书》，后倪某利用该虚假公证书与杨某和徐某合谋作虚假房产买卖骗取银行贷款。原告称上海普陀区公证处未审慎地审查申请人的身份，致使他人以"徐某某"名义签署《委托书》，主观上存有过失，因公证处的过错行为使原告的财产权益受到损害，要求上海普陀公证处与倪某、杨某共同承担赔偿责任。法院判决上海普陀公证处承担被告倪某、被告杨某不能清偿的损失部分30%的赔偿责任。

（三）公证行政法律责任

1. 公证行政法律责任的概念

公证行政责任是指公证机构或公证人员在公证活动中，违反了行政法律、法规、规章的规定，所应承担的行政法律后果，由政府部门或自律组织对其追究的具有行政性质的责任。工作人员作为法律职业人员，是经过严格的选拔程序任命的，它们属于法律专家，有自己相对独立的经济地位和责任能力。如果工作人员违反相关法律法规，也应当承担一定的行政责任。

2. 承担公证行政法律责任的情形

《公证法》第41条、第42条、第44条，《公证机构执业管理办法》第43条，《公证员执业管理办法》第35条对公证行政责任作出了相关规定。根据我国目前的情况，公证员接受司法行政部门的监督管理，对有违法、违纪行为的公证员，司法行政部门可根据情节轻重给予行政处罚。具体情形如下：

（1）以诋毁其他公证机构、公证员或者支付回扣、佣金等不正当手段争揽公证业务的。

（2）违反规定的收费标准收取公证费的。

（3）同时在两个以上公证机构执业的。

（4）从事有报酬的其他职业的。

（5）为本人及其近亲属办理与本人及近亲属有利害关系的公证的。

（6）私自出具公证书的。

（7）为不真实、不合法的事项出具公证书的。

（8）侵占、挪用公证费或者侵占、盗用公证专用物品的。

（9）毁损、篡改公证文书或者公证档案的。

（10）泄露在执业活动中知悉的国家秘密、商业秘密或者个人隐私的。

（11）因故意犯罪或者职务过失犯罪受刑事处罚的。

（12）依照法律、行政法规的规定，应当给予处罚的其他行为。

3. 具体行政处罚措施

根据《公证法》、《公证机构执业管理办法》和《公证员执业管理办法》的相关规定，对公证机构及其公证员的具体行政处罚措施主要有：警告、罚款、责令停止执业、停业整顿、没收违法所得和吊销公证员执业证书等。公证机构及其公证员的违法行为和违法情节轻重不同，具体的行政处罚措施也有所不同。公证机构及其公证员有上述 1～5 项行为之一的，由省、自治区、直辖市或者设区的市人民政府司法行政部门对公证机构给予警告；情节严重的，对公证机构处 1 万元以上 5 万元以下罚款，对公证员处 1 千元以上 5 千元以下罚款，并可以给予 3 个月以上 6 个月以下停止执业的处罚；有违法所得的，没收违法所得。公证机构及其公证员有上述 6～10 项行为之一的，由省、自治区、直辖市或者设区的市人民政府司法行政部门对公证机构给予警告，并处 2 万元以上 10 万元以下罚款，并可以给予 1 个月以上 3 个月以下停业整顿的处罚；对公证员给予警告，并处 2 千元以上 1 万元以下罚款，并可以给予 3 个月以上 12 个月以下停止执业的处罚；有违法所得的，没收违法所得；情节严重的由省、自治区、直辖市人民政府司法行政部门吊销公证员执业证书。符合第 11 项规定情形的，应当吊销公证员执业证书。上述第 12 项规定，属于弹性条款，留待法律、行政法规作出具体规定。

4. 行政处罚的救济

为了防止和纠正违法的或者不正当的行政处罚、处分，保护自己的合法权益不受侵犯，公证机构、公证员认为行政处罚措施侵犯其合法权益的，有权向行政机关提出行政复议或者行政诉讼。公证机构、公证员申请行政复议或者行政诉讼不仅是对自己合法权益的救济，也具有监督司法行政机关依法行使职权的作用。因此，《公证员执业管理办法》第31 条和《公证机构执业管理办法》第 38 条对申请行政复议或者行政诉讼的权利作了明确规定。

对于有关司法行政机关作出的行政处罚决定，受处罚的公证员若不服，有权向上一级司法行政机关申请行政复议，也可以直接向有管辖权的人民法院提起行政诉讼，以保护其自身合法权益不受非法侵害。对于受到行政处罚后，既不申请行政复议或提起行政诉讼，又拒不履行处罚决定的公证员，作出处罚决定的司法行政机关有权申请相关的人民法院强制执行。法律明确规定了违法、违纪的公证员应当承担的行政法律责任，同时又设定了必要的制度对其合法权益给予必要的保护，以体现我国法律的公正性。前述公证行政法律责任不同一般的行政法律责任，至于公证当事人或其他公民、法人、组织故意妨碍公证机构或公证人员依法履行职务，尚未构成犯罪，如何承担行政法律责任的问题，应该由公安机关依据相关法律法规追究责任人的行政责任。

【案例 15-4】

公证员违规办理公证事项

【案例 15-4】点评

2015 年 12 月，新疆维吾尔自治区司法厅接到投诉人杨某投诉，称乌鲁木齐市米东公证处公证员周某利用职务之便，违法违规出具（2015）米证执字第✕号执行证书。经乌鲁木齐市米东区司法局及乌鲁木齐市米东公证处调查核实：乌鲁木齐市米东公证处公证员周某在办理相关公证事项时，擅自扩大对合同条款的解释，在有关债权文书中未载明债务人不履行义务时，债务人愿意接受依法强制执行承诺的情况下，2015 年 12 月，米东公证处出具了（2015）米证执字第✕号执行证书，该执行证书违背了《公证程序规则》及最高人民法院、司法部《关于公证机关赋予强制执行效力的债权文书执行有关问题的联合通知》的要求。同月，申请执行人李某持该公证书向米东区人民法院申请执行被执行人杨某的财产，米东区人民法院据此执行证书向杨某送达了执行通知书。后杨某向法院提出执行异议，同时向米东公证处提出复查申请，米东公证处经复查作出了撤销该执行证书的决定。

虽然乌鲁木齐市米东区人民法院并未执行杨某的财产，未给其造成实际经济损失，但周某的违规行为导致投诉人对公证书及公证公信力产生质疑。为严肃本处执业纪律，经米东公证处处委会于 2015 年 12 月研究决定，作出给予周某停业 3 个月的处理决定。鉴于杨某投诉产生了一定数额的误工费、交通费等相关费用，米东公证处并对其给予了适当的经济补偿。①

五、公证员承担法律责任的程序

程序是实体正义的保障，没有程序正义就没有公正。公证员承担法律责任的程序分为启动、调查、裁决和申诉。

（一）启动程序

1. 启动程序的概念

启动程序是指追究公证员法律责任的启动程序。

2. 启动程序的种类

公证员承担法律责任程序的启动有两种，一种是公证当事人或公证利害关系人的投诉，受理机关是公证处、司法行政机关或者公证协会；另一种是法院在民事诉讼活动中发现有相反证据足以推翻公证证明或认为公证书存在错误，而依职权作出的裁定，或司法公证机关或公证协会对公证处工作的例行检查。这两种情况都可以启动公证员法律责任的追究程序。

---

①　新疆维吾尔自治区司法厅办公室关于对 2015 年度公证员违法违规情况的通报［EB/OL］.［2016-07-25］. http：//www. xjgz. com/Article/ShowArticle. asp？ ArticleID＝921.

（二）调查程序

1. 调查程序的概念

调查程序指的是相应机关对公证员是否应当承担法律责任而展开的一系列调查。

2. 调查程序的受理机关

公证员承担法律责任的调查程序的受理机关是人民法院、司法行政机关和公证协会。其中，人民法院按照《民事诉讼法》和《刑事诉讼法》的规定进行审判，追究公证员的民事或刑事责任；司法行政机关和公证协会受理后要依职权进行调查。由于是否尽职尽责是判断公证员是否应该承担法律责任的重要标准，受理机关的调查工作的目的就是要查清公证员在办理公证的过程中是否履行了自己应尽的义务。比如，如果调查发现公证员在公证活动过程中确实尽职尽责，是由于公证当事人或利害关系人伪造证明材料导致了错证，公证员就不应该受到法律的追究。

（三）裁决程序

1. 裁决程序的概念

裁决程序指的是受理机关对公证员是否应当承担法律责任作出裁决的程序。

2. 裁决程序应遵循的原则

受理机关应该秉承兼听则明的原则，认真审查判断证据，在查清事实、分清责任的基础上作出裁决。裁决的结论也必须清晰明了，是公证员的责任就必须依法追究，绝不姑息，不是公证员的责任也必须给出充分的理由。

（四）申诉程序

1. 申诉程序的概念

申诉程序是对受理机关作出的裁决不服的情况下的救济程序。

2. 申诉程序的提起

公证机构、公证员或者公证当事人、公证利害关系人，都可以提起行政复议或行政诉讼，如果是对人民法院的判决或裁定不服，还可以依法提起上诉或申诉。

第二节　公证赔偿制度

一、公证赔偿制度概述

（一）公证赔偿的概念

公证赔偿，是指公证机构及其公证员在公证活动中违反法律、法规和有关公证规章的规定，对侵犯公民、法人或其他组织的合法权益所造成的损害进行的经济赔偿和精神补偿。公证赔偿制度，是公证机构及其工作人员因执行公证职务而给自然人、法人或者其他组织的合法权益造成损害所产生的民事赔偿问题的法律规范、程序规则的总称。公证赔偿制度属于民事赔偿的范畴。

（二）公证赔偿制度的产生与发展

为保证公证质量，防止因公证人过错给当事人造成经济损失，各国都建立了相应的公证赔偿制度。纵观国外关于公证赔偿制度的规定，大体有如下几种：一是法国式。根据

《法国公证机关条例》的规定，当事人对于公证员由于本身业务上的行为而造成的损失，可以直接向大省法院提出赔偿诉讼。省公证会在法院审理此类纠纷时，可以依法提出自己的意见。二是墨西哥式。根据《墨西哥联邦直辖区公证人法》的规定，对于公证人应负的民事责任，由民事法院在其管辖范围内进行处理；同时，这也不妨碍联邦直辖区行政机关对相应公证人予以行政上的惩戒处分，即实行双罚制。三是德国式。《德国公证人法》区分了故意与过失两种形态，规定公证人如有故意违反职务义务的行为，受害人可直接向违法公证人要求赔偿；公证人如果仅有过失，则受害人须先以其他方法寻求赔偿，只有在以其他方法求偿失败后，才可向公证人提出赔偿要求。①

我国的公证制度恢复时间不长，还没有建立起完整的公证赔偿制度。我国《公证法》第43条规定："公证机构及其公证员因过错给当事人、公证事项的利害关系人造成损失的，由公证机构承担相应的赔偿责任；公证机构赔偿后，可以向有故意或者重大过失的公证员追偿。"这是对公证赔偿制度作出的原则性的规定。在公证实践中，一些地方公证管理部门和公证处也制定了一些具体的公证赔偿办法，比如，四川省司法厅1995年2月11日颁布的《四川省司法厅关于公证书错误的处理办法（试行）》；2002年7月5日，司法部关于印发《公证赔偿基金管理试行办法》的通知；上海市司法局2003年5月25日印发的《上海市司法局关于公证赔偿的规定》，等等。这些有益的尝试为我国公证法律建设提供了实践的基础。

从世界范围来看，在公证制度相对发达的大陆法系国家一般都建立了完善的公证赔偿制度，比如法国、德国、日本等。我们应该学习和借鉴国外公证赔偿制度的成功之处，完善我国的公证赔偿制度，使受害人可以依法提出赔偿要求，保护受害人的合法权益。

（三）公证赔偿制度的意义

1. 保障公证当事人或其他利害关系人的合法权益

公证处及公证员在执行职务的过程中出现违法行为，给公民、法人或其他组织的合法权益造成损害时，就应该承担相应的刑事责任、行政责任，同时还要承担一定的民事责任，对造成的损失进行赔偿，这是对损失的最直接的补救措施，也是公证机构依据民法精神承担责任的具体体现。

2. 维护公证信誉，保证公证质量

只有严格的公证责任制度，才是维护公证信誉和保证公证质量的重要手段。公证信誉和公证质量是公证的生命线，近年来随着我国社会主义经济的发展，公证活动变得越来越普及，在这种情况下，公证质量和公证信誉就显得尤为重要，要坚决杜绝和制裁个别公证处及公证员为了谋取经济利益，无视公证法律制度，出具错证或其他的违法职务行为。公证赔偿制度的建立和完善不但体现了对受害人的经济补偿，同时也是对违法的公证处及公证员的经济制裁，可以打破公证处及公证员长久以来形成的只行使职权而不承担义务的固有思想，增强公证处和公证员的责任感和使命感，促使其能够尽职守则，自觉提高业务素质，从而维护公证信誉，保证公证质量，使我国的公证活动走上良性发展的道路。

---

① 冀祥德．司法制度新论［M］．北京：社会科学文献出版社，2009：444.

二、公证赔偿的范围

（一）公证赔偿范围的概念

公证赔偿的范围，是指公证机构及公证员在违法执行公证职务行为时给公民、法人或其他组织的合法权益造成损害，公证处应该赔偿的范围。

（二）公证赔偿的范围

我国的公证赔偿坚持直接损失原则，对间接损失的赔偿属于特殊情况。根据公证活动的特点，公证机构和公证员在违法履行职务行为的过程中有可能给公证当事人或利害关系人造成直接损失的情况有以下几种：

1. 因公证人员的过错而造成出具的公证书为错证或不合法的公证书

比如，公证员明知当事人提供的证据不真实或意思表示不真实，不予以拒绝而出证的；公证员与当事人有恶意串通情节的；在出证前应当通过调查收集证据，却没有收集的，等等。

2. 因公证处不当交付提存标的，给当事人或相关人员造成直接经济损失的

《提存公证规则》第27条规定，公证处或公证员挪用提存标的的，应当承担相应的赔偿责任；因公证处的过错造成提存物毁损灭失的，公证处负有赔偿责任；公证处未按法定或当事人约定条件给付提存标的给当事人造成损失的，公证处负有连带赔偿责任。

3. 公证处保管下的重要证据或物品损毁或灭失的

如因保管不善，造成提存在公证处的提存物价值减少或丧失，给当事人或相关人员造成直接损失的情况。但因不可抗力如地震、洪水等造成上述损失，应该免除公证机构的赔偿责任。

4. 其他严重违反公证程序规定的行为

比如无故拒绝公证，违反公证管辖或回避原则出证等损害了当事人的合法权益，给其造成直接损失的。

三、公证赔偿的构成要件

所谓公证赔偿的构成要件是指公证机构承担赔偿责任的条件。根据学术界的通说，构成公证赔偿责任必须具备以下几个要件：

（一）主体适格

公证赔偿的主体必须是公证机构及公证人员，其他任何机构和个人都不能成为公证赔偿责任的主体。公证机构是依法设立的统一行使国家证明权的国家专门证明机构和其依法设立的派出机构。公证人员是在公证机构从事公证业务的执业人员，也包括公证辅助人员，如翻译人员、公证档案管理人员，等等。根据《司法部关于深化公证工作改革的方案》第13条第1款的规定，由公证机构作为公证赔偿的主体，并不因此免除有过错执业行为的公证人员应承担的责任，公证机构在对外公证赔偿责任后，可责令有故意或重大过失的公证人员承担部分或全部赔偿费用。

（二）行为要件

行为要件包括：公证人员的行为必须是公职行为；公证人员的公职行为必须存在过

错，这些行为包括公证证明行为和公证机构办理的其他法律事务，如证据保全；公证人员的行为具有违法性，也就是说公证机构和公证人员在办理公证的过程中违反了法律法规或有关公证的规章制度。

（三）存在直接公证损害

构成公证赔偿责任的条件之一是公证机构及公证人员在执业过程中由于过错给公民、法人或其他组织造成了损害。但对于公证损害，学术界有不同的观点。一种观点认为，公证损害仅指的是直接损失，不包括间接损失①；另一种观点认为，公证赔偿应该包括直接损害和间接损害，也就是物质损害和精神损害②。本书认为，公证赔偿应该坚持直接损失原则，详细的分析请参阅公证法律责任构成的第四点。"公证赔偿责任是一种特殊侵权的专家民事责任。受害人的损失是一种信赖利益的损失，由于因果关系的直接性和必然性，对这种损失，公证机构只有在受害人通过其他途径索赔未果或不足时才负赔偿责任。也就是说，公证赔偿责任具有补充性。"③

（四）公证违法行为和公证损害之间存在因果关系

公证当事人及公证事项的利害关系人所遭受的损失与公证机构的过错必须有必然的因果联系，必须是由于违法的公证职权行为造成的，为了避免无限制地扩大公证机构的赔偿范围，当事人或公证事项的利害关系人的损失与公证机构过错无必然因果关系的，其损失应该由自己承担。

四、公证赔偿的承担方式

公证赔偿的承担方式是先由公证机构承担相应的赔偿责任，而后公证机构可以向有故意或者重大过失行为的公证员追偿。理论上，公证责任具有两重性，因为具体侵权行为的实施人与侵权责任的承担者是两个不同的主体。需要注意的是在公证赔偿的外部法律关系上，赔偿责任的具体承担者仅是公证机构而非公证员，公证机构和公证员并非是连带或者补充责任关系。对于公证机构而言，公证机构的责任类似民法中关于雇主责任的特殊侵权责任。在责任承担上，公证机构要对公证当事人及公证事项的利害关系人的损失先承担相应的赔偿责任；公证机构赔偿后，可以向具体的侵权行为人，即有故意或者重大过失行为的公证员追偿。

五、公证赔偿的保障机制

为了保障当事人或利害关系人因公证机构或公证人员的过错所遭受的损失得到赔偿，建立公证赔偿的保障机制是很多国家都采取的政策。我国公证赔偿的保障机制包括公证赔偿基金，公证责任保险和公证员执业保证金。

（一）公证赔偿基金

自 2000 年司法部《关于深化公证工作改革的方案》发布后，我国公证领域开始引入

---

① 江伟.公证法学［M］.北京：法律出版社，1996：155.
② 曾司力.公证赔偿若干问题刍议［J］.中国司法，1997（3）.
③ 刘涛.谈改制后的公证赔偿责任［J］.中国司法，2000（12）.

过错民事赔偿责任制度。2002年司法部发布了《公证赔偿基金管理试行办法》，该办法规定了公证赔偿基金的具体筹集方式、基金的使用和监督管理等。依照该办法，公证赔偿基金用于支付公证责任保险合同的保险费，用于支付保险赔偿范围以外的公证责任理赔和赔偿费用；所谓理赔费是指法院诉讼费、律师费、公证责任赔偿委员会办案费及其他合理费用。

（二）公证责任保险

2000年12月8日，中国公证员协会（现在为公证协会）与中国人民保险公司在北京正式签订了《公证责任保险合同》。这种公证责任保险是强制性全行业统一保险，是由中国公证协会代表全体公证机构向保险公司投保的，以公证机构为被保险人的公证人责任保险。即公证责任的投保人是公证协会，被保险人是我国的公证处。我国《公证法》规定公证机构应当按照规定参加公证执业保险。

（三）公证员执业保证金

2000年9月5日，司法部发布了《关于贯彻〈关于深化公证工作改革的方案〉的若干意见》，其中提出了我国公证领域将逐步建立公证员执业保证金制度。执业保证金主要用于偿付应当由公证员承担的民事赔偿费用和行政处罚付款等。公证员应当按照规定交纳执业保证金，未交足的将被暂停执业。公证员交纳的执业保证金没有被使用的，或使用后有剩余的，待公证员离任后予以退还。

第三节 公证监督

一、公证监督的概念

公证监督，是指国家、社会依照有关法律和规章的规定，对公证机构、公证人员及公证活动进行检查、督促、调整、制约的活动过程。

公证是公证机构依法对法律行为、法律事件和文书的真实性、合法性的证明，接受国家和社会的监督，对于公证机构依法正确履行法定职责，充分发挥公证在社会生活和经济生活中的重要作用，提高公证质量和工作效率，防止滥用职权和腐败行为的发生，维护社会主义的经济、法律秩序，保护国家利益和公民、法人、其他组织的合法权益，具有非常重要的意义。根据我国有关法律的规定，公证监督目前可以分为司法监督、行政监督、社会监督和内部监督，构成了较为完整的公证法律监督体系。

二、公证监督的种类

（一）司法监督

1. 司法监督的概念

司法监督是指人民法院、人民检察院依其职权，按照法律规定的程序、范围、条件对公证行为进行的监督，包括人民法院依《民事诉讼法》规定对发生法律效力的公证文书实施的监督，公证赔偿责任的诉讼和与公证有关的行政诉讼和刑事诉讼，以及人民检察院依《公证法》有关规定对公证员玩忽职守、徇私舞弊和滥用职权出具错证等行为实施的监督。

2. 人民法院对公证的监督

《民事诉讼法》第 69 条规定："经过法定程序公证证明的法律事实和文书，人民法院应当作为认定事实的根据，但有相反证据足以推翻公证证明的除外。"人民法院对公证文书享有监督权，在民事诉讼过程中，人民法院对于经过法定公证程序证明的法律行为、法律事实和文书，一般不予审查，直接作为定案依据。但是，人民法院如果发现有相反的证据足以推翻公证证明的，则不能将公证文书作为认定事实的证据，从而排除了公证文书的证据效力。公证文书必须是依照法定程序，证明法律行为、法律事实和文书真实合法的，才具有证据效力，否则，就起不到证据作用，这一点体现了人民法院对公证行为的司法监督，其他任何机关均无权排除公证的这一证据效力。对于经过公证机构赋予强制执行效力的债权文书，当事人应当自觉履行，如果负有履行义务的债务人到期后没有履行，对方当事人即债权人可以据此向有管辖权的人民法院申请执行。受申请的人民法院无须经过审判程序，直接依法执行债权文书，强制债务人履行经过公证的债权文书载明的义务。人民法院如果发现公证债权文书确有错误，比如在人民法院执行前的审查阶段或在执行过程中，发现公证文书确认的事实不属实，人民法院则裁定不予执行，并将裁定书送达双方当事人和原公证机构。该裁定书不得上诉和抗诉，一经宣布和送达，就立即发生法律效力，执行程序即告终结。

人民法院审理的有关公证的行政诉讼，既是对公证员和司法行政机关合法权益的一种司法保护，也是对公证员违法、违纪行为和司法行政机关违法实施行政行为的一种法律监督。人民法院通过行政审判活动，依法确认公证员的职务行为或司法行政机关的行政行为是否符合相关的法律规定，以判决形式予以确认，并具强制执行效力，以此实现人民法院对公证管理行为的司法监督。

3. 人民检察院对公证的监督

人民检察院对公证的监督主要是通过对公证人员的职务犯罪进行刑事追究来实现，检察机关发现公证人员有玩忽职守、徇私舞弊和滥用职权等行为时，应依法进行立案调查，如构成犯罪，则依据《刑事诉讼法》的程序追究其刑事责任。以玩忽职守罪为例，《司法部、最高人民检察院关于认真办理公证人员玩忽职守案件的通知》规定，由于公证人员玩忽职守行为，给国家、集体利益或公民合法权益造成重大损失的，检察机关应当立案侦查，依法处理。司法行政机关发现或经初步调查，认为属于触犯《刑法》第 187 条的行为，需要追究刑事责任的，应将有关材料和查处建议移送相应的检察机关；检察机关对移送的案件应及时受理，认真审查。决定立案侦查的，应将查办结果通报移送案件的司法行政机关；决定不予立案的，应将不立案的决定及理由通报移送案件的司法行政机关。检察机关查处的公证人员玩忽职守案件，如不构成犯罪，应予撤案，移送相应的司法行政机关处理；司法行政机关应予受理，并将处理结果通报移送案件的检察机关。

（二）行政监督

1. 行政监督的概念

行政监督是指行政机关按照职权和行政规则对公证机构、公证员和公证行为实施的监督。主要体现在两个方面，即司法行政机关对公证人员的管理和对公证业务的质量管理。

对公证人员的管理包括制定公证员执业规范,对违纪公证人员的处罚、惩戒;质量管理包括制定公证业务质量标准、组织公证质量检查和评优活动等。按照行政监督的对象划分,又可以分为对公证机构的监督、对公证人员的监督和对公证行为的监督。

2. 行政监督的种类

(1) 对公证机构的监督。根据有关法律的规定,公证机构自其组建之时,就置于各级司法行政机关的监督管理之下。县、市级司法行政机关负责组建公证处,监督自不必说;省级司法行政机关负责审批,以决定依法是否应予以设立公证机构,决定着公证处的生存命运;中央司法行政机关负责备案审查,发现审批不当的情况,应当通知原审批部门重新审查。

(2) 对公证员的监督。为了加强对公证员的监督和管理,保障公证员依法执行职务,维护当事人的合法权益,司法部于 1995 年 6 月 2 日制定并颁布了《公证员注册管理办法》。根据该办法的规定,依法持有中华人民共和国公证员执业证的公证员,方可执行公证员职务;经过公证员统一考试合格并在公证处执行职务的人员,依照本办法规定发给公证员执业证。公证员执业证由司法部统一印制,司法部以及各省、自治区、直辖市司法厅(局)负责颁布和管理。公证员执业证实行年度注册,未经注册者无效,持证人应于年底前向公证处提交公证员年度注册申请表,由公证处对其年度工作从德、勤、能、绩几个方面进行评议,作出鉴定。由主管司法行政机关对持证人年度政治思想、职业道德、组织纪律和完成业务工作等表现进行全面考核,提出同意或不同意注册的意见,报注册机关审核。省、自治区、直辖市司法厅(局)或司法部经过审核,对合格者,予以注册;认为不合格的,作出延缓注册的决定。

根据《公证员注册管理办法》第 9 条的规定,公证员有下列情形之一的,可延缓注册:①工作失职,造成错证的;②违反职业道德,有损公证员声誉的;③利用工作之便牟取私利等不清廉行为的;④受到行政记大过以上处分的。延缓注册的时间最长不得超过 1 年,延缓注册期间停止办证。根据《公证员注册管理办法》第 10 条的规定,有前述①、②、③项情形之一的,严重者可随时予以停止办证的处罚,停止办证期分为 3 个月、6 个月、1 年,停止办证期间,延缓注册。3 年内已有一次延缓注册或停止办证的,再有延缓注册或停止办证的情形即撤销公证员资格。

根据《公证员注册管理办法》第 14 条的规定,公证员有下列情形之一的,由注册机关收回公证员执业证:①被撤销公证员资格的;②调离公证处或不从事公证业务工作的。延缓注册、停止办证期满,需由本人提出申请,并按注册程序上报,经注册机关审核确实改正错误的,准予注册或恢复办证。

根据《公证员注册管理办法》第 16 条的规定,司法行政机关的公证管理人员有权查验公证员的公证员执业证,持证人不得拒绝。查验公证员执业证的人员,应当出示自己的工作证件。查验人员徇私舞弊,侵害持证人合法权益的,应当承担法律责任。

公证员必须接受司法行政机关的监督和管理,对有违法、违纪行为的公证员,司法行政部门可根据情节轻重给予警告、罚款、延缓注册、取消公证员资格的处罚。公证员若对所受处罚不服,可向上一级司法行政机关申请行政复议或者向人民法院提起行政诉讼。受到行政处罚,逾期不申请行政复议或者提起行政诉讼,又不履行处罚决定的,作出处罚决定的司法行政部门可以向有管辖权的人民法院申请强制执行。

（3）对公证行为的监督。公证员办理公证事务，必须坚持真实性、合法性的基本原则，严格按照公证程序规则履行自己的法定职责，并将自己的办证行为置于司法行政机关的监督之下，不越权办证。根据《公证法》的有关规定，办证员办理公证的行为如果侵犯了公民、法人或者其他组织的合法权益，从而造成直接经济损失的，应当负民事赔偿责任，由该公证员所在的公证处予以赔偿。公证处履行完赔偿义务后，可以向有过错的公证员追索部分或者全部赔偿费用。

公证员因玩忽职守、徇私舞弊、滥用职权，或者因过失出具错证的，对该公证员负有管理职责的司法行政机关，应当视情节轻重给予批评教育或者纪律处分。对于已经构成犯罪的公证员，应当依法移交有关司法机关，按照法定程序追究其应负的刑事责任。

公民、法人或者其他组织提供虚假事实、虚假证明骗取公证的，应当承担相应的法律责任并赔偿造成的经济损失。公证处有权拒绝上述公证申请。司法行政机关有权将骗取公证的情况通告当地其他有管辖权的公证处，其他公证处不得受理经通告的公证申请。

（三）社会监督

1. 社会监督的概念

社会监督是指社会组织和公民个人通过来信来访、举报投诉等方式对公证活动实施的监督。为了适应社会主义市场经济发展和健全社会主义法制的需要，不断提高公证服务质量，充分发挥公证的法律保障和法律服务职能，满足社会需要，各地公证机关都建立健全了来信来访制度和群众投诉制度，增加了工作透明度，自觉接受社会监督。

2. 社会监督的方式

（1）来信来访。

（2）群众投诉。①投诉主体。投诉的主体应为申办公证事项公民、法人或其他组织，受理投诉事项并依职权作出相关处理决定的机关为主管该公证处的司法行政部门。根据司法部以往的有关批复精神和公证实践的做法，有权向司法行政部门投诉的当事人除公证申请人之外，还应包括认为公证处拒绝受理、拒绝公证或者撤销公证书的决定侵犯其合法权益或妨碍其合法权益实现的所有公民、法人和其他组织。有权投诉的公民已死亡的，其近亲属可以投诉；有权投诉的公民为无行为能力或者限制行为能力的，其法定代理人可以代为投诉；有权投诉的法人或者其他组织终止的，承受其权利义务的法人或者其他组织可以投诉。

②投诉的范围。公证投诉的范围仅限于公证处拒绝受理、拒绝公证或者撤销公证书的决定。当事人对上述决定持有异议，可以在接到决定之日起 15 日内，向主管该公证处的司法行政部门投诉。所谓拒绝受理是指在当事人向公证处提交公证申请之时，经审查认为该公证事项不真实、不合法，而作出拒绝接受当事人公证申请的决定。所谓拒绝公证是指公证处虽然受理了当事人的公证申请，但在办证过程中，发现该公证事项属于不真实、不合法的情况，而作出不予受理该公证事项的决定。所谓撤销公证书的决定是指公证处发现已经出具的公证书中有不真实、不合法的内容，或有相反证据足以推翻原公证证明的情况，而作出的撤销该公证书的决定。上述各项决定的正确行使，既是公证形象的有力保障，也是确保公证行为真实、合法的一项重要措施，但该职权的不当行使，也会侵犯公

民、法人或其他组织的合法权益，或者妨碍其合法权益的实现。因此为了有效发挥社会对公证行为的监督作用，还需进一步完善和健全公证投诉制度。

③投诉的保障和处理。为了提高公证处的办证质量，自觉接受人民群众对公证活动的监督，使投诉制度落实到实处，司法部专门发出《关于重视人民来信来访认真处理公证投诉的通知》，明确要求各公证处都要设立意见箱、意见簿，公证管理机构和公证处都要设立公证质量投诉电话，并设专人接待人民群众来电、来信、来访。在接待时要求将接待时间、投诉事由、涉及人员、调查结果、处理意见和处理日期、结果等认真记录在专用的接待登记簿上，并由领导签字，以备审查。对查实的假证、错证应及时按照法律规定予以纠正。对有关的责任人员，应按照《公证暂行条例》、《公证员注册管理办法》和《司法部、最高人民检察院关于认真办理公证人员玩忽职守案件的通知》的有关规定，视情节轻重给予延缓注册、撤销公证员职务、赔偿经济损失的处理，直至追究法律责任。

公证活动能否在社会主义市场经济中充分发挥作用，归根结底，是看它能否为社会提供及时、有效、质量上乘的法律服务，公证质量直接影响到真实性、合法性这一公证活动的基石，失去这一基础，公证的根基就会动摇。只有提高公证质量，公证工作才能体现其本来的属性，得到社会的认可，公证事业才能繁荣发展，因此，我们必须把公证活动置于社会公众的监督之下，切实提高公证质量，为社会主义市场经济服务。

(四) 内部监督

1. 内部监督的概念

内部监督，是指公证机构按照法律、法规、规章和工作制度建立的检查、监督、制约的过程。如办案登记制度、调查取证制度、出证审批制度、公证文书立卷归档制度、公证文书的变更或撤销制度、错证赔偿制度等。

2. 内部监督制度

内部监督制度是公证机构严格质量管理，保障公证质量的一项重大的举措，其内容可以概括为"自查、自纠、自律"6个字。内部监督制度包括：①办案登记制度。公证员办理的公证事项，无论大小，都要登记备查，既反映了公证员的工作情况，也是完善公证机构的内部监督机制的一项具体内容。②出证审批制度。在公证机构的性质转轨过程中，出证审批制度应该根据新的情况予以加强。公证处主任要严把审批关、杜绝只批不审现象，并应明确办证人、审批人分别承担的责任，切实把出证审批落到实处，做到内容真实、程序合法、不出错证，维护法律的严肃性，维护公证的良好声誉。③重大疑难公证事项集体讨论制度。对于重大、疑难的公证事项，承办人员不得擅自受理、出证，应提交公证处或处务会议集体讨论决定，用集体的力量攻克难关，同时也表明对重点、疑难公证事项的谨慎态度，增加办案透明度，互相监督，确保办案质量。④请示汇报制度。对于公证处自己不能决定的公证事项，应及时向主管该公证处的司法行政机关请示汇报，积极寻找解决途径。⑤公证书的更正与撤销制度。公证书的更正是指公证机构对已经发出的有不当之处的公证书，将其收回进行修改、更正，或另行制发补充性公证书的活动。公证书的撤销是指公证机构发现已出具的公证书不真实、不合法，依法作出决定，对其予以撤销的活动。公证处是国家的司法证明机关，真实、合法是公证机构出具公证书的唯一标准，为切实保证公证文书的质量，维护法律的尊严，对于有错误的公证书，必须按照法定程序及时更正或撤销，以维护公证机构的信誉和当事人的合法权益，也是实事求是、有错必纠的作风在公证工作中的具体体现。

【练习题】

一、概念题

公证法律责任；公证刑事法律责任；公证民事法律责任；直接损失原则；公证赔偿；公证监督。

二、思考题

1. 公证法律责任的构成条件有哪些？

2. 公证法律责任的内容有哪些？

3. 简述公证赔偿的范围。

4. 公证赔偿的构成要件有哪些？

【阅读资料】

第十六章 合同公证

【**学习目的与要求**】掌握合同公证的概念、意义和一般性问题。了解各种合同公证的基本程序、必需材料及公证员的审查重点。重点关注实践中典型的或常见的合同公证形式。在学习本章内容前，要求学生对与合同相关的法律知识有基本认识。

【**重点问题**】

- 合同公证的意义及作用
- 几种主要的合同公证操作流程
- 公证申请人应当向公证机构提交的资料及证件
- 公证员对各类合同公证材料的审查重点

【**知识结构简图**】

```
                          ┌─────────┐
                          │ 合同公证 │
                          └─────────┘
          ┌──────────────────┼──────────────────┐
   ┌──────────────┐   ┌──────────────┐   ┌──────────────┐
   │ 合同公证及其作用 │   │  一般合同公证  │   │  特殊合同公证  │
   └──────────────┘   └──────────────┘   └──────────────┘
```

【**引例**】

识破贷款陷阱，幸好公证把关①

2011年4月焦作市某家投资担保咨询公司委托其代理人张某与出借人黄某、借款人李某在众信公证处签订借款合同和房地产抵押合同。三方在合同中约定，李某向黄某借款人民币5万元，投资担保咨询公司为其提供担保，同时李某以登记在自己名下的一处房产作抵押向该投资担保咨询公司提供反担保，三方当事人都提供了相应的证明材料。

公证员在审查李某提供的材料时发现，李某于1968年出生却无任何婚史，这样的婚姻状况有些可疑，于是对其提供的各个证件进行进一步审查，发现李某提供的户

---

① 刘佳鸣. 老年人足不出户享受公证法律服务（4则）——识破贷款陷阱，幸好公证把关 [J]. 中国公证，2011 (6).

口簿无首页，且是刚刚换发的新本。随后公证员又审查了其他证明材料之间的关联性和一致性，翻阅了其他卷宗。当公证员找出一份与李某同属一个辖区的户口簿复印件进行比对时，发现两个户口簿上同一派出所盖的"户口专用章"半径却不一样大，于是公证员决定启动现场调查程序，此时李某见事情已经败露，便说出了实情。原来李某早已结婚，由于背着妻子炒股赔了钱，于是想到利用登记在自己名下的夫妻共有房产作抵押来借款还债，便伪造户口簿企图隐瞒婚史来蒙混过关。

近年来，市场投资过热，民间房产买卖、房产抵押贷款等经济活动逐年上升。由于房产价值高，现实生活中有些人常常会利用制度的漏洞，以骗取房屋或价款，如一些人提供假身份证件，冒名委托将他人的房产出售或抵押，以骗取售房款和贷款或者夫妻当中的一方冒充单身，私自处分夫妻共有财产，或者离婚、丧偶后处分未分割的夫妻共有财产。因此，对房屋转让或抵押进行公证，通过公证人员利用专业知识，对合同进行严格审查，能够比较有效地揭穿骗局，维护权利人的合法权益，降低当事人在借贷过程中的风险。

第一节 合同公证及其作用

一、合同公证的概念

作为一种民事行为，合同是平等主体的自然人、法人、其他组织之间设立、变更、终止民事权利义务关系的协议。合同公证是指国家公证机关根据法律规定或当事人的申请，依照法定程序，对双方当事人之间签订的合同的真实性、合法性予以证明的活动。由于合同建立于当事人的合意之上，体现了高度的私法自治精神，合同所反映的权利义务关系涉及各方切身利益，国家非常重视对合同的签订和履行等相关行为的监管。合同公证是实践中最为重要的公证业务之一。

实践证明，通过公证机构专业公证员的指导，能够规范、引导、监督当事人依法立约，使合同真实、合法、完善；促使签约各方认真履行合同；遏制和制止立约过程中的违法行为，充分保护当事人的合法权益和社会公共利益；引导和教育当事人遵守法律，维护社会主义法制。[1] 根据我国法律、行政法规的规定以及公证当中的实践操作，公证机关办理合同公证的种类日益多样化和复杂化，包括《合同法》规定的15类有名合同即买卖合同，供用电、水、气、热力合同，赠与合同，借款合同，租赁合同，融资租赁合同，承揽合同，建设工程合同，运输合同，技术合同，保管合同，仓储合同，委托合同，行纪合同，居间合同。除此以外，土地使用权出让（转让）合同、土地承包合同、联营合同、电子网络使用合同、知识产权许可使用合同、企业兼并合同、企业承包经营合同、企业租赁经营合同、劳动合同、投资协议、股权转让协议等各种类型，都可纳入合同公证范围

---

① 江晓亮. 公证员入门 [M]. 北京：法律出版社，2003：118.

中。① 本章就比较常见的合同类型的公证含义、程序和审查重点进行详细介绍。

二、合同公证的作用

公证作为预防性的司法制度，通过对民事经济法律行为的设立、变更和终止进行公证，预防纠纷、减少纠纷，运用公证的证明职能，促使经济活动有序开展，维护社会的稳定和谐。合同公证作为公证制度中最重要也是最普遍的一种形式，在社会法律实践中发挥着重要作用。公证作为合同的一种法定形式，它"有着不容忽视的政策的、道德的及公益价值，是同意主义不能取代的，适度强调法定形式的形式主义是对同意主义的扬弃"。② 具体来说，合同公证不仅有利于维护合同当事人的利益，也有利于维护第三人的利益，防止交易欺诈，保障经济效率，最终达到维护交易安全及社会公共利益的目的。合同公证是社会交易信用体系的保障机制。

对合同进行公证，可以防止违法合同、无效合同的签订；可以提醒当事人修改、补充合同条款，使合同内容更为明确、完善、便于履行；可以提高履约率，防患于未然，预防纠纷，减少诉讼；即使发生纠纷，也可以为人民法院审理案件提供可靠的证据。③ 从实体意义上来看，公证作为一种法定形式可以成为合同是否产生法律效力的判断依据。从程序意义上来看，经过公证的合同具有最高证据效力和强制执行效力是为各国司法所公认的。④ 我国也不例外。我国《民事诉讼法》第 69 条及《公证法》第 37 条分别规定："经过法定程序公证证明的法律事实和文书，人民法院应当作为认定事实的根据。但有相反证据足以推翻公证证明的除外。""对经公证的以给付为内容并载明债务人愿意接受强制执行承诺的债权文书，债务人不履行或者履行不适当的，债权人可以依法向有管辖权的人民法院申请执行。前款规定的债权文书确有错误的，人民法院裁定不予执行，并将裁定书送达双方当事人和公证机构。"

三、合同公证的一般性问题

随着社会经济的发展和推进，合同公证的形式也出现了相应的拓展。根据合同形式的不同，各种类型的合同公证需要提交的具体材料和证件均有差异。综合来看，有一些材料和证件是各种类型的合同公证都必须提供的。比如说合同当事人的资格证明（公民个人的身份证件、法人的资格证明）；若有代理人的需要提交代理人的授权委托书和身份证件；与合同相关的一些文件、资料及权利证书；合同文本及附件；其他附带性文件。

公证机构在受理了公证事项后，应当对合同进行全面而细致的审查，确保其合法性与真实性。但针对不同公证事项公证员负有何种类型和何种程度的审查义务，采用何种审查方式，《公证法》和《公证程序规则》都没有作出明确规定，仅仅笼统地规定了"根据不同办证事项的办证规则，分别审查"。有学者建议以"谨慎、勤勉的审查义务"取代"形

---

① 房晶. 浅谈我国的合同公证 [J]. 黑龙江史志, 2008 (23).
② 常宏, 李东琦. 论法定形式对合同效力的影响 [J]. 当代法学, 2002 (6).
③ 袁景鑫, 杨宗汉. 中国公证制度 [M]. 重庆: 重庆大学出版社, 1992: 115-116.
④ 张文章. 公证制度新论 [M]. 厦门: 厦门大学出版社, 2005: 230-232.

式审查和实质审查相结合”的审查义务，理由是公证人是法律方面的专家，而专家责任就是基于其负有高度的注意义务、忠实义务和提供正确信息的义务。[1] 根据不同的合同形式，公证员在进行实际审查中的侧重点有所区别。但总体来说，各种类型的合同在经行公证时，又有一些共同之处，如下几项内容，公证员都应该重点进行审查：当事人的主体资格是否具备，尤其是行为能力；意思表示是否真实、一致；合同内容是否合法、有效，有无违反法律禁止性规定的条款，是否具备法定必备条款；提交的材料、证件、说明文件等是否齐全；合同形式是否合法。

关于合同公证的管辖问题，遵循公证管辖的一般原则。实践中办理合同公证，应当向当事人住所地、合同签订地的公证处提出申请，涉及不动产的，应当向不动产所在地公证处提出申请。

第二节　一般合同的公证

一、买卖合同公证

（一）当事人应当提交的材料

买卖合同公证的当事人应当向有管辖权的公证机构提出申请，填写公证申请表，并提交下列材料：

（1）主体资格证明（买卖双方为法人的，应当提交营业执照副本及法定代表人证明；买卖一方为公民的，应当提交身份证明，如居民身份证、户口簿等）；

（2）代理人代为申请的，应当提交有委托人签名或盖章的授权委托书或表明代理权的其他证明，办理重大买卖合同签约公证时，授权委托书应经委托行为发生地的公证机构公证；

（3）买卖合同书文本及其附件；

（4）若出卖人对外出售需要审批程序的，请提供审批材料；

（5）公证机构要求提交的其他材料。

当事人在申请买卖合同公证前，对草拟的买卖合同应当注意如下合同主要条款是否齐全：产品（商品）名称、品种（等级）、规格（质量）、数量；包装标准；交货方法、到货地点和运输方式；交、提货期限，验收地点和方法；自然损耗；违约责任；提出异议的时间和办法；付款方式、开户银行及账号、付款期限；合同变更和解除；不可抗力损失负担；当事人自愿协商的其他事项等。

（二）公证机构的审查重点

公证员对买卖合同的审查重点主要包括以下几个方面：

第一，双方当事人的主体资格：权利能力（如出卖人是否有权处分）、行为能力；如有担保人，还要注意担保人的担保能力。

第二，代理人的代理权是否合法以及代理权限范围。

---

① 刘疆，董翠香. 公证审查方式新探［J］. 中国公证，2006（7）.

第三，标的物是否明确、合法。买卖合同的标的物必须明确具体，当事人应当在合同中说明标的物的名称、型号、规格等具体内容。另外买卖合同的标的物必须合法。国家法律、法规规定的限制流通物、专营物资、计划供应物资，必须依法经有关部门批准或者取得国家计划，才能作为买卖合同的标的物。

第四，标的物的质量和技术标准是否明确。当事人应当在买卖合同中明确约定标的物的质量、技术标准，以防止发生纠纷。对于有国家标准或行业标准的标的物，当事人约定的标准不得低于该标准；对于没有国家标准和行业标准的标的物，当事人可以约定明确具体的标准，加以企业标准或临时约定标准作为检验标的物质量与技术的标准，并明确质量、技术检验的方法和期限。

第五，标的物的数量和计量单位是否明确具体。当事人必须明确约定标的物的数量与计量单位，某些标的物的数量还应当约定允许的误差范围。

第六，标的物的包装要求是否明确。标的物需要包装的，当事人应当明确约定包装要求与标准。有国家或行业包装标准的，约定的标准不得低于国家或行业标准；没有国家或行业标准的，应当依企业标准或者依标的物性质由双方当事人约定包装标准。

第七，标的物的价格和结算方式是否明确、具体。只有明确约定标的物的价格和结算方式，合同才能顺利履行。标的物有国家定价的，应当按照国家定价执行；没有国家定价的，由当事人协商约定价格，约定的价格应当采用大写。买卖合同的结算方式应当明确结算时间、开户银行、账户名称、账号等内容。

第八，合同履行的期限、地点、方式是否明确具体。

经过审查，公证机构对符合法律规定的，依法出具公证书予以证明。

【案例 16-1】

出售未成年人房产的声明书公证①

【案例 16-1】点评

王某与李某于 2009 年 10 月在某区民政局婚姻登记处协议离婚，离婚协议约定：独生女王小某由李某抚养，夫妻共有的一套房产归王小某个人所有。离婚后，王某与李某到房产局将房产证办在王小某个人名下。2010 年 11 月份，为了女儿的教育学习及生活，李某打算出售其女儿王小某名下的上述房产，但房地产管理部门以王小某尚未成年，不给办理过户手续，要求先到公证部门办理出售未成年房产的声明书公证后才给予办理。

根据《民法通则》第 18 条第 1 款的规定，监护人应当履行监护职责，保护被监护人的人身、财产及其他合法权益，除为被监护人的利益外，不得处理被监护人的财产。可见，在为被监护人的利益的情况下，可以处理被监护人的财产。根据《房屋

---

① 杨军伟.一件出售未成年人房产的声明书公证，临沂市兰山公证［EB/OL］. ［2016-07-10］. http://www.lylsgz.com/html/anlijingxuan/2012/0321/287.html.

登记办法》第 14 条的规定，未成年人的房屋，应当由其监护人代为申请登记。监护人代为申请未成年人房屋登记的，应当提交证明监护人身份的材料；因处分未成年人房屋申请登记的，还应当提供为未成年人利益的书面保证。房产管理部门为了减轻自己的责任，凡父母出售未成年人房产的，房产管理部门都让他们到公证处办理为了子女利益的声明书公证。因此，本案中，李某可以到公证处去办理相关的公正，以完成房屋买卖变更登记的前置程序。

二、建设工程合同公证

建设工程合同，是指发包人和承包人所签订的由承包人进行工程建设，发包人支付价款的合同。一般包括工程勘察合同、工程设计合同、工程施工（建设安装施工工程）合同、物资供应合同、设备订货合同、材料订货合同等。在建设工程合同中，建设单位一般为发包人，勘察、设计、施工单位一般为承包人。

建设工程合同公证，是指公证机构根据法律规定和当事人的申请，依法定程序证明当事人之间签订建设工程合同的行为以及合同本身的真实性、合法性的司法证明活动。建设工程通常资金投入量大、工程复杂、技术含量高、专业性强，工程质量关系到人民群众的基本生活，关系到国家的基础设施和公共安全，为强化建设工程质量管理，要求承包人应当具备特定的资质，建设工程的发包必须实行招投标，制定严格的建设工程质量规范，严格审批建设计划，对合同的设立的主要条款由法律作出强制性规定，对履行程序设定系统而严格的特别要求。因此通过公证可以帮助当事人完善合同条款，防止不具备发包、承包资格的单位签订合同，对预防纠纷、保护各方当事人的合法权益及维护建筑市场的政策秩序有重要意义。①

（一）当事人应当提交的材料

申请办理建设工程合同公证，双方当事人应当向有管辖权的公证机构提出申请，填写公证申请表，并提交下列材料：

（1）双方当事人的法人资格证明，承包方须提交营业执照副本、经核准的企业技术等级证明及营业手册，外地建筑单位还要提供当地建筑主管部门的介绍信；

（2）双方法定代表人或代理人的身份证明、授权委托书；

（3）主管部门对工程项目、规模、投资计划的有关批准文件；建设用地的土地使用权证明及建设工程规划许可证明；经主管部门批准的工程设计图纸及工程预算等有关资料；城建部门的施工许可证和承包方的资质等级证书；以招投标形式确立承包方的应提交招投标文件及中标决议；

（4）合同书文本；

（5）办理分包合同公证，还需提交总承包合同；

（6）公证机构要求提交的与公证事项有关的其他材料，如担保合同文本、担保人的资格或身份证明等。

---

① 时显群，章进．律师与公证学［M］．重庆：重庆大学出版社，2011：323.

（二）公证机构的审查重点

公证员对建设工程合同的审查重点主要包括以下几个方面：

第一，签订合同的条件是否具备。如签订工程设计合同必须具有上级机关批准的设计任务书。签订工程施工合同必须同时具备以下内容：承包工程的初步设计和总体概算已经批准，承包工程所需的投资和统配物资已经列入国家计划，当事人双方均具有履行合同的能力等。

第二，合同条款是否齐全、明确。在建设工程合同中，当事人必须对工程质量、工程期限、工程范围和内容、工程造价、设计文件及概、预算、技术资料的提供日期、材料和设备的供应、双方协作、工程验收等内容以合同条款的方式作出明确约定。

第三，签订合同的程序是否符合法律规定。对于依法应当采取招投标方式确定承包人、施工人、设计人的建设工程合同，必须采取招投标的方式，对未实行招标的合同，要让发包方提供有关主管部门出具的不需要招标的批准文件，否则因签订合同的程序不合法而不能公证。

第四，违约责任和纠纷解决方式是否明确。

经过审查，公证机构对符合法律规定的，依法出具公证书予以证明。

【案例 16-2】

昆明机场改扩建，依法公证保重点①

为迎接"99 世博会"在昆明召开，保证会议期间中外旅客交通方便，根据 1997 年 2 月初中国民航总局、国家计委和云南省人民政府在北京召开的昆明巫家坝机场航站区扩建工程初步设计方案审查会议，昆明机场改扩建工程列入国家民航总局和云南省 1997 年基本建设计划（国家级重点工程），中国民航总局和云南省人民政府决定，投资人民币 7 亿多元，对昆明机场候机楼进行改扩建。为保证这一国家级重点工程优质、节约、高效、按期地完成施工任务，省长办公会决定，由省政府办公厅、省建设厅、省计委、省建行、云南航空公司、云南省公证处负责组织昆明机场候机楼改扩建工程及其工程招投标工作及签订工程承包合同，并办理合同公证。在指挥部工作会上，云南省公证处公证员主动承担了"昆明机场航站楼扩建工程议标"程序的起草工作，并参与审定议标原则和议标纪律等项工作。1997 年 2 月 28 日在昆明宾馆，昆明机场航站楼工程议标会准时举行。

按照会议程序，公证员组织验证标书密封及投标法人、法定代表人或其委托代理人的资格，组织投标单位抽签确定参加（回避式）议标顺序。随后，公证员组织投标单位进行现场抽签。议标时由云南省公证处主持，公证员开标、唱标，投标单位进

---

① 昆明机场改扩建，依法公证保重点［EB/OL］.［2016-07-11］. 招投标法律网，http：//www.tb-lawyer.com/Article_Show.asp? ArticleID=1245.

行投标说明，议标领导小组提问及投标单位回答问题。经过对两家投标单位平等限时问答议标，竞标结束后，议标领导小组在云南省公证处公证员监督下，经过综合评议，最后确定云南省第五建筑工程公司中标。在建筑工程招标及合同公证过程中，公证员积极为工程建设指挥部及投标单位提供大量的法律、政策援助。

三、承揽合同公证

承揽合同，是指承揽人用自己的设备、技术、劳力，为定做人加工、定做、修理、修缮、复制物品或完成其他工作（如印刷、广告、测绘测试等），定作人接受所完成的物品或工作成果，并给付报酬的合同。承揽合同在社会生活的实践中具有十分广泛的用途，它除了适用于加工、定做、修理、修缮、印刷、广告、测绘、测试等项目外，还在装配、出版、包装、装潢、翻译、复制、专业航空等方面得到普遍应用。

承揽合同公证，是指公证机构根据法律规定和承揽合同当事人的申请，依法定程序证明当事人签订承揽合同的行为以及合同本身的真实性、合法性的司法证明活动。承揽人向定做人提供体力劳动及脑力劳动，智力技术因素在承揽合同中的作用尤为突出。

（一）当事人应提交的材料

申请办理承揽合同公证，双方当事人应当向有管辖权的公证机构提出申请，填写公证申请表，并提交下列材料：

（1）当事人的身份证件，当事人是法人的，应当提交法人资格证明及其法定代表人的身份证明，当事人是个体工商户的，应当提交营业执照副本及本人的身份证件，当事人是公民的，应当提交公民的身份证件，如居民身份证、户口簿等；

（2）委托代理人代为申请的，应当提交授权委托书及代理人的身份证明；

（3）承揽方的技术等级证明和定做方的资信证明；

（4）定做物的技术、质量、规格标准及有关的技术协议书、技术资料等；

（5）合同文本，包括承揽的标的、数量、质量、报酬、承揽方式、材料的提供、履行期限、验收标准和方法等；

（6）公证机构要求提交的与公证事项有关的其他材料。

当事人在申办公证前，应对涉及技术保密的事项作出约定并在合同中加以明确规定，主要涉及保密范围和保密方法等问题。

（二）公证机构的审查重点

公证员对承揽合同的审查重点主要包括以下几个方面：

第一，承揽方是否具有履行合同的能力。主要审查承揽人是否具有相应的设计能力、设备条件、技术力量和工艺水平。

第二，质量、技术标准是否明确、具体。

第三，承揽国家特别限制的产品是否有合法的审批手续。比如定制国家法律特别限制的产品，如体育用枪、特种服装等，必须经有关国家主管部门批准才能签订合同。

第四，原料供应方式是否明确、具体。

经过审查，公证机构对符合法律规定的，依法出具公证书予以证明。

四、运输合同公证

运输合同，是指承运人将旅客或者货物从起运地点运输到约定地点，旅客、托运人或者收货人支付票款或者运输费用的合同。

运输合同公证，是指公证机构根据法律规定和当事人的申请，依法定程序证明当事人签订运输合同的行为及合同本身的真实性、合法性的司法证明活动。实践中，进行合同公证的运输合同往往是货物运输合同。此处运输合同公证也以货物运输合同公证为考察对象。

由于运输方式的多种多样，当事人可根据运输条件和实际情况决定所采用的运输方式，从而签订对应的运输合同。主要有铁路货物运输合同，海上货物运输合同、航空货物运输合同、管道货物运输合同等。

（一）当事人应当提交的材料

申请办理运输合同公证，双方当事人应当向有管辖权的公证机构提出申请，填写公证申请表，并提交下列材料：

（1）当事人的身份证件，当事人为法人的，应当提交法人资格证明及其法定代表人的身份证明，当事人为个体工商户的，应当提交营业执照副本及本人的身份证件，当事人是公民的，应当提交公民的身份证件，如居民身份证明、户口簿等；

（2）承运人应当提交交通主管部门核发的营运证和工商行政管理部门核发的营业执照，运输货物涉及检疫、商检、海关等监管手续的，托运方应当提交货物准运证；

（3）当事人委托代理人代为申请的，应当提交授权委托书和代理人的身份证明；

（4）货物的品名、规格、数量、价格、包装状况等凭证；

（5）货物的来源证明；

（6）办理保险的货物，应当提交保险凭证；

（7）运输合同文本；

（8）公证机构认为应当提交的其他证明材料。

（二）公证机构的审查重点

公证员对运输合同的审查重点主要包括以下几个方面：

第一，标的物的性质、数量、规格、品种、包装约定是否清楚。

第二，对于必须依法办理审批、检疫、检验手续的货物运输，如危险品、限制运输品等，托运人与承运人是否依法办理了必要的审批手续，获得了有关部门的批准并取得准运证。

第三，托运人、承运人、收货人三方之间的权利、义务约定是否明确、具体。

经过审查，公证机构对符合法律规定的，依法出具公证书予以证明。

五、借款合同公证

借款合同，是指贷款人将一定数量的货币转移给借款人，借款人到期返还同等数量货币并支付一定利息的民事协议。借款合同有广义和狭义之分。狭义上的借款合同仅指经过中国人民银行批准可以经营贷款业务的金融机构作为贷款人向企业、事业单位或个人提供借款的合同，又称信贷合同。广义上的借款合同则包括信贷合同和民间借贷合同两种。

借款合同公证，是指公证机构根据借、贷双方当事人的申请，依法证明双方当事人签订借款合同的行为以及合同本身的真实性、合法性的司法证明活动。理论上来说，信贷合同和民间借贷合同都可以进行公证，都可以成为借款合同公证的对象。实践中，借款合同公证主要是指信贷合同公证，即借款合同公证的对象主要是指金融机构和企业、事业单位或个人之间签订的货币借贷合同。随着国家对宏观金融政策的调控，现今的民间抵押借款也随之活跃起来，受到各界广泛的关注，引发了更多学者和实务工作者对其进行理论结合实际的深入研究。

（一）当事人应当提交的材料

申请办理借款合同公证，双方当事人应当向有管辖权的公证机构提出申请，填写公证申请表，并提交下列材料：

（1）双方法人资格证明，法定代表人身份证明，借款人为公民的，应当提交身份证件，如身份证、户口簿等。

（2）代理人代为申请的，还须提交授权委托书和代理人身份证明。

（3）借款人为有限责任公司或股份有限公司的，须提供有效的董事会决议。董事会决议应当包括以下内容：公司董事会同意向哪家银行贷款多少，同意用自己公司或其他个人、企业的哪些财产做抵押，决议上需有参加会议的董事签名，并加盖公司公章。

（4）贷款方的《经营金融业务许可证》，涉及外汇内容的应当同时提交《经营外汇业务许可证》。

（5）借款合同文本及其附件。

（6）如有抵押，需提交抵押贷款合同文本及附件，抵押财产清单及抵押财产所有权或者经营管理权证明，抵押物评估报告或当事人协商确定其价值的书面证明，以土地使用权抵押的，应提交土地使用权证明，以房屋抵押的，应提交房屋产权证明，共有的，应提交其他共有人同意抵押的证明。

（7）公证员认为应当提交的其他材料。

民间借款合同必须符合我国法律的规定，禁止高利贷、利滚利，禁止预先在借款中扣除利息等违法行为。

（二）公证机构的审查重点

公证员对借款合同的审查重点主要包括如下几个方面：

第一，借款利率是否符合法律规定。根据法律规定，金融机构贷款的利率，应当按照中国人民银行规定的贷款利率的上下限确定；自然人之间的借款合同对支付利息没有约定或者约定不明确的，视为不支付利息，约定支付利息的，借款利率不得违反国家有关限制借款利率的规定。

第二，借款的用途是否违反法律的禁止性规定，借款的额度是否符合法律规定。

第三，对于约定抵押的借款合同，抵押物是否符合法律规定，抵押物的具体情况（名称、坐落、数量、价值、抵押金额、占管方式），以及抵押人是否愿意接受强制执行的承诺等。

经过审查，公证机构对符合法律规定的，依法出具公证书予以证明。

【案例 16-3】

借钱不还怎么办，公证机构帮你忙①

【案例 16-3】点评

2013 年 5 月，A 房地产开发公司因急需资金回笼，与高某签订了《抵押借款合同》，合同约定 A 房地产开发公司向高某借款人民币 1 亿元，借款期限为 1 年，A 房地产开发公司以其自有的在建工程项目和若干房产提供抵押担保并办理了抵押登记，B 房地产开发公司以及自然人王某为该笔借款提供股权质押担保（并办理了质押登记）和保证担保。抵押借款合同以及保证合同均办理了公证，办理公证时，债务人 A 房地产开发公司和保证人 B 房地产开发公司、王某均作出了债务人到期未履行还款义务时自愿接受强制执行的承诺。

2014 年 6 月，因 A 房地产开发公司未履行还款义务，高某以 A 房地产开发公司、B 房地产开发公司和王某为被执行人向公证处提出出具执行证书的申请。

受理该项申请后，公证处依法审查了高某提交的有关证明材料并依据事先约定的方式对债务的履行进行了核实，在确认了债务未得到充分履行的情况下，公证处在 15 个工作日内为债权人高某出具了执行证书，高某凭借执行证书到人民法院申请强制执行，由于债权债务关系明确且对抵押担保的财产办理了抵押、质押登记，因此法院依法查封了债务人 A 房地产开发公司的抵押财产，保证人 B 房地产开发公司和王某质押的股权，使高某 1 亿元的债权及利息抢在了其他债权人之前得到了及时、足额的清偿。

六、技术合同

技术合同，是指当事人就技术的开发、转让、咨询或服务所签订的确定相互之间权利及义务关系的合同。技术合同的标的往往表现为知识形态的特殊商品，根据其内容不同，可将技术合同分为技术开发合同、技术转让合同、技术咨询合同、技术服务合同等类型。各类技术合同的实际履行有着自身的特性。

技术合同公证，是指公证机构根据当事人的申请，依法证明当事人之间签订合同的行为以及合同本身的真实性、合法性的司法证明活动。技术合同的客体是智力劳动成果，比一般的合同复杂得多，因此，需要公证这种预防性法律制度的介入，以确保技术合同的真实性与合法性，保护合同双方当事人的合法权益，预防纠纷的发展，促进技术的开发、推广、转让及应用。

（一）当事人应当提交的材料

申请办理技术合同公证，双方当事人应当向有管辖权的公证机构提出申请，填写公证

---

① 借钱不还怎么办，公证机构帮你忙 [EB/OL]．[2016-07-10]．长沙公证处，http：// www.csnotary.com/ArticleDetail-I110.html.

申请表，并提交下列材料：

（1）申请人为自然人的，应当提交自然人身份证明，申请人如果是法人或其他组织的，应当提交法人或其他组织的资格证明及其负责人的身份证明，委托代理人代为申请的，应当提交授权委托书和代理人的身份证明；

（2）转让方应当提交技术可以转让的证明，属于国家或者地方计划内的科研项目合同，应当提交主管部门审批文件，转让保密技术或国防科技成果的，要提交相关部门的批文；

（3）转让方应当提交技术转让项目的技术鉴定书及有关资料，专利权人应当提交专利权证书；

（4）技术合同文本及附件；

（5）公证机构认为应当提交的其他证明材料。

（二）公证机构的审查重点

公证员对技术合同的审查重点主要包括以下几个方面：

（1）技术合同当事人的主体资格能力，主要包括当事人的民事权利能力和民事行为能力，代理人的代理权及代理权的范围等。

（2）技术合同双方当事人的意思表示是否真实、合法。

（3）技术成果权属情况是否真实，应当区分职务技术成果与非职务技术成果，必要时可以进行调查核实。

（4）技术合同是否生效，有关审批、备案、登记手续是否完备，对于必须经批准才能生效的技术合同，公证机构必须审查它是否已经得到有关机关的批准。

（5）技术合同是否存在无效的事由。根据《合同法》第329条的规定，非法垄断技术、妨碍技术进步或者侵害他人技术成果的技术合同无效。应当特别注意合同是否存在上述无效情形。

（6）技术合同的条款是否明确、完备。技术合同的特殊性决定了其种类不同，应当具备的条款内容也不相同。应注意结合《合同法》第324条规定的技术合同的一般条款来审定。

经过审查，公证机构对符合法律规定的，依法出具公证书予以证明。

【案例16-4】

技术合同公证应提供规定的各项证明①

【案例16-4】点评

1994年10月15日，村民张某、刘某在乡亲们的支持下，好不容易凑了1万多元，慕名从黑龙江海林市来到河南省新乡市，找到P科技开发公司洽谈承接电器加工合同事宜。据P科技开发公司的人介绍，生意好做，利润可观，张某、刘某提出

---

① 沈红卫，谢财良等. 公证法实例说 [M]. 长沙：湖南人民出版社，2006：140-141.

到车间看看，P科技开发公司的人说："为了保证不泄露机密技术，凡到车间看的人必须先签合同，并预交技术转让费，我们保证你学会技术，保证供应材料，保证回收产品，保证学不会退钱……"

左一个保证，右一个保证，把两个人说得动了心，使他们在一无生产条件，二无电器知识的情况下和P科技开发公司签订了电器加工合同和技术转让合同，交了12500元的技术转让费、培训费等。两人到车间看后，回到住处，商量了半夜，觉得合同签得太草率了。

第二天一大早，他们就跑到公证处，咨询P科技开发公司信誉怎样、所签合同有无问题等。公证员看了他们的合同后，说："从合同上看，你们已经很被动了。一是合同已签，钱已付过；二是合同约定违约退款；三是提供电器元件正品次品你们无法测试；四是两地距离太远，加工成品验收、运输困难；五是对方口头承诺的有利因素没有写进合同中等。这就造成你们在执行合同时很大程度上会违约在先，给对方留下把柄。"

经过商量，公证员建议他们提出公证，然后在公证中建议修改补充合同，以达到平等互利。第二天，P科技开发公司在刘某、张某二人的强烈要求下同意公证，并打电话询问办理公证的相关手续，公证员按公证要求给他们讲述了应提供的有关证明，然而P科技开发公司提供不了证明，无法办证。公证员发现P科技开发公司存在违法行为后，立即与有关部门（工商局）联系，提出司法建议，使违法行为得到了及时、有效的遏制。

七、租赁合同公证

租赁合同，是指出租人将租赁物交付承租人使用、收益，承租人支付租金的合同。租赁能够满足当事人对物的临时使用或收益需要，充分发挥物的效益，融通资金、降低成本。租赁合同是约定出租人与承租人的权利和义务、确保租赁活动依法、有序进行的重要凭证。

租赁合同公证是指公证机构根据法律规定以及出租人、承租人的申请，依法证明出租人与承租人签订租赁合同的行为以及租赁合同本身的真实性、合法性的司法证明活动。

（一）当事人应当提交的材料

申请办理租赁合同公证，双方当事人应当向有管辖权的公证机构提出申请，填写公证申请表，并提交下列材料：

（1）当事人双方的主体资格证明和身份证明及其复印件，法人要提供法人资格证明和法定代表人身份证明，公民要提交本人身份证件，代理人要提交有效的委托书及身份证件；

（2）出租物的所有权证明及与出租物有关的技术资料，如房屋所有权证、平面图、机器设备的说明书等；

（3）出租物为共有的，还应提交共有人同意出租的书面意见；

（4）出租方要求提供担保的，承租方应提交担保书；

（5）财产租赁合同文本；

（6）公证机构认为应当提供的其他证件、文件和材料。

（二）公证机构的审查重点

公证员对租赁合同的审查重点主要包括以下几个方面：

（1）租赁合同当事人的主体资格能力，主要包括当事人的民事权利能力和民事行为能力，代理人的代理权及代理权的范围等。

（2）租赁合同双方当事人的意思表示是否真实、合法。

（3）租赁物是否合法。租赁物必须是特定物、非易耗物、法律不禁止流通物。

（4）租赁物为限制流通物的，是否经有关主管部门批准。

（5）租赁物已投保的，是否提交保险凭证。

（6）非以出租财产为业的全民所有制企业出租财产，是否有主管部门的批准文件；集体所有制企业出租财产的，是否经职工代表大会同意。

（7）承租人租赁财物的目的与用途是否违反法律的禁止性规定。

经过审查，公证机构对符合法律规定的，依法出具公证书予以证明。

【案例 16-5】

租赁合同公证是后期清点公证的前提①

【案例 16-5】点评

  陈某于 2013 年 6 月将住房出租，并签了 1 年的合同。合同到期前，承租人表示不愿继续住下去了。然而等到合同期满，陈某却联系不上承租人了，而且对方把门锁也换了，家具用品仍锁在房内。为了不耽误房子出租，陈某来到公证处，想通过公证人员在现场监督，把门锁打开，将承租人的东西搬出，等承租人回来后取走。但是公证员认为，这项公证无法办理。

  按照规定，要想办理该公证，陈某与承租人签订的房屋租赁合同需要经过公证处公证，而且租赁合同中要约定在出现这种情况时，允许房东单方收房。而陈某与承租人签订的房屋租赁合同未经过公证处的公证，无法确定合同的真实性，无法办理。公证员建议，可以与承租人联系，协商解决。实在不行，需要经过法院诉讼，由法院判决后再强制执行。

八、融资租赁合同公证

融资租赁，是指出租人利用金融信贷，根据承租人的要求和选择，以自己的名义购买特定的机器设备或其他物品并出租给承租人使用，承租人分期交付租金，待租赁期满后，

---

① 租赁合同公证是后期清点公证的前提 ［EB/OL］. ［2016-07-10］. 威海律师网，http：//www.weihailawyer. com/LLYD/20141117/198951. html.

承租人根据融资租赁合同可以退回、续租或者留购租赁物的协议。在融资租赁交易中，包含两种合同关系和三方当事人，即租赁合同与买卖合同，以及出租人、承租人、出卖人。

融资租赁合同公证，是指公证机构根据租赁双方的申请，依法证明出租方与承租方签订的融资租赁合同真实、合法的司法证明活动。

（一）当事人应当提交的材料

申请办理融资租赁合同公证，双方当事人应当向有管辖权的公证机构提出申请，填写公证申请表，并提交下列材料：

（1）合同各方当事人的主体资格证明，出租方、承租方及担保方的法人资格证明，法定代表人身份证件或委托代理人的身份证件和授权委托书；

（2）承租方委托出租方购买租赁物的委托文件；

（3）融资租赁合同文本及附件；

（4）租赁标的清单及有关资料；

（5）其他有关证明，如租赁物系专控商品的，应提供主管部门的批准文件。

（二）公证机构的审查重点

公证员对融资租赁合同的审查重点主要包括以下几个方面：

（1）融资租赁合同当事人的主体资格能力，主要包括当事人的民事权利能力和民事行为能力，代理人的代理权等。

（2）融资租赁合同双方当事人的意思表示是否真实、合法。

（3）承租人的租赁目的与用途是否违反法律的禁止性规定，是否存在非法经营甚至非法活动的问题。

（4）出租人是否具有开展融资租赁业务的资格，是否存在非法经营的问题。

（5）租赁物本身是否合法。

（6）融资合同的条款是否明确、完备。

经过审查，公证机构对符合法律规定的，依法出具公证书予以证明。

【案例 16-6】

融资租赁合同办理赋予强制执行效力的公证

2014 年 3 月 4 日，甲方（出租人）天祥集团股份有限公司与乙方（承租人）渤海造船有限公司签署了一份《融资租赁合同》。双方约定乙方以筹措资金为目的，以回租方式向甲方转让租赁物，甲方根据乙方融资目的受让租赁物并出租给乙方使用。租赁物为吊车及起重设备，租金本金 3500 万元，租赁期限 1 年，租金支付周期为每 2 个月，租金支付方式为等额本息还款。同时，南方房地产公司为上述融资租赁提供了房地产抵押担保。三方分别签署了《融资租赁合同》和《房地产抵押合同》，在所签署的上述《融资租赁合同》和《房地产抵押合同》中也均明确约定，合同需办理具有强制执行效力的债权文书公证，乙方（或抵押人）承诺，如不履行或不完全履行合同项下的任何义务时，自愿接受司法机关的强制执行。合同签订当日，三方共同前往公证处办理了赋予强制执行效力的公证。

后乙方违反《融资租赁合同》的约定，未缴纳租金，经甲方多次催缴后，乙方仍未按照合同约定支付租金，且抵押人也未承担相应的抵押担保责任。公证处在核实确认乙方（抵押人）违约事实的情况下，根据甲方的申请出具了执行证书。

九、供用电、水、气、热力合同公证

供用电（水、气、热）合同，是指供电（水、气、热）人向用电（水、气、热）人供电（水、气、热），用电（水、气、热）人支付电（水、气、热）费的合同。供用电（水、气、热）合同是一种特殊的买卖合同，其买卖的标的物只能为电力、水、气、热力等特殊商品，卖方（供方）只能是具有法人资格的供电（水、气、热）部门，而且买卖具有长期性、稳定性及计划性。

供用电（水、气、热）合同公证，是指公证机构根据法律的规定和当事人的申请，依法定程序证明供方与需方签订供用电（水、气、热）合同行为以及合同本身的真实性、合法性的司法证明活动。

（一）当事人应当提交的材料

申请办理供用电（水、气、热）合同公证，双方当事人应当向有管辖权的公证机构提出申请，填写公证申请表，并提交下列材料：

（1）供电（水、气、热）方的法人资格证明、法定代表人的身份证明，委托代理人代理的，应当提交授权委托书和代理人的身份证明；

（2）用电（水、气、热）方的法人资格证明、法定代表人的身份证明，其他组织和公民为用电（水、气、热）方的，应当提交其他组织的资格证明、公民的身份证明，委托代理人代理的，应当提交授权委托书和代理人的身份证明；

（3）供用电（水、气、热）合同文本；

（4）电力（水、气、热）主管部门下达的供电（水、气、热）计划和用电（水、气、热）单位的用电（水、气、热）的指标；

（5）公证机构认为应当提交的其他证明材料。

（二）公证机构的审查重点

公证员对供用电（水、气、热）合同的审查重点主要包括以下几个方面：

（1）当事人尤其是供电（水、气、热）人是否具备签订供用电（水、气、热）合同的主体资格。

（2）供用电（水、气、热）合同的条款是否全面、明确，其内容是否违反法律的禁止性规定。

（3）当事人，尤其是用电（水、气、热）人，对合同的内容是否清楚、明确，是否知悉合同内容的真实含义。

经过审查，公证机构对符合法律规定的，依法出具公证书予以证明。

十、仓储合同公证

仓储合同，是指保管人储存存货人的仓储物，存货人支付仓储费的合同。提供储存保管服务的一方称为保管人，接受储存保管服务并支付报酬的一方称为存货人。交付保管的货物为仓储物，仓储合同属于保管合同的一种特殊类型。

仓储合同公证，是指公证机构根据法律规定和当事人的申请，依法证明存货人与保管人签订仓储合同的行为及仓储合同本身的真实性、合法性的司法证明活动。

（一）当事人应当提交的材料

申请办理仓储合同公证，双方当事人应当向有管辖权的公证机构提出申请，填写公证申请表，并提交下列材料：

（1）双方主体资格证明，委托他人代理的，还应当提交授权委托书及代理人的身份证明；

（2）保管人的营业执照和仓储能力证明；

（3）存货人提供对货物所有权的证明；

（4）对易腐、易变质的物资应提交质检单；

（5）仓储合同文本；

（6）公证机构认为应当提交的其他证明材料。

（二）公证机构的审查重点

公证员对仓储合同的审查重点主要包括以下几个方面：

（1）当事人是否具有主体资格能力。

（2）存货人存货的目的与用途，是否存在非法经营或非法活动的可能。

（3）保管人的仓储条件、方法是否合法、可行。

（4）当事人对纠纷的处理方法是否有明确约定。

（5）货物的性质是否适合于仓储保管。

（6）仓储合同的条款是否明确、完备。

经过审查，公证机构对符合法律规定的，依法出具公证书予以证明。

十一、保管合同公证

保管合同，是指一方（存货方）将物资交与他方（保管方）保管，保管方在规定的期限内完好地归还保管物资，并收取保管费的协议。

保管合同公证，是指公证机构根据当事人的申请，依法证明当事人之间签订保管合同的行为以及合同本身的真实性和合法性的司法证明活动。

（一）当事人应当提交的材料

申请办理保管合同公证，双方当事人应当向有管辖权的公证机构提出申请，填写公证申请表，并提交下列材料：

（1）申请人是自然人的，应提交居民身份证、户口簿或符合国家规定的其他身份证明；申请人是法人的，应提交企业法人营业执照、事业法人证书等法人资格证明以及法定代表人身份证明；申请人是其他法人组织的，应提交营业执照或其他主体资格证明及其负责人的身份证明；代理人代为申请的，应当提交授权委托书及其身份证明；

（2）保管人的营业执照及仓储能力证明；

（3）寄存人提交保管物的所有权证明；

（4）对易腐、易变质的物资应提交质检单；

（5）保管物为易燃、易爆、有毒等危险品或易腐、易变质等特殊物品，应提交有关部门批准的文件或相应的许可证明；

（6）储存货物分类明细表及附件说明材料；

（7）保管合同文本；

（8）公证机构认为应提交的其他材料。

（二）公证机构的审查重点

公证员对保管合同的审查重点主要包括以下几个方面：

（1）当事人是否具有主体资格能力。

（2）存货方的目的与用途是否合法，防止存货方利用保管合同从事不正当甚至违法活动。

（3）保管人的保管条件及保管方法是否合法、适当，寄存人交付的保管物有瑕疵或者按照保管物的性质需要采取特殊保管措施的，应将有关情况告知保管人。

（4）对于危险物资、易腐、易变质物资的保管，是否约定了验收及保管方法。

（5）保管合同的条款是否明确、完备。

经过审查，公证机构对符合法律规定的，依法出具公证书予以证明。

【案例 16-7】

太婆巨款存派出所 已办保管协议和遗赠公证

【案例 16-7】点评

成都 80 岁的刘婆婆辛苦一辈子，挣了 10 万多元，希望找到一个愿意照顾她，直到她善终的人，并在她死后，将 10 万多元存款无条件送给此人。目前在找到值得信任的人之前，她担心自己保管钱会被弄丢，又担心百年之后钱会落入他人之手。于是向警察求助，希望成都成华公安分局建设路派出所教导员孙某能够代为保管这笔钱。如果将来找到信任的人，就将这笔钱从孙某处取回，交给信任的人保管；如果她生病住院，需要医药费，也可从这笔钱中开支；如果她突然发生意外去世，就委托孙某将钱"捐给国家"。

公证员了解情况后分析，按她所说的"将钱交给愿意照顾自己、值得信任的人保管"，需办遗赠扶养协议公证，但目前这个符合条件的人还没出现，因此不能办这项公证，只能办理保管协议公证和遗赠公证，以证明刘婆婆将存单交给孙某保管的事实，以及委托孙某在她死后将钱捐给慈善机构的意愿。

十二、赠与合同公证

赠与合同，是指赠与人将自己财产无偿给与受赠人，受赠人表示接受赠与的合同。

赠与合同公证，是指公证机构依法证明赠与人与受赠人签订赠与合同的行为及合同本身真实性、合法性的司法证明活动。办理赠与合同公证，当事人应亲自到赠与人的住所地或不动产所在地公证处提出申请，不得委托他人。赠与人亲自办理确有困难的，公证处可派公证人员到其居住地办理。申请人为法人的，由法定代表人或代理人到公证处申请，代理人应提供有代理权的委托书。

（一）当事人应当提交的材料

申请办理赠与合同公证，双方当事人应当向有管辖权的公证机构提出申请，填写公证申请表，并提交下列材料：

（1）双方当事人身份证明，自然人申请时提交身份证明，法人申请时提交资格证明及其法定代表人的身份证明，其他组织申请时提交资格和负责人的身份证明；

（2）赠与财产的权属证明和清单，如财产名称、位置、财产权利证明等，赠与物是共有财产的，提供共有人同意将财产赠与他人的书面意见，赠与物为集体所有的，应提交该集体组织成员同意赠与的书面意见；

（3）赠与财产的标的物需有关部门批准的，还需提交批准文件；

（4）赠与合同，内容包括双方当事人基本情况及相互关系，赠与与接受赠与的意思表示及理由，赠与物名称、数量、质量、价值及现状等，赠与物交付日期、地点与交付方式，违约责任；

（5）公证机构认为应当提交的其他资料。

（二）公证机构的审查重点

公证员对赠与合同的审查重点主要包括以下几个方面：

（1）赠与人的身份与行为能力。赠与是一种对财产进行处分的行为，要求赠与人具有完全民事行为能力，无民事行为能力或者限制民事行为能力的自然人不得作为赠与人；法人或者其他组织作为赠与人时，不得违反法人或者其他组织的章程或者发起人协议等。

（2）申请人提交的材料是否齐全、真实。

（3）赠与人的意思表示是否真实，是否受到胁迫或欺骗。受赠人是否愿意接受赠与，有无规避法律的行为。

（4）被赠与的财产是否为赠与人个人所有，有无共有人和债务负担。公民不能将他人的或国家的财物用来赠与（如公有房屋），法人则无权将国家授权其经营管理的国有资产用来赠与。

（5）赠与合同内容是否完备、合法，文字是否准确，是否存在假借赠与名义实施行贿、逃避国家税收等行为。

经过审查，对符合法定条件的赠与行为，公证机构依法出具公证书予以证明。

【案例 16-8】

**赠与人未经深思熟虑，盲目办理《赠与合同》公证，
赠与行为不可撤销①**

【案例 16-8】点评

　　老李夫妻年事已高，两位老人认为子女不孝顺，于是便与老李的弟弟甲来到公证处办理了赠与合同公证，老李夫妻将名下的一套房产无偿赠与给甲。后来老李打电话到公证处咨询，因子女对其将房屋赠与给甲争议很大，在房屋产权还未发生过户的情况下，他和老伴是否能够撤销赠与？对此，公证员告知老李：赠与合同只要是双方真实意思的表示，就可以办理公证，但是赠与合同一经公证，就具有不可撤销的法律后果，所以，赠与人要思考清楚。

第三节　特殊合同的公证

一、劳动合同公证

劳动合同，是指劳动者与用人单位签订的，确立双方劳动关系，明确双方权利和义务的协议。

劳动合同公证，是指公证机构根据用人单位和劳动者的申请，依法证明双方签订的劳动合同的真实性、合法性的司法证明活动。

（一）当事人应当提交的材料

申请办理劳动合同公证，双方当事人应当向有管辖权的公证机构提出申请，填写公证申请表，提交相关材料。

1. 聘用方（用人单位）需要提交的材料

（1）劳动行政主管部门批准的招聘计划和招聘指标；

（2）招聘单位的资格证明、代表人或代理人的身份证明、代理人的授权委托书；

（3）招聘条件及与招聘有关的规章制度；

（4）签订技术培训、人才定向培训协议，要提供与委培单位签订的委培合同；

（5）采用招标方式招聘干部或企业经营者的，应提供招标文件、记录和中标证明等

---

① 厦门市鹭江公证处. 以案说公证（九）：赠与合同公证 [EB/OL]. [2016-07-10]. http：//mp. weixin. qq. com/s？src＝3&timestamp＝1468297055&ver＝1&signature＝2ebTiN-A86sQ6tMIuGUzmocgiA-DMpstwWdujOYBYYC×lZ＊eyRxLgNqUEvptDwx9GhmfRgFboNHTE4L81T8A7rLqhSQQ1OUxSytYywwly-me5H5QVxvxL＊8PZkTC1AcJR5F5NNVfKn4M89E-o3ND5w.

材料。

2. 劳动者需要提交的材料

（1）本人身份证明；

（2）健康状况证明；

（3）其所在地人才交流中心、街道、乡镇出具的无工作证明或停薪留职证明或工作单位同意其从事第二职业的证明；

（4）聘用方要求的学历证明、专业技术等级证明等。

劳动合同文本必须提交给公证机构。合同内容一般应包括：工种及性质（是否为季节工、临时工等）、试用期限、工作条件、工作时间、劳动报酬及计酬方法、劳保、医疗、保险及其他福利待遇，劳动者的权利和义务，工伤事故的处理办法，合同期限，变更、解除合同的条件及方法，合同纠纷的处理办法，违约责任，其他约定条款等内容。

（二）公证机构的审查重点

公证员对劳动合同的审查重点主要包括以下几个方面：

（1）合同双方当事人是否具备法定的主体资格，意思表示是否真实。

（2）合同内容及其所提供的材料、证件是否真实、有效、齐全。

（3）采用公开招标或招聘方式招聘干部及企业经营管理人员的，应审查招标行为是否真实、合法，合同签订人是否中标人。

经过审查，公证机构对符合法律规定的，依法出具公证书予以证明。

【案例 16-9】

劳动合同公证有备无患①

【案例 16-9】点评

某煤矿是袁某个人承包经营的煤炭企业，雇佣临时工 300 余人，自承包以来，生产形势一直很好。为了扶植个体经济的发展，某公证处人员主动到煤矿登门服务，对承包人说："你个人承包这么大规模的煤矿风险很大，应该与雇佣个人签订劳动合同，万一出现问题便于解决。"袁某却说："我们自己和个人有合同，我看就不要公证了吧。"

后来，煤矿发生了顶板落石的伤人事故，造成工人赵某终身残废，治疗 6 个月花掉医药费 1 万元。按照承包人袁某拟定的合同规定只能给赵某生活费 1000 元。赵某的父母坚决不答应，于是整天吃住在煤矿，非要煤矿为他儿子养老。就在袁某一筹莫展的时候，公证处得知这个消息，认为这是对袁某进行教育的好机会。公证处的同志及时赶到煤矿，主动帮助承包人袁某出主意，并按《劳动保险条例》的规定，为伤残者及其家属做好善后处理工作，同时指出袁某的合同缺少法律依据，应按劳动保险

---

① 邵雷，陈青．律师与公证法篇［M］．石家庄：河北人民出版社，2009：126.

条例和其他有关规定进行处理。最后在公证处同志的帮助下，煤矿与伤残者赵某订立了一份伤残赔偿协议并进行了公证，使问题得到了圆满解决。这一事例使煤矿承包人袁某很受启发，次年初，袁某主动把煤矿的 300 多份劳动合同送到公证处请公证处审查把关，并全部办理了公证。

二、联营合同公证

联营合同，是指两个或两个以上的经济组织，为了达到共同的经济目的，共同出资、共同经营、共担风险、共负盈亏而达成的协议。根据各方关系的紧密程度不同可分为法人型联营合同、合伙型联营合同、协作型联营合同三种。法人型联营合同指的是当事人各方约定联营后组成新的法人的联营合同；合伙型联营合同指的是当事人约定联营后不组成新的法人，仅组成合伙型的联营合同，在合伙型联营体中，各方按约定分享利润、分担亏损，并对联营债务承担无限连带责任；协作型联营合同是指当事人之间仅以协作的方式实行联营，各方当事人完全独立地自主经营、自负盈亏的联营合同。

联营合同公证，是指公证机构根据法律规定和联营当事人的申请，依法证明当事人签订联营合同的行为以及合同本身的真实性、合法性的司法证明活动。

（一）当事人应当提交的材料

申请办理联营合同公证，双方当事人应当向有管辖权的公证机构提出申请，填写公证申请表，并提交下列材料：

（1）联营主体各方的法人资格证明，如企业营业执照，事业单位上级主管部门出具的法人资格证明，法定代表人身份证明，代理人除提供本人身份证明，还应提供有效的法人授权委托书；

（2）联营主体各方上级主管机关及相关部门对联营项目的批准文件；

（3）联营项目涉及土地使用权变更，供用电计划及国家有特殊规定的行业的，要有规划、供电、环保、安全、卫生等有关主管部门出具的核准许可证书；

（4）以技术、商标、专利等知识产权投资的，应当提交技术成果鉴定书、专利证书、商标注册证书等相应的证明文件；

（5）联营主体各方的开户银行账号及资信证明；

（6）联营合同的文本及联营企业章程；

（7）根据联营项目的性质、规模需要提供的其他材料，如大中型联营项目要提供可行性研究报告，以资产投资的要提供资产评估证明。

（二）公证机构的审查重点

公证员对联营合同的审查重点主要包括如下几个方面：

（1）联营合同是否符合联营的原则要求。联营各方订立联营合同是否坚持平等互利、协商一致、等价有偿的原则，是否依法办理了审批手续等。

（2）联营合同的条款是否完备。不同类型的联营合同的具体条款也不相同，公证机构应当根据当事人约定的联营类型审查其联营合同的条款是否完备。

（3）联营各方是否具备主体资格，意思表示是否真实，内容是否符合法律规定。

经过审查，公证机构对符合法律规定的，依法出具公证书予以证明。

三、农村承包经营合同公证

农村承包经营合同，是指农村集体经济组织与农村承包户之间，就经营集体所有或国家所有集体使用的资产所达成的协议。农村承包合同是以家庭联产承包合同为主要形式的农村经济合同。具体包括农、林、牧、副、渔各业的承包合同。

农村承包经营合同公证，是指公证机构根据法律规定和当事人的申请，依法证明农村承包经营户与农村集体经济组织之间签订农村承包经营合同的行为以及合同本身的真实性、合法性的司法证明活动。

（一）当事人应当提交的材料

申请办理农村承包经营合同公证，双方当事人应当向有管辖权的公证机构提出申请，填写公证申请表，并提交下列材料：

（1）发包方的集体经济组织资格证明和法定代表人的身份证明，委托代理人的授权委托书和代理人身份证明，承包方的身份证明，对承包方有特殊要求的还应该提供相应的资格证明；

（2）发包方应提交承包标的的所有权或使用权的证明，如果是村级所有资产，发包方应提交村民大会或村委会同意承包的决议；

（3）经招投标形式对外发包的，应提交招投标文件和中标证明，涉及土地用途的承包合同如需经上级主管部门批准的，应提交批准文件；合伙承包或家庭承包的，应提交其他合伙人或家庭成员同意承包的证明；有担保内容的，应提交担保人的身份证明和资格证明及担保物所有权证明等；

（4）承包合同文本；

（5）公证机构认为应当提交的其他证明材料。

（二）公证机构的审查重点

公证员对农村承包经营合同的审查重点主要包括以下几个方面：

（1）当事人的主体资格。发包方是否具备发包的主体资格。发包方对合同标的是否有处分权，是否有相应的权利证书；村民自治组织财产的发包是否经村民大会或村民代表大会决议；发包方的法定代表人有无身份证明，该证明是否真实有效；代理人代为办理的，是否持有授权委托书，代理人是否出示了有效的身份证明。承包方是否具有承包的民事权利能力和民事行为能力。承包方对合同标的是否具有承包经营的资格，能否签订承包合同等。

（2）合同条款是否完备，当事人的意思表示是否真实、一致。

（3）承包的项目与经营的范围是否明确，是否有利于基本农田保护，是否存在荒废、转租或变相买卖土地的行为等。

【案例 16-10】

农村承包经营合同公证维护了村民们的合法权益①

【案例 16-10】点评

　　某村有 420 亩荒山，在 1984 年 6 月 11 日已由村委会承包给了马甲。马甲是本村民组 21 户农民的合伙承包代表人，并在当时为承包合同办理了公证，履行期限为 17 年。然而，天有不测风云，马甲于 1995 年秋病故。根据合同约定承包人因故去世，其子女享有继承承包荒山的权利。可是马甲之子马乙家庭状况和经济实力不强，他没有能力以代表人的身份继续承包这片荒山。于是，村委会于 1996 年 2 月 28 日与马乙商量，未经其他 21 户合伙承包人同意，就私自签订了一份《承包荒山的合同转让书》，将这片荒山的承包经营权转让给了本村村民马丙。这显然是侵权行为。为此，这 21 户合伙承包人与村委会成员及马乙、马丙等人之间产生了很大的对立情绪，引起矛盾激化，大动干戈。为了尽快化解纠纷，解决矛盾，公证处立即派人前往调解。

　　进村后，公证员首先对村委会私自与马乙签订转让承包合同进行了法制教育，指出此行为违背了有关法律规定，同时，又耐心细致地向当事人讲解了法律法规，讲解了经过公证的合同（协议），在没有履行到期的情况下，在没有法定条件变更和依法解除的情况下，不能随意中止或变更。经过耐心、细致的宣传、教育、调解，当事人双方承认了错误，并废止了村委会与马丙私签的转包合同。然后，公证员又召集 21 户合伙承包人同村委会一起进行协商。通过协商，村委会又与原 21 户承包户新推出的代表人续签了承包合同，进一步重申合同中的权利义务关系，并办理了公证。纠纷得到了圆满解决。

【练习题】

一、概念题

合同公证；买卖合同公证；建设工程合同公证；承揽合同公证；运输合同公证；借款合同公证；技术合同公证；租赁合同公证；融资租赁合同公证；供用电、水、气、热合同公证；仓储合同公证；保管合同公证；赠与合同公证；劳动合同公证；联营合同公证；农村承包经营合同公证。

二、思考题

1. 简述合同公证在社会主义诚信体系建设中的作用和地位。

2. 如何完善合同公证的相关程序？

3. 公证员在合同公证中如何强化对于资料的审查？

三、案例分析题

1. 王先生年逾 60 岁，离婚后再婚，与现任妻子生育了一个 10 岁的孩子。离婚后、再婚前王先生在某市购买了一套房产，因担心自己身体突发状况，王先生想要把所购买的

① 沈红卫，谢财良等. 公证法实例说［M］. 长沙：湖南人民出版社，2006：137-138.

329

房产赠与孩子，但又担心过户费用较高，打算只办理赠与合同公证，而暂不办理产权变更登记手续。

问题：该赠与房产不办理产权变更登记会影响赠与合同的效力吗？

2. 2015 年 7 月，买方和一名房产中介（卖方代理人）来到某公证处申请办理一件二手房买卖合同公证。公证员核实买卖双方的身份资料后，在审查合同文本时发现一个异常的现象：该房产登记价格是 332 万（与市场价格基本相当），而买卖合同上双方的协议价格是 932 万，高出实际价格近 3 倍，且付款方式是一次性付款。如此高的成交价，公证机构对于双方的意思表示是否真实、买方不合常理的行为是否有其他目的产生了疑惑，对公证介入此类房屋买卖合同将面临怎样的风险感到担忧。

问题：此种公证可以办理吗？为什么？

3. 某房产登记在出卖人甲、乙、丙三人名下（产权证上记载的发证日期为 2001 年某月某日），买受人为丁，买卖双方在 2011 年年底向某公证处申请办理买卖合同公证，丁为香港地区居民，持港澳居民来往内地的通行证。甲和乙是夫妻，丙为甲和乙的女儿。丙已婚，配偶为戊，两人于 1999 年广州登记结婚。由于戊身在国外，不便回国，无法当面签署配偶同意书等文件。

问题：买卖合同公证是否能办理？为什么？

【阅读资料】

第十七章 有关身份的公证

【学习目的与要求】系统地掌握我国关于身份公证的法律规定、办理这类公证的程序以及相关注意事项。要求重点掌握有关身份公证的法律规定、公证程序、遗嘱公证与继承公证办理过程等。同时通过对具体案例的分析，了解相关身份证明的法律效用。

【重点问题】
- 亲属关系的界定
- 收养的成立条件
- 遗嘱的特征
- 继承公证的办理
- 无犯罪记录公证的办理

【知识结构简图】

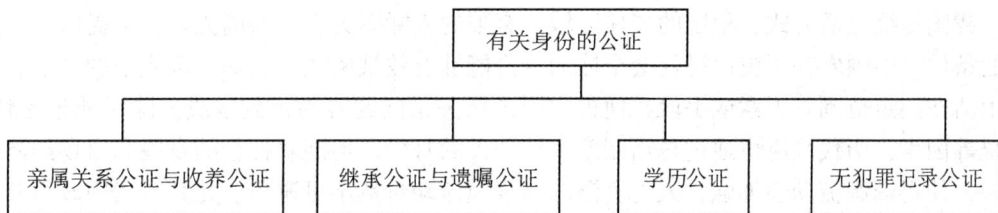

```
              有关身份的公证
   ┌───────────┬───────────┬───────────┐
亲属关系公证与收养公证  继承公证与遗嘱公证  学历公证  无犯罪记录公证
```

【引例】小赵准备出国深造，在办理出国手续时发现需要提供很多材料。其中有学历公证以及成绩单公证，这两项材料对出国申请学校以及奖学金的成功起到非常重要的作用，但他对这些公证材料的内容、办理流程的具体情况却知之甚少。

小张想收养一名孤儿，但是不确定是否满足收养条件，朋友建议他办理收养公证，但是他对收养公证的含义、程序都不了解。

老王中年丧偶，有两个儿子，身体一直不好，后来再婚，老伴对其悉心照料。老王担心自己先走，老伴的生活没有保障，在这种情况下，他想事先拟好遗嘱，对自己的财产进行安排。但是在遗嘱写好后，有亲戚朋友告知他最好去做一个遗嘱公证，他对此不是很理解。

上述的例子，说明身份公证在我们身边时刻存在，这也是本章我们学习的内容。通过本章的学习，我们将了解与身份公证有关的法律规定以及办理一些重要的身份公证的流程等内容。

第一节　亲属关系公证与收养公证

一、亲属关系的界定

（一）亲属的概念

亲属，是基于婚姻、血缘和法律拟制而形成的人与人之间的社会关系。我国法律所调整的亲属关系，包括夫妻、父母、子女、兄弟姊妹、祖父母和外祖父母、孙子女和外孙子女、儿媳和公婆、女婿和岳父母，以及其他三代以内的旁系血亲，如伯、叔、姑、舅、姨、侄子女、甥子女、堂兄弟姊妹、表兄弟姊妹等。一般地，现代社会，依据亲属发生的原因不同，亲属可以分为配偶、血亲和姻亲三类。

（二）亲属与家庭成员

从法律意义上分析，必须区分亲属与家庭成员这两个不同概念。家庭成员是指同居一家共同生活并且互有权利义务的亲属。如夫妻、父母子女、兄弟姐妹等。可见家庭成员是亲属，但是亲属不等于家庭成员，有亲属关系的人可能分属于多个不同的家庭。如叔叔、伯伯、阿姨、姑姑、舅舅等都是血缘比较近的亲属，但是在一般情况下，他们分别属于不同的家庭，也没有家庭成员间的权利义务。

（三）亲属关系的界定及法律效力

我国传统生活方式、稳定的居住区域、有限的人际圈为有效亲属关系界定提供了决定性的条件。中国农耕历史使得社会个体的身份能够有效被确认。例如，宗族中的家谱、祖辈生活在固定范围等因素或手段，使得中国亲属关系问题容易得到解决。除了通过习惯、传统等因素，历代政府也通过户籍制度确认公民的身份。但随着社会的发展和市场经济的导入，使得资源流动性加强，人力资源的大规模流动自然不可避免。尤其自我国改革开放以来，城乡人口流动性增大，加上信息、社会管理等很多方面的缺陷，亲属关系的界定日渐成为了一个突出的问题。

另外亲属关系不是静止不变的，而是处于变化发展之中，会因一定的法律事实的发生而产生和消灭。根据亲属关系发生的原因不同，各种亲属关系终止的原因也不同。配偶关系会因男女结婚而发生，会因配偶一方的死亡或离婚而终止。血亲有自然血亲和拟制血亲，自然血亲因出生而产生，因一方死亡而终止；拟制血亲依法律规定而产生。我国现行法律承认的拟制血亲有两种：一种是养亲关系，一种是抚养教育关系的继父母和继子女关系。养亲关系的成立，以办理收养登记的时间为准。继父母和继子女，要形成拟制血亲关系需满足两个条件：一是子女因生父（母）与继母（父）结婚；二是继子女得到继父母的抚养教育。拟制血亲因一方死亡或依法解除等法律事件或法律行为而终止。姻亲是因婚姻的联系而发生，一般也因离婚而终止。

亲属关系的法律效力，是指在一定范围内依据亲属关系而产生的法律后果。比如一定的范围内的亲属有抚养或赡养的义务，夫妻有法定的共同财产、一定的亲属可以作为法定代理人，亲属是法定继承的身份前提，是确定法定继承人范围、顺序和代位继承的依据等。

可见，亲属关系的证明是其他权利行使的基础，其在事实上的真实性，在法律上的有效性，对经济秩序的和谐稳定有着至关重要的作用，因此亲属关系公证的用途十分广泛，此类公证也是目前公证领域最常见的内容之一。对确立自然人身份关系以及由此产生的财产关系，具有重要的意义。

二、亲属关系公证

（一）亲属关系公证的概念

亲属关系公证，是指公证机构根据当事人的申请，依照法定程序，对当事人因血缘、婚姻、法律等原因而与他人产生的亲属关系的真实性和合法性予以证明的活动。

（二）亲属关系公证的范围

亲属关系公证的主要内容包括：证明当事人与关系人存在一定亲属关系，如直系亲属、旁系亲属或姻亲等，具体事项包括申请人、关系人的姓名、性别、出生日期、现住址地及相互间的称谓等。

亲属关系公证书主要用于涉外领域，如我国公民到国外定居、探亲、留学、继承域外遗产、领取抚恤赔偿金、申请外汇等事项。因此办理亲属关系公证，有助于确定自然人之间的身份关系及与此相关的财产关系，有利于保障当事人权益的实现，保护我国公民、华侨及其侨眷等在域外的正当权利与合法权益。

（三）办理亲属关系公证提交的材料

当事人申请办理亲属关系公证，应当填写公证申请表，向公证机提出申请，并提交以下材料：

（1）当事人的户口簿、身份证及复印件。

（2）本人人事档案管理部门出具的盖有人事、劳资、组织专用章的证明材料。无工作单位的，由其住所地街道办事处（乡、镇人民政府）出具亲属关系证明。

（3）境外亲属来信。当事人的亲属在境外的，则还需提供境外亲属的来信。

（4）委托授权证明。如果委托他人代办，受托人还要提供当事人的委托书及受托人的身份证及复印件。

（四）亲属关系公证审查

办理亲属关系公证时，公证处须对申请人提交的材料进行审查。审查的内容包括：材料是否齐全；当事人之间的亲属关系是否真实合法以及当事人使用亲属关系公证书的目的等，以防申请人利用虚假的"亲属关系"来骗取公证书，达到出国或者其他非法目的。

公证处工作人员在公证审查时一般要注意的事项有：（1）公证书中关于亲属之间的称谓，应使用我国法定的或习惯上的统一称谓，不得使用地方方言；（2）有的国家要求赴该国自费留学的我国公民，提供包括所有家庭成员的亲属关系公证，在此类操作中，公证机关会根据具体的事实情况进行公证，并要求提供相关的证明材料。

在我国，亲属关系公证，不仅限于直系亲属、旁系亲属或姻亲，只要属于我国《婚姻法》的亲属范围的，均可进行公证，如当事人要求证明姑表兄弟姐妹等，只要查证属实即可予以公证。

【案例 17-1】

亲属关系公证以解除收养关系为前提

【案例 17-1】点评

女孩陈某 5 岁那年（1986 年 6 月）被送给姨妈郑某抚养，未办理任何收养手续。双方以父母女儿相称，且女孩的户口也以女儿的名义落在姨妈的户口簿下。过了多年，陈某的亲生父母到国外定居，为了让她出国，与养父母商定让陈某和生父母恢复关系并办理出国手续。因此，陈某来到公证处申请办理其出生公证以及与亲父母的亲属关系公证。公证处能否给其办理？

三、收养公证

（一）收养的概念与意义

1. 收养的概念

我国《收养法》对收养这一法律概念没有作出明确的定义，但现有通说认为，收养，是指根据法定的条件和程序领养他人子女作为自己子女，是原本没有直系血亲关系的当事人之间建立拟制的父母子女关系的法律行为。领养他人子女为自己子女的人称为养父母，被他人领养的人称为被收养人或者养子女，将子女或者儿童送给他人收养的父母、其他监护人，称为送养人。收养是一种设立或者变更民事权利、义务的重要民事法律行为，它涉及对未成年人的抚养教育、对老年人的赡养扶助以及财产继承等一系列民事法律关系。

2. 收养的意义

收养的意义在不同的时代有着不同含义。在封建时代，收养主要是为了家族血统的延续，此时的收养主要是为了满足收养人的需要；在第一、二次世界大战以后，留下了无数孤儿和非婚生子女，需要新的父母予以收养，此时的收养又主要是为了满足被收养人的需要。从我国 1991 年《收养法》规定的收养条件来看，当时比较侧重考虑无儿无女的父母要享有亲情的本能欲望。但 1998 年修订后的《收养法》则侧重满足无父无母的孤儿要健康成长的需要。总的来说，收养的意义至少在于以下三个方面：首先是可以帮助无儿无女的夫妻获得子女，慰藉他们的心灵；其次，可以帮助无父无母的儿童获得父母，给予他们失去的父爱与母爱；最后，通过收养人对孤儿、弃婴的抚养、教育，可以帮助国家减轻负担。[①]

3. 收养的法律后果

收养的目的在于使没有父母子女关系的自然人之间产生拟制的法律上的父母子女关系。一般说来，收养这一法律行为一旦发生法律效力，便产生两个方面的法律后果：一是使在血缘上本无亲子关系的收养人和被收养人之间产生法律拟制的亲子关系；二是对被收

---

① 卓冬青，刘冰，白云. 婚姻家庭法［M］. 广州：中山大学出版社，2008：226.

养人及其生父母之间的父母子女关系以及基于此的其他亲属关系同时消灭。

4. 收养与相关概念的区别

（1）寄养。寄养，是指父母因特殊情况不能直接履行对子女的抚养义务，把子女寄托在他人家中生活的委托代理行为。寄养不发生父母子女关系的变更，被寄养人与受托人之间不产生父母子女的法律关系。

（2）抚养、赡养。根据我国《婚姻法》和《继承法》的有关规定，抚养是父母照顾、养育其子女的一种法定义务；赡养是成年子女（孙子女）照顾、关怀其父母或者祖父母的法定义务行为。抚养和赡养都不引起人身关系和民事权利义务的变更，也都不是变更人身关系的民事法律行为。公民非因法定义务而自愿抚养他人子女也不属于收养的行为。

（二）收养关系成立与解除的条件

1. 收养关系成立的具体条件

根据《收养法》的规定，达成收养关系，除必须符合互利自愿、协商一致和法定的程序外，还对被收养人、送养人和收养人作出了规定。

首先，根据《收养法》第 6 条的规定，收养人应该同时具备下列条件：第一，收养人既无亲生子女，也无养子女；第二，有抚养教育被收养人的能力，包括经济能力和身体能力。如果经济十分困难、生活上无保障的人，或者常年病魔缠身、生活难以自理的人，不能成为收养人；第三，未患有医学上认为不应当收养子女的疾病；第四，年满 30 周岁。

其次，根据《收养法》第 4 条的规定，被收养人必须具备以下两个条件：第一，未满 14 周岁，这个年龄的未成年人在行为能力上还不成熟，非常需要家庭、父母的指引，也有利于与收养人培养感情；第二，必须是丧失父母的孤儿、查找不到生父母的弃婴或儿童或者是生父母有特殊困难无力抚养子女。

最后，根据《收养法》第 5 条的规定，送养人要满足如下条件：第一，孤儿的监护人可以送养其监护的孤儿，但其送养未成年孤儿的，须征得有抚养义务的人同意；第二，社会福利机构可以将孤儿、弃婴、弃儿送养，以保障他们的合法权益；第三，有特殊困难无力抚养的生父母，一般须经双方同意，共同送养。

2. 收养关系解除及其条件

收养关系的解除，是指收养关系成立后，根据当事人合意或者法定理由，解除已经存在的收养关系的法律行为。收养关系的解除可以分为两种情况，即协议解除和法定解除。

其中，协议解除的条件只有一个，就是双方当事人有终止收养的合意，即养父母和养子女都同意解除收养关系。但同意的意思表示由完全民事行为能力的人作出，如果是不满 10 周岁的养子女，则完全由送养人作为法定代理人作出终止收养的意思表示，如果是 10 周岁以上的未成年人，则由送养人和被收养人共同作出终止收养的意思表示。

法定解除，是指在一方要求解除收养关系，而另一方不同意的情况下，根据法律的规定将收养关系经过诉讼予以解除的法律行为。法定解除的条件有：第一，一方要求解除收养关系，另一方不同意，这是法定解除的前提条件；第二，收养人不履行抚养义务，有虐待、遗弃等侵害未成年人合法权益的行为；第三，养父母与成年养子女关系恶化，无法共同生活的，任何一方都可以要求解除收养关系。

（三）收养公证

收养公证，是指公证机构根据当事人申请，依照法定程序证明收养、解除收养他人子女的民事行为及有关收养的协议本身的真实性、合法性的证明活动。收养公证包括收养关系公证和收养关系解除公证。收养关系公证可以证明收养关系成立，使收养关系各方当事人正确地享受权利和履行义务，促进家庭和睦和社会安定团结，保护被收养人的利益，为被收养人户口迁移和落户提供依据。

（四）办理收养公证的程序

当事人申请办理收养关系公证，应向收养人或被收养人住所地的公证机构提出申请，填写公证申请表，并提交以下证明材料。

（1）收养人应提交的主体资格和基本情况证明材料：居民身份证、户口簿；要求收养子女的申请书；婚姻状况证明（结婚证或未婚证明）；子女情况证明（由收养人所在地计划生育部门出具）；收养人的职业、经济状况证明（由收养人所在单位或者村委会、居委会出具）；未患有医学上认为不应该收养子女的疾病证明（由县级以上医院出具）。

（2）送养人应提交的主体资格和基本情况证明材料：夫妻双方同意送养的书面意见；婚姻状况证明、户口簿、居民身份证；所在单位或者街道办事处或者基层人民政府计划生育部门出具的子女情况和送养人有特殊困难无力抚养子女的证明；孤儿的监护人有监护资格的证明和同意送养的书面意见及户口簿、居民身份证；社会福利机构或者民政部门作为送养人的，需提交经该单位法定代表人签字同意送养的书面文件。

（3）被收养人身份证明（身份证或护照、户口簿、出身证明等）。

（4）收养14周岁以上养子女的，应提供三代以内同辈旁系血亲的证明（公安部门出具或者经公证的亲属关系证明）。

（5）收养协议书，被收养人照片。

（6）已经办理收养登记的应提供民政部门制发的收养登记证。

（7）公证机构认为应当提供的其他证明材料。

（五）办理收养公证应重点审查事项

（1）收养关系当事人是否完全符合法律规定的条件，以及收养人的经济状况、健康状况、道德品质和实际抚养能力是否符合收养的需要。

（2）双方当事人的意思表示是否真实、自愿。如被收养人是10周岁以上的未成年人，应该征得本人的同意。

（3）外国人在中华人民共和国收养子女，应当经其所在国主管机关依照该国法律审查同意。收养人应当提供由其所在国有权机构出具的有关收养人的年龄、婚姻、职业、财产、健康、有无受过刑事处罚等状况的证明材料，该证明材料应当经其所在国外交机关或者外交机关授权的机构认证，并经中华人民共和国驻该国使领馆认证。该收养人应当与送养人订立书面协议，亲自向省级人民政府民政部门登记。收养关系当事人各方或者一方要求办理收养公证的，应当到国务院司法行政部门认定的具有办理涉外公证资格的公证机构办理收养公证。

经审查，对完全符合法律规定的收养关系公证申请，公证机构依法出具公证书予以证明。不符合收养条件的，不予办理收养公证，并向当事人说明不予办理的理由。

（六）办理解除收养关系公证的程序

当事人办理解除收养关系公证，应向收养人住所地的公证机构提出申请，填写公证申请表，并提交以下材料。

（1）双方当事人的居民身份证、户口簿。

（2）双方收养关系成立的公证书或者其他能够证明收养关系成立的证明材料。

（3）解除收养关系协议书。

（4）公证人员认为应当提交的其他证明材料。

经审查，对完全符合法律规定的解除收养关系公证申请，公证机构依法出具公证书予以证明。

【案例 17-2】

事实抚养公证解难题①

【案例 17-2】点评

刘某在多年前拾到一弃婴，现已抚养 10 多年，至今没有落户口。当到公安部门给孩子落户口时，公安部门的工作人员告诉当事人，没有出生证明或收养证明不符合落户条件，当事人必须有公证处办理的公证才能给落户。刘某便来到县公证处进行咨询。

县公证处公证员询问了当事人的情况，明白当事人要办理抚养事实公证。经过沟通，了解到当事人拾到弃婴的时间是 1999 年 3 月，至今 16 年，没有办理收养登记。一并了解到该当事人有抚养能力，身体健康且无遗传性疾病。根据司法部《关于贯彻执行〈中华人民共和国收养法〉若干问题的意见》（2000 年 3 月 3 日　司发通〔2000〕33 号）第 1 条的规定，公证机构应当按新《收养法》及有关法规、规章的规定，认真办好收养公证、解除收养关系公证，以及其他相关公证，如收养协议、亲属关系、解除收养关系协议、声明书、委托书等公证。原《收养法》实施期间建立的收养关系，符合原《收养法》规定的，公证机构可以给予公证；不符合原收养法规定的，公证机构不得办理收养或解除收养关系公证，但可对当事人之间抚养的事实进行公证。

根据当事人的陈述，其并不符合事实收养公证的条件，不能办理事实收养公证，因为办理事实收养公证必须符合《收养法》规定的收养条件（被抚养人现在已 16 周岁，《收养法》第 4 条规定，下列不满 14 周岁的未成年人可以被收养：1. 丧失父母的孤儿；2.……据此，只能办理抚养事实公证。抚养事实公证是指公证机构依据抚养人的陈述和捡拾人或捡拾知情人的证言及其他有关证明材料，依照法定程序证明抚养人抚养被抚养人事实的证明活动。抚养事实公证主要适用于 1992 年 4 月 1 日至 1999

---

① 事实抚养公证解难题［EB/OL］．［2016-07-10］．滨州司法行政网，http：//www. bzssfj. gov. cn/ywgz/ShowArticle. asp？ArticleID＝1494.

年 4 月 1 日期间形成的抚养事实。该公证书一般用于办理被抚养人落户手续。

办理抚养事实公证需要当事人需提供以下证明材料：

1. 抚养人的身份证、户口簿。

2. 由村（居）民委员会出具的"捡拾弃婴（儿童）情况证明"。

3. 由乡镇人民政府、村（居）民委员会出具的"子女情况证明"。

4. 派出所出具的"捡拾弃婴（儿童）报案证明"。

5. 其他相关材料。

根据相关法律的规定，当事人提供的上述材料，县公证处给当事人办理了事实抚养公证，为当事人给子女落户提供了有力的证明材料，切实贯彻落实了国办发〔2015〕96 号文件精神，解决了当事人为拾弃婴儿落户难的大难题。

第二节　遗嘱公证与继承公证

一、遗嘱公证

（一）遗嘱的概念

遗嘱，是指遗嘱人生前在法律允许的范围内，按照法律规定的方式对个人财产及其他事务所作的安排，并在其死后发生法律效力的一种民事法律行为。遗嘱是遗嘱继承的依据，是一种单方、要式民事行为。根据民法的一般原理，遗嘱是以遗嘱人死后发生效力为目的的意思表示，非依法定方式不得成立。我国《继承法》规定了遗嘱的五种形式：公证遗嘱、代书遗嘱、自书遗嘱、录音遗嘱和口头遗嘱。

为了保证遗嘱继承公正、公平，1985 年 4 月 10 日第六届全国人大第三次会议通过、颁布了《中华人民共和国继承法》，正式确立了遗嘱继承制度的法律地位，将其规定为我国的基本继承方式之一，进一步完善了我国的继承制度，对保护公民财产继承权、增进家庭成员之间的团结互助、推进社会经济发展、稳定社会秩序起到了积极作用。从根本上说，遗嘱继承制度体现了被继承人的意愿，体现了国家对公民私有财产权的彻底保护。

（二）遗嘱公证

遗嘱公证，是指公证机构依据当事人的申请，依照法定程序对遗嘱人设立遗嘱行为的真实性、合法性予以证明的活动。

公证遗嘱相对于其他形式的遗嘱具有最高的法律效力。根据我国《继承法》的规定，"自书、代书、录音、口头遗嘱，不得撤销、变更公证遗嘱"。若遗嘱人以不同形式立有数份内容相抵触的遗嘱，其中有公证遗嘱的，以最后所立公证遗嘱为准。因此，遗嘱经过公证以后能有效预防被继承人家属与继承人之间发生纠纷，保证遗嘱人真实、合法的意思表示的实现，保护各方当事人的合法权益。

（三）办理遗嘱公证的程序

当事人办理遗嘱公证，应当亲自向其住所地或者遗嘱行为发生地的公证机构提出申请，涉及遗产为不动产的，由不动产所在地的公证机构受理。如行动不便，也可书面或者口头形式请求公证机构指派公证人员到其住所或者临时处所办理公证。提出申请后，当事人应当填写公证申请，并提交以下证明材料。

（1）申请人身份证明，如居民身份证、户口簿等。

（2）遗嘱人所处分的财产的所有权证明（如房产证、存款单、有价证件等），遗嘱涉及财产较多的，还应当提交财产清单。

（3）遗嘱文本。如果遗嘱人不会书写或者书写有困难的，公证人员可以依法代为书写遗嘱。公证人员代拟的遗嘱，应当交遗嘱人核对，并由其签名。

（4）婚姻状况证明。提供婚姻状况证明，主要是为了区别遗嘱所处分的财产是否夫妻共有财产。假若是夫妻共有财产，而夫妻双方又有财产约定协议书的，需提交夫妻财产约定协议书。

（5）公证机构认为应当提供的其他证明材料。

公证机构对以上证明、材料、必要文书齐备，符合《公证程序规则》规定的申请，应予以受理。对不符合条件的申请，公证机构应在 3 日内作出不予受理决定，并通知申请人。

（四）办理遗嘱公证，应该重点审查

受理当事人的申请后，公证机构应当派 2 名以上公证人员共同办理，特别情况下，有 1 名公证人员办理时，应当有 1 名见证人在场，见证人应在遗嘱和笔录上签名。在办理公证时，公证人员应当重点审查以下事项：

（1）审查遗嘱人的身份，审查其处分财产是否为其个人有权处分的财产，是否处分了共有财产或者有争议财产，财产上有无担保等情况，防止他人假冒遗嘱人订立遗嘱，损害权利人利益。

（2）审查遗嘱人的行为能力。遗嘱人应当要具有完全行为能力，只有具备完全行为能力，才能订立遗嘱。公证人员在办理遗嘱公证时，要认真观察、分析遗嘱人的行为能力，并在笔录中详细证明遗嘱人的精神状态。

（3）审查遗嘱人的意思表示是否真实，有无受胁迫、欺诈等情形。为保证遗嘱的真实性，申办遗嘱公证不得委托他人代理，如果确实因为疾病不能到公证机构申办，可以要求公证人员上门办理。

（4）审查遗嘱内容是否违反法律规定和社会公共利益，是否剥夺了缺乏劳动能力又没有生活来源的继承人必要的财产份额，文字表述是否准确，签名、盖章、手印以及制作日期是否完备。遗嘱应当写明遗嘱人姓名、性别、出生时间、住址；子女及其他继承人的姓名和生存状况；遗嘱受益人姓名及与遗嘱人的相互关系；现有主要财产状况（包括名称、数量、所在地点及是否为共有财产）；对遗产分配和其他事务处理意见；有遗嘱执行人的，要写明执行人本人的姓名、性别、年龄和住址。

（5）有遗嘱执行人的，还要询问遗嘱执行人的意见。

公证人员办理遗嘱公证，应当询问申请人，并制作谈话笔录，谈话笔录应当包括下列内容：

第一，遗嘱人的身体状况、精神状况；遗嘱人系老年人、间歇性精神病人、危重伤病人的，还应当记录其对事物的识别、反应能力；

第二，遗嘱人家庭成员情况，包括其配偶、子女、父母及与其共同生活人员的基本情况；

第三，遗嘱所处分财产的情况，是否属于遗嘱人个人所有，以前是否曾以遗嘱或者遗赠扶养协议等方式进行过处分，有无已设立担保、已被查封、扣押等限制所有权的情况；

第四，遗嘱人所提供的遗嘱或者遗嘱草稿的形成时间、地点和过程，是自书还是代书，是否本人的真实意愿，有无修改、补充，对遗产的处分是否附有条件；代书人的情况，遗嘱或者遗嘱草稿上的签名、盖章或者手印是否其本人所为；

第五，遗嘱人未提供遗嘱或者遗嘱草稿的，应当详细记录其处分遗产的意思表示；

第六，是否指定遗嘱执行人及遗嘱执行人的基本情况；

第七，公证人员认为应当询问的其他内容。

谈话笔录应当当场向遗嘱人宣读或者由遗嘱人阅读，遗嘱人无异议后，遗嘱人、公证人员、见证人应当在笔录上签名。

经过审查，对于真实、合法的遗嘱，公证机构应当出具公证书予以证明。

【案例 17-3】

办理公证遗嘱，安享晚年生活①

【案例 17-3】点评

张大爷，78 岁，退休。曾来公证处做法律咨询，想对自己的财产做个安排：张大爷称他名下有一处位于市区的老房子，打算在自己死亡后遗留给再婚的老伴王某。他说："这套房子 10 年前就值 50 万，如今价格翻了好几番，至少值 200 万。"他的两子一女，都关注着这套房子。自己和再婚的老伴王某共同生活多年，王某对他生活上照顾得无微不至，他担心自己死后，子女们争房，影响老伴的晚年生活。于是，张大爷申请办理了一份死后将上述房产遗留给老伴王某的公证遗嘱。后来张大爷去世，张大爷的子女因王某持有张大爷的公证遗嘱，便不再和王某提房产的事情，老伴王某的晚年生活也有了保障。

二、继承公证

（一）继承公证的概念

继承，是指自然人死亡或者被宣告死亡所留有的个人合法财产，依照死者生前所立遗嘱制定或者根据法律规定，转归有权取得该项财产的人所有的法律制度。继承有两种形式，即法定继承和遗嘱继承。

继承公证，是指公证机关根据当事人的申请，依法证明继承人继承被继承人遗留的个

---

① 办理公证遗嘱，安享晚年生活［EB/OL］．［2016-07-10］．威海律师网，http：//www.weihailawyer.com/LLYD/20141117/198951.html.

人合法财产权利的真实性、合法性的活动。办理继承公证，遗产为动产的，由被继承人生前住所地或主要财产所在地公证处管辖；遗产为不动产的，由不动产所在地公证处管辖。公证机关依法办理继承公证，妥善处理遗产继承，有利于保护公民个人财产的所有权，有利于稳定社会秩序、预防和减少纠纷，促进家庭的和睦和团结。值得关注的是，之前，继承房产、赠与房产等，应当持公证机关出具的继承权证书等到房地产管理机关办理房产所有权转移登记手续。但在 2016 年 7 月 5 日，司法部发布《关于废止司法部、住建部关于房地产登记管理中加强公证的联合通知》的通知，继承房产、分房遗嘱、赠与房产、涉外港澳台房产所有权转移等有关房产登记事项可以不用公证了。但这并不意味着继承公证就不重要了，因为新政刚刚颁布，在具体的实践当中，经常出现被继承人订立多份遗嘱的情况，而房产登记部门依然并没有能力审查遗嘱的效力问题，房管部门做房屋变更登记的法律风险将会加大，可能会引发一些新的社会问题。

（二）办理继承公证的程序

申请办理继承公证的当事人，遗产为动产的，由被继承人生前住所或重要遗产所在地公证处受理；遗产为不动产的，由不动产所在地公证处受理。办理继承公证，申请人应当共同到有管辖权的公证机构提出申请，共同申请有困难的，可以委托其他继承人或他人代为申请。办理继承公证，申请人应提交的证件和材料有：

1. 法定继承应提交的材料

（1）申请人的身份证明（如居民身份证、户口簿及复印件）。

（2）代理人代为申请的，委托代理人需提供授权委托书、身份证明及复印件，委托书应经当地公证机关公证；监护人代办应提供监护人的证明材料和本人的身份证件。

（3）申请人所在单位人事部门介绍信，说明公证的目的，继承人与被继承人的关系以及有关继承人的家庭情况。

（4）被继承人的死亡证明。法定继承人中已死亡的要提供死亡证明，宣告死亡的应提供人民法院宣告死亡的判决书。

（5）被继承遗产的产权证明。

（6）被继承人的婚姻、父母、子女情况证明。

（7）法定继承人的亲属关系证明。

（8）继承人放弃继承权应到公证处发表声明放弃，在外地发表的放弃继承权声明书应经当地公证机关公证。

2. 遗嘱继承应提交的材料

（1）法定继承需提交的材料。

（2）被继承人生前所立的有效遗嘱。

（3）有遗嘱执行人的，提供执行人的身份证件及复印件。

对上述证明材料齐备，符合公证程序规则规定的申请，公证处应当予以受理。

（三）办理继承公证，应重点审查

（1）审查被继承人死亡的时间、地点、死因等。

（2）审查被继承人生前有无负有债务、税款，如有，一般应当先用被继承人的财产清偿债权，缴付税款，余下的财产再由继承人继承。

（3）审查被继承人的遗产状况，所遗留的财产的范围、种类和数量。例如有无典当、抵押、是否共有的情况，遗产现在何处，由谁保管，产权有没有争议。

（4）审查法定继承的子女。包括婚生子女、非婚生子女、养子女和有抚养关系的继子女；父母包括生父母、养父母和有抚养关系的继父母；兄弟姐妹包括同父母的兄弟姐妹，同父异母、同母异父的兄弟姐妹，养兄弟姐妹，有抚养关系的继兄弟姐妹。

（5）审查法定继承人是否有放弃继承权的，应由其亲自到公证处作出意思表示。

（6）有效的遗嘱。办理遗嘱继承权公证，事先要审查遗嘱是否有效，遗嘱继承人和遗产有无变化。如有下列情况，应按法定继承办理：①遗嘱继承人放弃继承的；②遗嘱继承人先于立遗嘱人死亡的；③遗嘱继承人丧失继承权的；④遗嘱无效部分涉及的遗产；⑤遗嘱未处分的遗产。

（7）如继承人有如下严重损害被继承人或者其他继承人利益的行为，将丧失继承权：①故意杀害被继承人的；②为争夺遗产而杀害其他继承人的；③遗弃被继承人的，或者虐待被继承人情节严重的；④伪造、篡改或者销毁遗嘱，情节严重的。

（8）遗嘱继承权公证应对缺乏劳动能力又没有生活来源的继承人保留必要的遗产份额。遗嘱人未保留上述继承人遗产份额的，处理遗产时，应为该继承人留下必要的财产，所剩余部分才可参照遗嘱继承人的原则处理。

【案例 17-4】

遗嘱公证不等于继承公证

【案例 17-4】点评

周某，父母已故，持父母留给自己的遗嘱公证书，去房管局办理过户，却被工作人员告知："只有遗嘱公证书不能过户，必须还要有继承公证书，并解释这份证书能够证明其他继承人认可遗嘱、同意将房产过户给自己。"

这让周某一头雾水，因为遗嘱上所称的住房，在购买的时候她出钱最多，只是在房产证上写了父亲的名字。周某有一个哥哥和一个妹妹，父母在世时，朋友提醒她，最好先做个遗嘱公证，以防哥哥、妹妹争夺房子。周某以为凭借公证遗嘱就可以到房管局办理过户登记。

第三节　学历公证

一、学历公证

（一）学历公证的概念

1. 学历

学历，是指人们在教育机构中接受科学、文化知识教育的学习经历。一个人在什么层次的教育机构中学习，接受了何种层次的训练，便具有相应层次的学历。

从广义上讲，任何一段学习经历，都可以成为学习者的"学历"。而在社会中，人们通常所说的"学历"则是指具有特定含义、特定价值的"学历"，也就是说一个人具有什么学历，是指一个人最后也是最高层次的一段学习经历。它通常以经教育行政部门批准、实施学历教育、有国家认可的文凭颁发权力的学校及其他教育机构所颁发的学历证书为凭证。

2. 学历公证

学历公证，是指公证机构根据申请人的申请，依法对其学历或所持有的毕业证书、学位证书、肄业证书、结业证书等证书的真实性、合法性予以证明的活动。实践中，学历公证一般用于申请人出国留学、进修、求职和移民等情况。

学历公证在我国属于证书公证范畴，证书公证是指国家公证机关根据当事人的申请，依法证明国家机关或其他法定机构发给当事人有法律意义的证书的真实性、合法性的活动。如驾驶证书、专利证书、商标注册证书、毕业证书、结婚证书、律师资格证书、营业执照等证书的公证。公证机关办理学历公证，一般采用两种证明方式：一种是证明颁发学历证书的机构和程序合法，证书上的签名、印鉴是否属实；另一种是证明学历证书的副本、节本、译本、复印本、影印本等与原本是否相符。办理学历公证，由申请人住所地有办理涉外公证业务职能的公证机关受理。

（二）办理学历公证的程序

1. 申请人须提交的材料

申请人办理学历公证程序，应当向公证机构提出申请，填写公证申请表，并提交以下材料：

（1）申请人的身份证明：居民身份证、户口簿及其复印件；已注销户口的，由申请人原住所地公安派出所出具的户籍记载情况的证明；

（2）申请人所在单位人事部门出具的办理学历公证证明信；无工作单位的，由住所地街道办事处（乡、镇人民政府）出具证明信；在学的，由所在学校出具证明信；

（3）代理人代为申请的，须提交授权委托书和居民身份证及复印件；

（4）提交学历证书的原件及复印件；

（5）公证机关要求提交的其他证明材料。

2. 公证机构审查当事人的申请

受理当事人申请后，公证机构应当对如下事项进行审查：

（1）申请人的身份证件是否真实；

（2）毕业证书、结业证书、学位证书等是否真实，印鉴是否属实；

（3）其他证明材料是否真实、齐全等。

（三）办理学历公证需注意的事项

（1）办理公证时需申请人提交学历证书的原件供公证员确认核实；重点核实申请人提交证书的真实性。

（2）学历公证书形式要根据学历公证书使用国的要求来出具，如有些国家要求将学历公证书的影印件附在公证书前面；

（3）如申请人学历证书显示的学校名称已经发生变更，如合并或更名，公证员出具的学历公证书上需注明原校名和现校名。

（4）一般只对申请人的最高学历作出公证，但是也可依据申请人要求或者有关国家的规定出具相应学历的公证书。

经审查，确信当事人的身份和学历属实，公证机构即可依法出具公证书予以证明。

二、成绩单公证

有些国家要求办理出国留学的学生除了出具学历公证书外，还要办理成绩单公证。所以申请人办理学历公证的同时还可办理成绩单公证。办理成绩单公证应当到学校所在城市或申请人户籍所在城市的公证处办理。

办理成绩单公证需提交以下材料：

（1）申请人的身份证、户口簿或其他身份证明；

（2）申请人所在学校出具在校学习的成绩单，成绩单须由学校或学校教务处盖章；

（3）成绩单系外文时，申请人应附有中文译本，外文成绩单应加盖学校教务处印章并复印一式三份，美国为四份；

（4）申请人若委托他人代办的应出具代办人的身份证、户口簿等身份证明。

【案例 17-5】

30 份假学历公证遭拒①

【案例 17-5】点评

2004 年初，某省司法厅要求各地公证机构对当事人申办用于出国的高等教育学历、学位证书或在读证明等公证事项所提供的学历证明材料，必须上网查询或直接到省教育厅所属的省高校招生就业指导服务中心进行核实、认证。2004 年，该省共查明属于国家不承认及虚假学历、学位证书 30 份，及时中止了公证事项，维护了公证文书的法律效力。

第四节　无犯罪记录公证

一、无犯罪记录公证的概念

无犯罪记录公证，是公证机构根据申请人的申请，依法对其在中国居住期间，未受过刑事处分这一法律事实予以证明的活动。此项公证书主要用于当事人在国外定居、移民、结婚、收养子女等。我国公民和不享有外交豁免权，在我国居住半年以上的外国公民，均可向我国公证处申办此项公证。

---

① 30 份假学历公证遭拒［EB/OL］．［2016-07-10］．新浪网，http：//finance.sina.com.cn/review/essay/20050131/13181335726.shtml.

二、办理无犯罪记录公证的程序

（一）当事人向公证机构提出申请

当事人申请办理无犯罪记录公证，根据《公证法》第 25 条的规定，自然人、法人或者其他组织可以向住所地、经常居住地、行为地或者事实发生地的公证机构提出申请。一般应向其住所地公证处提出申请；已在域外的我国公民或外国人，应向其在华最后居住地公证处提出申请。应提供的证明材料有：申请人的身份证、户口簿；申请人在国外的，需提供护照复印件；申请人所在单位保卫部门、申请人户籍所在地街道办事处、公安局派出所出具的有关证明；申请人在国外的，证明中应记载申请人的离境日期；委托代理人代为申请的，须提供授权委托书和居民身份证；公证人员认为应当提交的其他证明材料。

（二）对无犯罪记录公证的审查

受理当事人的申请后，公证处应认真审查当事人所提供的公证材料的真实性，经过审查核实后，应当出具无犯罪记录公证书。无犯罪记录公证书应明确证明当事人在华期间从未受过中国司法机关的刑事处分。

（三）办理无犯罪记录公证应注意的事项

（1）申请人所在单位保卫部门、申请人户籍所在地街道办事处、公安局派出所出具的经历证明上经历不能中断。

（2）证明材料用词要严密。

（3）该公证只证明在境内居住期间无犯罪记录的情况。对于已出境人员，须提供出境日期证明，境内人员则证明到单位出具证明那一天为止。

（4）该公证书有较强的时效性（各国规定不一样，有 3 个月、6 个月不等），当事人如办妥此项公证后规定的期限内未能获得签证，则需要续办。续办时仍需由单位出具证明，并提交原公证书。

【案例 17-6】

办理移民时如何开具无犯罪记录公证

【案例 17-6】点评

王某大学学业即将结束，正在准备材料办理澳洲移民，但对其中开具无犯罪记录公证问题一直没有搞清楚。原来王某是 2015 年来澳洲的，中间回国 2 次，在户籍所在地派出所开的无犯罪记录只能显示截至他最后一次离境时在中国境内没有犯罪记录，他不清楚回国期间的这两次是否都要分别开具无犯罪记录证明。

【练习题】

一、概念题

身份公证；亲属关系公证；收养公证；遗嘱公证；继承公证；学历公证；无犯罪记录公证。

二、思考题

1. 什么是收养？收养公证的程序有哪些？

2. 简述遗嘱的定义和特征。

3. 办理遗嘱公证的程序有哪些？

4. 办理继承公证要提交哪些材料？

5. 办理学历公证需要提交的哪些材料？

三、案例分析题

当事人王老太在其丈夫李某去世后，拿着有夫妻联名的房产证、股票凭证和存有10万元的银行存折到某公证处申请办理遗嘱公证。承办的公证员在审查材料及询问过程中发现，王老太和李某共育有一子，但李某在与王老太结婚前为丧偶，并与前妻生育一女，现王老太将其与丈夫李某的所有共同财产做遗嘱公证，公证内容为在王老太死亡后，让其儿子继承所有财产。

问题：本案中王老太申请的遗嘱公证中存在哪些法律问题？

【阅读资料】

第十八章　适用特别程序的公证

【学习目的与要求】 了解适用特别程序的公证适用范围，掌握现场监督类公证、提存公证、证据保全公证的程序。

【重点问题】
- 现场监督类公证的特点
- 提存公证的程序
- 公证证据保全应注意的事项

【知识结构简图】

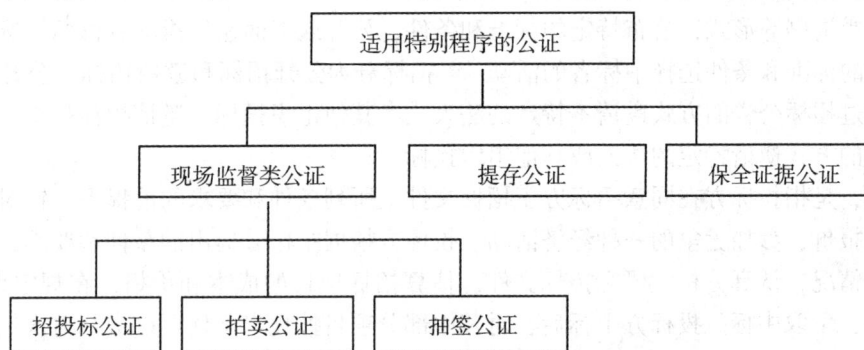

```
              适用特别程序的公证
        ┌──────────┼──────────┐
    现场监督类公证    提存公证    保全证据公证
   ┌────┼────┐
招投标公证  拍卖公证  抽签公证
```

【引例】 2012 年，市民孙先生购买了一套精装房，可拿房时却发现房子的装修和预期大相径庭，厨房和卫生间有漏水现象，大部分墙纸吸水后剥落，部分木地板吸水后变形拱起，根本无法入住。孙先生去找开发商讨要说法，开发商却总是推诿敷衍，迟迟不给明确答复。在律师的建议下，孙先生向公证处申请办理证据保全公证。在经过严格的公证审查，公证员到房屋现场采取拍照、录像等方式取证并做了现场工作记录，履行了相应的公证程序后，公证处为孙先生出具了证据保全公证。凭借这份证据保全公证书，孙先生在诉讼中占据了主动，房屋质量问题终于得到了妥善解决①。

---

① 公证案例 ［EB/OL］．［2016-07-10］．威海律师网，http://www.weihailawyer.com/LLYD/20141117/198951.htm.

第一节 现场监督类公证

现场监督类公证，是公证处根据当事人的申请，指派公证人员亲临现场对活动发展过程通过察看并督促，对在该活动中所形成的事实依法证明并确认其结果的真实性、合法性、有效性的司法证明活动。招标投标、拍卖和抽签、摇号公证都属于现场监督类公证。其共同的特点是体现在规则和流程上。首先在规则方面，都是通过一定程序在诸多平等竞争中遴选出优胜者或幸运者。遴选活动由主办方发起，竞争者的资质条件及遴选规则、程序也由主办方制定，主办方向公证处申请对规则、程序公示后引发的遴选过程进行阶段或全程监督、证明。① 其次在具体的操作流程上，共同点体现在以下几个方面：（1）承办公证人员应亲临现场，对活动的过程进行监督；（2）承办公证人员应当当场宣读公证词，公布公证结果；（3）承办公证人员是整个现场活动的监督者，有权对违法行为进行制止和纠正；（4）公证机构出具的公证书应当使用要素式公证书格式。②

一、招标投标公证

（一）招标投标公证的概念

招标，是指招标人为了购买商品或者让他们完成一定的工程或服务，通过发布招标通知或投标邀请书等形式，公布特定的标准和条件，公开或书面邀请投标者投标，然后根据预先设定的标准和条件选择中标者的活动。③ 招标分为公开招标和邀请招标。公开招标是招标人通过招标公告的方式邀请不特定的法人或者其他组织投标。邀请招标是指招标人以投标邀请的方式邀请特定的法人或其他组织投标。

投标，是指投标方在同意招标方于招标文件上所列条件和要求的前提下，针对招标项目，提出报价，参加竞争的一种经济活动。投标方根据招标方提出的条件和要求，结合自身的具体情况，认真分析，研究招标文件，估算招标项目的成本和价格，在规定期限内，递交标书，争取中标。投标方中标后，对其中部分项目按规定条件可以进行再次招标，称分包转让。

招标投标公证，是指国家公证机关根据招标方的申请，依照国家有关招标的法律、法规、规章，对招标、投标各方的主体资格和招标、投标文件的真实性、合法性进行审查，对招标、投标、开标、评标的程序进行现场法律监督，并证明招标、投标活动的真实性、合法性的司法证明活动。招投标公证是公证机构对招投标活动进行法律监督一种手段。国家公证机关行使国家赋予的、具有权威性的证明职能，对招标投标根据法律和事实进行证明活动，在维护招标、投标双方合法权益的前提下，依法出具公证文书，可以规范招投标行为，确保招投标活动能够按照公平、公开、诚实信用、择优中标的原则进行，减少暗箱操作、保证交易公平，维护招标方和投标方的合法权益。

---

① 杨硕. 现场监督公证存在的问题及解决对策 [J]. 赤子，2012（12上）.
② 陈光中，李春霖. 公证与律师制度 [M]. 北京：北京大学出版社，2006：64.
③ 刘金华，俞兆平. 公证与律师制度 [M]. 厦门：厦门大学出版社，2015：151.

（二）办理招标投标公证的程序

根据《中华人民共和国招标投标法》、《中华人民共和国招标投标法实施条例》、《工程建设项目施工招标投标办法》、《政府采购货物和服务招标投标管理办法》、《招标投标公证程序细则》、《中华人民共和国公证法》、《公证程序规则》等一系列法律法规和招标、投标活动的特点，招标公证主要分为申请与受理、审查、现场监督、出具公证书四个阶段。

1. 招标投标公证的申请与受理

招标投标公证申请，应由招标方的法定代表人或其法定代表人委托的代理人向其住所地的公证处以书面或口头的方式提出。如果招标方不能自行组织招标，则须出具招标委托代理书，委托他人代理。招标委托书是欲招标单位委托招标公司或其他从事招标事务的专门机构，办理其招标事务所签署的具有法律意义的文书。受委托招标的，由受托招标方的法定代表人或其代表人委托的代理人向受托招标方住所地的公证处以书面或口头的方式提出。招标、投标公证，由招标方所在地公证处管辖。委托招标的，由受委托招标方所在地公证处管辖。

申请时应该提交以下证明材料：法人资格证明和法定代表人身份证明及本人身份证件，代为申请的，应提交授权委托书和本人的身份证件；受委托招标的，应提交委托书和具有承办招标事务资格的证明；有关主管部门对招标的项目、招标活动的批准文件；招标组织机构及组成人员名单；招标通知（公告）或招标邀请函；招标文件（主要包括：招标说明书、投标人须知、招标项目技术要求、投标书格式、投标保证文件、合同条件等）；对投标人资格预审文件；评标组织机构及组成人员名单；公证人员认为应当提交的其他有关材料。

公证机构根据招标单位的申请，进行初步审查，对符合条件的申请予以受理，对不符合条件的申请不予受理。公证处决定受理后，发给招标方或其委托代理人受理通知单，招标方或其委托代理人应在通知单回执上签字。对不符合条件的申请，不予受理，并将不予受理决定书及对该决定不服的复议程序告知申请人。

需要特别强调的是，招标投标活动始于发出招标公告或邀请函，为有效、完整地审查和监督招投标活动，公证机构必须从一开始就介入，即招投标公证申请应当在招标公告或者招标邀请发出之前提出，使公证机关能对每一环节逐次进行审查，确保招标、投标活动的真实合法。

2. 招标投标公证的审查

公证机构受理公证申请后，要对公证申请的有关事项材料进行审核查证。这是招标投标公证的一个重要阶段，也是公证机构对该项招标投标活动进行现场监督的前提。具体来说，公证机构应当查证当事人的身份和民事行为能力，审查请求公证的事项以及所提供的证件、材料是否真实合法；对证件、材料不完备或者有疑义的，可以要求当事人补充或澄清。公证机关受理后，要对招标方和投标方的资格及必须具备的条件进行详细审查。

审查招标方。第一，审查招标方是否具有法人资格，是否持有上级主管部门批准的或工商行政管理部门批准的营业执照。如果招标活动系委托的，则应审查受委托人是否具有法人资格，是否已获得招标项目单位的合法授权，权利义务是否明确。第二，审查招标方是否具有规定的招标资格。招标项目是否已经获得有关部门批准以及是否具备其他规定的条件。

审查招标文件。公证机关应把对招标文件的审查作为整个审查工作的重点，对全部招标文件进行全面、认真、细致的审查。第一，审查招标文件的内容是否完备。第二，审查招标文件所提招标条件是否公平、合理，是否符合项目主管部门批准文件的要求。第三，重点审查招标文件中有关投标、开标、评标、定标的程序是否科学、合理以及招标不成的认定及处理方法等问题的规定是否合法、完善。第四，审查招标文件的文字是否清楚、准确，必要时，公证方应协助招标方对招标文件进行修改、补充。

审查评标委员会。评标委员会的工作必须公正、公平。第一，审查评标委员会的组成是否合理，是否具有充分的代表性和权威性。第二，评标人是否符合规定的条件和资格。第三，审查评标委员会和评标委员的所在单位与投标方有无利害关系。

公证机构进行审查时，应认真、及时、迅速，认真审核、查证当事人提供的各项材料，对于发现的不真实、不合法的事项，公证处应当作出拒绝公证的决定，并通知当事人。对于符合公证条件，公证机构应当指派两名以上公证人员参加整个招投标活动，进行现场监督和证明。

3. 招标投标公证的现场监督

现场监督是公证人员亲临现场，对招投标活动的招标、投标、开标、评标、定标各个环节的活动进行现场监督和予以证明的活动。

招标阶段的现场监督。公证人员重点审查招标方在此阶段进行的一系列活动是否符合国家有关规定和招投标活动的一般原则，如发布招标公告或招标邀请函是否合法，是否有按照资格预审文件的要求对投标方进行资格预审，对投标方有关招标文件的询问进行解释是否符合国家法律、法规规定。对招标方违反规定的行为，公证处应及时予以纠正。

投标阶段的现场监督。公证人员应检查招标方设置的投标箱是否完好无损，与招标方一起对该投标箱加封。在投标方投递标书时，公证人员应首先查验招标单位委派的接标人及投递标书人的身份。其次，应对投递标书人所送的标书的密封情况进行检查，对于标书未密封的，或者无投标方印章或法定代表人的签字的标书不予接受，并记录下投递标书人投送标书的时间。在投标时间截止时，公证人员应会同接标人一起对投标箱投标口密封并加贴封条。

开标阶段的现场监督事务。开标是招标单位在规定的时间、地点内，在有投标人出席的情况下，当众公开拆开投标资料，宣布投标人的名称、投标价格以及投标价格的修改的过程。开标时，公证人员应当监督唱标人所唱标书是否与标书正本一致；不一致的，应予以纠正。对于投标人没有投标资格，投标书未密封、没有报价、没有加盖单位公章及法定代表人未签字，书写字迹不清无法辨认，或者投标方报出两个以上价格，无法确认哪一个报价有效等情况，应当属于无效标书。在开标结束时，对符合规定的程序、方法及原则的开标活动，公证人员应当场宣布开标公证词。若在开标结束后，不立即进行评标定标的，公证人员应当监督招标方将投标书重新密封，投入标箱，并将标箱密封。

评标定标阶段的公证事务。在此阶段，公证人员应当做好以下工作：（1）查验评标组织成员的资格，核实其身份；（2）监督公布评标定标标准、评标定标活动的程序、原则、方法、纪律及注意事项；（3）检查标底密封情况，监督标底的开启，公布标底；（4）监督评标委员会按照招标文件规定的原则、标准、程序和方法进行评标、定标；（5）对评标、定标进行记录，并在定标决议书上签名。

公证人必须亲自参加招标投标活动的全过程，不能以各种理由不出席，更不能让当事人代办公证事务，否则其公证行为无效。公证人对整个现场监督活动都应当认真制作记录，并存档。特别是对现场监督中发现的问题、提出的建议、当事人的解答、采取的措施、对标箱、标书、投标方的资格审查的结果、发表的现场公证词等更要作出完整、准确的记录。一旦出现纠纷，现场记录就是了解情况、分析问题和解决问题的重要凭证。

公证人员应该坚持独立与公证的立场，不受其他单位或个人的干涉和影响，若发现招标投标活动中出现违反国家有关法律、政策或者招标文件的行为时，应立即予以指出，令其纠正。当事人拒绝纠正的，应立即终止现场监督的公证活动，并当场宣布终止公证的理由和决定。终止公证应当做到理由确定、充分，并要严格掌握标准，以防止造成难以弥补的损失和严重后果。

4. 出具公证书

公证人员应该在现场监督结束时宣读公证词，对整个招投标活动的真实性、合法性予以证明。《招标投标公证程序细则》第 26 条规定，公证处应在公证员宣读公证词后的 7 日内出具公证书。出具公证书是整个招标投标公证的最后一项内容。

【案例 18-1】

南京公证处服务江苏大剧院招标项目①

【案例 18-1】点评

江苏大剧院是中国规模仅次于北京国家大剧院的现代化大剧院，作为江苏省最大的文化工程。为了实现"世界级艺术作品的展示平台、国际性艺术活动的交流平台、公益性艺术教育的推广平台"的定位，智能化工程至关重要，为了能够更公平公正地寻找到该项目施工方，江苏大剧院工程建设指挥部申请南京公证处负责江苏大剧院歌剧厅、戏剧厅、音乐厅、大小综艺厅及附属配套设施的智能化招标项目招投标的公证工作。

智能化工程的好坏直接关系到舞台安全、灯光效果、观众体验、会议装置以及整体视觉效果能否以最佳的状态体现。所以，该智能化项目对投标人的资质要求异常严格，技术标准近乎苛刻，仅招标文件中的技术条款就近千项。与此同时，为确保大剧院工期，本项目分为数十个标段同时进行，而且本项目受到各方极高的关注，每个标段的报名单位众多，现场仅递交的封装投标文件就近百件。面对堆叠如山的投标文件和人数众多的投标人，南京公证处的加入为整个招投标工作的安全、高效、有序开展

---

① 公证案例［EB/OL］．［2016-07-10］．公证案例．南京司法行政网，http：//www.njsfj.gov.cn/30302/30312/201507/t20150731_3487394.html.

作出了突出的贡献。为了能够顺利完成此次招投标公证，在开标会前，承办公证员积极与大剧院纪检组人员、安保人员、招标人代表充分沟通，从公证角度对安保和开标程序的对接提出合理化的方案，并与各方共同制定了开标现场突发事件应急预案。开标会当日，公证员们按预案各自开展工作，秩序维护、人员引导、投标签到、文件接收、证件核对都有专人全程负责跟进，团队合力的巨大优势得以充分展示，确保了整个投标过程的平稳、流畅和高效。从实际效果看，投标阶段虽然时间紧、人员多、事务杂，但公证员们忙而不慌，各司其职，保证了整个开标过程井然有序。

开标会结束后，公证人员第一时间将所有投标文件运送至封闭评标基地，监督评标委员会按照招标文件规定的原则、标准、程序和方法进行评标、定标，为大剧院的工程的顺利开展保驾护航。

二、拍卖公证

（一）拍卖公证的概念

拍卖，是指"以公开竞价的方式，将特定的物品或财产权利转让给最高应价者的买卖方式"。在拍卖法律关系中，至少存在着三方的主体：拍卖人，是指依法成立的从事拍卖活动的拍卖机构，在我国，必须为企业法人；委托人，是指委托拍卖人拍卖物品或者财产权利的公民、法人或者其他组织；竞买人，也称应买人，是指参加竞购拍卖标的公民、法人或者其他组织。从性质上讲，拍卖是最典型的公卖方式，拍卖的形式和内容必须公开，如将一切有关买卖的详情公布，让公众知道，让公众参加，在公众的监督下按公认的标准成交。① 可见，拍卖具有公开性、竞争性和公正性的特征。

拍卖公证，是指公证机关根据拍卖人的申请，依照法定程序，对拍卖活动的真实性、合法性予以证明的活动。主要涉及房屋买卖、企业债权转让、电视台广告段位竞卖、法院执行程序中的财产变卖、海关罚没物品处理、国有建设用地使用权出让、转让等领域。拍卖公证是国家对拍卖活动实施法律监督、确保拍卖活动依法进行的一种法律手段。通过拍卖公证，可以规范拍卖行为，维护拍卖秩序，保护拍卖人、竞买人、买受人的合法权益②。

（二）办理拍卖公证的程序

1. 拍卖公证的申请与受理

拍卖公证，申请人应在拍卖公告发出之前或者至少在拍卖活动举行前的一定期间内，向拍卖物所在地或拍卖活动举行地的公证机构提出申请，填写公证申请表，并提交下列证明材料：拍卖机构和委托方的资格证明、法定代表人身份证明和本人身份证件，委托代理人须提交授权委托书及其本人身份证件；拍卖标的物清单、情况说明及其产权或有处置权的证明；拍卖物是国有资产的，应提交国有资产评估部门出具的资产评估证明；拍卖公告、拍卖委托书、拍卖方案（包括拍卖日程安排、拍卖竞价方式以及增价幅度等）等；

① 王京．拍卖公证中的法律问题 [J]．中国司法，2003（3）.
② 陈光中，李春霖．公证与律师制度 [M]．北京：北京大学出版社，2006：65.

其他需要提交的证明材料。

公证机构根据申请人的申请，进行初步审查，对符合条件的申请予以受理，对不符合条件的申请不予受理。

2. 拍卖公证的审查

公证机构受理拍卖公证申请后，要对公证申请的全部材料进行审核查证。审查的内容主要包括以下几个方面：拍卖机构的资格是否具有合法资格，如拍卖企业的营业执照、行业许可证是否真实、有效等；拍卖物所有权证明等基本情况，如拍卖物上是否有未清偿的债务，是否有瑕疵等；拍卖公告、拍卖委托书、拍卖方案等文件是否合法，是否符合拍卖规则；定向拍卖的，公证机关应审查竞买人有无相应的民事权利能力、民事行为能力及资金、资信等基本情况。

根据《公证程序规则》的规定，进行拍卖公证，公证人员应当亲临现场，对整个拍卖活动的真实性、合法性予以监督与审核，对于符合程序的，出具公证书。

【案例 18-2】

公证拍卖活动须认真审查①

【案例 18-2】点评

某市金属材料公司因欠某商业银行贷款 350 万元迟迟不还，法院将金属材料公司位于该市某区长江路 349 号的 5 栋房产作出了强制执行拍卖的裁定。2004 年 9 月 4 日，拍卖公司通过当地报纸发布拍卖公告；内容为将于 9 月 11 日对金属材料公司的 5 栋房产进行拍卖，在公告中未载明拍卖地点，但公布了三部联系电话。在拍卖会上，某市食品公司经过竞拍取得拍卖标的，公证处当场为此次拍卖出具了证明拍卖活动真实合法有效的公证书。

但金属材料公司称，此次拍卖的公告期不足 7 日，而且公告没有载明拍卖地点，这对拍卖的合法真实性构成实质上的影响，因此公证书应当予以撤销。而拍卖公司却认为，此次拍卖公正，程序符合有关法律、法规及拍卖惯例，虽然有上述遗憾，但此遗憾不足以成为撤销公证的事实证据、理由及法律依据。

三、抽签公证

（一）抽签公证的概念

抽签公证，是指公证机构根据抽签活动主办方（承办方）的申请，依据承办方提供的活动规则的程序，兼顾活动应具备公开、公平、公正的精神，对活动过程进行现场监督而确认活动结果真实性、合法性的证明活动。

随着市场经济的发展，为更合理地分配有限的资源，抽签这种方式运用在生活的方方

---

① 石磊. 公证拍卖活动须认真审查［N］. 中国商报，2011（1）：006.

面面，上学需要抽签、买房需要抽签、部分地方买车也需通过摇号的方式获得车牌号码。为了保证抽签过程的真实性、合法性、公正性，大多主办单位会申请公证机关对抽签活动进行现场公证。抽签公证是对抽签过程进行法律监督、保证抽签依法进行的必要法律手段。

（二）办理抽签公证的程序

1. 抽签公证的申请与受理

抽签公证，主办单位一般应在发生抽签活动前向主办单位所在地或抽签行为发生地的公证机构提出公证申请，填写公证申请表，并提交下列证明材料：申请人的资格证书和主办资格证明；代理申请的，代理人应提交本人的身份证件和授权委托书；抽签活动的有关批准文件；抽签活动的规则、办法；涉及公证内容的公告；公证员认为应提交的其他相关材料。

公证机构根据申请人的申请，进行初步审查，对符合条件的申请予以受理，对不符合条件的申请不予受理。

2. 抽签公证的审查

公证机构对申请人的身份、资格、民事行为能力以及所提供的证明材料的真实性、合法性进行严格审查。

公证机构应派公证员人员，亲临抽签现场，对抽签活动的程序和开奖结果进行现场法律监督。重点审查事项：抽签是否按照预先公布或规定的程序进行；抽签的工具是否符合要求，质量是否合格；数量、编号是否准确；中签结果是否有效、合法。对违反法律和抽签规则的，公证员应当场纠正或制止，公证员要在抽签活动结束时，当场宣读公证词，并在 7 日内制成公证书。

【案例 18-3】

开发商开盘被指作弊　买房人骂跑公证员自行摇号①

【案例 18-3】点评

2011 年 6 月 27 日，✕市某楼盘开盘，开发商为促销拿出了 30 套特价房，每套总价减免 9 万元。开盘时先抽签决定选房顺序，待房屋卖出后，再抽签决定是否中得特价房。上午 9 点，抽签选房活动在两名公证员的监督下开始。刚开始就遇到了尴尬：主持人抽到并报出号码后无人应答，接下来又有几个号没有人应答。就在主持人喊第十号时，一名购房者大声指责开发商："你们刚才喊了十个号，只有六个人进去，但是现在已经有七八套被人买走了，你们这不是在作假吗？"众人走到销控表边，发现已有 9 套特价房被贴上了"已认购"的标签。大批的购房者将开发商工作人员和公

---

① 李全息，张瑜明.2011 年十大公证事件评析［J］.中国公证，2012（3）.

证员团团围住，指着他们怒骂："是想把优惠的房子留给关系户，还是故意用特价房骗人啊？"面对这一突发情况，开发商工作人员无话可说。公证员向大家解释道："我们刚开始也发现有不妥的情况，也要求开发商整改，但是开发商不理我们。"不料他们的解释引来了购房群众更大的愤怒，有人说："既然这样，那还要你们公证干什么？你们是不是只要收到钱，其他什么都不管？"

事已至此，公证人员只好与开发商工作人员商议。其后开发商的现场负责人进行了解释，宣布撤下"多贴的"认购标签，购房人依然可以购买，并且增加两套特价房。开发商知错就改，使这场快要散场的开盘"起死回生"。在公证员已经离开的情况下，几个购房人主动站出来负责抽签选房活动。最终，当天卖出了 40 套左右的房子，基本上是特价房。

第二节 提 存 公 证

一、提存公证的概念和法律效力

提存，是指由于债权人的原因而无法向其交付债权标的物时，债务人将该标的物交给提存部门以消灭其债务的制度。将标的物交付提存的债务人称为提存人，债权人为提存受领人，法定的提存机关是我国的公证机关。

债务的履行主要是债务人的义务，但往往也需要债权人的协助。如果债权人无正当理由而拒绝受领或者不能受领时，并不意味着其放弃债权，虽然债权人应当负担受领迟延的责任，但债务人的债务却并未消灭。在这种情况下，债务人并非因为自己的原因而不履行债务，却仍然应随时准备履行，为债务履行提供的担保也不能消灭，导致长期为债务所累，这对债务人显然有失公平，也不利于社会财产关系的稳定。因此，法律上设置了提存制度对债务人予以救济。我国《合同法》第 101 条规定："有下列情形之一，难以履行债务的，债务人可以将标的物提存：（一）债权人无正当理由拒绝受领；（二）债权人下落不明；（三）债权人死亡未确定继承人或者丧失民事行为能力未确定监护人的；（四）法律规定的其他情形。标的物不适于提存或者提存费用过高的，债务人依法可以拍卖或者变卖标的物，提存所得的价款。"提存是债务清偿的一种特殊方式，是债的消灭的一种方式。

提存公证，是指公证机构根据债务人的申请，依照法定条件和程序，对债务人或担保人为债权人的利益而交付的债之标的物或担保物（含担保物的替代物）进行寄存、保管，并在条件成熟时交付债权人的活动。

提存公证主要可以分为以清偿为目的的提存公证和以担保为目的的提存公证。提存人一旦将提存物交公证机构，并由公证机构出具公证书以后，就产生了提存的法律效力。提存的法律效力体现在两个方面：以清偿为目的的提存公证，可以避免因债权人的原因或法定原因使债务人履行债务受阻而损害债务人利益的情况发生，具有债的消灭和债之标的物风险责任转移的法律效力；以担保为目的的提存公证，可以防范合同交易过程中发生如违约、毁约、欺诈等行为而致使债权人权益受到侵害的发生，通过提存购物款或其他有价证券、权利凭证以督促合同双方如约履行合同，因此具有保证债务履行和替代其他担保形式的法律效力。

二、办理提存公证的程序

（一）提存公证的申请与受理

提存公证，提存人应向债务履行地或不动产所在地的公证机构提出申请，填写公证申请表，并提交下列证明材料：

（1）申请人的身份证明；法人应该提交法人资格证明和法定代表人的身份证件，委托人应该提交身份证明和授权委托书。

（2）合同（协议）、担保书、赠与书、司法文书、行政决定等据以履行义务的依据。

（3）存在提存原因的证明材料：如债权人无正当理由拒绝受领、迟延受领、不能受领以及债的双方当事人约定以提存的方式给付、担保人为保护债权人利益代为申请提存的证明材料。

（4）提存受领人的姓名（名称）、地址、邮编、联系电话等。

（5）提存标的物种类、质量、数量、价值的明细表。

（6）公证员认为应当提交的其他材料。

公证机构根据申请人的申请，进行初步审查，对符合条件的申请予以受理，对不符合条件的申请不予受理。

（二）提存公证的审查

根据《提存公证规则》第12条的规定，公证机关决定受理提存公证申请后，应按照《公证程序规则（试行）》第23条的规定，审查如下内容：

（1）《提存公证规则》第9条所列材料是否齐全，内容是否属实；

（2）提存人的行为能力和清偿依据；

（3）申请提存之债的真实性、合法性；

（4）请求提存的原因和事实是否属实；

（5）提存标的物与提存之债的标的是否相等，提存物是否《提存公证规则》第7条规定的适宜提存的标的物（货币，有价证券、票据、提单、权利证书，贵重物品，担保物（金）或其替代物，其他适宜提存的标的物）。

（6）提存标的物是否需要采取特殊的处理或保管措施。

对于不符合上述规定的申请，公证机构拒绝办理提存公证，并告知申请人对拒绝公证不服的救济程序。

（三）接受提存物并出具公证书

对符合上述条件的申请，对于提存物，可以提交的，公证机构应当验收并登记存档；不可以提交的，应当派公证人员到现场实地验收。验收时，提存申请人或代理人应该在场，公证人员应该制作验收笔录。验收笔录包括以下内容：验收的时间、地点、方式、参加人员，物品的数量、种类、规格、价值以及存放的地点、保管环境等内容。验收笔录应提交提存人核对，公证人员、提存人及其他参加人员在验收笔录上签字。

对于难以验收的提存物，公证机构可以予以证据保全，并在公证笔录和公证书中注明。经验收的提存标的物，公证处应当采取封存、委托代管等必要的保管措施，对易腐烂易爆等物品，公证机构应当在证据保全以后，由债务人拍卖或变卖，提存其价款。对于难以确定价值的，也可以聘请专业机构和人员进行估价。提存货币的，以现金、支票支付公证处的日期或者提存款划入公证机构提存账户的日期为提存日期；其余提存物以实际交付公证机构的日期为提存日期。

根据《公证程序规则（试行）》的规定，公证机关办理提存公证，应以通知书或公告方式通知债权人在确定的期限内领取提存标的物。债权人领取时，应提供身份证明和有关债权的证明，并承担因提存所支出的费用。提存人可以凭人民法院的裁决书或提存之债已清偿的其他证明领回提存物；提存人领回提存物的，视为没有提存。其他情况下，提存人不得领回提存物。从提存之日起，超过 20 年无人领取的提存标的物，视为无主财产上交国库。

【案例 18-4】

巧用提存公证，减少二手房交易风险①

【案例 18-4】点评

张先生以 100 万的价格买下了李女士在某市的一套二手房，双方在卖房协议中约定："在卖方交房屋钥匙和房屋产权证时，买方交付房款。"一手交钱一手交货，本是天经地义的事，但当双方办理完立契手续，到房产局办理产权过户时，两人发现上述约定只是一种美好的愿望。因为办理过户登记并非立等可取，根据规定在交易部门办结买卖过户手续到登记部门拿到产权证需要好些天。两人在购房款何时交付上发生了分歧：张先生担心如果将 100 万购房款交付给李女士，房产证过户登记手续办不成怎么办？李女士则担心交了房产证却拿不到钱，自己也很被动。在朋友的建议下，两人选择了提存公证。约定："双方到房产交易所办理相关手续后，买方先将购房款人民币 100 万元整提存于公证处，待买方（张先生）领到房屋产权证后，双方到房屋所在地，打开房门，卖方（李女士）将房子钥匙全部交给买方之后，双方共同到公证处提取购房款交给卖方。"

通过提存公证，两人都把悬着的一颗心放了下来。张先生把房款提存公证处后，只要满足双方约定的提款条件，李女士就可以持有关证明和张先生一起从公证处提取

---

① 公证案例［EB/OL］．［2016-07-10］．威海律师网，http：//www.weihailawyer.com/LLYD/20141117/198951.html．

购房款，从而使李女士的债权实现得到了保障；从张先生的角度来说，办理了提存公证后，由于房款交给公证处保存而不是由债权人李女士直接取得，李女士从公证处取得房款的前提必须是已经办理完产权过户手续，使张先生实际拿到了产权证，否则，张先生仍可从公证处取回自己的购房款，保护自己的切身利益。

第三节　保全证据公证

一、保全证据公证的概念

保全证据，是指司法机关对于日后可能灭失或以后难以取得的证据，依法进行事先收存和固定，以保持证据的真实性和证明力的措施。保全分为两种：一种是诉讼保全，由于某些客观原因，如证人出国或者物证容易腐烂变质等，或者以后难以取得或容易被销毁和转移等情况，为保证在诉讼的时候不影响法院审理案件，维护当事人的合法利益，由人民法院按照《民事诉讼法》的有关规定进行；另一种是证据保全，是对诉讼保全的补充，由于在实践中，由当事人自己提供证据经常会受到真实性、合法性的质疑，而申请人民法院进行证据保全又存在程序上的限制，因此在这种情况下，当事人也可以选择由公证机构按照《公证法》的规定负责完成证据保全。

保全证据公证，是指公证机构根据当事人的申请，对与申请人权益有关的、日后可能灭失或以后难以取得的证据，依法进行事先收存和固定，以保持证据的真实性、合法性和证明力的活动。① 在司法实践中，经过公证证明的证据不仅可以证明事实的真实性与合法性，而且具有法定效力。根据《民事诉讼法》第 69 条的规定，经过法定程序公证证明的法律事实和文书，人民法院应当作为认定事实的根据，但有相反证据足以推翻公证证明的除外。与其他证据种类相比，经过公证的证据的法律效力要优于未经过公证的证据，这也是目前众多当事人选择申请证据保全的重要原因。近些年来，公证机构除了在一般民事领域中对证人证言、书证、物证、视听资料以及现场情况、行为过程等予以证据保全之外，也顺应时代潮流，大量涉及知识产权领域、房地产领域、劳动争议领域、网络证据领域的证据保全，引导当事人依法取证，解决取证难的问题，能够有效地防止证据灭失，为人民法院和行政机关及时解决纠纷和诉讼提供可靠的法律依据。

二、办理保全证据公证的程序

（一）保全证据公证的申请与受理

公民、法人或其他组织需要保全证据的，可在诉讼发生之前向其住所地或事实发生地的公证处提出申请，填写公证申请表，并提交下列证明材料：

（1）申请人的身份证件；法人申请的，应提供法人资格证明和法定代表人身份证件；代理人申请的，应提供本人的身份证件和授权委托书。

---

① 邓建民. 律师法学与公证法学 ［J］. 成都：四川大学出版社，2006：345.

（2）需要保全的书证、物证、现场情况、视听资料、证人证言等证据的具体情况；需要保全的证据是物证的，要提交物证样品或所有权证明等材料；需要保全的证人证言的，证人应亲自到场，并提交证人身份证明。

（3）申请人保全证据的目的和用途。

（4）该证据可能灭失或不易保存的证明。

对于上述材料齐备，符合规定的申请，公证机构应予以受理；对不符合条件的申请，公证机构应在 7 日内作出不予受理的决定，通知申请人并告知对不予受理不服的申诉程序。

（二）保全证据公证的审查

公证机关受理保全证据公证的申请后，应重点审查以下内容。

（1）申请人的身份是否属实，是否具有相应的行为能力和权利能力，意思表示是否真实、自愿。

（2）保全的证据与申请人的合法权益是否相关，有哪些关系，是否为直接关系；需保全的证据是否属实，是否存在将要灭失或难以取得的情况。

（3）所保全的证据是否用于正在进行的诉讼，如果用于正在进行的诉讼，公证处应不予办理，但人民法院有特殊要求的除外。

（4）需要保全的证据是否存在将要灭失或将来难以取得的情况。

公证机构保全证据，应当由两名公证人员共同办理，其中一名必须是公证员。

经过公证机构审查完成证据保全工作的，依法出具证据保全公证书。

【案例 18-5】

电子证据保全违背程序　公证结论不被法院采信①

【案例 18-5】点评

北京某影视公司独家授予网尚公司拥有《金婚》在中国地区信息网络传播与经营权，授权期限为 3 年。网尚公司发现张家界日报社未经许可，在其创办的网站上提供在线点播观看《金婚》，侵犯了网尚公司对该电视剧的独家信息网络传播权，应依法停止侵权、赔偿损失。庭审过程中网尚公司提供了山东省济南市鲁源公证处出具的（2008）济鲁源证经字第 1714 号公证书，载明："2008 年 6 月 13 日，在报社创办的网站 www.zjjnew.cn 上进入'免费电影'，搜索'金婚'，进入页面后，依次点击'播放'中的'第 1 集、第 9 集、第 25 集、第 43 集、第 50 集'，出现播放器，播放过程中随意拖动指示观看该片。"张家界日报社认为，本案所涉公证书的申请人是山东海扬律师事务所，而公证事项与该律师事务所无利害关系，不应成为该公证事项的申请人和当事人。与公证事项有利害关系的网尚公司住所地在北京，根据《公证法》和《公证程序规则》的规定，鲁源公证处无管辖权。在办理网页公证保全时，

---

① 李全息，张瑜明. 2010 年十大公证事件评析［J］. 中国公证，2011（2）.

应在公证处公证，应使用公证处的计算机进行证据保全，涉案公证书在制作时是由申请人的律师即被上诉人的诉讼代理人在网吧操作电脑，并刻录光盘，完全不能确保公证的客观性。

法院最终审理认为：电子证据是指以电子形式出现的，以其记录内容来证明案件事实的电磁记录，网络电子证据属于电子证据的一类，是指形成于、来源于或者传播于互联网络上的电子证据，具有易修改性、易逝性。按公证电子证据取证的一般要求公证保全网络电子证据应当在公证机关、公共网吧或被申请人的计算机上操作，使其操作的计算机事先脱离申请人的控制，并要保证所操作的计算机清洁度，避免引起不必要的怀疑。由于互联网的公开性和共享性，即使所访问的网站确在互联网上，而不是在本地硬盘，仍存在预制的可能。本案公证结论是由申请人实际操作电脑形成，该公证程序不合法，公证结论无法采信。

【练习题】

一、概念题

现场监督类公证；招标投标公证；拍卖公证；抽签公证；提存公证；保全证据公证。

二、思考题

1. 招标投标公证的程序有哪些？

2. 办理提存公证应审查的内容有哪些？

3. 应如何完善保全证据公证制度？

三、案例分析题

某公司因为公司发展需要，希望引进新股东为公司发展筹划，计划转让一部分股权，下家已经找好，但是涉及部分国资股份的转出需要履行审批手续，周期可能比较长，该公司可以通过什么方式来降低股权交易风险？

【阅读资料】

应用型系列法学教材

附　录